만남의 신비학을
살아가세요 I

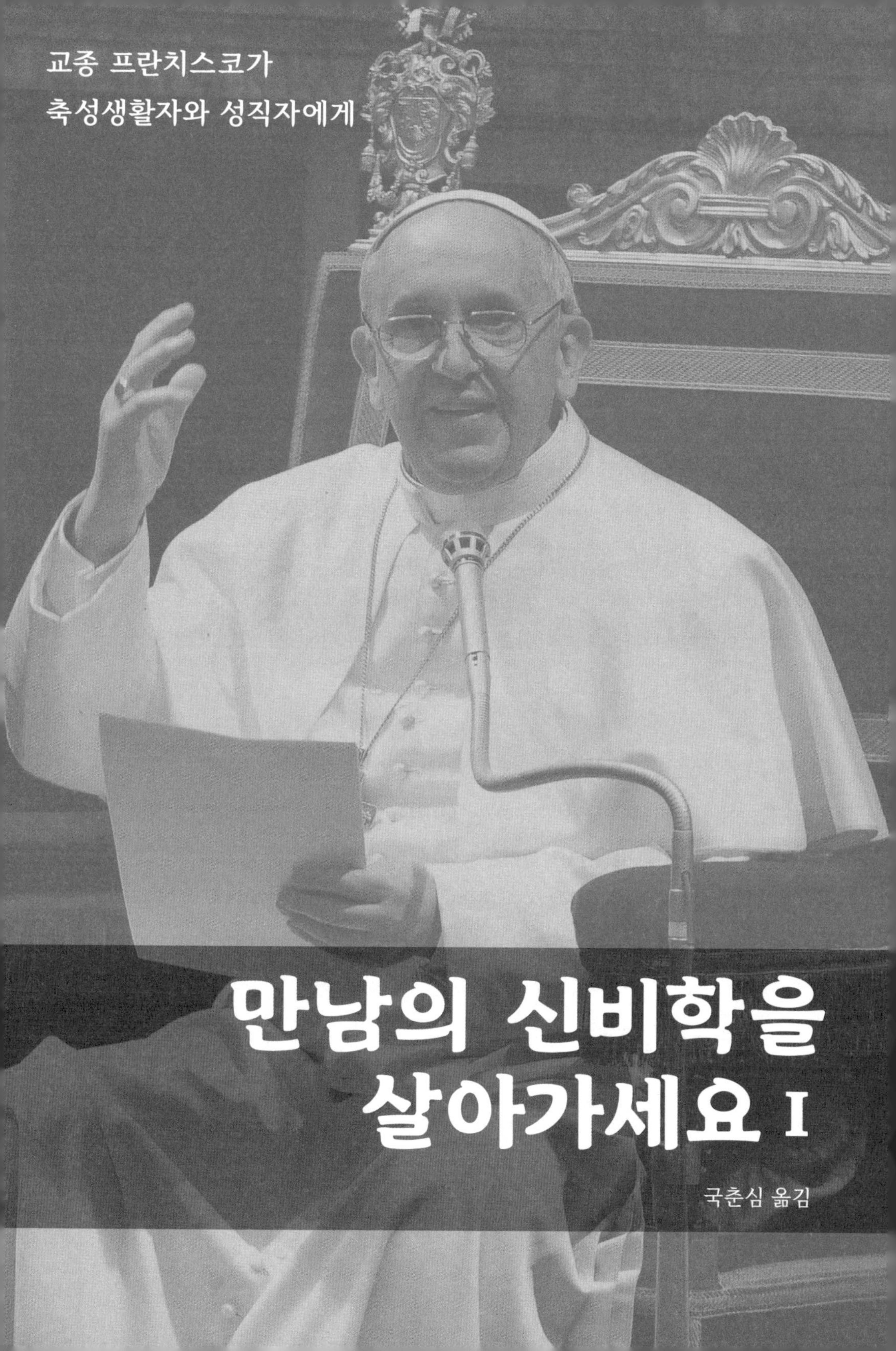

교종 프란치스코가

축성생활자와 성직자에게

만남의 신비학을 살아가세요 I

국춘심 옮김

옮겨서 엮은이의 말

2015년 축성생활의 해에 여자수도회 장상연합회/남자수도회와 사도생활단 장상협의회가 공동으로 주최한 순회 심포지엄에서 제가 발제를 맡은 주제가 '축성생활에 관한 교종 프란치스코의 가르침'이었습니다. 이를 위해 교종 프란치스코께서 축성생활자들에게, 또 축성생활에 관하여 그때까지 하신 모든 말씀을 모아 번역하여 참고자료로 제공하고자 했습니다. 지금으로선 꽤 야심 찬 기획으로 보일 수 있겠지만, 당시에는 교종 선출 후 불과 2년이 지난 때라 그리 두껍지 않은 자료집으로 낼 수 있으리라고 겁없이 생각했습니다. 그런데 심포지엄 때까지 일을 마치지 못했고 연말까지 제공하겠다는 약속도 지키지 못했습니다.

서울 수도자 신학원 학생들에게도 매년 약속을 연기하는 동안 교종께서는 여러 기회에 폭포처럼 말씀을 쏟아내셨고 자료의 양은 늘어만 갔습니다. 10여 년에 걸쳐 축성생활자들에게 하신 말씀은 한 권으로 엮기엔 너무 많아 두 권으로 나누기로 했습니다. 제1권은 2013-2017년, 제2권은 2018년 이후의 말씀으로 구성되는데, 제2권의 시기에는 팬데믹으로 인해 교종의 활동이 극히 제한된 탓에 제1권보다 양이 적기에 이어지는 몇 년이 더 포함될 것입니다.

어쩌면 축성생활의 신학적 위상을 정립한 제2차 바티칸 공의회의 교회헌장 「인류의 빛Lumen gentium」 반포(1964년 11월 21일)와 수도생활 쇄신 교령 「완전한 사랑Perfectae caritatis」 반포(1965년 10월 28일) 60주년, 그리고 보편교회 축성생활의 해(2015) 10주년을 기념하는 '한국 교회 축성생활의 해'(2024-2025)를 앞둔 이 시점에서 이 책이 나오게 된 것도 섭리인 듯합니다.

성 요한 바오로 2세의 권고 「축성생활Vita consecrata」(1996) 이후 축성생활에 관한 교종 문헌은 「축성생활의 해를 기하여 모든 축성생활자에게 보내는 교종 프란치스코의 서간」(2014)과 여자 관상생활에 관한 교종령 「하느님 얼굴 찾기Vultum Dei Quarere」(2016)에 불과합니다. 하지만 수도자 출신 교종답게 축성생활자들을 위한 '말씀(가르침)'은 제가 아는 한 그 어떤 교종보다도 풍성하게 제공해 주셨습니다.

장르는 주로 미사 강론, 연설과 메시지(영상, 원고), 공식 서간, 여러 모임과 사목 방문 중에 이루어진 대화, 기도 모임 중의 묵상, 소수와의 만남을 통한 깊이 있는 대화 등 다양합니다. 처음에는 수도회 총회 참석자들에게 하신 말씀이나 메시지도 포함하였으나 특정 수도회에 해당되는 내용이 더 많은 듯하여 생략하면서 모든 축성생활자에게 도움 되는 내용이라고 판단되는 극소수의 경우만 남겨 두었습니다.

원문의 출처는 주로 교종청 공식 누리집에 올라오는 자료와 바티칸 출판사에서 교종의 모든 공적인 말과 글을 모아 펴내는 『프란치스코의 가르침*Insegnamenti di Francesco*』 시리즈에서 취했습니다. 바티칸 뉴스 누리집과 예수회에서 내는 잡지 『치빌타 카톨리카*La Civiltà Cattolica*』도 필요에 따라 이용했습니다. 이 자료들을 다루면서 제가 중요하게 여긴 것은 구어체의 생생함과 친밀감을 살리는 것이었습니다. 문법적으로 완벽한 문장을 만들고자 애쓰기보다는 군중 가운데서도 개인을 상대하는 듯한 교종의 독특한 개별적 화법과 친근한 어투를 최대한 살리고자 문법적으로 불완전한 경우에도 원문의 구어체를 최대한 보존하고자 했습니다. 그간 교종의 책 몇 권을 번역한 체험으로 이러한 화법에는 웬만큼 익숙해 있긴 합니다.

다른 번역자가 번역하여 『치빌타 카톨리카』에 이미 발표된 글은 한국어판 편집장(정제천 요한 신부님)의 허가를 얻어 포함했습니다. 관대히 허락해 주신 정 신부님께 감사드립니다. 이 책에 포함된 말씀은 대체로 축성생활자들을 상대로 하신 말씀이지만 많은 경우에 주교들과 사제들, 그리고 신학생을 포함한 청중에게 하신 말씀이기에 사제들과 신학생들에게도 유익할 것입니다. 친교의 교회 안에서 각 신원의 상호 이해와 협력을 위해 평신도들에게도 도움 되기를 희망합니다.

2013년 3월 13일 교종 선출 당시부터 쉽고 일상적인 표현, 구체적이고 현실적이며 개인적인 가르침, 심오한 신학적·영적 뿌리에서 나오는 사목적 사랑에 매료되어 그분의 말씀을 열심히 번역하여 나르는 것은 은총의 체험이었습니다. 그 가르침을 따라온 지난 10여 년 동안 저는 개인적으로 교종에게 영적 지도를 받는 체험을 하고 제 축성생활에 큰 영향을 받았음을 고백하며 부디 독자들도 그러하기를 바랍니다.

출판에 이르기까지 동반해 주신 분들이 계십니다. 학회의 사업으로 기꺼이 출판을 결정해 주신 한국 축성생활신학회 회원들, 특별히 회장 백남일 신부님의 격려와 다방면의 협력에 깊은 감사를 드립니다. 또한 늘 저희 신학회를 든든히 뒷받침해 주시고 출판의 실무를 맡아 주신 한국 남자수도회와 사도생활단 장상협의회 회장 류덕현 아빠스님께 깊이 감사드립니다. 오랜 기다림 끝에 출판을 맡아 주신 흐름출판사와 바쁜 일상 안에서 이 일을 할 수 있도록 여러 해 동안 인내로 동반해 준 공동체 자매들에게도 감사합니다.

2024년 5월

국춘심 방그라시아 수녀
성삼의 딸들 수녀회

추천의 글

1994년 열린 제9차 세계주교대의원회의 정기총회(시노드)는 '교회와 세상 안에서의 축성생활과 사명'에 대하여 논의하였습니다. 그리고 그 후속 문헌으로 나온 것이 성 요한 바오로 2세의 권고 문헌 「축성생활Vita consecrata」(1996)입니다. 한국어로는 1997년 번역되어 나오며 'Vita Consecrata(축성생활)'를 '봉헌생활'로 번역하였는데, 그 이후로 오랫동안 이 용어가 논란이 되면서도 수도생활뿐만 아니라 다양한 형태의 축성생활을 지칭하는 용어로 사용되었습니다.

이 말을 처음 번역할 때부터 여러 수도회에서 '봉헌생활'이 아니라 '축성생활'로 번역해야 한다는 의견을 제시하였습니다. 축성생활자들 역시 예수의 제자들과 같이 부르심을 받아 그리스도를 따르는 길에 일생토록 자신을 봉헌하며, 세상과 교회 안에서 빛과 소금과 누룩과 같은 역할을 합니다. 축성생활자의 '봉헌'이 단순히 자신의 소망과 의지에 의한 것이 아니라, 하느님의 부르심과 손길에 의지하고 있음을 '축성'이라는 말은 포함하고 있습니다.

2019년 12월 주교회의에서는 '축성생활'이라는 용어를 사용하기로 결정합니다. 사제와 주교들의 직무 수여와 봉헌에는 '축성'이라는 용어를 사용하고, 수도자들의 '축성'은 '봉헌'이라는 용어를 사용하는 관습이 아직 많이 남아 있는데, 이것은 한국 가톨릭교회가 제2차 바티칸 공의회에서 새롭게 인식한 '하느님의 백성'에 대한 신학이 충분히 생활 속에 스며들지 못하고 있음을 보여 주는 사례가 아닌가 싶습니다. '봉헌생활'이 '축성생활'로 바뀌는 데 20여 년의 시간이 걸렸는데, 우리 안에 자리 잡은 생각의 틀을 바꾸는 데 얼마나 시간이 더 걸릴까요?

개인적으로 2013년 프란치스코 교종께서 선출되셨을 때, 그리고 교종명을 '프란치스코'로 정하셨을 때 신선한 바람이 교회 안에 불어옴을 느꼈습니다. 교종들이 한 번도 선택하지 않은 이름 '프란치스코'를 선택하시고, 까말돌리 수도회 아빠스 출신이고, 1831년에 교종으로 선출된 그레고리오 16세(로마 첼리오 언덕의 성 그레고리오 수도원 아빠스 시절 추기경으로 임명되고, 포교성성 장관을 거쳐 교종이 되신 후 조선교구를 북경교구에서 분리하여 신설하신 분)의 뒤를 이은 수도자 출신이고, 해방신학의 출발지인 남아메리카 대륙 출신이고, 아르헨티나에서 교구장으로 계실 때 빈민촌의 사람들을 만나고 돌보아 주시고… 그분이 보여 주신 여러 일화를 접하며 성령께서 '가난한 사람들을 위한 가난한 교회'에 대한 비전을 이 시대 교회 안에 새롭게 불어넣으시는 것을 느꼈습니다. 신학생 시절 접했던 남미 출신 해방신학자 레오나르도 보프 신부가 여러 사정으로 사제직을 떠나며 남긴 '사제직을 떠나지만 프란치스코가 꿈꾸었던 오누이의… 꿈은 버리지 않는다'는 말이 다시 내 안에서 공명共鳴을 일으키는 것 같았습니다.

매스컴의 발달로 교종 선출 이후 백성들에게 선출을 알리는 "Habemus papam!" 장면과 교종의 첫 인사가 미디어에 기록으로 많이 남아 있는데, 프란치스코 교종은 자신을 위해 기도해 줄 것을 청하며 머리를 숙이고, 그곳에 모인 사람들에게 친근하게 이탈리아어로 "부오나 세라(안녕하세요!)"라고 인사를 건네며, 새로운 방식으로 자신이 맡은 양들에게 말을 건넵니다. 교회의 관습적 전통을 고수하려는 엄숙한 말투가 아니라 만나는 이들과 일상적 대화를 하는 듯한 유쾌한 교종의 말씀과 가르침을 통해 많은 이들에게 신선함과 친근감을 주며, 가르침을 쉽게 이해할 수 있게 합니다. 선출 후 바티칸을 방문한 세계 남자수도회 장상연합회USG 장상들에게 '현실을 체험으로 아는 것, 참으로 현실과 사람들의 실제 삶을 알고자 변두리로 가는 시간을 바치는 것이 필요하다'는 말씀과 '이렇게 하지 않으면 추상적 이념가나 근본주의자가 될 위험에 빠지며, 이는 건강하지 못하지요'라고 말하는 교종의 언어는 이 책의 번역자가 말한 대로 '쉽고 일상적인 표현, 구체적이고 현실적이며' '심오한 신학적·영적 뿌리에 기초한 사목적 사랑에서 나오는 것'임을 다시금 느낍니다.

로마 그레고리오 대학과 축성생활 신학대학원(끌라레티아눔)에서 공부하고, 오랫동안 한국 교회 안에서 강의와 저술로 축성생활 신학을 소개해 온 국 방그라시아 수녀님께서 그동안 번역하고 나누어 오신 프란치스코 교종의 축성생활에 대한 말씀들을 모아 출판하게 된 것을 기뻐하며, 교종의 가르침을 접하는 모든 독자가 이 시대에 성령께서 교회를 이끄시는 모습을 교종의 말씀과 가르침을 통해 체험하게 되기를 바랍니다. 제2차 바티칸 공의회의 교회헌장 「인류의 빛」 반포 60년이 되는 올해, 많은 이가 교회 신원들이 지닌 소명에 대해 묵상하고 그 삶이 지닌 의미와 세상 안에서의 투신에 대해 생각해 보도록 초대하는 책이 아닐까 싶습니다. 그리고 더 많은 이가 이 축성생활의 길에 들어서기를 고대합니다.

2024년 5월

박현동 블라시오 아빠스
성 베네딕도회 왜관수도원

차례

제2부_ 만남의 신비학을 살아가세요! -축성생활의 해-

제3부_ 하나님 자비의 길을 따라

일러두기

- 인용된 성경 본문은 한국천주교주교회의『성경』을, 문헌 번역은 통상 공식 번역을 따르되 문맥상 필요할 때는 원문에서 직접 번역하였다.
- 본문 중 굵은 글씨의 강조는 옮긴이의 것이다. 대부분 구술된 말씀을 옮긴 것이라 독자의 이해를 돕기 위해 별도로 강조 표시를 삽입하였다.
- [ ] 안의 글은 원문에 있는 것이고, ( ) 안의 글은 이해를 돕기 위해 옮긴이가 삽입한 것이다.
- 각주는 대부분 역자의 것이며, 원문에 있는 각주는 '원문의 주'로 표시한다.
- 고유명사 표기는 최대한 한국 천주교 표기법을 따르되, 경우에 따라서는 원어의 발음을 따랐다.
- 축성생활을 관장하는 바티칸 부서(Dicastero per gli Istituti di Vita Consacrata e le Società di Vita Apostolica)는 2022년 6월 5일 이전의 말씀에서는 '축성생활회와 사도생활단성(省)'으로 옮기고, 2022년 6월 5일 발효된 교종령「복음을 선포하여라」에 따라 그 후의 말씀에서는 '축성생활회와 사도생활단부(部)'로 옮긴다.

제1부

하느님 나라의 예언자가 되십시오!

01

2013년 5월 8일 | 바티칸 바오로 6세 강당

세계 여자수도회 장상연합회UISG 총회 참석자들에게

존경하고 사랑하는 주교직 안에서의 형제이신 추기경님, 사랑하는 수녀님들!

오늘 여러분을 만나서 기쁘고 여러분 각자에게 인사드리면서 축성생활이 항상 교회의 여정에서 빛이 되게 하고자 여러분이 하시는 일에 감사드리고 싶습니다. 사랑하는 수녀님들, 무엇보다 먼저 사랑하는 형제 쥬앙 브라즈 지 아비즈João Braz de Aviz 추기경님께서 저에게 해 주신 말씀에 감사드립니다. 축성생활회 차관의 참석 또한 기쁩니다.

"복음에 따른 권위의 봉사"라는 여러분의 모임 주제는 여러분에게 맡겨진 과제를 위해 특별히 중요해 보입니다. 이 표현에 비추어 세 가지 단순한 생각을 여러분에게 제안하고 싶습니다. 그리고 여러분이 개인적으로 공동체적으로 이를 심화하도록 남겨 두지요.

1

마지막 만찬에서 예수님은 사도들에게 이렇게 말씀하십니다. "너희가 나를 뽑은 것이 아니라 내가 너희를 뽑아 세웠다"(요한 15,16). 이 말은 우리 사제들에게만이 아니라 모든 사람에게 성소는 언제나 하느님의 주도라는 것을 상기시킵니다. 축성생활 안에서 그리스도를 따르도록 여러분을 부르신 분은 그리스도 그분이십니다. 그리스도를 따른다는 것은 여러분의 존재를 그분에게, 그리고 그분의 복음과 하느님의 뜻에 집중하여, 여러분 자신의 계획을 벗어 버리면서 끊임없이 여러분 자신으로부터의 '탈출'을 행한다는 의미입니다. 이는 성 바오로처럼 이렇게 말할 수 있기 위해서입니다. "이제는 더 이상 내가 사는 것이 아니라 그리스도께서 내 안에 사시는 것입니다"(갈라 2,20).

자신으로부터의 이 '탈출'은 경배와 섬김의 길에 들어서는 것을 가리킵니다. 주님께 대한 경배와 형제자매들 안에 계시는 그분을 섬기는 길로 우리를 데려가는 탈출입니다. 경배하기와 섬기기, 이는 갈라놓을 수 없고 항상 함께 가야 하는 두 가지 태도입니다. 자신을 위해서는 아무것도 가지지 않으면서 주님을 경배하고 다른 사람들을 섬기는 것, 이것이 권위를 행사하는 이의 '벗음'입니다. 축성생활의 복음적 정체성인 그리스도 중심성을 항상 살아가고 상기시키십시오. 여러분의 공동체가 경배와 섬김의 길에서 무엇보다 여러분 존재의 세 가지 주축을 통해서 자신으로부터의 '탈출'을 살도록 도우십시오.

순종은 교회가 인정한 성령의 내적 움직임 안에서 하느님의 뜻을 경청하면서 순종이 인간의 중재를 통해서도 오는 것을 받아들이는 것입니다. 권위와 순종의 관계는 교회의 신비라는 더 넓은 맥락 안에 자리하며 교회의 중재 기능의 특별한 실현이 됩니다(「권위의 봉사와 순종」, 12항).

가난은 하느님의 섭리에 신뢰하라고 가르치는 복음의 논리 안에서 모든 이기주의를 극복하는 것입니다. 가난은 하느님의 나라를 건설하는 것은 우리가 아니라는 것, 그 나라를 자라게 하는 것은 인간적 도구가 아니고 우선적으로 우리의 나약함을 통해 일하시는 주님의 권능이요 은총이라는 것을 온 교회에 가리켜 보여 주는 것입니다. "너는 내 은총을 충분히 받았다. 나의 힘은 약한 데에서 완전히 드러난다"(2코린 12,9) 하고 이방인들의 사도는 말합니다. 가난은 삶의 참된 의미를 흐리게 하는 물질의 우상을 경계하기 위해 연대와 나눔과 애덕을 가르치는 가난, 검소함과 본질적인 것의 기쁨으로도 표현됩니다. 가난은 겸손한 사람들, 가난한 사람들, 병든 사람들, 삶의 실존적 변두리에 있는 모든 사람과 함께 배우는 것입니다. 이론적 가난은 쓸모가 없습니다. 가난은 겸손한 사람들과 가난한 사람들과 병자들과 어린이들 안에서 가난한 그리스도의 몸을 만지면서 배웁니다.

그리고 **정결**은 그리스도의 다정한 사랑과 자비와 가까움으로 하느님과 다른 사람들에게 내주는 자유를 확장하는 소중한 은사입니다. 하늘나라를 위한 정결은 애정이 성숙한 자유 안에 자리하며, 하느님의 수위성首位性을 항상 빛나게 하기 위해 미래의 세상을 위한 표지가 됨을 보여 줍니다. 하지만 잘 알아들으십시오. 그것은 '풍요로운 결실을 가져오는' 정결, 곧 교회 안에 수많은 영적 자녀를 낳는 정결입니다. 축성된 여성은 어머니입니다. '노처녀'가 아니라 어머니여야 합니다! 이런 단어를 써서 미안합니다. 하지만 축성생활의 이 모성은, 이 풍요로운 결실을 가져오는 능력은 중요합니다! 이 영적 풍요로움의 기쁨이 여러분의 존재에 활기를 주기를 빕니다. 여러분은 마리아처럼, 어머니인 교회처럼 어머니가 되십시오. 모성 없이는 마리아를 이해할 수 없고 모성 없이는 교회를 이해할 수 없습니다. 여러분은 마리아와 교회의 표상(아이콘)입니다.

2

권위의 행사에서 제가 강조하고 싶은 두 번째 요소는 **섬김**입니다. 어느 차원에서건 진정한 권력은 섬김이라는 것, 그 빛나는 정점은 십자가라는 것을 결코 잊어서는 안 됩니다. 베네딕토 16세는 커다란 지혜로, 인간에게는 종종 권위가 소유, 지배, 성공과 동의어라면 하느님께는 항상 섬김, 겸손, 사랑의 동의어라는 것을 여러 번 교회에 상기시켰습니다. 이는 사도들의 발을 씻으시려고 몸을 굽히신 예수님, 제자들에게 다음과 같이 말씀하신 예수님의 논리 안으로 들어가는 것을 뜻합니다. "너희도 알다시피 다른 민족들의 통치자들은 백성 위에 군림하고… 그러나 너희는 그래서는 안 된다. 너희 가운데에서 높은 사람이 되려는 이는 너희를 섬기는 사람이 되어야 한다. 또한 너희 가운데에서 첫째가 되려는 이는 너희의 종이 되어야 한다"(마태 20,25-27. 2012년 1월 29일 삼종기도 참조).

교회의 사람들이 자기들이 섬겨야 할 백성과 교회와 형제자매들을 자기 이익과 개인적 야심을 위한 받침대로 '이용하는' 출세주의자들, 성공주의자들일 때 얼마나 하느님 백성에게 피해를 주는지 생각해 봅시다. 이런 사람들은 교회에 커다란 해가 됩니다. 항상 동반하면서, 이해하면서, 도우면서, 사랑하면서 권위를 행사할 줄을 아십시오. 모든 사람을 끌어안으면서, 특히 혼자라고 느끼는 이들, 소외된 이들, 메마른 이들, 인간 마음의 실존적 변두리를 끌어안으면서 권위를 행사하십시오. 십자가에 시선을 두십시오. 교회 안의 어떤 권위라도 그곳에, 주님이신 분이 자신을 온전히 내주도록까지 종이 되신 그곳에 자리합니다.

3

마지막으로 **교회성**教會性은 축성생활을 구성하는 차원 중 하나로 삶 안에서 항구히 되새기고 심화해야 하는 차원입니다. 여러분의 성소는 교회의 여정을 위한 기본적인 은사이며, 축성된 사람이 교회와 함께 '판단(생각)하지sentire' 않을 수는 없습니다. 세례 안에서 우리를 낳아 준 교회와 함께 '판단(생각)하기'입니다. 교도권에 대한 충실성 안에서, 사목자들 및 로마의 주교요 일치의 가시적 표시인 베드로의 후계자와의 친교 안에서 그 자녀적 표현을 발견하는 교회와 함께 '판단(생각)하기'입니다.

복음의 선포와 증언은 모든 그리스도교 신자에게 있어 결코 하나의 고립된 행동이 아닙니다. 이것은 중요합니다. 복음의 선포와 증언은 모든 그리스도교 신자에게 있어 결코 하나의 고립된 행동이나 집단의 행동이 아니며, 어떤 복음 선교자든지 간에, 바오로 6세가 아주 잘 말한 것처럼, "개인적으로 생각해 낸 원의에서가 아니고 교회 사명에 일치하고 교회의 이름으로 행한다는 것입니다"(「현대의 복음 선교」, 60). 교회 없이 예수와 함께 산다고, 교회 밖에서 예수를 따른다고, 교회를 사랑하지 않고 예수를 사랑한다고 생각하는 것은 부조리한 이분법이라고 바오로 6세는 계속해서 말합니다(같은 문헌, 16 참조). 여러분 수도회의 양성이 교회의 건전한 가르침과 교회에 대한 사랑과 교회 정신 안에서 이루어지도록 돌볼 책임을 느끼십시오.

요컨대, **그리스도와 그분 복음의 중심성, 사랑의 섬김으로서의 권위, 어머니인 교회 안에서 교회와 함께 '판단(생각)하기'**라는 이 세 가지를 여러분에게 남겨 드리면서 거기에 다시 한번 항상 쉽지만은 않은 여러분의 일에 대해 저의 감사를 합해 드립니다. 여러분 없이 교회는 무엇이겠습니까? 교회는 모성과 애정과 다정한 사랑과 어머니의 직감이 결핍되고 말 것입니다!

사랑하는 수녀님들, 제가 애정을 가지고 여러분과 함께한다는 것을 확신하십시오. 여러분을 위해 기도합니다. 여러분도 저를 위해 기도해 주십시오. 여러분의 공동체에, 특히 병을 앓고 있는 자매들과 젊은이들에게 저의 인사를 전해 주십시오. 여러분 모두가 담대함과 기쁨으로 그리스도의 복음을 따르도록 격려합니다. 기뻐하십시오. 예수님을 따르는 것은 멋진

일이고 성모님과 우리의 거룩한 어머니 교계적 교회의 표상이 된다는 것은 멋진 일이니까요. 감사합니다.

02

2013년 5월 18일(성령강림 대축일 전야) | 성 베드로 광장

교회 내 운동단체, 새로운 공동체, 협회 및 평신도 단체들에게

질문 1

"그리스도교의 진리는 매력적이고 설득력이 있습니다. 그리스도께서 인간 전체의, 그리고 모든 인간의 유일한 구원자이심을 확신에 찬 방식으로 선포하면서 인간 실존의 깊은 필요에 응답하기 때문이지요." 교종님, 이러한 교종님의 말씀은 저희에게 깊은 감동을 주었습니다. 그 말씀은 저희 각자가 특히 신앙의 해에, 그리고 오늘 저녁 저희를 이리로 데려온 이 순례에서 살고자 하는 체험을 직접적이고 근원적인 방식으로 표현해 주고 있습니다. 저희는 신앙을 새롭게 하고 신앙을 견고하게 하며 신앙을 강화하기 위해 교종님 앞에 모여 왔습니다. 신앙이 단 한 번으로 영원히 충분할 수는 없다는 것을 저희는 알고 있습니다. 베네딕토 16세께서 「신앙의 문」에서 말씀하셨듯이 "신앙은 명백한 전제가 아닙니다." 이 말씀은 세상에만, 다른 사람들에게만, 우리가 살아온 전통에만 관련된 것은 아니지요. 이 말씀은 무엇보다 우선 저희 각자에게 관련된 것입니다. 신앙이 새로움의 싹이요, 변화의 시작이라는 것을 알아차린 적이 너무도 많지만 그러고도 삶 전체를

거는 일은 힘겨워합니다. 신앙은 우리의 앎과 행위 전체의 기원이 되지요.

성하, 성하께서는 살아오시면서 어떻게 신앙에 대한 확신에 이를 수 있었는지요? 그리고 저희 각자가 신앙의 나약함을 극복할 수 있도록 어떤 길을 제시해 주시겠습니까?

질문 2

교종님, 저의 체험은 일상생활의 다른 많은 체험과 같은 것입니다. 저는 노동 현장에서 다른 사람들과 접촉하면서 신앙을 주님과의 만남에서 받은 선善에 대한 진지한 증언으로 살아가려고 합니다. 저희는 저희에게 생명을 주신 신비스러운 사랑을 입은 '하느님의 생각들'이지요. 저는 학교에서 가르치고 있는데 이러한 의식이 저에게 제 학생들과 동료 교사들에게 열성을 쏟도록 동기를 부여해 줍니다. 저는 많은 사람이 삶과 그 삶의 커다란 질문들이 자주 모든 것을 소유하고 싶어 하다가 영원히 만족하지 못한 채로 남거나 아무 의미도 갖지 못하는 허무주의에 빠지는 사람의 물질주의로 떨어지고 마는 수많은 개인적 여정에서 행복을 추구하는 것을 자주 봅니다. 저는 개인적 만남을 통해, 그리고 공동체와 한 민족에게 이루어지는 신앙의 제안이 어떻게 우리 시대의 남녀 인간의 마음에 도달할 수 있을지 궁금합니다.

우리는 무한자를 위해 창조되었습니다. "위대한 것들에 인생을 거십시오!" 교종님께서는 최근에 이렇게 말씀하셨지요. 그렇지만 우리와 우리 젊은이들 주변의 모든 것은 평범하고 즉각적인 답변들로 만족해야 한다고, 또 인간은 유한한 것에 적응하고 다른 것은 찾지 말아야 한다고 말하는 것처럼 보입니다. 종종 저희는 성령강림절 전야의 제자들처럼 겁을 먹지요.

교회는 우리를 새로운 복음화로 초대합니다. 여기 있는 우리는 모두 우리 경험의 핵심에 자리한 이 도전을 강하게 느낀다고 저는 생각합니다. 교종님, 그래서 저는 교종님께 저와 저희 모두가 우리 시대에 이 도전을 어떻게 살아가야 할지 이해하도록 도와주시라고 청하고 싶습니다. 교종님께서는 저희 모든 운동단체, 협회들과 공동체들이 저희가 이행하도록 불린 과제를 실행하기 위해 바라보아야 할 가장 중요한 것은 무엇이라고 보시는지요? 저희가 오늘날 어떻게 효과적으로 신앙을 전달할 수 있을까요?

질문 3

교종님, 교종 선출 후에 언론인들의 알현에서 성하께서 "가난한 사람들을 위한 가난한 교회를 저는 얼마나 원하는지요!" 하셨던 말씀을 감동으로 들었습니다. 저희 중 많은 사람이 애덕과 정의를 위한 활동에 종사하고 있습니다. 저희는 그러니까 인간이 고통을 받는 곳에 뿌리내린 그 교회의 현존에서 활동적 부분이지요. 저는 피고용인인데 가족이 있습니다. 그리고 할 수 있는 대로 개인적으로 가난한 사람들 가까이 머물고 그들을 돕는 일을 합니다. 하지만 그렇다고 해서 마음이 편한 것은 아닙니다. 마더 테레사와 함께 '모든 것은 그리스도를 위한 것'이라고 말할 수 있게 되고 싶습니다. 이 체험을 하도록 해 준 커다란 도움은 같은 목적에 종사하는 제 공동체의 형제자매들입니다. 이 일을 하면서 저희는 신앙과 기도에서 힘을 얻습니다. 필요는 큽니다. 교종님께서 저희에게 이것을 상기시켜 주셨지요. "세상에는 아직도 얼마나 많은 가난한 사람이 있고 이 사람들은 얼마나 큰 고통을 만나는지요." 하는 말씀으로요. 그리고 위기가 모든 것을 악화시켰습니다. 저는 여러 나라를 괴롭히고 유복한 세상에서도 드러난 가난을 생각합니다. 일자리의 부족을, 집단 이주 움직임을, 새로운 노예 상태를, 집이 없거나 일자리가 없는 많은 가족과 많은 노인과 많은 사람의 포기와 고독을 생각합니다.

교종님, 저는 교종님께 여쭙고 싶습니다. 저와 모든 사람이 어떻게 가난한 교회를, 그리고 가난한 사람들을 위해 살아갈 수 있을까요? 고통 받는 사람은 어떻게 해서 우리의 신앙에 하나의 질문이 되는지요? 저희 모두는 운동단체들, 평신도 단체들로서 공공 윤리와 발전 모델과 정치에, 요컨대 남자요 여자들이기의 새로운 방식에 영향을 주는 이 중대한 위기에 대응하기 위해 교회와 사회에 구체적이고 효과적인 어떤 기여를 할 수 있을까요?

질문 4

걸어가기, 건설하기, 고백하기. 움직이는 교회를 위한 성하의 이 '프로그램'-교종직을 시작하실 때의 강론을 들으면서 저는 적어도 그렇게 이해했는데요.-은 우리를 위로했고 재촉했습니다. 위로했다는 것은 우리가 그리스도교 공동체의 벗들 및 보편교회 전체와의 깊은 일치를 되찾았기 때문입니다. 재촉했다는 것은 어떤 의미에서 성하께서 그리스도께 대한 저희의 투신으로부터 시간과 피상성 속에 쌓인 먼지를 털어내라고 저희에게 강요하셨기 때문입니다. 하지만 저는 이 중 한 말씀이 저에게 불러일으킨 당혹감을 이겨내지 못한다는 것을 말씀드려야 하겠습니다. 그것은 고백하기입니다. 고백하기, 곧 신앙을 증언하기이지요. 저희는 조금 전에도 들었듯이 그 때문에 고통을 받는 우리의 많은 형제를 생각합니다. 미사에

2013년 5월 18일 새로운 공동체와 운동단체들 모임 | © vaticanmedia

가는 것은 목숨을 위태롭게 하는 것을 알기에 주일 아침에 미사에 갈 것인지 말 것인지를 결정해야 하는 사람을 생각합니다. 우리가 사는 세상의 여러 지역에서, 너무도 많은 지역에서 신앙 때문에 포위당하고 차별당한다고 느끼는 사람을 생각합니다. 이러한 상황 앞에서 저의 고백은, 저의 증언은 소심하고 서툰 것으로 보입니다. 저는 그 이상을 하고 싶습니다만 무엇을 할까요? 우리의 이 형제들의 정치사회적 상황을 바꾸기 위해 아무것도, 혹은 거의 아무것도 할 수 없으면서 그들을 어떻게 도와줄지, 그들의 고통을 어떻게 덜어 줄까요?

교종 프란치스코의 답변

모두 안녕하세요? 여러분을 만나게 되어 기쁘고, 기도하고 일치하여 성령의 선물을 기다리기 위해 이 광장에서 모인 것이 기쁩니다. 여러분의 질문을 알고 있었습니다.… 거기에 대해 생각했는데요. 그러니까 이건 제가 몰랐던 것이 아니지요! 먼저, 진리입니다! (원고를 쳐들며) 여기 씌어 있어요. 질문 – "살아오시면서 어떻게 신앙에 대한 확신에 이를 수 있었는지요? 그리고 저희 각자가 신앙의 나약함을 극복할 수 있도록 어떤 길을 제시해 주시겠습니까?" 하는 질문입니다. 역사적 질문이지요. 제 역사에, 제 삶의 역사에 관한 것이니까요!

제 이야기를 좀 하지요. 저는 단순하고 구체적으로 신앙을 살아가던 가정에서 크는 은총을 받았습니다. 특히 제 신앙 여정을 특징지어 주신 분은 저의 할머니였어요. 제 아버지의 엄마요. 할머니께서는 우리에게 예수님에 대해 말씀해 주시고 설명해 주시고 교리를 가르쳐 주시고 그랬던 분이지요. 전 항상 기억하는데, 성 금요일마다 저녁에 우리를 촛불 행렬에 데려가곤 하셨어요. 이 행렬의 끝에 누워 계신 예수님이 도착하셨고 우리 아이들은 무릎을 꿇고 있었는데 할머니는 우리에게 말씀하시곤 했지요. "얘들아, (예수님은) 돌아가셨단다. 하지만 내일 부활하신단다." 저는 최초의 그리스도 선포를 바로 이 여인에게서, 저의 할머니에게서 들었습니다. 이는 얼마나 아름다운 일인지요! 최초의 선포를 집에서 가족에게서 들은 것입니다!

이 사실은 저에게 신앙의 전달에 있어서 바로 수많은 어머니, 수많은 할머니의 사랑을 생각하게 합니다. 신앙을 전달하는 사람들은 바로 그들입니다. 이런 일은 초기에도 일어났었지요. 성 바오로가 디모테오에게 말하잖아요. "나는 그대의 어머니와 할머니의 신앙을 기억합니다"(2티모 1,5 참조). 여기 모인 모든 어머니 할머니는 이것을 생각하십시오. 신앙을 전달하는 것 말입니다. 왜냐면 하느님께서는 우리의 신앙 여정을 도와주는 사람들을 우리 곁에 두시기 때문입니다. 우리는 신앙을 추상적으로 보는 것이 아닙니다. 아니에요! 신앙은 항상 선포하는 사람, 예수님이 누구인지 우리에게 말해 주는 사람, 신앙을 전달해 주는 사람, 우리에게 최초의 선포를 하는 사람을 통해 옵니다. 이것이 제가 한 첫 신앙 체험이었습니다.

그런데 저에게 대단히 중요한 날이 있습니다. 1953년 9월 21일이었는데, 저는 17세였습니다. 학생 시절이었는데 우리에게는 봄이었지요. 여기 여러분에게는 가을이지만요.[1] 축제에 가기 전에 본당에 들렀는데 거기서 제가 알지 못하는 신부님을 만났습니다. 저는 고해성사를 볼 필요성을 느꼈는데 이것이 만남의 체험이었습니다. 저를 기다리는 누군가를 만난 것입니다. 무슨 일이 있었는지는 잘 모르겠습니다. 잘 기억나지 않습니다. 왜 제가 알지 못하는 그 신부님이 거기 있었는지도 모르고 왜 고해성사를 보고 싶어졌는지도 모릅니다. 분명한 사실은 누군가가 저를 기다리고 있었다는 것입니다. 그래서 어떻게 되었는지는 잘 모르겠고 잘 기억나지 않습니다. 그분은 오랫동안 그렇게 기다리고 있었고 고해성사 후 저는 뭔가 변했다는 느낌이 들었습니다. 저는 이전의 제가 아니었습니다. 저는 바로 어떤 목

1 아르헨티나에서는 9월 21일에 학생들의 날 축제가 열렸다.

소리를, 어떤 부르심을 들은 것 같았어요. 저는 사제가 되어야 한다는 것을 확신했습니다.

이런 신앙 체험은 중요합니다. 우리는 하느님을 찾아야 한다고, 그분께 가서 용서를 청해야 한다고 말하지요. 그런데 우리가 그분에게 갈 때 그분은 먼저 우리를 기다리십니다. 우리 스페인어에는 이를 잘 설명하는 말이 있어요. "주님은 우리보다 먼저다." 우리를 기다리고 계신다는 말이에요. 바로 그것은 큰 은총입니다. 우리를 기다리고 있는 누군가를 만난다는 것, 죄인으로 그분께 가지만 그분은 당신을 용서하시려고 기다리고 계십니다. 이것은 이스라엘의 예언자들이 말하기를 "주님은 아몬드 꽃과 같다"고 한 의미입니다. 봄에 처음 피는 꽃이지요(예레 1,11-12 참조). 다른 꽃들이 나오기 전에 그분은 먼저 계십니다. 우리를 기다리시는 건 그분이에요. 주님은 우리를 기다리시지요.

우리가 그분을 찾을 때 이 현실을 만나게 됩니다. 그분이 우리를 맞아들이시려고, 당신 사랑을 주시려고 우리를 기다리고 계시는 현실 말입니다. 이 사실이 우리 마음에 놀라움을 일으켜서 그렇게 신앙이 자라납니다. 한 사람과의 만남, 주님과의 만남으로써 신앙이 자라나는 것입니다. 어떤 사람은 이렇게 말하겠지요. "나는 차라리 신앙에 대해 책으로 공부를 하겠다." 물론 공부하는 것도 중요합니다. 그런데 조심하세요. 그것만으로는 충분치 않습니다. 중요한 것은 예수님과의 만남입니다. 그분과의 그 만남이 신앙을 줍니다. 바로 그분이 당신에게 신앙을 주기 때문이에요!

여러분은 또 신앙의 나약함에 대해서도 말했는데, 신앙의 나약함을 어떻게 극복할 것인가 하는 것이지요. 나약함을 가져오는 가장 큰 원수는 -신기하지요?- 두려움입니다. 하지만 두려워하지 마십시오. 우리는 약합니다, 잘 알고 있어요. 하지만 그분은 더 강하십니다. 그분과 함께라면 문제가 없어요! 어린이는 극히 약하지요. 오늘 저는 많은 어린이를 보았습니다. 그런데 아빠랑 엄마랑 함께 있었어요. 그러니까 안전한 거죠! 주님과 함께 있으면 우리는 안전합니다. 신앙은 주님과 함께할 때, 주님의 손에서 자라납니다. 그것이 우리를 자라나게 하고 우리를 강하게 합니다. 우리가 우리 스스로 해 나갈 수 있다고 생각한다면 베드로를 생각해 봅시다. 베드로가 어떻게 되었지요? "주님, 저는 주님을 결코 배반하지 않겠습니다!"(마태 26,33-35 참조) 그런 다음 닭이 울었어요. 세 번이나 주님을 부인한 거예요!(69-75절 참조)

이것을 생각합시다. 우리 자신을 너무 믿을 때 우리는 가장 약합니다. 가장 약해요. 항상 주님과 함께예요! "주님과 함께"라고 하는 것은 "성체와 함께, 성경과 함께, 기도로… 그분과 함께"라고 하는 말입니다. 또한 가족 안에서도, 어머니와 함께이기도 한데, 어머니가 우리를 주님께 데려가기 때문입니다. 어머니예요. 어머니는 모든 것을 아십니다. 그러므로 성모님께도 기도합시다. 엄마로서 나를 강하게 해 주시라고 청합시다. 이것이 제가 나약함에 대해 생각하는 것입니다. 적어도 제 체험으로요. 저를 강하게 하는 것 하나는 매일 성모님께 묵주기도를 하는 것입니다. 저는 아주 큰 힘을 느낍니다. 성모님께 가기 때문이고 저는 강해짐을 느낍니다.

두 번째 질문으로 넘어갑시다.

"여기 있는 우리는 모두 우리 경험의 핵심에 자리한 이 도전을 강하게 느낀다고 저는 생각합니다. 교종님, 그래서 저는 교종님께 저와 저희 모두가 우리 시대에 이 도전을 어떻게 살아가야 할지 이해하도록 도와주시라고 청하고 싶습니다. 교종님께서는 저희 모든 운동단체, 협회들과 공동체들이 저희가 이행하도록 불린 과제를 실행하기 위해 바라보아야 할 가장 중요한 것은 무엇이라고 보시는지요? 저희가 오늘날 어떻게 효과적으로 신앙을 전달할 수 있을까요?"

저는 단순하게 세 단어를 말하고자 합니다.

첫째는 예수입니다. 가장 중요한 말은 예수입니다. 우리가 조직이나 뭐, 그런 많은 것을 가지고 일한다면 뭐 좋은 것이지요. 하지만 예수님이 없다면 안 됩니다. 그래서는 안 되는 것입니다. 예수가 가장 중요합니다. 이제 작은 꾸지람을 하나 할까 합니다. 우리 사이에 형제적으로 하는 꾸지람입니다. 여러분 모두 이 광장에서 "프란치스코, 프란치스코, 교종 프란치스코…" 하고 외칩니다. 그런데 예수님은 어디 계시나요? 저는 여러분이 "예수!" 하고 외치기를 바랐습니다. "예수, 예수! 예수님은 주님이시고 바로 여기 우리 사이에 계신다!" 하고 말입니다. 이제부터, 여기서부터 결코 "프란치스코!" 하지 말고 "예수!" 하고 외치기입니다!

두 번째 단어는 기도입니다. 하느님의 얼굴을 바라보기입니다. 무엇보다 -이것은 제가 전에 말했던 것과 연결되는데요- 그분이 우리를 바라보심을 느끼는 것입니다. 그분은 우리를 바라보십니다. 그분이 먼저 우리를 바라보셔요. 저의 체험은 감실 앞에서 경험하는 것입니다. 저는 저녁에 감실 앞에서 주님께 기도하러 가는데, 가끔은 주님 앞에서 조금 잠이 들어요. 진짜예요. 하루 동안의 피로가 졸음을 불러오니까요. 주님은 저를 이해하십니다. 하지만 어느 순간 그분이 저를 바라보신다고 여길 때 무척 위로가 돼요. 우리는 기도해야 한다고 생각하면서 말하고, 말하고, 말하고… 그러지요. 아닙니다! 그냥 주님이 자신을 바라보시도록 두세요. 그분이 우리를 바라보실 때는 우리에게 힘을 주시고 우리가 당신을 증언하도록 도와주셔요. 질문은 지금 증언에 관한 것이었잖아요?

첫 번째로 예수, 두 번째로 기도입니다. 하느님이 우리를 손으로 붙들고 계심을 느끼지요. 그분이 인도하시도록 두는 일의 중요성입니다. 복음화하는 사람에게 중요한 것은 하느님이 인도하시도록 하는 것입니다. 우리는 하느님께서 인도하시도록 할 때 참된 복음화의 일꾼입니다. 베드로를 생각해 봅시다. 어쩌면 점심 후 한숨 자고 있을 때였는지도 모르지요. 그때 환시를 봅니다. 여러 동물이 들어 있는 보자기를 본 환시 말이에요. 예수님이 그에게 뭐라고 말씀하셨지만 그는 알아듣지 못했지요. 그때 히브리 사람들이 아닌 사람들 몇이 어떤 집에 가자고 그를 부르러 왔지요. 그런데 그는 성령께서 이미 거기 계시는 것을 보지요. 베드로는 이방인들의 첫 복음화에 도달하기 위해 예수님이 자기를 인도하시도록 했지요. 히브리인이 아니었어요. 당시로서는 상상할 수도 없는 일이었지요. 모든 역사가 그랬습니다. 예수님께서 인도하시도록 하는 것입니다. 우리의 리더는 바로 예수님이십니다.

세 번째는 증언입니다. 첫 번째는 예수, 두 번째는 기도, 곧 예수님께 인도되기, 세 번째는 증언입니다. 여기서 좀 덧붙이고 싶은 것이 있는데요. 이렇게 예수님께서 인도하시도록 하면 예수님의 놀라운 일들로 인도된다는 것입니다. 우리는 복음화를 책상에 앉아 전략을 짜고 계획을 세우면서 하는 것으로 생각할 수 있습니다. 그런데 그것은 하나의 도구이지요. 하나의 작은 도구. 그것도 중요해요. 하지만 예수님께서 인도하시도록 하는 것이 먼저고 전략을 짜는 것은 이차적입니다.

마지막으로, 증언입니다. 신앙의 전달은 오직 증언으로만 할 수 있습니다. 사랑으로 하는 증언입니다. 우리의 관념으로가 아니라 자기 삶에서 살아가는 복음을 통해서입니다. 성령께서 안으로부터 살게 하는 복음, 마치 성령과 우리 사이의 시너지처럼, 이것이 증언을 하게 합니다. 교회 안에서 성인들이 한 것이 증언입니다. 요한 바오로 2세도 베네딕토 16세도 말씀하셨듯이 교회는 이 증언을 크게 필요로 합니다. 교사보다는 증인을 필요로 한다고요. 말을 많이 하기보다 삶 전체를 통해 말하는 것입니다. 삶의 일관성, 바로 삶의 일관성이에요! 그리스도교 신앙을 하나의 사회적 사실로서가 아니라, 나를 다른 사람들에게로 인도하는 예수님과의 만남으로 살아가는 삶의 일관성입니다. 사회적으로 우리는 그렇지요. 우린 우리 안에 갇힌 그리스도인들이 아닙니다, 아니에요! 증언입니다!

세 번째 질문

"교종님, 저는 교종님께 여쭙고 싶습니다. 저와 모든 사람이 어떻게 가난한 교회를, 그리고 가난한 사람들을 위해 살아갈 수 있을까요? 고통 받는 사람은 어떻게 해서 우리의 신앙에 하나의 질문이 되는지요? 저희 모두는 운동단체들, 평신도 단체들로서 공공윤리와 발전 모델과 정치에, 요컨대 남자요 여자들이기의 새로운 방식에 영향을 주는 이 중대한 위기에 대응하기 위해 교회와 사회에 구체적이고 효과적인 어떤 기여를 할 수 있을까요?"

증언에서 다시 이야기를 시작하겠습니다. 무엇보다 먼저 복음을 사는 것이 우리가 제공할 수 있는 주된 기여입니다. 교회는 정치적 운동이 아니고, 잘 조직된 구조도 아닙니다. 그게 아니에요. 우리는 비정부기구 NGO가 아닙니다. 교회가 NGO가 될 때는 소금을 잃어버리게 되지요. 짠맛이 없어지고 그저 하나의 공허한 조직일 뿐이지요.

이 점에 있어 여러분은 영리해야 합니다. 악마가 우리를 속이기 때문이고, 효율주의의 위험이 있기 때문이에요. 예수님을 선포하는 것과 효율은, 효율적이라는 것은 별개의 것입니다. 아니, 그건 다른 가치예요. 교회의 가치는 근본적으로 복음을 사는 것이고 우리 신앙의 증언을 제공하는 것입니다. 교회는 땅 위의 소금이요 빛이며 사회 안에 하느님 나라의 누룩으로 존재하도록 부름받았습니다. 그리고 무엇보다 먼저 증언으로써, 곧 형제적 사랑과 연대와 나눔의 증언으로써 이를 행합니다.

어떤 사람들이 연대는 가치가 아니고 사라져야 할 하나의 '우선적인 태도'라고 하는 말들을 들을 때면… 그건 안 됩니다! 오로지 세속적이기만 한 효율성을 생각하는 거예요. 지금 우리가 살고 있는 것과 같은 위기의 순간들을 -그런데 당신은 앞에서 "우리는 거짓의 세상에 살고 있다"고 말했지요- 주의합시다. 이 위기의 순간은 오로지 경제적 위기에 있는 것이 아닙니다. 문화적 위기가 아닙니다. 그것은 인간의 위기이지요. 위기에 처한 것은 인간이에요! 파괴될 수 있는 것은 인간입니다!

그런데 인간은 하느님의 모상입니다! 그래서 그것은 깊은 위기입니다! 이 위기의 순간에 우리는 문제들 앞에서 우리 자신만을 염려하고 고독과 낙담과 무력감 속에 들어앉아 문을 닫고 있을 수는 없습니다. 문을 닫고 들어앉아 있지 마세요, 제발! 그건 위험합니다. 친구들과 본당 안에, 같은 것을 생각하는 사람들과 운동단체 안에… 우리는 들어앉아 문을 닫고 있지요. 그런데 그러다가 무슨 일이 생기는지 아세요?

교회가 닫혀 있으면 병이 납니다. 일 년 동안 닫아 놓은 방을 생각해 보세요. 냄새도 나고 습기로 눅눅하고, 많은 것이 엉망이죠.… 닫힌 교회도 마찬가지입니다. 그건 병든 교회예요. 교회는 자기 자신에게서 나가야 합니다. 어디로? 실존적 변두리를 향해, 어떤 변두리건 간에 나가야 합니다. 예수님도 말씀하셨지요. "세상 끝까지 가시오, 가시오! 가서 복음을 선포하시오! 복음을 증언하시오!"(마르 16,15 참조) 하고요. 그런데 자기 자신에게서 나가면 어떤 일이 벌어지지요? 집 밖으로 나가서 길을 가는 모든 사람에게 일어날 수 있는 일들이 일어날 수 있습니다. 다시 말해 사고가 날 수 있어요. 여러분에게 말하건대, 저에게는 자기 안에 갇혀 병이 난 교회보다는 밖으로 나갔다가 사고가 난, 사고를 당한 교회가 천배나 낫습니다! 밖으로 나가십시오, 나가십시오!

묵시록이 하는 말도 생각해 보세요. 묵시록은 멋진 말을 하지요. 예수님께서 문 앞에 계시면서 부르신다고, 우리 마음속으로 들어오시려고 부르신다고요(묵시 3,20 참조). 이것이 묵시록의 의미입니다. 여러분 자신에게 이런 질문을 해 보세요. 예수님께서는 안에 계시면서 나가시려고, 밖으로 나가시려고 문을 두드리시는데, 우리는 자주, 우리를 하느님의 자유로운 자녀들이 아니라 그저 노예로 만드는 데나 쓰일 뿐인 쇠락한 구조 안에 갇혀 있기에 우리의 안전을 위해 그분을 나가시지 못하게 하는 경우가 얼마나 많은지요?

이 '나감'에서는 만나러 가는 것이 중요합니다. 이 단어는 저에게는 대단히 중요한데, 곧 다른 사람들과의 만남입니다. 왜냐고요? 왜냐면 신앙은 예수님의 만남이고 우리는 예수님이 하시는 것과 똑같은 것을 해야 하기 때문인데, 그것은 바로 다른 사람들과의 만남이에요. 우리는 부딪침(충돌)의 문화를, 파편화의 문화를, 나에게 필요치 않은 것은 내버리는 문화를, **버림의 문화**를 살고 있습니다. 이 점에 대해 저는 여러분에게 한 백성의 지혜인 노인들과 어린이들을… 생각해 보도록 -이건 위기의 한 부분인데- 권고합니다. 버림의 문화를요!

우리는 (다른 사람들을) 만나러 가야 하고 우리의 신앙을 통해 **'만남의 문화'**를, **우정의 문화**를, 형제들을 발견하는 문화, 우리처럼 생각하지 않는 사람들과도, 다른 신앙을 가진, 같은 신앙을 가지지 않은 사람들과도 이야기할 수 있는 문화를 창조해야 합니다. 모든 사람에게는 우리와 공통된 어떤 것이 있지요. 곧 그들은 하느님의 모상이고 하느님의 자녀들입니다. 우리의 소속을 타협하는 일 없이 모든 사람을 만나러 가는 것입니다.

또 다른 점이 중요합니다. 가난한 사람들[과의 만남]입니다. 우리가 우리 자신에게서 나가면 가난을 발견합니다. 오늘날 -이 말을 하는 건 마음이 아픈데- 오늘날 추위로 얼어 죽은 떠돌이를 발견하는 것은 뉴스거리가 아닙니다. 아마도 어떤 스캔들이 뉴스겠지요. 스캔들, 아, 그것이 뉴스라고요! 오늘날 많은 어린이가 먹을 것이 없다고 생각하는 것은 뉴스거리가 아닙니다. 이건 심각합니다, 이건 심각해요! 우리는 맘 편히 있을 수 없다고요!

하지만 사정이 그렇습니다. 우리는 풀 먹인 빳빳한 그리스도인들이 될 수는 없습니다. 편안하게 차를 마시며 신학적인 것들을 이야기하는 지나치게 교양 있는 그 그리스도인들 말이에요. 아닙니다! 우리는 용감한 그리스도들이 되어야 하고 바로 그리스도의 살肉인 사람들을 찾으러 가야 합니다. 그리스도의 살肉인 그 사람들을요!

저는 고해성사를 주러 갈 때, 여기서는 못 하지만요. 여기서는 고해성사 주러 나갈 수가 없잖아요. 전에 있던 교구에서 고해성사를 줄 때 사람들이 오면 저는 항상 이런 질문을 했어요. "애긍을 하십니까?" "예, 신부님!" "좋아요, 좋아요." 그리고 또 두 가지를 더 묻습니다. "애긍을 할 때 그 애긍을 받는 사람의 눈을 바라보시는지 좀 말해 줄래요?" "아, 모르겠는데요. 알아차리지 못했어요…" 두 번째 질문은 이렇습니다. "애긍할 때 그 애긍을 받는 사람의 손을 만집니까, 아니면 그냥 동전을 던집니까?"

문제는 이것입니다. 곧 그리스도의 살, 그리스도의 몸을 만지는 것이에요. 우리가 가난한 이들의 고통을 짊어지는 것입니다. 우리 그리스도교 신자들에게 있어서 가난은 사회학적이거나 철학적이거나 문화적인 범주가 아닙니다. 아니에요. 가난은 신적인 범주입니다. 어쩌면 첫 번째 범주라고 말하고 싶습니다. 그 하느님, 하느님의 아들이 우리와 함께 길을 걸으시려고 자신을 낮추시어 가난하게 되셨기 때문입니다. 이것이 우리의 가난입니다. 곧 그리스도께서 육화를 통해 우리에게 가져다주신 그분 몸의 가난인 것입니다. 가난한 사람들을 위한 가난한 교회는 그리스도의 몸(살)을 향해 가기 시작합니다.

우리가 그리스도의 살을 향해 간다면 뭔가 이해하기 시작합니다. 이 가난이, 주님의 가난이 뭔지를 이해하기 시작하는 거예요. 이것은 쉬운 일이 아닙니다. 그런데 그리스도인들에게 도움 되지 않는 문제가 하나 있지요. 곧 세상의 정신, 세속 정신, 영적 세속성이 그것입니다. 이것은 우리를 자만하도록, 예수님의 정신이 아니라 세상의 정신을 살도록 이끌어 갑니다. 여러분이 했던 질문은 공공윤리, 발전 모델, 정치를 건드리는 이 위기를 대면하기 위해서는 어떻게 살아야 할지 하는 것이었습니다. 이는 인간의 위기이기 때문에, 인간을 파괴하는 위기이기 때문에 인간에게서 윤리를 벗겨 내 버리는 위기입니다. 공공의 삶에서 윤리가 없다면, 준거할 윤리가 없다면 모든 것이 가능하고 모든 것을 할 수가 있지요. 신문을 보면 공공의 삶에서 윤리의 결핍이 온 인류에게 얼마나 해를 끼치는지를 알게 됩니다.

여러분에게 이야기를 하나 해 드리고 싶어요. 저는 이 주간에 벌써 두 번 이 이야기를 했는데, 여러분에게 세 번째로 하겠습니다. 12세기 랍비의 성경 미드라쉬가 들려준 이야기입니다. 랍비는 바벨탑 건설 이야기를 하는데, 바벨탑을 쌓기 위해서는 벽돌을 만들 필요가 있었다고 말합니다. 이건 무슨 뜻일까요? 가서 진흙을 이기고 짚을 가져오고 그 모든 것을 하고… 그러고 나서 화덕에 넣는 것을 뜻합니다. 그리고 벽돌이 만들어지면 바벨탑을 쌓기 위해 위로 가져가야 했지요. 벽돌을 만들기 위해 필요했던 그 모든 노동을 생각하면 벽돌 하나는 보물이었어요. 벽돌 하나가 떨어지면 국가적 비극이었고 그것을 떨어뜨린 노동자는 벌을 받았습니다. 벽돌 하나가 너무도 소중해서 그것이 떨어지면 그건 중대사였던 거지요. 하지만 노동자 한 사람이 떨어지면 아무 일도 일어나지 않았습니다. 그건 다른 일이었어요. 이런 일이 오늘날에도 일어납니다. 은행 투자가 좀 떨어지면… 비극이죠. 어떡하죠? 하지만 사람들이 굶어 죽으면, 먹을 것이 없으면, 건강이 없으면, 아무것도 하지 않아요! 이것이 오늘날 우리의 위기입니다! 가난한 사람들을 위한 가난한 교회의 증언은 이런 사고방식을 거슬러 갑니다.

네 번째 질문

"… 너무도 많은 지역에서 신앙 때문에 포위당하고 차별당한다고 느끼는 사람을 생각합니다. 이러한 상황 앞에서 저의 고백은, 저의 증언은 소심하고 서툰 것으로 보입니다. 저는 그 이상을 하고 싶습니다만 무엇을 할까요? 우리의 이 형제들의 정치사회적 상황을 바꾸기 위해 아무것도, 혹은 거의 아무것도 할 수 없으면서 그들을 어떻게 도와줄지, 그들의 고통을 어떻게 덜어 줄까요?"

복음을 선포하기 위해서는 두 가지의 덕이 필요한데 그것은 용기와 인내입니다. 그들[고통 받는 그리스도인들]은 인내의 교회 안에 있습니다. 그들은 고통을 받고 있으며 교회의 초세기보다 오늘날 더 많은 순교자가 있습니다. 더 많은 순교자가 있다고요! 우리 형제요 자매들입니다. 그들이 고통 당하고 있어요. 그들은 순교에 이르기까지 신앙을 간직하고 있습니다. 하지만 순교는 결코 패배가 아닙니다. 순교는 우리가 주어야 하는 증언의 가장 높은 단계입니다.

우리는 순교를 향한 여정에 있습니다. 작은 순교자들이지요. 이것을 포기하고 저것을 하면서…, 하지만 우리는 여정 중에 있어요. 그들은 가엾게도 생명을 내줍니다. 하지만 –우리가 파키스탄의 상황을 들었듯이– 예수님을 증언하면서 예수님께 대한 사랑으로 생명을 내줍니다. 그리스도인은 항상 이 온유의 태도를, 겸손의 태도를, 바로 그들이 예수님을 신뢰하면서, 예수님께 의탁하면서 지닌 태도를 지녀야 합니다.

이런 갈등의 기원은 종교적인 것이 아닌 경우가 많다는 사실을 밝힐 필요가 있습니다. 곧 사회적이고 정치적인 형태의 다른 원인들이 있는데, 불행하게도 종교적 외양이 불에다 석유를 붓는 것처럼 이용되고 있는 것입니다. 그리스도인은 항상 악에 선으로 응답할 줄 알아야 합니다. 자주 그것이 어렵더라도 말입니다. 우리는 그들에게, 이 형제자매들에게 우리가 그들의 처지에 깊이 결속해 있다는 것을 -깊이 결속해 있다는 것을!-, 그들이 '인내 안으로 들어간' 그리스도인들이라는 것을 우리가 알고 있다는 것을 들려주고자 합니다. 예수님께서 수난을 향해 나아가실 때 그분은 인내 안으로 들어가십니다. 그들은 인내 안으로 들어갔습니다. 그것을 그들에게 알려 주고 주님께도 알려 드리는 것입니다.

여러분에게 질문 하나 하겠습니다. 이 형제들과 이 자매들을 위해 기도하십니까? 여러분은 그들을 위해 기도하세요? 매일의 기도 안에서 기도하세요? 지금 저는 기도하는 사람은 손을 들어 보라고 하지는 않겠습니다. 안 할게요. 그렇게 요청하지는 않아요, 지금은. 하지만 그것을 잘 생각해 보세요. 매일의 기도 안에서 예수님께 이렇게 말합시다. "주님, 큰 고통을 받는 이 형제를 보십시오, 이 자매를 보십시오. 큰 고통을 받고 있는!"

그들은 경계 체험을, 바로 삶과 죽음 사이의 경계 체험을 하고 있습니다. 우리에게도 그렇습니다. 곧 이 체험은 모든 이에게 종교의 자유를 증진하도록 우리를 움직여 가야 합니다. 모든 이에게요! 모든 남녀 인간은 어떤 종교적 신앙이 됐건 간에 자신의 종교적 신앙 안에서 자유로워야 합니다. 왜 그렇죠? 그 남자, 그 여자는 하느님의 자녀이기 때문입니다.

이렇게 해서 여러분의 질문에 뭔가 말했다고 믿습니다. 너무 길었다면 죄송합니다. 대단히 감사합니다! 여러분에게 감사드리고 이것을 잊지 마세요. 닫힌 교회는 결코 안 되며 밖으로 나가는 교회, 실존의 변두리로 가는 교회여야 한다는 것을요. 주님께서 우리를 저 아래로 인도하시기를. 감사합니다.

03

2013년 5월 19일(성령강림 대축일) | 협회 및 평신도 단체들과 함께한 미사 강론

교회 내 운동단체들, 새로운 공동체들

[굵은 글씨의 강조는 『프란치스코의 가르침』 원문의 것]

사랑하는 형제자매 여러분,

이날 우리는 전례 안에서 부활하신 그리스도께서 당신 교회 안에 이루어 주신 성령의 강림을 관상하고 다시 체험합니다. 이는 예루살렘의 다락방을 가득 채우고 이어서 온 세상으로 퍼져 나간 은총의 사건입니다.

그런데 우리에게서 까마득히 먼, 그럼에도 우리 마음 깊숙한 곳까지 도달할 정도로 가까운 그날 무슨 일이 벌어졌나요? 성 루카는 우리가 들은 사도행전의 구절(2,1-11)에서 답을 제공합니다. 복음사가는 사도들이 모여 있는 예루살렘의 2층 방으로 우리를 데려갑니다. 가장 먼저 우리 눈에 띄는 요소는 갑자기 하늘에서 들려오는 굉음입니다. "하늘에서 거센 바람이 부는 듯한 소리"가 온 집안을 가득 채우고 또 "불꽃 모양의 혀들"이 나타나 갈라지면서 각 사도 위에 내려앉았습니다. 굉음과 불타는 혀들은 외적으로만이 아니라 사도들의 가장 깊은 내면에도, 곧 그들의 정신과 마음까지도 영향을 주는 정확하고 구체적인 표징입니다. 그 결과 "그들은 모두

성령으로 가득 차"게 된 것인데, 이는 저항할 수 없는 그들의 역동성을 터뜨려 놀라운 결과를 낳았습니다. 사도들이 "성령께서 표현의 능력을 주시는 대로 다른 언어들로 말하기 시작"하였던 것입니다. 이제 많은 군중이 모여 각자 사도들이 자신의 언어로 말하는 것을 들으며 경이로움에 가득 차 있는 전혀 예상치 못한 그림이 우리 앞에 펼쳐집니다. 모두가 이전에는 없었던 새로운 경험을 하게 됩니다. "우리는 저마다 자기가 태어난 지방 말로 듣고 있습니다." 그들은 무엇에 대해 이야기할까요? "하나님의 위대한 업적"에 대해서입니다.

사도행전의 이 구절에 비추어 저는 성령의 활동과 관련된 세 가지 단어, 곧 새로움, 조화, 사명 수행(선교)에 대해 묵상해 보고자 합니다.

1

새로움은 항상 우리를 조금 두렵게 합니다. 모든 것을 스스로 통제하고, 우리의 계획, 우리의 안전, 우리의 취향에 따라 우리가 삶을 건설하고, 계획하고, 설계한다면 더 안전하다고 느끼기 때문이지요. 그런데 이런 일은 하느님에 대해서도 마찬가지입니다. 우리는 자주 그분을 따르고 그분을 맞이해 들이지만 어느 지점까지입니다. 온전한 신뢰로 그분께 우리 자신을 내맡기면서 우리의 모든 선택에서 성령께서 영혼이 되시고 우리 삶의 인도자가 되도록 두는 것은 우리에게 어렵습니다. 우리는 하느님께서 우리에게 새로운 길을 가게 하시는 것을, 당신의 지평으로 우리를 열어 주시려고 흔히 제한적이고 폐쇄적이고 이기적인 우리의 지평에서 나가게 하시는 것을 두려워합니다. 하지만 구원사 전체를 통하여 하느님께서 자신을 계시하실 때는 새로움을 가져오시고 -하느님께서는 항상 새로움을 가져오십니다- 변화시키시며 온전히 당신을 신뢰하도록 요구하십니다. 노아는 모든 사람의 비웃음을 받으며 방주를 만들고 구원받으며, 아브라함은 약속 하나만을 손에 쥐고 고향을 떠납니다. 모세는 파라오의 권력에 맞서 백성들을 자유로 인도합니다. 그리고 두려움에 떨며 다락방에 들어앉아 있던 사도들은 담대히 복음을 전하러 나갑니다.

이는 새로움을 위한 새로움이 아니며, 우리 시대에 흔히 그러하듯 지루함을 극복하기 위해 새로운 것을 찾는 것이 아닙니다. 하느님께서 우리 삶에 가져다주시는 새로움은 참으로 우리를 실현해 주는 것이고 우리에게 참된 기쁨과 참된 평온을 주는 것입니다. 하느님은 우리를 사랑하시고 오로지 우리의 선익만을 원하시기 때문입니다. 오늘 우리 자신에게 물어봅시다. 우리는 '하느님의 놀라움'에 열려 있습니까? 혹은 두려움으로 성령의 새로움에 우리 자신을 닫습니까? 우리는 하느님의 새로움이 우리에게 제공하는 새로운 길을 갈 용기가 있습니까, 아니면 받아들일 능력을 잃은 케케묵은 구조에 갇혀 우리 자신을 방어하고 있습니까? 하루 종일 이 질문들을 자신에게 하는 것이 우리에게 유익할 것입니다.

2

두 번째 생각: 성령은 겉보기에 교회에 무질서를 가져오는 것처럼 보입니다. 은사들의, 은총의 선물들의 다양성을 가져오시기 때문입니다. 하지만 성령의 활동 아래서 이 모든 것이 커다란 부요함인데, 성령은 획일성을 의미하지 않고 모든 것을 **조화**로 되돌리는 일치의 영이시기 때문입니다. 교회 안에서 조화는 성령께서 이루십니다. 교부 중 한 분이 제가 아주 좋아하는 이런 표현을 했습니다. 성령께서는 "그 자신이 조화이시다ipse harmonia est."라고요. 그분은 바로 조화이십니다. 그분만이 다양성을, 다수성을, 다중성을 불러일으킬 수 있고 동시에 일치를 이루실 수 있습니다. 여기에서도 다양성을 이루고자 하는 것이 우리일 때, 우리의 특정주의, 배타주의 안에 갇힐 때 우리는 분열을 가져옵니다. 그리고 인간적 계획에 따라 일치

를 이루고자 하는 것이 우리일 때는 획일성, 동질화를 가져오는 것으로 끝나고 맙니다. 그와 달리 성령께서 우리를 인도하시도록 하면 풍요로움, 다채로움, 다양성은 결코 갈등이 되지 않습니다. 그분은 우리에게 다양성을 교회의 친교 안에서 살도록 촉구하기 때문입니다.

특별한 은사와 직무를 가진 목자들의 인도를 받아 교회 안에서 함께 걸어가는 것은 성령의 활동이 지닌 표지입니다. 그리고 교회성은 모든 그리스도인의, 모든 공동체의, 모든 운동단체의 근본적인 특징입니다. 나를 그리스도에게로, 나를 그리스도에게로 인도하는 것은 교회입니다. (교회와) 평행하게 가는 길은 대단히 위험합니다! 교리와 교회공동체를 넘어서 가는 proagon 모험을 할 때 -사도 요한은 그의 두 번째 서신에서 이렇게 말하는데- 그 안에 머물지 않으며 예수 그리스도의 하느님과 일치하지 않습니다 (2요한 9절 참조). 그렇다면 우리 자신에게 물어봅시다. 나는 모든 배타주의를 극복하면서 성령의 조화에 열려 있는가? 나는 교회 안에서 교회와 함께 살면서 그분께 인도받고 있는가?

3

마지막 점입니다. 고대 신학자들은 이렇게 말하곤 했지요. 영혼은 일종의 돛단배이고, 성령은 그 돛단배를 앞으로 나아가게 하고자 돛에 부는 바람이며, 바람의 충동과 추진력은 성령의 선물이라고요. 성령의 추진력 없이는, 성령의 은총 없이는 우리는 앞으로 나아가지 못합니다. 성령께서는 우리를 살아 계신 하느님의 신비 안으로 들어가게 하시며 영지주의적 교회와 자기 울타리 안에 갇혀 있는 자기준거적 교회의 위험에서 우리를 구해주십니다. 그리고 밖으로 나가기 위해, 복음의 선한 삶을 선포하고 증언하기 위해, 신앙의 기쁨, 그리스도와의 만남의 기쁨을 전달하기 위해 문을 열도록 우리를 밀어 가십니다. 성령은 **사명 수행(선교)**의 영혼이십니다. 거의

2천 년 전 예루살렘에서 일어난 일은 우리에게서 멀리 떨어진 사실이 아니라 우리에게 닿아 있는 사실이며, 우리 각자에게 생생한 경험이 됩니다. 예루살렘 다락방의 오순절(성령강림)은 시작입니다. 계속 이어지게 되는 시작입니다. 성령은 부활하신 그리스도께서 사도들에게 주신 탁월한 선물이지만, 그분은 성령이 모든 사람에게 도달하기를 원하십니다. 우리가 복음에서 들었듯이 예수님께서는 이렇게 말씀하십니다. "내가 아버지께 청하면, 아버지께서는 다른 보호자(파라클리토)를 너희에게 보내시어, 영원히 너희와 함께 있도록 하실 것이다"(요한 14,16). 복음을 전하면서 세상의 길을 걸을 수 있도록 용기를 주시는 분은 바로 '위로자'이신 파라클리토(보호자) 성령이십니다! 성령은 우리에게 지평을 보게 하시고 예수 그리스도의 삶을 선포하기 위해 실존적 변두리로 우리를 재촉해 가십니다. 우리에게 문을 닫고 자신 안에, 우리 집단 안에 들어앉아 있으려는 경향이 있는지, 혹은 성령께서 우리를 선교에 열어 주시도록 하는지 우리 자신에게 물어봅시다. 오늘 이 세 단어, 새로움, 조화, 사명 수행을 기억합시다.

오늘의 전례는 성령 파견을 새롭게 해 주시도록 교회가 예수님과 함께 아버지께 바쳐 올리는 위대한 기도입니다. 우리 각자가, 각 단체가, 각 운동단체가 교회의 조화 안에서 아버지께 이 선물을 청하기 바랍니다. 오늘도 교회는 탄생의 순간에 그러했듯이 마리아와 함께 기도합니다. "오소서, 성령이여Veni Sancte Spiritus! 당신 신자들의 마음을 채우시고 그들 안에 당신 사랑의 불을 놓으소서!" 아멘.

04

2013년 6월 6일 | 바티칸 집무실

라틴아메리카 수도자 연합회CLAR 회장단과의 만남에서

[교종과 라틴아메리카 수도자 연합회 회장단 회원들과의 만남은 사적인 성격으로 이루어짐]

문을 여십시오!

실수하는 모험을 하십시오. 실수하면 하는 거지요, 뭐. 그런 일은 일어납니다! 어쩌면 신앙교리성에서 편지가 와서 이런저런 말을 들었노라고 할지도 모르지요.… 걱정하지 마세요. 설명할 건 설명하세요. 하지만 계속해서 나아가세요.… 문을 열고 삶이 부르는 그곳에서 뭔가를 하세요. 닫혀 있도록 강요받아 병이 나는 교회보다는 뭔가를 했다고 해서 심판받는 교회를 저는 선호합니다.…

[자신의 선출에 대해] 저는 어느 순간에도 평화를 잃지 않았습니다. 아시겠어요? 그 평화는 저에게서 나온 것이 아닌데, 저는 걱정이 되고 예민해지기 시작했지요…. 하지만 한순간도 평화를 잃지 않았어요. 그 사실은

이것이 하느님에게서 온다는 것을 확인해 줍니다.

[싼타 마르타에 계속 머물러 살기로 한 데 대해]… 이런 몸짓은 저에게서 나온 것이 아닙니다. 아니에요. 저에게 일어난 것입니다. 제가 어떤 계획을 가지고 있었던 것이 아니고 방금 선출된 사람이 한 것도 아니지요. 제가 그렇게 한 것은 주님께서 요청하신 것이라고 느꼈기 때문입니다. 이러한 행동은 제 행동이 아닙니다. 다른 어떤 분이 여기 계셔요.… 그분이 저에게 신뢰를 주십니다.

저는 옷을 몇 벌만 세어서 가지고 왔기에 밤에 빨아 입어요. 그런데 갑자기 이런 일이…. 전혀 개연성이 없었어요! 런던의 도박장에서 저는 44번째였는데, 생각 좀 해 보세요! 저에게 내기를 건 사람은 물론 엄청난 돈을 벌었지요…! 이건 저에게서 나온 일이 아니에요….

우리는 (세상의) 흐름과 반대로 가야 합니다. 옥타비아 거리에서 밤에 한 노인이 추위로 죽거나 많은 어린이가 교육받지 못하거나 굶는다는 사실은 뉴스가 되지 못합니다. 저는 아르헨티나를 생각해요. 하지만 세계의 주요 주식이 3포인트 오르거나 내리는 것, 이것은 세계적 사건입니다. 책장을 넘길 필요가 있습니다! 그럴 수는 없어요! 컴퓨터는 하느님의 모상으로 그분을 닮은 모습으로 만들어지지 않았고 하나의 도구이지요. 좋아요. 하지만 그 이상은 아닙니다. 돈은 하느님의 모상으로 그분을 닮은 모습으로 만들어지지 않았습니다. 오직 사람만이 하느님의 모상으로서 그분을 닮은 모습입니다. 바꿀 필요가 있습니다. 이것이 복음입니다.

원인으로, 뿌리로 갈 필요가 있습니다. 낙태는 악입니다. 이건 분명해요. 그런데 이 법의 승인 뒤에 무엇이 있는지, 그 뒤에 무슨 이해관계가 있는지… 종종 돈으로 뒤를 봐주려고 큰 집단들이 부과한 조건들이 있습니다. 그거 아세요? 원인으로 갈 필요가 있어요. 그저 증상으로만 만족할 수는 없습니다. 고발하기를 두려워하지 마세요. 불쾌한 것들, 문제들을 마주

치게 될 것입니다. 하지만 고발하기를 겁내지 마세요. 그것이 수도생활의 예언입니다.

저는 여러분에게 두 가지 염려를 나누고자 합니다. 하나는 이 순간 교회 안에 존재하는 **펠라지오주의 경향**입니다. 어떤 복고주의 집단들이 있어요. 그중 몇 개를 저는 알고 있는데 부에노스아이레스에서 그들을 접견한 일이 있었어요. 어떤 사람은 마치 60년 전으로 돌아가는 것으로 알아요! 공의회 전으로요…. 어떤 사람은 마치 1940년대에 있는 것처럼 느끼지요…. 웃기 위해서가 아니라 단지 이를 좀 분명히 하기 위한 한 가지 일화를 이야기할게요. 저는 이 이야기를 존중하면서 받아들였습니다. 하지만 걱정이 돼요. 제가 선출되었을 때 저는 이 집단 중 하나로부터 편지를 받았는데 이렇게 말하는 것이었습니다. "성하! 저희는 성하께 묵주기도 3,525번의 이 영적 보물을 바칩니다." 왜 '당신을 위하여 기도합니다' 하고 말하지 않는지 우리는 묻는 거예요… 아니죠, 이 숫자 계산의 광기라니요… 이 집단들은 제가 과거에 이미 살았던 -여러분은 아니지요. 여러분 중 아무도 나이 드신 분이 없으니까요- 관습과 규율로 돌아갑니다. 그때에 있었지만 지금은 아닌, 오늘날에는 더 이상 아닌 규율로요….

두 번째는 **영지주의 경향**입니다. 그 범신론들요…. 이 두 가지는 엘리트의 경향들이지만 후자가 더욱 세련된 엘리트이지요…. 자기 수도회의 수녀들에게 아침에 기도를 하지 말고 우주 안에서 목욕을 하라고, 그런 것들을 독려한 총장 수녀에 대해서 알게 됐지요. 전 걱정이 됩니다. 육화를 소홀히 하니까요! 하느님의 아들은 우리의 육신이 되셨고 말씀이 살이 되셨어요. 라틴아메리카에는 육신(살)이 꽤나 많지요! 가난한 사람들, 고통들 말이에요. 이것이 우리의 육신입니다….

복음은 오래된 법이 아닙니다. 이러한 범신론도 아니에요. 변두리를, 토착민들… 약물 중독자들을 보세요! 그들은 사람들이에요. 이것이 복음입니다. 가난한 사람들이 복음입니다….

[로마 꾸리아[2]를 상대하는 어려움과 이를 지원하게 될 추기경 위원회에 대해] 그래요. 어렵지요. 꾸리아에는 거룩한 사람들이 있어요. 정말이지 거룩한 분들이에요. 하지만 타락의 흐름도 있습니다. 참말이지… 그런 것도 있어요. '로비 게이lobby gay'라고 부르지요. 맞아요. 여기 있어요…. 우리가 할 수 있는 일을 알아야 하지요.

꾸리아의 개혁은 콘클라베에 앞서 교종청 부서들의 거의 모든 추기경이 요구했던 것입니다. 저도 그걸 요구했지요. 개혁은 제가 할 수 없습니다. 그건 운영의 문제이지요…. 저는 아주 조직적이지 못합니다. 저는 이 문제에 있어 잘해 낸 적이 없어요. 하지만 위원회의 추기경들이 끌어 나갈 수 있을 것입니다. 라틴아메리카 사람인 권위 있는 로드리게즈 마라디아가Rodriguez Maradiaga 있고 아라추리즈Errazuriz가 있어요. 그분들은 아주 정리되어 있는 분들입니다. 뮌헨의 그분도 아주 질서가 잡혀 있지요. 그분들이 끌어 나갈 수 있을 겁니다.

저를 위해서 기도해 주세요… 제가 가능한 한 실수를 덜하도록요.

아파레시다Aparecida는 끝나지 않았습니다. 아파레시다는 그저 하나의 문서가 아니고 하나의 사건입니다. 아파레시다는 뭔가 다른 것이었지요. 의안집이라는 게 없었습니다. 의견들은 있었는데 문서는 없었어요. 끝날 때도 문서가 없었어요. 끝나기 하루 전에 2,300가지 '방식'을 갖게 된 것 말고는… 아파레시다는 대륙의 선교로 파견했습니다. 여기서 아파레시다는 끝났지요. 선교의 열정으로요.

아파레시다에 특별했던 것은 호텔에서 열리지 않았으며, 피정집에서 열

2 교종청의 부서들.

리지도 않았고… 마리아 기념 성당에서 열렸다는 것입니다. 그 주간 동안 우리는 성찬례를 거행했는데 250명이 참석했어요, 일하는 날 평일이었으니까요. 그런데 그 주간이 끝나는 날에는 성당이 가득 찼어요! 하느님 백성이 성령을 청하면서 주교들을 동반한 것이지요….

저는 회장 주앙João 주교가 예절용 주교 모자를 쓰고 오는데 사람들이 그에게 다가가는 것을 보았지요. 아이들이 그에게 다가가서 인사하고 그는 아이들을 껴안았지요. 제가 이 이야기를 하는 것은 그가 몹시 긴장하고 있었는데 그건 좋은 것이기 때문이에요. 바로 그 주교가 후에 투표했습니다. 호텔에서 투표하는 것처럼 할 수는 없었겠죠!

그 기념 성당 아래 회의실이 있었습니다. 그래서 배경음악은 성당에서 들려오는 노래, 전례 거행이었는데… 그것이 아주 특별한 무엇인가를 주었어요.

제가 염려하는 어떤 것이 있어요. 그걸 어떻게 해석할지는 모르겠지만. 사람이 몇 명 안 되고 아주 늙은 사람들이 있는 수도회들, 아주아주 작은 집단들…. 성소가 없지요. 제가 뭘 알겠습니까만, 성령께서는 그들이 계속되는 것을 원치 않으시는 것이고 교회 안에서의 사명을 다 마친 것일 수도 있겠지요. 모르겠어요…. 그런데 그들은 건물에 집착하고 돈에 집착하고…. 왜 그런 일이 생기는지 저는 모르겠어요. 어떻게 해석해야 할지 모르겠어요. 이런 집단들에게 마음 쓰기를 여러분에게 요청합니다…. 금전의 운용은 잘 생각할 필요가 있는 일입니다.

축성생활 성에 머무는 이 순간을 잘 활용하세요…. 해가 나오는 순간이니… 잘 이용하세요. 장관님 좋은 분이세요. 그리고 차관은 여러분이 원했던 분이죠! 사실 USG(세계 남자수도회 장상연합회) 회장으로서 논리적이었죠! 누가 그보다 나을까요….

주교들과의 대화에 모든 노력을 쏟으십시오. CELAM(라틴아메리카 주교회의)을 통해서, 각 나라의 장상협의회를 통해서…. 친교에 대해 다른 생각을 가진 분들이 일부 있다는 것을 저는 압니다…. 이야기하세요, 그분들과 대화하세요. 그분들에게 그런 이야기를 하세요…. 우리가 관찰한 것을 그분들이 알도록.

05

2013년 7월 6일 | 바티칸 바오로 6세 강당

'신앙의 해'를 기해 이루어진 신학생, 남녀 수련자들과의 만남에서

안녕하세요!

제가 피지켈라Fisichella 주교님께 여러분이 이탈리아어를 알아듣느냐고 물었더니 여러분 모두 통역이 있다고 하시네요…. 좀 안심이 됩니다.

피지켈라 주교님의 말씀과 주교님이 하신 일에 대해서도 감사드립니다. 주교님께서 이 일만이 아니라 신앙의 해에 하셨고 또 앞으로 하실 그 모든 일에 대해서도 감사드립니다. 대단히 감사합니다! 피지켈라 주교님은 어떤 말씀을 하셨는데 저는 그것에 참말인지는 모르겠지만 저는 그 말을 다시 꺼내겠습니다. 주교님은 여러분 모두가 영원히 그리스도께 생명을 바치려는 의향이 있다고 말씀하셨어요! 여러분은 지금 박수를 치고 즐거워하죠. 신혼기이니까요…. 그런데 밀월 기간이 끝나면 어떤 일이 벌어지지요? 저는 어떤 신학생이, 아주 훌륭한 신학생인데, 그리스도를 섬기고자 하는데 십 년만 섬기고 그다음에는 다른 삶을 시작할 거라고 말했다는 이야기를 들었습니다. 이건 위험해요!

여러분은 잘 들으세요. 우리는 모두, 우리 노인들도 역시 이 **임시성의 문화**의 압력 아래 있습니다. 이건 위험해요. (어떤 것에) 단 한 번 영원히 삶을 걸지 않으니까요. 난 사랑이 지속되는 동안 결혼할 거야. 나는 수녀가 될 건데, '잠시 동안만…', '얼마 동안'이야. 그런 다음에 상황을 봐야지. 나는 사제가 되려고 신학생이 될 거야. 하지만 이야기가 어떻게 끝날지는 모르지. 이건 예수님께는 통하지 않습니다! 저는 여러분을 꾸짖는 것이 아니라 모든 사람에게 매질을 하는 이 임시성(일시적임)의 문화를 한탄하는 것입니다. 우리에게 이로울 게 없기 때문이지요. 오늘날 하나의 결정적인 선택을 한다는 것은 몹시 어렵습니다. 제 젊은 시절에는 더 쉬웠지요. 당시에는 결혼생활이건 축성생활이나 사제생활이건 결정적 선택을 하는 데 문화가 도움 되었기 때문이지요. 하지만 이 시대에는 결정적 선택을 하기가 쉽지 않습니다. 우리는 이 임시성의 문화가 낳은 희생자입니다.

저는 여러분이 이걸 생각하기를 원합니다. 이 임시성의 문화에서 어떻게 자유로울 수 있는가? 우리는 우리 내면의 방의 문을 안에서 닫는 법을 배워야 합니다. 언젠가 어떤 사제가, 겸손 때문에 자신이 좋은 사제라고 느끼지 못하는 훌륭한 사제가 자신이 죄인이라고 느껴서 성모님께 많이 기도했는데 이런 말로 기도했습니다. 스페인어로 말할게요. 아름다운 시니까요. 그는 성모님께 자신은 결코, 결코 예수님께로부터 멀어지지 않겠노라고 말했어요. 이렇게 말했지요. "오늘 저녁엔 어머니, 약속이 진실합니다. 하지만 혹시 모르니 열쇠를 밖에 놔두는 것을 잊지 말아 주세요Esta tarde, Señora, la promesa es sincera. Por las dudas, no olvide dejar la llave afuera." 이런 말은 항상 동정녀의 사랑을 생각하면서 하는 거지요. 성모님을 생각하면서 하는 말이에요. 그런데 열쇠를 항상 밖에 놓아두면 벌어질 일이…. 안 되지요.

문을 안에서 잠그는 것을 배울 필요가 있어요! 내가 확실치 않다면 시간을 가지고 생각합니다. 예수님 안에서 내가 확실하면 이해가 됩니다. 예수님 없이는 아무도 확실하지 않습니다! 내가 확실하다고 느낄 때 문을 닫습니다. 이 말 알아들었나요? 임시성의 문화가 무엇인가요?

제가 여기 들어왔을 때 여러분이 쓴 것을 보았는데요. 여러분에게 한 가지 말을 하고 싶었지요. 그 말은 기쁨입니다. 축성생활자들이, 신학생들이, 남녀 수도자들이, 젊은이들이 있는 곳에는 어디든지 항상 기쁨이 있습니다! 신선함의 기쁨, 예수님을 따르는 기쁨이지요. 성령께서 주시는 기쁨이지 세상이 주는 기쁨이 아니에요. 기쁨이 있어요! 그런데 기쁨은 어디에서 생겨나지요? 토요일 저녁 집에 돌아가면 옛 친구들과 춤추러 가야지… 이런 데서 생겨납니까? 이런 것에서 기쁨이 생겨나요? 예컨대 어떤 신학생의 기쁨이? 아니에요? 아니면 맞아요?

어떤 사람들은 소유한 것에서 기쁨이 나온다고 말하겠지요. 그래서 최신형 스마트폰, 가장 빠른 스쿠터, 눈에 띄는 자동차… 등을 찾습니다. 제가 여러분에게 말하는데 정말이지 저는 어떤 신부나 수녀가 최신형 자동차를 가진 것을 보면 심기가 불편합니다. [박수] 그럴 수 없습니다. 그럴 수 없어요. 여러분은 이것을 생각하세요. 그럼 신부님, 지금 자전거로 다녀야 하나요? 자전거 좋지요! 알프레드Alfred 몬시뇰은 자전거를 타고 다니십니다. 그분은 자전거로 다니세요. 저는 자동차가 필요하다고 봅니다. 많은 일을 해야 하고 여기저기로 이동해야 하니까요. 하지만 더 소박한 차를 타세요! 여러분이 멋진 차를 좋아한다면 얼마나 많은 어린이가 기아로 죽어 가는지를 생각하세요. 그것만 생각하세요! 기쁨은 무엇을 가지고 있는 물건들에서 생겨나지 않아요! 소유에서 오지 않습니다! 다른 사람들은 가장 강력한 감각의 전율을 느끼기 위한 극단적인 체험에서 온다고 말합니다. 젊은이들은 칼날 위를 걷기를 좋아하지요. 정말 좋아해요! 또 다른 사람들은 기쁨이 최신 유행의 옷에서 온다고도 하고 가장 유행하는 즐길 거리에서 온다고도 말합니다. 하지만 제가 이렇게 말한다고 해서 수녀들이 이런 곳에 간다는 말은 아니에요. 일반적으로 젊은이들이 그렇다는 말입니다. 또 다른 사람들은 이성과의 성공적 관계에서 온다고 말하지요. 이 여자에게서 저 여자에게로 혹은 이 남자 저 남자에게로 건너다니면서. 이는 불안한 사랑입니다. 확실하지 않은, '시험적으로 해 보는' 사랑이지요. 이런 예를 계속 들 수 있습니다. 여러분도 역시 무시할 수 없는 이런 현실과 접촉하고 있어요.

이 모든 것이 어떤 욕구를 만족시킬 수 있고 어떤 감정을 일으킬 수 있다는 것을 압니다. 하지만 결국에는 표면적인 것에 불과하고 내밀한 곳으로 내려가지 못하는 기쁨이에요. 내밀한 기쁨이 아닙니다. 진정으로 행복하게 해 주지는 못하는 한순간의 훈풍이지요. 기쁨은 한순간의 훈풍이 아닙니다. 기쁨은 다른 것이에요.

얼마나 많은 어린이가 굶주림으로 죽어 가는지를 생각해 보세요. 당연히 젊은 여러분에게는 일관성 없는 신부나 수녀를 보면 혐오스럽지요. 우리 신부 수녀들은 모두 우리의 가난과 일관성을 지닐 필요가 있습니다.

참된 기쁨은 물건들에서, 소유에서 오지 않습니다. 아니에요! 다른 이들과의 만남에서, 관계에서 생겨납니다. 받아들여지고 이해받으며 사랑받는다는 느낌에서, 받아들이고 이해하며 사랑함에서 생겨납니다. 그리고 이것은 한순간의 재미를 위해서가 아니고 다른 사람이 인간이기 때문입니다.

기쁨은 만남의 무상성에서 생겨납니다! 이렇게 말하는 것을 듣는 데서 옵니다. "너는 나에게 중요한 사람이야." 꼭 말로 표현되지 않아도 되지요. 이건 근사해요…. 바로 이것을 하느님께서는 우리에게 이해시키십니다. 여러분을 부르시면서 하느님께서는 말씀하시지요. "너는 나에게 중요하단다. 너를 사랑한다. 나는 너를 믿어." 예수님께서는 우리 각자에게 이렇게 말씀하신다고요! 거기서 기쁨이 생겨납니다. 예수님께서 나를 바라보시던 순간의 기쁨. 이것을 이해하고 느끼는 것이 우리 기쁨의 비밀입니다. 하느님께 사랑받는다는 느낌, 그분께 우리가 숫자가 아니라 사람이라는 것을 느끼는 것, 그리고 우리를 부르시는 분이 그분이라는 것을 알아듣는 것 말입니다. 사제나 수도자가 된다는 것은 우선적으로 우리의 선택이 아닙니다.

저는 "내가 이 길을 선택했다"고 말하는 그런 신학생, 그런 수련자를 신뢰하지 않습니다. 저는 그걸 좋아하지 않아요! 그건 안 됩니다! 그것은 부르심에 대한, 사랑의 부르심에 대한 응답입니다. 내면에서 나를 동요하게 하는 뭔가를 느끼고 '예'라고 응답하는 것입니다. 기도 안에서, 또한 우리의 삶 안에서 읽을 수 있는 수많은 표징들을 통해서도, 살아가면서 만나게 해 주시는 많은 사람을 통해서도 주님은 우리에게 이 사랑을 느끼게 해 주십니다. 그리고 그분과의 만남과 부르심의 기쁨은 자기 안에 갇히지 말고 자신을 개방하도록 이끌어 가고 교회 안에서 섬김으로 이끌어 갑니다. 성 토마스는 "bonum est diffusivum sui(선善은 스스로 확산된다)"라고 말했지요. 그리 어려운 라틴어가 아닙니다. 선은 퍼져 나갑니다. 주님의 부르심에, 그분의 사랑의 선택에, 교회에 봉사하면서 그분의 복음을 증언하라는 선택에 응답한 기쁨을 보여 주기를 두려워하지 마십시오. 기쁨은, 참된 기쁨은 전염성이 있습니다. 전염돼요…. 앞으로 나아가게 하지요. 반면에 너무 진지하고 너무 슬픈 어떤 신학생 혹은 수련자와 함께 있다면 여기 이 사람은 뭔가 잘못되어 있구나 하고 생각하지요. 주님의 기쁨이 없는 거죠. 봉사로 이끄는 기쁨, 예수님을 선포하기 위해 다른 사람들과의 만남으로 인도하는 예수님과의 만남이라는 기쁨이 없어요. 이게 없습니다! 슬픔에는 거룩함이 없습니다, 없어요! 성녀 테레사는 –여기 스페인 사람이 많으니 이 성녀를 잘 아시지요– 이렇게 말했지요. "슬픈 성인은 안타까운 성인이다!" 별거 아니지요…. 자신의 허리에 젖은 이불을, 그 무거운 이불을 사람들이 둘러 주어서 몸을 아래로 끌어내리는 듯 기분 나쁘고 슬픈 얼굴을 하고 있는 어떤 신학생, 어떤 사제, 어떤 수녀, 어떤 수련자를 본다면 뭔가 잘못된 것입니다. 제발 '식초에 절인 고추'의 얼굴을 한 수녀, 신부는 결코 안 돼요, 절대로! 예수님에게서 오는 기쁨입니다. 이걸 생각하세요. 어떤 신부에게 -제가 신부라고 말하지만 신학생에게도 해당됩니다- 어떤 신부에게, 어떤 수녀에게 기쁨이 없다면, 슬프다면 여러분은 이렇게 생각할 수 있습니다. "정신병리학적인 문제이지." 맞아요. 그럴 수도 있겠지요, 그럴 수도 있어요. 그럴 수 있어요. 어떤 사람들은 불쌍하게도 병이 나지요…. 그럴 수 있어요. 하지만 일반적으로는 정신병리학적 문제가 아닙니다. 그럼 불만족의 문제일까요? 뭐, 그래요! 하지만 기쁨의 결핍의 중심은 어디일까요? 그건 독신의 문제입니다. 설명하지요. 신학생들과 수녀님 여러분, 여러분의 사랑을 위대한 사랑이신 예수님께 바치십시오. 큰 사랑을 바치세요. 마음은 예수님을 위한 것이고 이것이 정결서원을, 독신서원을 하도록 우리를 이끌어 줍니다. 그런데 정결서원은, 독신의 서원은 서원을 하는 순간에 끝나지 않고 계속 이어집니다…. 사목적 부성을 향해, 사목적 모성을 향해 성숙하고 성숙하고 성숙해 가는 길입니다. 사제가 자기 공동체의 아버지가 아니고, 수녀가 자기가 일하는 대상자인 모든 사람에게 어머니가 아닐 때 그 사람은 슬퍼집니다. 그것은 문제입니다. 여러분에게 말하건대 왜냐면 사목생활에서 슬픔의 뿌리는 바로 부성과 모성의 결핍에서 오기 때문인데, 이는 풍요로움을 가져와야 할 이 축성을 잘못 사는 데서 오는 것입니다. 풍요로움을 살지 못하는 신부나 수녀는 생각할 수 없습니다. 그건 가톨릭이 아니에요, 그건 가톨릭이 아니라구요! 축성의 아름다움은 이것, 곧 기쁨입니다. 기쁨…

그런데 저는 이 거룩한 수녀님을 부끄럽게 하고 싶지는 않습니다. [맨 앞줄에 있는 노인 수녀를 향해] 가엾게도 칸막이 앞에 있으면서 그야말로 숨이 막히는 상황이지만 행복한 얼굴이에요. 저에게 수녀님 얼굴을 바라보게 해 주신 것은 잘하신 일이에요, 수녀님! 아마도 여러 해 동안 축성생활을 하셨을 텐데 아름다운 눈을 가지셨군요. 수녀님은 미소를 지으시면서 이 답답한 상태를 불평하지 않으십니다. 여러분이 기쁘게 사시는 많은 수녀님, 많은 신부님의 이 같은 모범을 발견하는 것은 그분들이 생명을, 생명을, 생명을 주면서 다산성多産性을 살기 때문입니다. 이 생명을 그분들은 예수님 안에서 발견하기 때문에 줄 수 있는 것입니다! 예수님의 기쁨 안에서요! 기쁨이에요. 결코 슬픔이 아닙니다. 사목적 다산성입니다.

기쁨에 찬 복음의 증인들이 되기 위해서는 **진정성** 있고 **일관성**이 있어야 합니다. 이것이 제가 여러분에게 하고 싶은 또 다른 말입니다. 진정성. 예수님은 위선자들에 맞서 많은 매질을 하셨습니다. 위선자들은 숨어서 생각하는 사람들, 터놓고 말하자면 두 개의 얼굴을 가진 자들이지요. 젊은이들에게 진정성에 대해 말하는 것은 어려운 일이 아닙니다. 젊은이들은 모두 진정성 있는, 일관성 있는 사람이기를 원하기 때문입니다. 여러분 모두는 진정성 없는 우리 사제들이나 진정성 없는 수녀들을 보면 역겨워하지요!

이것은 무엇보다 먼저 어른들의, 양성자들의 책임입니다. 여기 있는 양성자 여러분의 책임은 더 후배들에게 일관성의 표양을 주는 것입니다. 우리는 일관성 있는 젊은이들을 원합니까? 일관성 있는 것은 우리여야 합니다! 반대로 주님께서는 하느님 백성에게 바리사이들에 대해 하신 말씀을 우리에게 하실 것입니다. "그들이 말하는 것은 행하여라. 하지만 그들이 행하는 바는 행하지 말라!" **일관성과 진정성**입니다!

여러분도 역시 이 길을 따라가도록 하십시오. 저는 항상 아씨시의 성 프란치스코가 이야기한 바를 말합니다. 그리스도께서는 말로도 복음을 선포하도록 초대하신다는 것입니다. 그 문장은 이렇습니다. "항상 복음을 선포하십시오. 필요하다면 말로도." 이는 무슨 의미입니까? **진정성 있는 삶으로, 일관성 있는 삶으로 복음을 선포하라**는 뜻입니다. 부富가 큰 해를 끼치고 있는 이 세상에서는 우리 신부들이, 우리 수녀들이, 우리 모두가 우리의 가난으로 일관성 있는 삶을 사는 것이 필요합니다!

그런데 그대가 어떤 교육기관이나 본당의 첫 번째 관심사가 돈인 것을 본다면 이건 좋지 않습니다. 좋지 않아요! 그건 일관성 없음이에요! 우리에게는 일관성이, 진정성이 있어야 해요. 이 길을 통해 우리는 성 프란치스코가 말한 바를 행하는 것입니다. 곧 복음을 모범으로 전하고 나서 말로 전한다는 것입니다! 하지만 무엇보다 먼저 다른 사람들이 복음을 읽을 수 있어야 하는 것은 바로 우리의 삶에서입니다! 여기서도 두려움 없이, 우리가 교정하려고 하는 우리의 결점들을 통해서, 주님께서 아시는 우리의 한계를 통해서, 하지만 주님께서 우리 안에서 활동하시도록 하는 관대함을 통해서도 역시 그렇습니다[다른 이들이 복음을 읽을 수 있어야 합니다]. 결점들과 한계, 여기에 저는 한 가지를 추가하고 싶은데, 죄를 통해서입니다. 저는 알고 싶은 것이 하나 있는데요. 여기 강당 안에 죄인이 아닌 사람, 죄가 없는 사람이 있습니까? 손을 들어 보세요! 아무도 없네요. 아무도 없어요. 이 자리부터 저 끝에 이르기까지… 모두!

그런데 나는 내 죄를, 내 죄들을 어떻게 지고 갑니까? 여러분에게 이런 조언을 드리고 싶습니다. 고해 사제에게 투명하십시오. 항상. 모든 것을 말하세요. 겁내지 말고요. "신부님, 저는 죄를 지었습니다!" 사마리아 여자를 생각해 보세요. 그 여자는 자기가 메시아를 만났다는 것을 자기 동네 사람들에게 증명하려고, 말하려고 이렇게 말하지요. "그 사람은 내가 한 일을 모두 말했어요." 모든 사람이 그 여자의 삶을 알고 있었지요. 항상 고해 사제에게 진실을 말해야 합니다. 이 투명성은 유익할 것입니다. 우리를,

모두를 겸손하게 하니까요. "신부님, 이것을 하지 않았고 이것을 했고 미워했고"… 무엇이건 말하세요. 감추지 않고, 모호함 없이 진실을 말하기예요. 예수님과 이야기하고 있는 거니까요. 그리고 예수님께서는 진실을 아십니다. 오직 그분만이 항상 나를 용서하십니다!

주님께서는 당신이 이미 아시는 바를 그저 내가 당신께 말하기만을 원하십니다. 투명성이에요! 얼룩을 지우려고 오늘은 이 사람에게 고해하고 내일은 다른 사람에게 가고 또 다른 사람에게, 또 다른 사람에게 가는 신학생이나 수녀를 볼 때면 슬프지요. 자신의 진실을 감추려고 고해 사제 순례를 하는 거예요. 투명성입니다! 그대의 말을 듣고 계시는 분은 예수님이십니다. 고해 사제 안에 계시는 예수님 앞에서 항상 투명성을 가지세요!

이는 하나의 은총입니다. 신부님, 저는 죄를 지었습니다. 저는 이것을 했고 이것, 이것을 했습니다…. 모든 말을 하세요. 주님께서는 그대를 안아 주시고 그대에게 입맞춤을 해 주십니다! 가거라. 그리고 다시는 죄를 짓지 마라! 그런데 또 고해하러 오면? 또다시 그렇게 하십니다. 저는 제 경험으로 이 말을 합니다. 저는 투명성의 결핍이라는 위선의 함정에 떨어진 축성생활자들을 많이 만났습니다. "저는 이것을 했습니다." 겸손하게 말하는 거예요. 성전의 맨 뒤에서 "저는 이것을 했고 이것을 했습니다…." 하던 그 세리처럼요. 그러면 주님께서는 그대의 입을 막으십니다. 입을 막아 버리시는 분은 바로 주님이시라고요! 그대가 입을 닫지 마세요! 알아들었나요? 자신의 죄로부터 은총이 넘쳐납니다! 이 투명성으로써 은총을 향해 문을 여십시오.

성인들과 영적 생활의 스승들은 우리 삶에서 진정성이 성장하도록 돕기 위해서 **매일의 의식 성찰 실천**이 매우 유익하다고, 아니 필수불가결하다고 말합니다. 내 영혼 안에 무슨 일이 있어나는가? 그렇게 주님께, 그리고 고해 사제에게, 영적 지도 신부에게 개방하는 것입니다. 이건 대단히 중요해요!

몇 시까지 시간이 있나요, 피지켈라 주교님?

[피지켈라 주교: 성하께서 이런 방식으로 말씀하시면 단연코 내일까지 우리는 여기 있을 겁니다.]

주교님은 내일까지라고 말씀하십니다…. 여러분 각자에게 빵과 코카콜라라도 가져다주시지, 내일까지라면 말예요. 적어도….

우리의 증언이 믿을 만한 것이기 위해서 일관성은 근본적입니다. 하지만 그것으로는 충분치 않고, 믿음과 희망의 이유를 제공하려면 학문적 준비도 필요합니다. 학문적 양성을 저는 강조합니다. 우리가 살아가는 환경은 계속해서 '이유를 제공하기'를 재촉합니다. 이건 좋은 일이에요. 우리가 아무것도 당연한 것으로 여기지 않도록 도와주니까요. 오늘날 우리는 아무것도 당연한 것으로 여길 수는 없습니다! 이 문명, 이 문화… 에서 우리는 그럴 수 없어요. 분명 이는 힘든 일이어서, 삶의 모든 차원을, 곧 인간적 차원, 영적 차원, 지적 차원을 사목적 차원과 결합시키는 균형 잡힌 상당한 양성을 요구합니다.

여러분의 양성에는 **네 개의 근본적 기둥**이 있습니다. 영적 양성, 혹은 **영적 생활; 지적 생활**, 이유를 설명하기 위한 **공부**이지요; **사도적 삶**, 가서 복음을 선포하기 시작하는 것; 그리고 네 번째는 **공동체 생활**입니다. 네 가지예요! 이 마지막 것(공동체 생활)을 위해서는 양성이 수련원, 수도승원, 신학교… 등의 공동체 안에서 이루어질 필요가 있습니다. 저는 항상 생각하는데 신학교가 아예 없는 것보다는 최악의 신학교가 낫다는 거예요! 왜냐고요? 이 공동체 생활이 필요하기 때문입니다. 이 네 개의 기둥을 기억하세요. **영적 생활, 지적 생활, 사도적 생활, 공동체 생활**입니다. 이 네 가지예요.

이 네 가지 위에 여러분은 여러분의 성소를 세워 나가야 합니다.

여기서 저는 이 공동체 생활에서 양성의 중요한 부분을 이루는 우정과 형제애의 관계가 지닌 중요성을 강조하고 싶습니다. 여기서 우리는 또 다른 문제에 도달하게 되는데요. 왜 제가 이걸, 곧 우정과 형제애의 관계를 말하는가. 여러 번 저는 가장 흔한 화살기도가 험담인 공동체, 신학생들, 수도자들, 혹은 교구 공동체들을 발견했기 때문이에요! 끔찍한 일입니다! 서로 '껍질을 벗기는' 거예요…. 이것이 우리 성직 세계, 수도자들의 세계입니다…. 미안하지만 이건 흔한 일이지요. 시기, 질투, 다른 사람을 나쁘게 말하는 것 말입니다.

자기네 장상들에 대해 나쁘게 말하는 것만이 아니에요. 그건 뭐 고전적이지요! 저는 여러분에게 이런 일이 아주 흔하다는 것, 아주 흔하다는 것을 말하고 싶어요. 저도 그런 일에 떨어졌었지요. 저도 여러 번 그랬어요. 여러 번! 부끄럽습니다! 그런 짓을 한 것이 부끄러워요! 그렇게 하는 것은 좋지 않습니다. 험담하며 다니는 것 말입니다. "너 그거 들었어? 그거 들었어?…" 하면서요. 그 공동체는 지옥입니다! 이건 좋지 않아요. 그래서 우정과 형제애의 관계가 중요합니다. 친구들은 적지요. 성경에서 친구들은 하나나 둘…이라고 말합니다. 하지만 형제애는 모든 사람 사이에 있어야 하지요. 내가 어떤 자매나 형제에게 편치 않은 것이 있으면 얼굴을 맞대고 본인에게 말하거나 도와줄 수 있는 사람에게 말해야지요. '그 사람을 먹칠하기' 위해 다른 사람들에게 말하지 말고요. 험담하는 것, 그건 정말 끔찍한 일입니다!

험담 뒤에는, 험담 밑에는 시기, 질투, 야심이 있습니다. 이걸 생각하세요. 언젠가 저는 어떤 사람에 대해 들었는데요. 이건 좋은 일이죠! 영신수련 피정 후 -축성생활자예요, 수녀예요.- 이 수녀님이 주님께 결코 다른 사람에 대해 나쁘게 말하지 않기로 약속했답니다. 이건 아름다운 성덕의 멋진 길이죠! 다른 사람들을 나쁘게 말하지 않는 거예요. “하지만 신부님, 문제들이 있거든요….” 장상에게 말하세요. 주교에게 말하세요. 바로잡을 수 있는 사람에게요. 도움이 될 수 없는 사람에게 말하지 마세요. 중요한 건 이겁니다. 형제애! 말해 보세요. 여러분은 자기 엄마에 대해 나쁘게 말할 거예요? 아빠에 대해, 형제들에 대해 나쁘게 말할 거예요? 결코 하지 않죠. 그런데 왜 축성생활에서는, 신학교에서는, 성직생활에서는 그렇게 하는 거죠? 이것만 생각하세요. 생각하세요…. 형제애! 이 형제적 사랑을.

하지만 두 가지 극단이 있습니다. 우정과 형제애라는 이 측면에는 두 가지 극단이 있는데 그것은 고립과 산만함입니다. 고립에도 산만함에도 떨어지지 않도록 나를 도와주는 우정과 형제애. 우정을 가꾸기. 우정은 소중한 재화입니다. 하지만 우정이 폐쇄성이 아니라 여러분 자신에게서 나가도록 여러분을 교육시켜야 합니다. 사제는, 수사는, 수녀는 결코 섬일 수 없고 항상 만남에 준비되어 있는 사람입니다. 또 우정은 여러분의 수도가족들의 다양한 은사들도 풍요롭게 해 줍니다. 그건 아주 큰 부요함입니다. 많은 성인의 아름다운 우정을 생각해 봅시다.

제가 좀 생략해야 할 것 같은데요. 여러분의 인내가 크니까요!

[신학생들: 아닙니다~~~!]

저는 여러분에게 말하고 싶습니다. 복음을 선포하기 위해 여러분 자신으로부터 나가십시오. 그런데 이렇게 하기 위해서는 예수님을 만나기 위해 여러분 자신으로부터 나가야 합니다. **두 가지 나감**이 있습니다. 하나는 **예수님과의 만남을 향한** 것, **초월성을 향한** 것이고, 다른 하나는 예수님을 선포하기 위해 **다른 사람들을 향해** 나가는 것입니다. 여러분이 이 중 하나만 한다면 그건 안 됩니다! 저는 콜카타의 마더 테레사를 생각합니다. 이 수녀님은 정말 대단하지요…. 아무것도 두려워하지 않고 거리를 다녔지요…. 하지만 이 여성은 주님 앞에서 두 시간씩 무릎을 꿇는 것도 두려워하지 않았어요. 기도 안에서 그리고 사목 활동 안에서 여러분 자신에게서 나가기를 두려워하지 마세요. 기도하기 위해 그리고 복음을 선포하러 가기 위해 용감하십시오.

저는 선교사 교회를 원합니다. 그다지 평온하지 않은 교회, 앞으로 나아가는 그 아름다운 교회를 말입니다. 근래에 여러 남녀 선교사들이 여기 싼타 마르타의 아침미사에 왔는데 저에게 인사할 때 이렇게 말하더군요. "저는 나이 많은 수녀입니다. 챠드Ciad에, 여기에 저기에… 산 지 40년이에요." 얼마나 멋집니까! 여러분은 이 수녀님이 지난 세월을 그렇게 보냈다는 것을 이해했지요. 그 수녀님은 기도 안에서 예수님을 만나기를 결코 소홀히 하지 않았던 것입니다. 사도직에서, 일에서 다른 사람들에게로의 초월을 향해 자기 자신에게서 나가기입니다.

그렇게 예수님이 원하시는 길에 충실하게 교회에 기여하십시오. 우리에게서 배우지 마세요. '우리'는 말하자면 더 이상 아주 젊지는 않으니까요. 우리 늙은이들이 자주 하는 스포츠, 한탄이라는 스포츠를 우리에게서 배우지 마세요. '불평의 여신'에게 바치는 제사를 우리에게서 배우지 마세요. 그거, 불평은 하나의 신이에요. 항상 비탄과 함께 오는…. 여러분은 긍정적이도록 하세요. **영적 생활**을 가꾸고 동시에 가서 **사람들을 만나는 능력**을 지니십시오. 특히 가장 멸시받고 불이익을 당하는 사람들을 만나십시오. **자신에게서 나가서 거슬러 가기를 두려워하지 마십시오. 관상적이면서 선교적**이 되십시오.

언제나 성모님과 함께 지내십시오. 부탁하는데 묵주기도를 하세요.… [박수] 묵주기도를 포기하지 마세요! 여러분의 집에 항상 성모님을 모시도록 하세요. 요한 사도가 그랬던 것처럼 말입니다. 성모님이 항상 여러분과 함께하시고 여러분을 보호하시기를! 저를 위해서도 기도해 주세요. 저도 기도가 필요한 사람이에요. 불쌍한 죄인이니까요. 하지만 앞으로 나아갑시다.

대단히 감사합니다. 내일 다시 만나지요. 기쁨으로, 일관성을 가지고, 항상 진리를 말하는 그 용기를 가지고, 기도 안에서 예수님을 만나기 위해 자신에게서 나가고 다른 사람들을 만나 그들에게 복음을 주기 위해 자신에게서 나가는 그 용기를 가지고 앞으로 나아가십시오. 사목적 다산성多產性을 가지고! 제발 '노처녀' '노총각'이 되지 마십시오. 힘내세요!

피지켈라 주교님께서 어제는 여러분이 신경信經을 각자 자기 나라 말로 바쳤다고 말씀하시더군요. 그런데 우리는 모두 형제들이고 같은 아버지를 모시고 있지요. 이제 각자 자기 나라 말로 주님의 기도를 바칩시다. [각자 모국어로 주님의 기도와 성모송을 바침]

우리에겐 또 어머니도 계시지요. 자기 나라 말로 성모송을 바칩시다. [성모송 바침]

06

2013년 7월 7일 | 바티칸 대성당

수련자들과 신학생들과 함께 드린 미사 강론

사랑하는 형제자매 여러분,

저는 이미 어제 여러분을 만나는 기쁨을 누렸지요. 오늘은 우리가 더 큰 축제를 지내는데 그 이유는 우리가 주님의 날에 성찬례를 위해 다시 모였기 때문입니다. 여러분은 신학생들이고 수련자들로서 성소의 길을 가고 있는, 세계 각지에서 온 젊은이들입니다. 곧 교회의 젊음을 대표하는 거예요! 교회가 그리스도의 신부라면 어떤 의미에서 여러분은 교회의 약혼 시기를, 성소의 봄을, 발견과 입증과 양성의 계절을 나타냅니다. 미래를 위한 토대를 쌓는 대단히 아름다운 계절이지요. 와 주셔서 감사합니다!

오늘 하느님 말씀은 우리에게 사명에 대해 말합니다. 사명은 어디에서 생겨납니까? 답은 간단해요. 하나의 부르심에서, 주님의 그 부르심에서 태어납니다. 그분에게서 부르심 받은 사람은 파견되기 위해서 불린 것입니다. 파견된 자의 스타일은 어떤 것이어야 할까요? 그리스도교적 사명의 준거점들은 어떤 것들일까요? 우리가 들은 독서들은 **세 가지 준거점**을 제시해 주는데, **위로의 기쁨**과 **십자가**와 **기도**입니다.

1

첫째 요소: 위로의 기쁨입니다. 예언자 이사야는 유배의 어두운 시기를 통과해 온, 대단히 혹독한 시험을 당한 백성을 향해 말합니다. 하지만 이제는 예루살렘에게 위로의 때가 온 것입니다. 슬픔과 두려움은 기쁨에 자리를 내주어야 합니다. "너희는 기뻐하여라… 기뻐 날뛰어라… 기쁨으로 반짝여라"(이사 66,10 참조) 예언자는 말합니다. 기쁨으로의 커다란 초대입니다. 왜일까요? 이렇게 기쁨으로 초대하는 동기는 무엇일까요? 주님께서 거룩한 도성과 그 주민들 위에 위로의 "폭포"를 -넘쳐나는 위로를-, 모성적 다정함의 폭포를 부어 주실 것이기 때문입니다. "너희는 팔에 안겨 다니며 무릎 위에서 어루만짐을 받으리라"(이사야 66,12 참조). 엄마가 아기를 무릎 위에 올려놓고 어루만질 때처럼 그렇게 주님께서는 우리에게 하실 것이고 그렇게 우리에게 하십니다. 이것이 우리에게 많은 위로를 주는 다정함의 폭포입니다. "어머니가 제 자식을 위로하듯 내가 너희를 위로하리라"(이사야 66,13).

모든 그리스도인은, 특히 우리는 평온과 기쁨을 주는 이 희망의 메시지를, 곧 하느님의 위로, 모든 사람을 향한 그분의 다정함을 전하도록 부름 받았습니다. 우리가 먼저 그분에게서 위로를 받고 그분에게서 사랑을 받는 기쁨을 체험한다면 우리는 그 기쁨의 전달자가 될 수 있습니다. 이는 우리의 사명이 풍요로운 것이 되기 위해 중요합니다. 곧 하느님의 위로를 느끼고 전달하는 것입니다! 저는 종종 하느님의 위로를 두려워하는 축성생활자들을 본 적이 있어요…. 가엾게도 괴로워하면서 말이지요. 하느님의 다정한 사랑을 두려워하기 때문입니다. 두려워하지 마세요. 주님은 위로의 주님이시요 다정함의 주님이십니다. 주님은 아버지이시고, 엄마가 아기를 대하듯이 다정함으로 우리를 대하신다고 말씀하십니다. 주님의 위로를 두려워하지 마세요.

이사야의 초대가 우리 마음에 울려 퍼져야 하겠습니다. "위로하여라, 위로하여라, 나의 백성을"(40,1). 그리고 이것이 우리의 사명이 되어야 합니다. 우리는 우리를 위로하시는 주님을 찾아 만나야 하고 하느님 백성을 위로하러 가야 합니다. 이것이 사명이에요. 오늘날의 사람들에게는 확실히 이 말이 필요합니다만 무엇보다 특히 우리가 마음을 뜨겁게 하고 희망을 일깨워 주며 선善을 향해 끌어당기는 주님의 자비를, 그 다정한 사랑을 증언할 필요가 있습니다. 하느님의 위로를 전하는 기쁨이라니요!

2

사명의 두 번째 준거점은 그리스도의 십자가입니다. 성 바오로는 갈라티아 사람들에게 편지를 쓰면서 이렇게 말합니다. "나는 우리 주 예수 그리스도의 십자가 외에는 어떠한 것도 자랑하고 싶지 않습니다"(6,14). 그리고 복음의 사도인 자신의 존재를 구별 지어 주는 표적, 표지인 '낙인'에 대해, 곧 십자가에 못 박히신 예수님의 상처에 대해 말합니다. 자신의 직무 수행에서 바오로는 고통과 나약함과 실패를 겪었지만 기쁨과 위로도 경험했습니다. 이는 예수님의 파스카 신비, 곧 죽음과 부활의 신비입니다. 이는 바로 성 바오로를 당신의 부활에, 당신의 승리에 참여케 하신 예수님의 죽음에 동화되게 하는 것입니다. 어둠의 시간에, 시련의 시간에 이미 빛과 구원의 새벽은 현존하고 활동합니다. 파스카 신비는 교회의 사명으로 뛰는 심장입니다! 우리가 이 신비 안에 남아 있다면 사명에 관한 세속적이고 개선주의적인 관점에서도 시련과 실패 앞에서 생겨날 수 있는 좌절에서도 우리는 안전합니다. 사목적 다산성, 복음 선포의 다산성은 성공으로 주어지는 것도 아니고 인간적 평가의 기준에 따라 주어지는 것도 아니며, 자신에게서 나가서 자신을 내어주는 논리인 예수님 십자가의 논리에, 사랑의 논리에 동화되는 데서 주어집니다. 십자가입니다. 항상 **그리스도가 있는 십자가**

(십자고상)입니다. 종종 그리스도 없는 십자가가 주어지기 때문인데, 이는 안 됩니다! 십자가입니다. 항상, 우리 사명의 다산성을 보장하는 그리스도 있는 십자가입니다. "새로운 피조물"(갈라 6,15 참조)로 다시 태어나는 것은 바로 최상의 자비와 사랑의 행위인 십자가에서입니다.

3

마지막으로 세 번째 요소는 기도입니다. 복음에서 우리는 들었습니다. "그러니 수확할 밭의 주인님께 일꾼들을 보내 주십사고 청하여라"(루카 10,2). 수확할 일꾼들은 광고 캠페인이나 관대한 봉사의 호소를 통해서 선발되는 것이 아니고 하느님에 의해 '선택되고' '보내지는' 것입니다. 선택하시는 분은 그분이시고, 보내시는 분은 그분이시며, 사명을 주시는 분은 그분이십니다. 그래서 기도가 중요한 것이지요. 베네딕토 16세께서 우리에게 반복하여 말씀하셨는데 교회는 우리 것이 아니고 하느님 것이에요. 그런데 얼마나 자주 우리는, 축성된 사람들은 교회를 우리 것으로 생각하는지요! 교회를… 우리 머리에 들어오는 어떤 것으로 만들어 버립니다! 하지만 우리 것이 아니고 하느님 것이라고요. 경작해야 할 밭은 그분 것이에요. 그렇다면 사명은 무엇보다도 은총입니다. 사명은 은총이에요. 사도가 기도의 열매라면 기도 안에서 자신의 활동의 빛과 열매를 발견할 것입니다. 우리의 사명은 사실 원천과의, 주님과의 연결이 끊어지는 그 순간 생산적이지 못하게, 아니 사라지게 됩니다.

사랑하는 신학생 여러분, 사랑하는 수련자 여러분, 성소의 길을 가는 젊은이 여러분, 여러분 중 한 사람이, 여러분의 양성자들 중 한 사람이 어느 날 저에게 이렇게 말했습니다. 복음화는 무릎으로 하는 것입니다.évangéliser on le fait à genoux. 잘 들으세요. "복음화는 무릎으로 하는 것입니다." 여러분은 항상 기도의 사람이 되십시오. 하느님과의 항구한 관계가 없이는 사명은 직업이 되고 맙니다. 그대는 무슨 직종으로 일하나요? 재봉사, 요리사, 신부, 신부라는 직종, 수녀라는 직종? 아닙니다. 직업이 아니에요. 그건 다른 겁니다. 활동주의의 위험, 구조에 지나치게 의탁하는 위험은 항상 잠복해 있습니다. 예수님을 바라보면 모든 결정이나 중요한 사건 전날 밤 그분은 강렬하고도 긴 기도에 몰입하시는 것을 우리는 봅니다. 가장 긴급하고 무거운 임무들이 몰아치는 가운데서도 관상적 차원을 가꾸어 갑시다.

사명이 여러분을 실존적 변두리로 부르면 부를수록 여러분의 마음은 자비와 사랑이 가득한 그리스도의 마음에 일치합니다. 여기에 사목적 풍요로움, 주님의 제자가 지닌 풍요로움의 비밀이 있습니다!

예수님은 당신 제자들을 "돈주머니도 여행 보따리도 신발도"(루카 10,4) 없이 파견하십니다. 복음의 전파는 사람들의 수에 의해서도, 수도회의 명성에 의해서도, 가용可用 자산의 양에 의해서도 보장되지 않습니다. 중요한 것은 우리 안에 그리스도의 사랑이 침투해 있는 것, 성령의 인도를 받는 것, 자신의 삶을 주님의 십자가라고 하는 생명의 나무에 접목시키는 것입니다.

사랑하는 남녀 벗들이여, 커다란 신뢰로써 저는 여러분을 지극히 거룩하신 마리아께 맡깁니다. 그분은 우리가 자유롭게 두려움 없이 확정적인 결정을 하도록 도와주시는 어머니이십니다. 그분께서 여러분이 기쁨을 겁내는 일 없이 하느님 위로의 기쁨을 증언하도록 도와주시기를. 그분께서 여러분이 십자가의 사랑의 논리에 동화되고 기도 안에서 주님과 점점 더 깊은 일치 안에 성장하도록 도와주시기를. 그렇게 하면 여러분의 삶은 풍요롭고 생산적이 될 것입니다!

07

2013년 7월 27일 | 리오 데 자네이로, 성 세바스티아노 성당

제28차 세계 청년대회에서 주교, 사제, 수도자, 신학생들과 드린 미사 강론

그리스도 안에서 사랑하는 형제들,

전 세계에서 모인 주교들, 사제들, 신학생들, 남녀 수도자들로 가득 찬 이 대성당을 바라보면서 저는 오늘 미사의 시편 말씀을 생각합니다. "하느님, 민족들이 당신을 찬송하게 하소서"(시편 67,6).

그렇습니다. 우리는 주님을 찬송하려고 여기 있습니다. 단지 몇몇 민족만이 주님을 찬송하는 것이 아니라 모든 민족이 주님을 찬송하도록 하는데, 주님의 도구가 되려는 우리의 의지를 재확인하면서 우리는 주님을 찬송합니다. 바오로와 바르나바와 똑같은 담대함으로 우리는 우리 젊은이들에게 복음을 선포하고자 합니다. 그들이 그리스도를 만나고 더 형제적인 세상을 건설하는 사람들이 되도록 말입니다. 저는 여러분과 함께 우리 소명의 세 가지 측면을 묵상하고 싶습니다. 곧 우리는 **하느님에게서 부르심을 받았다는 것, 복음을 선포하도록 부르심 받았다는 것**, 그리고 **만남의 문화를 촉진하도록 부르심 받았다**는 것입니다.

1

하느님에게서 부르심을 받은 사람들. 우리 안에 이 사실을 새롭게 하는 것이 중요하다고 믿습니다. 우리는 자주 일상의 많은 일들 가운데서 이 사실을 당연하게 여기지요. "너희가 나를 뽑은 것이 아니라 내가 너희를 뽑아 세웠다." 하고 예수님께서는 말씀하십니다. 우리 부르심의 원천으로 되돌아가는 것입니다.

이런 이유로 주교, 사제, 축성생활자, 신학생은 '건망증'에 걸릴 수 없습니다. 곧 자신의 여정의 첫 순간에 대한 본질적 준거를 잃어버릴 수 없습니다. 기억을 잘하셨던 성모님께 은총을 청합시다. 이 첫 부르심에 대한 기억을 간직하는 사람이 되는 은총을 청합시다. 우리는 하느님에게서 부르심을 받았고 예수님과 일치하여 그분과 함께 머물라고 부르심 받았습니다(마르 3,14 참조). 사실 그리스도 안에 살기, 머물기는 우리의 존재와 우리가 하는 일 전부를 특징짓습니다.

우리의 사도적 효율을, 우리 봉사의 풍성한 결실을 보장하는 것은 정확히 이 '그리스도 안의 삶'입니다. "너희가 가서 열매를 맺어 너희의 그 열매가 언제나 남아 있게 하려는 것이다"(요한 15,16). 결실을 보장하는 것은 비록 사목적이라 해도 창의성이 아니고 모임들이나 계획이 아닙니다. 그것들은 물론 큰 도움이 되지만 열매를 보장하는 것은 "내 안에 머물러라. 나도 너희 안에 머무르겠다." 하고 말씀하시는 예수님께 충실하기입니다. 우리는 그것이 무엇을 의미하는지 잘 압니다.

성찬례에서 이루어지는 그분과의 일상적 만남 안에서, 기도생활 안에서, 성체조배 중에 그분을 관상하는 것이고, 그분을 흠숭하는 것이며, 그분을 끌어안는 것입니다. 가장 궁핍한 사람들 안에도 그분이 현존하심을 알아보고 그분을 끌어안는 것입니다. 그리스도와 함께 '머무른다'는 것은 고립되는 것을 의미하지 않고 다른 사람들을 만나러 가기 위해 머물기입니다.

여기서 콜카타의 복녀 마더 테레사의 말씀을 상기시켜 드리고 싶습니다. "우리는 가난한 사람들 안에 계신 그리스도를 섬길 기회를 주는 우리의 소명에 대단한 자부심을 가져야 합니다. 그리스도를 찾아가서 섬겨야 하는 곳은 바로 '파벨라스favelas',[3] '칸테그릴레스cantegriles',[4] '빌라 미제리아villa miseria'[5]입니다. 우리는 사제가 마치 제대를 향해 가듯 기쁘게 그들에게로 가야 합니다"(『마더의 가르침』, I, p. 80). 예수님은 착한 목자이시고 우리의 참된 보화이십니다. 부디 그분을 우리의 삶에서 지워 버리지 맙시다! 점점 더 그분 안에 우리의 마음이 뿌리내리도록 합시다!(루카 12,34 참조)

2

복음을 선포하도록 부르심을 받은 사람들. 친애하는 주교님들, 신부님들, 여러분 중 전부는 아니라 해도 많은 분이 여러분의 젊은이들을 세계 젊은이의 날에 동행하려고 오셨지요. 그 젊은이들도 역시 예수님의 파견사를 들었습니다. "가서 모든 민족들을 제자로 삼아라"(마태 28,19 참조). 젊은이들이 마음속에 예수님의 선교사 제자들이 될 열망으로 타오르도록 돕는 것이 우리 사목자들의 임무입니다. 물론 많은 사람이 이 초대에 좀 겁을 먹을 수도 있을 것입니다. 선교사가 된다는 것은 반드시 조국과 가족과 친구들을 떠나는 것을 의미한다고 생각하면서요. 하느님께서는 우리가 선교사이기를 요구하십니다. 우리는 어디에 있나요? 그분 자신이 우리에게 정해 주시는 곳에, 우리 조국이나 우리를 놓아두시는 곳에 있습니다.

---

3 브라질의 판자촌.

4 우루과이의 몬테비데오 주변의 판자촌.

5 아르헨티나 부에노스아이레스의 빈민가.

젊은이들을 도와줍시다. 그들의 실망을 듣기 위해 -그들은 경청을 필요로 합니다-, 그들의 성공을 듣기 위해, 그들의 어려움을 듣기 위해 주의를 기울이는 귀를 가집시다. 앉아서 어쩌면 같은 대본이라 해도 다른 음악, 다른 정체성으로 들어야 합니다. 경청하는 인내! 이것을 저는 여러분에게 마음 다해 요청합니다! 고해소에서, 영적 지도에서, 동반하면서요. 그들과 함께 시간을 낭비하는 법을 알아 둡시다. 씨를 뿌리는 것은 돈도 들고 피곤합니다, 엄청 피곤해요! 그런데 수확을 받아 누리는 것은 훨씬 더 큰 보람이 됩니다! 얼마나 교활한지요! 우리는 모두 수확을 훨씬 더 얻어 누린다고요! 하지만 예수님께서는 우리가 성실하게 씨를 뿌리기를 요구하십니다.

젊은이들을 양성하는 일에 힘을 아끼지 맙시다! 성 바오로는 자기 신자들에게 말하면서 자기 삶에서 실현된 한 가지 표현을 사용합니다. "나의 자녀 여러분, 그리스도께서 여러분 안에 모습을 갖추실 때까지 나는 다시 산고를 겪고 있습니다"(갈라 4,19). 우리도 우리의 직무에서 이것이 실현되게 합시다! 우리 젊은이들이 용기와 신앙의 기쁨을, 하느님께 개인적으로 사랑받는 기쁨을 재발견하도록 도웁시다. 이건 대단히 어렵습니다만 어떤 젊은이가 그것을 이해할 때는, 어떤 젊은이가 성령께서 자신에게 주시는 도유를 통해 그것을 느낄 때는 이 "하느님께 개인적으로 사랑받는다는 것"은 이후 평생 그를 동반합니다. 하느님께서 우리 구원을 위해 당신 아들 예수님을 주셨다는 기쁨을 재발견하기입니다.

선교에 있어서 젊은이들을 밖으로 나가도록, 움직여 가도록, '신앙의 방랑자들'이 되도록 교육해야 합니다. 예수님께서는 제자들에게 그렇게 하셨습니다. 암탉이 병아리들을 품듯 제자들을 당신에게 붙들어 매어 두지 않으시고 그들을 파견하셨습니다! 많은 사람이 복음을 기다리는데 우리는 본당 안에, 우리 공동체 안에나, 본당의 기관들 안에, 또는 교구의 기구들 안에 머물러 있어서는 안 됩니다! 파견되어 나가십시오. 단순히 문을 열어 찾아오는 이들을 맞이하는 것만이 아니라 사람들을 찾아가 만나기 위해 문을 나서는 것입니다! 젊은이들을 재촉하여 나가게 합시다. 물론 그들은 사고를 칠 것입니다. 두려워하지 마십시오. 사도들이 우리보다 먼저 그러했습니다. 그들을 재촉하여 나가게 합시다. 변두리에서 시작하여, 가장 멀리 있는 이들에게서 시작하여, 보통 본당에 다니지 않는 사람들에게서 시작하여 사목적 결정들을 생각합시다. 그들이 VIP 손님들입니다. 그들을 찾아 거리의 교차로로 나갑시다.

3

예수님께 부르심을 받았고 복음화하도록 부르심을 받은 사람들. 이제 세 번째는 **만남의 문화를 촉진하도록 부르심을 받은 사람들**입니다. 많은 환경에서, 그리고 일반적으로 세상 안에서 우리에게 부과된 이 경제우선주의적인 인본주의 안에서 배척의 문화, 하나의 '버리는 문화'가 확장되고 있습니다. 노인들의 자리도, 원하지 않은 자녀의 자리도 없습니다. 길거리의 그 가난한 사람과 함께 머물 시간도 없습니다. 종종 어떤 사람들에게는 인간관계가 두 가지 현대의 '도그마'에 의해, 곧 효율성과 실용주의에 의해 정해지는 것 같습니다.

친애하는 주교, 사제, 수도자와 사제 직무를 준비하는 신학생 여러분, 이런 문화의 시류를 거슬러 가는 용기를 가지십시오. 용기를 가지세요!… 이 효용주의 문화를, 이 버리는 문화를 거슬러 가는 용기를 가지십시오. 모든 사람을 '만나고' '환대하기', 이 문화 속에서 거의 마치 나쁜 말이라도 되는 것처럼 사라지고 있는 단어인 '연대', 그리고 '형제애'는 우리의 문명을 참으로 인간답게 해 주는 요소들입니다.

친교의 봉사자요 만남의 문화의 봉사자가 되기! 저는 여러분이 이런 의미에서 거기에 거의 항상 몰두해 있기를 바랍니다. '우리의 진리'를 내세우면서 과시하지 않고, 오히려 진리이신 그리스도께 발견되고 결합되고 변화된 자의 겸손하고 복된 확신에 인도되어 그렇게 하십시오(루카 24,13-35 참조).

친애하는 형제자매 여러분, 우리는 하느님에게서 성姓과 이름으로 부르심을 받았습니다. 우리 각자는 복음을 선포하도록, 그리고 기쁨으로 만남의 문화를 선포하도록 부르심 받았습니다. 동정녀 마리아는 우리의 모델이십니다. 성모님은 자신의 삶에서 "교회의 사도직 사명 안에서 사람들이 새로 나도록 협력하는 모든 이가 영감을 취해야 할 저 모성애의 모범"(제2차 바티칸 공의회 교회헌장 「인류의 빛」, 65항)이 되셨습니다. 우리에게 매일 예수님을 만나도록 가르쳐 주시라고 성모님께 청합시다. 우리가 할 일이 많다고 해서 감실이 버림받아도 아무렇지도 않은 척할 때 우리의 손을 잡아 주시도록 청합시다. 그분께 그렇게 청합시다!

보소서, 어머니, 제가 방향을 잃을 때 제 손을 잡아 인도하소서. 변두리에 있는 많은 형제자매를, 하느님을 갈망하면서도 하느님을 선포하는 사람이 없는 그들을 만나러 나가도록 저를 재촉해 주소서. 그저 집 밖으로 뛰쳐나가는 것이 아니라 (형제자매들을 만나러 가기 위해) 집에서 나가도록 재촉해 주소서.

그렇게 해서 우리는 주님의 제자들이 됩니다. 성모님께서 모두에게 이 은총을 베푸시기를.

08

2013년 10월 4일 | 성 루피노 주교좌 성당

아씨시 방문 중 성직자, 축성생활자, 사목평의원들과의 만남

교구 공동체의 사랑하는 형제자매 여러분, 안녕하세요!

사제들, 남녀 수도자들, 사목평의회에서 임무를 맡은 평신도 여러분, 여러분의 환대에 감사드립니다! 사목평의원들은 얼마나 필요한지요! 주교는 사목평의원들 없이 교구를 이끌 수 없습니다. 본당 주임사제는 사목평의원들 없이 본당을 이끌 수 없습니다. 이건 근본적인 것이에요! 우리는 지금 주교좌 성당에 있습니다! 여기에는 성 프란치스코와 성녀 클라라가 세례를 받았던 세례반이 있습니다. 당시에는 성 마리아 성당에 있었던 것입니다. 세례에 대한 기억은 중요합니다! 세례는 우리가 어머니인 교회의 자녀로 태어남이지요.

여러분에게 질문을 하나 하고 싶어요. 여러분 중 누가 세례받은 날짜를 아십니까? 별로 없지요! 별로 없어요…. 이제, 숙제를 드립니다! 엄마, 아빠, 말해 주세요. 저는 언제 세례를 받았나요? 이거 중요합니다. 하느님의 자녀로 태어난 날이니까요. 은사와 직무의 다양성 안에서 주어지는 한 분 성령, 하나인 세례입니다. (우리가) 교회라는 것, 하느님 백성에 속한다는 것은 얼마나 위대한 일인지요! 우리는 모두 하느님 백성입니다. 성령의 활동인 조화와 다양성의 친교 안에서요. 성령께서는 조화이시고 조화를 이루시니까요. 그것은 그분의 선물이고 우리는 열려 있으면서 그 선물을 받아야 합니다!

주교는 이 조화의 수호자입니다. 주교는 이 다양성 안의 조화라는 이 선물의 수호자입니다. 그래서 교종 베네딕토께서는 프란치스코와 관련된 교종 직속 대성당들에서의 사목 활동이 해당 교구 안에 통합되기를 바라셨던 것입니다. 그분은 조화를 이루셔야 하니까요. 그것이 그분의 과제이고 그분의 의무이자 그분의 소명입니다. 그리고 그분은 그것을 하기 위한 특별한 은사를 받으셨습니다. 여러분이 평온하게 서로 협력하면서 모두에게 선익이 되는 이 길을 잘 걸어가고 계셔서 저는 기쁩니다. 저는 여러분이 이 길을 계속해 나아가도록 격려합니다. 끝난 지 얼마 되지 않는 사목 방문과 이제 여러분이 곧 거행하려고 하는 교구 시노드는 하느님께서 특별한 방식으로 축복하신 이 교회가 성장하는 강력한 순간들입니다. 교회는 성장합니다. 하지만 개종운동을 하기 위해서가 아닙니다. 아니에요, 아니라고요! 교회는 사람들을 개종시키려고 성장하는 것이 아닙니다. 교회는 끌어당기기 위해 성장합니다. 우리 각자가 하느님 백성에게 주는 증언의 끌어당김(매력)입니다.

이제 간략하게 여러분의 공동체 생활에서 몇 가지 측면에 대해 말씀드리고자 합니다. 여러분에게 새로운 것들을 말하려는 것이 아니라 여러분 교구의 여정을 특징짓는 가장 중요한 것들을 여러분에게 확인해 주려는 것입니다.

1

첫 번째는 하느님의 말씀을 듣는 것입니다. 교회는 공동체입니다. 주교님께서 그렇게 말씀하셨는데요. 말씀하시는 주님께 믿음과 사랑으로 귀를 기울이는 것입니다. 여러분이 함께 살아가는 사목 계획은 바로 이 근본적인 차원을 강조합니다. 믿음을 불러일으키고 기르고 다시 낳는 것은 바로 하느님의 말씀입니다. 마음들을 건드리고 그 마음들을 하느님께로, 그리고 우리의 논리와는 사뭇 다른 그분의 논리로 향하게 하는 것은 하느님의 말씀입니다. 우리 공동체들을 계속해서 새롭게 하는 것은 하느님의 말씀입니다….

우리는 모두 이 면에서 좀 더 나아질 수 있다고 저는 생각합니다. 곧 우리의 말에서는 덜 부유하고 하느님의 말씀에서는 더 부유하기 위해 그분의 말씀을 더 경청하는 사람들이 되는 것입니다. 설교하는 과제를 가진 사제를 생각합니다. 먼저 자기 마음을 열지 않았다면, 침묵 속에서 하느님 말씀을 듣지 않았다면 어떻게 설교할 수 있겠습니까? 아무것도 알아들을 수 없는 이 끝날 줄 모르는 지루한 강론은 집어치우라지. 이것은 여러분을 위한 것입니다.

저는 첫 번째 교육자들인 아빠와 엄마를 생각합니다. 그들은 자기네 의식이 하느님의 말씀에서 빛을 받지 않는다면, 그들의 사고방식과 행동 방식이 말씀으로 인도되지 않는다면 어떻게 교육할 수 있을까요? 어떤 모범을 자녀들에게 줄 수 있을까요? 이건 중요합니다. 왜냐면 나중에 아빠와 엄마가 "이 녀석…" 하고 불평하거든요. 그런데 당신은 그에게 무슨 증언을 주었나요? 그에게 어떻게 말했나요? 하느님 말씀에 대해서 아니면 텔레비전 뉴스에서 나오는 말에 대해서? 아빠와 엄마는 이미 하느님 말씀에 대해 말해야 하는 거예요!

저는 교리교사들, 모든 교육자를 생각합니다. 그들의 마음이 말씀으로 뜨거워지지 않으면 어떻게 다른 사람들의, 어린이들의, 젊은이들의, 어른들의 마음을 뜨겁게 할 수 있겠습니까? 성서를 읽는 것으로는 충분치 않습니다. 성서 안에서 말씀하시는 예수님께 귀를 기울일 필요가 있습니다. 성서 안에서 말씀하시는 분은 바로 예수님이십니다. 그 안에서 말씀하시는 분은 예수님이시라고요. 송신하는 안테나가 되기 위해서는 하느님의 말씀에 주파수를 맞추어 수신하는 안테나가 되어야 합니다! 수신하고 나서 송신하는 것입니다. 성서를 살아 있게 하고 그 참되고 충만한 의미를 깊이 알아듣게 하시는 분은 성령이십니다! 우리 자신에게 물어봅시다. 시노드를 향한 질문의 하나로요. 내 삶에서, 매일의 삶에서 하느님의 말씀은 어떤 자리를 차지하는가? 하느님께 주파수를 맞추고 있는지 아니면 유행하는 많은 말이나 나 자신에게 주파수를 맞추고 있는지? 우리 각자가 자신에게 해야 하는 질문입니다.

2

두 번째 측면은 걷기의 측면입니다. 그리스도인과 교회를 생각할 때 제가 선호하는 말 중 하나입니다. 하지만 여러분에게는 이 말의 특별한 의미가 하나 있습니다. 여러분은 교구 시노드를 시작하고 있는데 '시노드'를 한다는 말은 함께 걷는다는 뜻입니다. 이것은 우리가 살아가는 가장 아름다운 체험이라고 저는 생각합니다. 우리 가운데서 걸어가시는 주님과 함께 역사 안에서 걸어가는, 걸어가는 백성에 속한다는 것 말입니다! 우리는 고립되어 있지 않고, 혼자 걷지 않고 함께 걸어가는 그리스도의 하나뿐인 양떼에 속합니다.

여기에서 저는 또다시 사제 여러분을 생각합니다. 저도 여러분과 한 축에 끼도록 해 주세요. 우리에게 하느님 백성과 함께 걷는 것이 아니면 더 아름다운 것이 무엇이 있을까요? 훌륭하죠! 본당 사람들의 이름을 알고 있고 그들을 찾아보러 가는 이 주임신부들을 생각하는 건 (멋진 일이에요), 그 중 한 사람이 저에게 "전 각 가정의 개 이름을 알아요." 하고 말했듯이요. 개 이름도 아는 거예요! 얼마나 아름다웠는지요! 이보다 더 아름다운 일이 무엇이겠어요? 전 자주 되풀이해서 말하는데요. 우리 백성과 함께 걷는 것, 때로는 앞에서, 때로는 가운데서, 때로는 뒤에서 걷는 것입니다. 공동체를 인도하기 위해서 앞에서 걷고, 공동체를 격려하고 지원하기 위해서 가운데서 걸으며 공동체를 일치 안에 보존하고자 뒤에서 걷습니다. 아무도 너무 뒤처지지 않도록 하려고, 일치를 유지하려고요. 또 다른 이유도 있습니다. 백성에게는 (냄새를 알아내는) '코'(감각)가 있기 때문이지요! 걸어가야 할 새로운 길을 찾아내는 감각(코)이 있다고요. 백성은 신학자들이 말하는 '신앙 감각'을 가지고 있습니다. 이보다 더 아름다운 것이 무엇이 있겠습니까? 시노드에서는 성령께서 평신도들에게, 하느님 백성에게, 모두에게 말씀하시는 것도 있어야 합니다.

가장 중요한 것은 함께 걷는 것입니다. 협력하면서 서로 도우면서요. 미안하다고 하고 자기 잘못을 알고 용서를 청하고 또한 다른 사람들의 사과를 받아들이면서 용서하는 것, 이것이 얼마나 중요한지요! 저는 종종 여러 해가 지난 후 헤어지는 혼인생활을 생각합니다. "에이… 아니야, 우린 서로 이해하지 못해, 우린 서로 멀어졌어." 아마도 그들은 제때 사과할 줄을 몰랐을 겁니다. 아마도 그들은 제때 용서할 줄을 몰랐을 겁니다. 신혼부부들에게 저는 늘 이런 조언을 줍니다. "싸우고 싶으면 싸우세요. 접시가 날아다녀도 그냥 두세요. 하지만 절대로 화해하지 않고 하루를 마치지는 마세요! 절대로!" 혼인생활에서 "저기, 미안해요. 내가 피곤했어요." 하고 말하는 것이나 그저 단순한 몸짓 하나라도 배운다면 이것이 평화입니다! 그리고 다음 날 다시 삶을 시작하는 거예요. 이것이 멋진 비결입니다. 그리고 이것이 이 고통스러운 결별을 피합니다.

앞서가며 도피하지 않고 과거에 대한 향수도 없이 일치하여 걸어간다는 것은 얼마나 중요한지요. 그리고 걸으면서 서로 이야기하고, 서로를 알아가고, 서로서로 자기 이야기를 하고 더 가족이 되어 갑니다. 여기서 우리 자신에게 물어봅시다. 우리는 어떻게 걸어가는가? 우리 교구의 현실은 어떻게 걸어가는가? 함께 걸어가는가? 우리 교구의 현실이 진실로 함께 걸어가도록 나는 무엇을 하는가? 저는 여기서 뒷담화라는 주제로 들어가고 싶지는 않습니다. 하지만 뒷담화는 항상 분열시킨다는 것을 여러분은 알지요!

3

그러니까 경청하기, 걸어가기, 그리고 **세 번째 측면은 선교적 측면**입니다. 곧 변두리에 이르기까지 선포하는 것입니다. 이것 역시 저는 여러분에게서, 여러분의 사목 계획에서 취했습니다. 주교님께서 최근에 그에 대해 말씀해 주셨거든요. 그런데 제가 부에노스아이레스에 있을 때 열심히 살았던 요소이기 때문에도 저는 그것을 강조하고 싶습니다. 다른 사람을 만나러 변두리로 가기 위해 나가는 것의 중요성입니다. 변두리는 장소이지만 특히 **특수한 삶의 상황에 놓인 사람들**입니다. 처음에 제가 맡았던 교구, 곧 부에노스아이레스 교구의 경우이지요. 저에게 큰 아픔을 준 변두리는 중산층 가정에서 십자성호를 그을 줄 모르는 어린이들을 만나는 것이었습니다. 하지만 이것이 하나의 변두리입니다! 여러분에게 묻겠습니다. 여기 이 교구에 십자성호를 그을 줄 모르는 어린이들이 있습니까? 그에 대해 생각해 보십시오. 이것이 하느님께서 계시지 않는 진정한 실존적 변두리입니다.

(변두리의) 첫 번째 의미로는, 이 교구의 변두리는 예컨대 교구 내에서도 스포트라이트를 받지 못하고 주변부에 위치할 위험이 있는 지역들입니다. 하지만 또 실제로 **배제되고 멸시당하는 사람들과 인간 현실**도 있습니다. 어

쩌면 물리적으로는 '중심'에 가까울지 몰라도 영적으로는 중심에서 멀리 있는 사람들입니다.

밖으로 나가서 이런 사람들을, 이러한 상황들을 만나러 가기를 두려워하지 마십시오. 편견에, 습관에, 정신의 경직성이나 사목적 경직성에, 그 유명한 "늘 그래 왔는데, 뭐!"에 사로잡히지 마십시오. 성 프란치스코처럼 마음속에 하느님의 말씀을 지니고 교회와 함께 걸을 때만 변두리로 갈 수 있습니다. 그렇지 않으면 하느님 말씀이 아니라 우리 자신을 지니게 되는데, 이건 좋지 않아요, 아무에게도 쓸모가 없어요! 세상을 구원하는 것은 우리가 아닙니다. 세상을 구원하는 분은 바로 주님이세요!

자, 사랑하는 벗들, 저는 여러분에게 새로운 처방을 주지 않았습니다. 저는 그런 걸 가지고 있지 않아요. 그리고 자기가 새로운 처방을 갖고 있다고 말하는 사람을 믿지 마세요. 그런 건 없습니다. 하지만 저는 여러분 교회의 여정에서 성장시켜야 하는 아름답고 중요한 면들을 발견했고 그것들을 여러분에게 확인해 드리고 싶습니다. **하느님 말씀을 들으십시오, 형제애 안에서 함께 걸어가십시오, 변두리에서 복음을 선포하십시오!** 주님께서 여러분을 축복하시고 성모님께서 여러분을 보호하시며, 성 프란치스코께서 주님의 제자라는 기쁨을 살도록 여러분 모두를 도와주시기를! 감사합니다.

09

2013년 10월 4일

아씨시의 성 클라라 수도회 수녀들에게

저는 이 모임이 카스텔 간돌포 강당에서 두 번 했던 것처럼 저 혼자 수녀님들과 함께하는 것으로 생각했는데요. 하지만 고백하자면 추기경님들을 내보낼 용기가 저는 없군요. 그냥 이렇게 하지요.

좋습니다. 여러분의 환대와 교회를 위한 기도에 큰 감사를 드립니다. 봉쇄 수녀 하나가 자신의 전 생애를 주님께 봉헌할 때, 우리가 다 이해하지 못하는 변화가 일어납니다. 우리 상식으로는 이 수녀가 고립되어, 홀로 절대자하고만, 홀로 하느님하고만 머무른다고 생각하겠지요. 금욕과 고행의 삶이라고 말이죠. 하지만 그건 가톨릭 봉쇄 수녀의 길이 아닙니다. 그것은 그리스도교적이지도 않아요. 길은 항상 예수 그리스도를 통하여 갑니다! 예수 그리스도가 여러분의 삶과 여러분의 참회, 여러분의 공동체 생활, 여러분의 기도의 중심에, 기도의 보편성의 중심에도 계십니다. 그런데 이 길에서는 금욕적 봉쇄 수녀라고 생각하는 것과는 반대되는 일이 일어납니다.

예수 그리스도를 관상하는 길을, 곧 예수 그리스도와 함께 기도와 고행의 길을 가다 보면 엄청 인간적이 돼요. **봉쇄 수녀들은 커다란 인간미를 지니도록 부르심 받았습니다.** 어머니이신 교회의 인간미와 같은 인간미 말이죠. 인간적인 수녀들로서 삶의 모든 것을 이해하고, 인간적인 문제들을 이해할 줄 알고, 용서할 줄 알며, 사람들을 위해서 주님께 청할 줄 아는 사람들인 것이지요. 이것이 여러분의 인간미예요. 여러분의 인간미는 이 길을 따라, 곧 예수 그리스도의 길인 말씀의 육화를 따라서 옵니다. 그러면 그토록 인간적인 수녀의 표시는 무엇일까요? 기쁨, 기쁨입니다. 기쁨이 있을 때예요! 기쁘지 않은 수녀들을 만날 때 저는 슬픕니다. 미소는 짓겠지요. 하지만 항공기 승무원의 웃음이지요. 기쁨의 미소, 내면에서 나오는 기쁨의 미소가 아니고요. 늘 예수 그리스도와 함께하십시오.

저는 오늘 미사 중에 십자가에 못 박히신 분에 대해 말하면서, 프란치스코가 눈을 뜬 채 벌어진 상처에서 피가 흘러내리는 그분을 관상했다는 것을 말했지요. 여러분의 관상은 이것, 곧 실제입니다. 예수 그리스도의 실제. 추상적인 개념들이 아니에요. 추상적인 개념들이 아니라고요. 그런 건 머리를 메마르게 하니까요. 예수 그리스도의 상처를 관상하는 것! 그분은 그 상처들을 하늘로 가져가셨고, 그 상처들을 지금도 지니고 계십니다!

그것이 **예수 그리스도의 인성人性의 길**입니다. 하느님이요 인간이신 예수님과 언제나 함께. 그래서 사람들이 수도원의 응접실에 찾아가서 기도를 청하고 문제들을 이야기하는 것은 참 아름답습니다. 어쩌면 수녀는 아무런 특별한 말을 하지 않더라도 바로 예수 그리스도의 관상에서 나오는 한마디면 되지요. 수녀는 교회처럼 인간성에 대한 전문가의 길을 가기 때문입니다. 이것이 여러분의 길입니다.

너무 영성적이지 않도록 하세요! 수녀들이 너무 영성적일 때 저는 여러분들과 겨루는 수도원들의 설립자를, 예컨대 테레사 성녀를 생각하지요. 어느 수녀가 이런 것들을 갖고 오면요… 주방 수녀님한테 이렇게 말하곤

했지요: "이 자매에게 비프스테이크 하나 주세요!" 늘 예수 그리스도와 함께, 언제나요.

예수 그리스도의 인성! 왜냐면, 말씀이 살이 되어 오셨고, 하느님이 우리를 위해 육신을 취하셨으니, 이것이 여러분에게 인간적이고, 위대하고, 아름답고, 성숙한 거룩함을 주실 겁니다. 어머니의 거룩함을요! 교회는 여러분이 어머니들이길 바랍니다. 어머니, 어머니 말이에요. 생명을 주는 거죠. 여러분이 기도할 때, 예를 들어, 사제들을 위해, 신학생들을 위해서 기도할 때, 여러분은 그분들과 모성의 관계를 갖는 겁니다. 기도로써 여러분은 그들이 하느님 백성의 착한 목자들이 되도록 돕는 것입니다. 테레사 성녀의 비프스테이크를 꼭 기억하세요! 중요해요.

첫째는 이것입니다. 곧 **늘 예수 그리스도와 함께, 예수 그리스도의 상처들, 주님의 상처들과 함께하는 것**이지요. 그것은 부활 후에도 그분이 지니고 계셨고, 지니고 다니신 실제이기 때문입니다.

그리고 제가 여러분에게 간략하게 말씀드리고 싶은 **두 번째 것**은 **공동체 생활**입니다. 서로 용서하십시오, 서로 인내하십시오. 공동체 생활이란 쉽지 않기 때문입니다. 악마는 공동체를 분열시키기 위해 모든 것을 이용합니다! 이렇게 말하죠. "난 나쁘게 말하고 싶진 않지만…", 그렇게 분열이 시작됩니다. 안 됩니다. 이건 안 돼요. 그런 건 아무것도 가져다주지 않고 분열만 가져다주기 때문입니다. 여러분 사이에 우정을, 가정생활을, 여러분끼리 사랑을 가꾸는 것입니다. 그리고 수도원이 연옥이 되지 않고 하나의 가정이 되어야 합니다. 문제들은 있지요. 앞으로도 있을 거예요. 하지만 가정 안에서 하는 것처럼 사랑으로, 사랑으로 해결책을 찾는 겁니다. 이걸 해결하기 위해 저걸 무너뜨리지 마세요. 경쟁하지 마세요. 공동체 생활을 가꾸세요. 공동체 생활에서는, 가족의 삶에서는 그런 거예요. 공동체 가운데 계시는 분은 바로 성령이십니다.

이 두 가지를 여러분에게 말하고 싶었습니다. 항상, 항상 예수님과 함께하는, 하느님이시자 사람이신 예수님과 함께하는 관상. 그리고 항상 커다란 마음으로 살아가는 공동체 생활입니다. 내버려 두기, 자랑하지 않기, 모든 것을 견디기, 마음으로부터 미소를 짓기예요. 그 표지는 기쁨입니다. 그리고 저는 여러분을 위해 참된 관상과 아름다운 공동체적 삶에서 솟아나는 이 기쁨을 청합니다. 고맙습니다! 환대에 감사드려요. 여러분에게 저를 위해 부디 기도해 주시기를 청합니다. 그거 잊지 마세요! 강복 전에 성모님께 기도합시다. 은총이 가득하신….

10

2013년 11월 21일 | 성모 자헌 기념일

로마 아벤티노 언덕 까말돌리 수녀회의 성 안토니오 수도원 방문 중 저녁기도 중에

다른 어떤 피조물과도 다르게 예수님을 알았고 사랑하셨던 분을 관상합시다. 우리가 들은 복음은 마리아가 예수님께 대한 자신의 사랑을 표현하는 근본적 태도를 보여 줍니다. 곧 하느님의 뜻을 행하기입니다. "하늘에 계신 내 아버지의 뜻을 실행하는 사람이 내 형제요 누이요 어머니다"(마태 12,50). 이 말씀으로 예수님은 중요한 메시지를 남기십니다. 하느님의 뜻은 당신께 대한 참된 소속을 정하는 최고의 법이라는 것입니다. 그래서 마리아는 예수님을 낳으시기 전부터 이미 예수님과 친족관계의 유대가 이루어진 것입니다. 천사의 말을 받아들여 이렇게 말씀하시는 순간에 당신 아들의 제자요 어머니가 되십니다. "보십시오, 저는 주님의 종입니다. 말씀하신 대로 저에게 이루어지기를 바랍니다"(루카 1,38). 이 "이루어지기를"이라는 말은 단지 받아들이는 것만은 아니며, 미래를 향한 신뢰에 찬 개방이기도 합니다. 이 "이루어지기를"이라는 말은 희망인 것입니다!

마리아는 희망의 어머니요 그리스도교적 희망의 가장 생생한 아이콘이십니다. 영보의 순간에 발하신 "예"에서 시작하여 그분의 전 생애는 희망의 태도의 총합이지요. 마리아는 어떻게 어머니가 되는지를 모르셨지만 지금 이루어지려고 하는 신비에 온전히 자신을 맡기셨고 기다림과 희망의 여인이 되셨습니다. 그 후 우리는 마리아를 베들레헴에서 보는데, 거기에서 그분에게 구원자요 메시아로 알려지셨던 분이 가난하게 태어나십니다. 이어서 성전에 아기 예수님을 바치시려고 예루살렘에 계실 때 시메온과 안나라는 노인들의 기쁨 속에서 그분의 마음이 칼에 찔리시리라는 약속과 반대 받은 표적의 예언도 이루어집니다. 그분은 그 아들의 사명과 정체성 자체가 자신이 어머니라는 사실을 넘어선다는 것을 알아차리십니다. 그런 다음 예수님이 성전에서 사라졌다가 나무람을 듣는 이야기가 나옵니다. "얘야, 우리에게 왜 이렇게 하였느냐?"(루카 2,48) 예수님의 답은 어머니의 걱정에서 빠져나가 하늘 아버지의 것들로 향합니다.

그럼에도 이 모든 어려움과 하느님 계획의 놀라운 일들 앞에서 동정녀의 희망은 결코 흔들리지 않습니다! 희망의 여인. 이는 희망이 경청과 관상으로, 그리고 주님의 때가 무르익기를 기다리는 인내로 자라난다는 것을 말해 줍니다. 가나의 혼인 잔치에서도 마리아는 인간적 일들에 주의를 기울이고 민첩하게 처리하는 희망의 어머니이십니다. 공생활의 시작으로 예수님은 스승이시요 메시아가 되십니다. 성모님은 아들의 사명을 기쁨으로, 그러나 또한 염려로 바라봅니다. 예수님이 점점 더 늙은 시메온이 예언했던 반대 받는 표적이 되어 가시기 때문이지요. 십자가 아래서는 고통의 여인이요 동시에 고통보다 더 큰 신비를, 막 이루어지려고 하는 신비를 깨어 기다리는 여인이십니다. 모든 것이 그야말로 끝나 버린 것으로 보입니다. 모든 희망이 꺼져 버렸다고 할 수 있겠지요. 그 순간 그분도 역시 수태고지 때의 약속을 기억하면서 이렇게 말할 수도 있었겠지요. 그 약속들은 이루어지지 않았어. 난 속은 거야.

하지만 그렇게 말하지 않으셨습니다. 그럼에도 **그분은 믿으셨기에 복되신 분이고 자신의 이 믿음에서 새로운 미래가 싹터 오는 것을 보시며 희망으로 하느님의 내일을 기다리십니다.** 때로 저는 이렇게 생각합니다. **우리는 하느님의 내일을 기다릴 줄 아는가?** 아니면 우리는 오늘을 원하는가? 그분에게 하느님의 내일은 파스카 축일, 그 주간 첫날 아침의 새벽입니다. 관상 속에서 아들이 어머니를 껴안은 모습을 생각해 보면 좋겠습니다. 예수님의 무덤에 불이 켜진 유일한 등불은 어머니의 희망으로, 이는 그 순간 전 인류의 희망입니다. 저에게, 여러분에게 묻습니다. **수도승원에서는 아직 이 등불이 켜져 있습니까? 수도승원에서는 하느님의 내일을 기다립니까?**

이분 마리아에게 우리는 많은 덕을 입고 있습니다! 구원사의 모든 순간에 현존하시는 그분 안에서 우리는 희망의 견고한 증거를 봅니다. 희망의 어머니이신 그분은 어둠과 어려움과 낙담의 순간에, 패배한 것처럼 보이거나 진짜로 인간적 패배를 체험하는 순간에 우리를 붙들어 주십니다. 우리의 희망이신 마리아님, 저희의 삶을 하늘 아버지께서 기뻐하실 제물이요, 우리 형제들을 위한 기쁨에 찬 선물이 되도록, 항상 내일을 바라보는 자세가 되도록 도와주십시오.

11

2013년 11월 29일

세계 남자수도회 장상연합회USG 총회 중 바티칸을 방문한 장상들에게[6]

수도자: 죄인이자 예언자

… 세계 남자수도회 장상연합회 회장인 예수회 총장 아돌포 니콜라스 신부와 사무국장인 콤보니 수도회의 데이빗 글렌데이 신부의 간략한 인사말 후에, 프란치스코 교종은 단순하게 초대에 마음으로부터 감사하고 나서 곧 첫 질문들을 들었다.

수도자들은 무엇보다 먼저 교종에게 수도자의 정체성과 사명에 대해

6 교종 프란치스코는 2013년 11월 29일 세계 남자수도회 장상연합회 총회 마지막 날에 총회 참석자들을 알현하고 오전 동안 대화를 나누었다. 예수회 문화잡지 『치빌타 카톨리카』의 편집장 안토니오 스파다로 신부가 이 내용을 정리하여 이 잡지에 "세상을 깨우십시오!"라는 제목으로 2014년 1월 4일자로 실었는데 많은 반응을 불러일으켰다. 이 기사를 2015년 이탈리아의 앙코라Àncora출판사가 『미래를 비추십시오』라는 제목의 책으로 출판하였는데, 한국에서는 남녀 수도회 장상연합회 주최 '축성생활의 해 순회 심포지엄'에서 발제하는 기회에 역자는 개인으로 판권을 얻어 번역하여 『미래를 비추십시오』라는 책자로 발간한 바 있다. 그 내용에서 편집자의 해설 부분은 많이 생략하고 각주도 생략하고 교종의 말씀 위주로 여기 싣는다. 해설과 각주는 『미래를 비추십시오』 책자를 참조하라.

물었다. "축성생활에 무엇을 기대하십니까? 무엇을 요구하십니까? 성하께서 저희 입장이시라면 변두리로 가라는 성하의 호소를, 복음을 다른 말 덧붙이지 말고 그대로 살라는, 복음적 예언을 살라는 호소를 어떻게 받아들이시겠습니까?" "오늘날 강조해야 할 부분은 어디일까요? 우선적 요소는 무엇입니까?"

교종은 자신도 역시 수도자라는 말로, 그래서 지금 말하는 것을 체험으로 안다는 말로 시작했다. 수도자로 교종이 되었던 마지막 사람은 1831년에 선출된 까말돌리Camaldoli의 수도자 그레고리오 16세였다. 어쨌건 그는 명시적으로 베네딕토 16세를 언급했다. "그분은 교회가 개종 활동이 아니라 증언을 통해 성장한다고 말씀하셨지요. 참으로 사람을 끌어당길 수 있는 증언은 습관적인 것이 아닌 태도와 연결된 증언입니다. 곧 관대함, 초탈, 희생, 다른 사람에게 몰두하기 위해 자신을 잊어버리는 것입니다. 그것이 증언입니다. 수도생활의 '순교'이지요. 그것이 사람들에게는 하나의 '경보 신호'입니다. 수도자들은 자신들의 삶으로 사람들에게 이렇게 말합니다. '무슨 일이 일어나고 있나요?' 이 사람들이 나에게 뭔가를 말하고 있습니다! 이 사람들은 세속적 지평 저 너머로 나아가는 거예요!" 교종은 베네딕토 16세를 인용하면서 계속 말했다. "그래서 수도생활은 끌어당김의 길로 교회의 성장을 가능케 해야 합니다."

그러니까 "교회는 끌어당기는 힘이 있어야 (매력적이어야) 합니다. 세상을 깨우십시오! 여러분은 행하고, 행동하고, 살아가는 방법에서 다른 어떤 세상의 증인들입니다! 이 세상에서 다르게 사는 것은 가능합니다. 우리는 지금 종말론적 시선에 대해, 여기 이 땅 위에 육화한 하느님 나라의 가치들에 대해 말하고 있습니다. 주님을 따르기 위해 모든 것을 버리는 것이지요. 저는 '철저한'이라는 말을 쓰고 싶지 않아요. 아니에요. 복음적 철저성은 오직 수도자들만의 것은 아닙니다. 모든 사람에게 요구되는 것이지요.

하지만 **수도자들은** 주님을 특수한 방식으로, **예언자적 방식으로 따릅니다**. 저는 여러분에게 이 증언을 기대합니다. 수도자들은 세상을 깨울 능력이 있는 남녀 인간들입니다."

"여러분은 참으로 다른 방식으로 활동하고 행동하는 것을 보여 주는 증인들이 되어야 합니다. 하지만 삶에서 모든 것이 분명하고 정확하고 명쾌하게 구상되기는 어렵지요. 삶은 복합적이어서 은총과 죄로 이루어져 있습니다. 어떤 사람이 죄를 짓지 않는다면 인간이 아니지요. 우리는 모두 잘못을 저지르며, 우리는 모두 우리의 나약함을 인정해야 합니다. 자신이 약하고 죄인이라는 것을 인정하는 수도자는 자신이 제공하도록 불린 증언에 모순되는 것이 아니고, 오히려 그 증언을 강화하는 것이며, 이것은 모두에게 유익합니다. 제가 기대하는 것은 그러니까 증언입니다. 저는 수도자들에게서 이 특수한 증언을 바랍니다."

근본주의를 피하고 미래를 밝히기

계속해서 첫 번째 질문들에 답하면서 교종 프란치스코는 자신의 사상의 열쇠가 되는 점 중 하나에 대해 말했다. "저는 한 가지를 확신하고 있습니다. 곧 역사 안에서 이루어진 **위대한 변화들은 현실을 중심에서가 아니라 변두리에서 보았을 때 이루어졌다**는 것입니다. 이는 하나의 해석학적 문제인데, 곧 현실은 오직 변두리에서 볼 때만, 우리의 시선을 모든 것에서 동일한 거리에 자리한 중심에 두지 않을 때만 이해할 수 있는 것입니다. 우리가 참으로 현실을 이해하기 위해서는 고요하고 평온한 중심부의 위치에서 이동하여 변두리 지역으로 향해야 합니다. 주변부에 머무르는 것은 중앙 집권주의와 이념적 접근을 피하여 현실을 더 잘 보고 더 잘 이해하도록 도와주며, 현실을 더 정확히 분석하는 데 도움이 됩니다."

그러므로 "어떤 영역의 중심에 있다는 것은 도움이 안 됩니다. 이해하기 위해서 우리는 '자리를 벗어나야' 하며, 현실을 서로 다른 여러 관점에서 보아야 합니다. 우리는 생각하는 데 익숙해져야 합니다. 저는 자주 예수회의 총장이었던 뻬드로 아루뻬Pedro Arrupe 신부님의 어떤 편지를 언급하는데요. 사회조사와 활동센터Centros de Investigación y Acción Social(CIAS)에 보낸 편지입니다. 이 편지에서 아루뻬 신부님은 가난에 대해 이야기하는데, 가난한 사람들과의 실제로 접촉하는 시간이 필요하다고 말합니다. 저에게 있어 이것은 참으로 중요합니다. 현실을 체험으로 아는 것, 참으로 현실과 사람들의 실제 삶을 알고자 변두리로 가는 시간을 바치는 것이 필요하다는 거예요. 이렇게 하지 않으면 추상적 이념가나 근본주의자가 될 위험에 빠지며, 이는 건강하지 못하지요."

교종은 이제 청소년 사목이라는 구체적인 한 가지 경우에 머무른다. "젊은이들과 함께 일하는 사람은 마치 논문처럼 너무 질서 있고 꽉 짜여 있는 것들만을 말할 수는 없습니다. 이런 것들은 청소년들에게 부담을 주니까요. 새로운 언어가, 새로운 방식으로 말하는 것이 필요하지요. 오늘날 하느님께서는 우리에게 이것을 요구하십니다. 곧 파견되기 위해서 우리가 몸담은 보금자리에서 나가라고 하시는 것입니다. 또 봉쇄 구역에서 자신의 축성을 살아가는 사람은 복음이 자라날 수 있도록 이 내적 긴장을 기도 안에서 살아갑니다. "너희는 온 세상에 가서 모든 피조물에게 복음을 선포하여라"(마르 16,15) 하는 복음의 파견으로 주어진 임무의 과제는 실존적·지리적 변두리로 이동된 이 해석학적 열쇠를 통해 실현될 수 있습니다. 이는 예수님을 본받는 가장 구체적인 방법입니다. 예수님은 모든 변두리로 가셨지요. 예수님께서는 모든 사람에게, 그야말로 모든 사람에게 가셨습니다. 저는 변두리로 가면서 전혀 불안을 느끼지 않을 것입니다. 여러분은 누구에게 가더라도 불안해하지 마십시오."

그렇다면 **축성생활의 우선적 요소**는 무엇입니까? 교종이 답했다. "**하느님**

나라의 예언입니다. 이는 타협할 수 없는 것입니다. 강조해야 할 점은 예언자들이라는 것이지 예언자 행세를 하는 데 있지 않습니다. 당연히 악령은 우리에게 유혹을 내놓는데 그 유혹 중 하나는 바로 실제로 예언자가 아니면서 예언자로 행세하는 것입니다. 예언자 티를 내면서요. 하지만 이런 일에 있어서 그런 예언자 행세는 안 됩니다. 이에 관해서는 저 자신이 몹시 슬픈 일들을 본 적이 있지요. 그건 안 됩니다. 남녀 수도자들은 미래를 비추는 남녀들입니다."

교종은 『치빌타 카톨리카』와의 대담에서 수도자들은 예언자적 삶으로 불렀다고 분명하게 말했다. 이것이 그들에게 특수성이다. "수도자들은 특히 예수님께서 이 지상에서 어떻게 사셨는지를 증언하고, 하느님의 나라가 어떻게 완성될 것인지를 선포하는 예언자들이라는 것이 특수성입니다. 수도자는 결코 예언을 포기해서는 안 됩니다.… 성 안토니오 수도원장부터 시작해서 수많은 위대한 성인 수도승들, 남녀 수도자들이 했던 일을 생각해 봅시다. 예언자라는 것은 때때로… 어떻게 말해야 할지 잘 모르겠는데… '소란'을 일으키는 것을 의미할 수도 있습니다. 예언은 시끄럽게 하고 소란을 피우지요. 누군가는 '카지노'라고 하더군요. 그런데 사실 예언의 은사는 누룩이 되는 것입니다. 곧 예언은 복음의 정신을 선포하는 것이에요."

그렇다면 특정한 자기네 은사를 살면서 어떻게 예언자일 것인가? 교종 프란치스코에게는 "축성생활 안에서 제도적인 것을 강화하되 수도회와 사도직 사업을 혼동하지 않을" 필요가 있다. "수도회는 남고 사도직 사업은 지나갑니다." 교종은 계속해서 이렇게 말한다. "은사는 남습니다. 그것은 강해요. 사업은 지나갑니다. 종종 수도회와 사업을 혼동하는 경우가 있어요. 수도회는 창의적이어서 항상 새로운 길을 찾습니다. 그렇게 변두리도 변하기에 항상 다른 목록을 만들 수가 있지요."

은사恩賜는 증류수 병이 아니다

이 시점에서 성소라는 주제를 중심으로 한 질문들이 나왔다. 교회의, 또한 수도회들의 인문지리학에서 중대한 변화가 드러나고 있다. 아프리카와 아시아에서는 성소가 증가하고 있는데, 두 대륙의 성소만으로도 전체 수의 과반수를 드러낸다. 은사의 토착화, 성소 식별과 지원자 선별, 종교 간 대화의 도전, 수도회들의 통치 기구 안에서, 더 일반적으로는 교회의 구조 안에서 더욱 공정한 대표성 추구 등 이 모든 것이 심각한 도전을 해 오고 있다. 그러니까 교종은 이런 상황에 관하여 어느 정도의 방향 제시를 요청받았다.

프란치스코 교종은 축성생활의 지형이 크게 변했다는 것을, 그리고 "모든 문화가 주님의 부르심을 받을 수 있고, 주님은 자유로이 어느 한 지역이나 다른 지역에서 더 많은 성소를 일으키신다는 것"을 잘 알고 있다고 말했다. "주님께서는 가장 젊은 교회들로부터 우리에게 보내시는 성소를 통해 무엇을 원하시는 걸까요? 뭐라고 말해야 할지 모르겠습니다. 하지만 저 자신에게 이 질문을 던집니다. 우리는 우리 자신에게 이 질문을 해야 합니다. 이 모든 것에는 주님의 뜻이 있습니다. 새로운 열매들을 맺고 있는 교회들이 있습니다. 어쩌면 전에는 그렇게 비옥하지 않았을 테지만, 지금은 비옥합니다. 당연히 이는 은사의 토착화를 다시 생각하게 합니다. 은사는 하나이지만, 성 이냐시오가 말했듯이, 그 은사를 장소와 시대와 사람들에 따라서 살아갈 필요가 있습니다.

은사는 증류수를 담는 병이 아닙니다. 은사는 문화적으로도 다시 읽어 내면서 힘차게 살 필요가 있습니다. 그러나 그렇게 하면서 실수를 저지르고, 이를테면, 오류를 범할 위험이 있지요. 위험합니다. 확실히, 확실히 그래요. 우리는 늘 실수할 것입니다. 의심할 바 없이 그래요. 그러나 이것이 우리를 멈추게 해서는 안 됩니다. 그러다가 더 큰 오류를 범할 위험이 있기 때문입니다. 사실 우리는 용기의 부족으로 인한 사도직의 실패들에 대해 늘 용서를 청해야 하고, 그것들을 커다란 부끄러움으로 바라봐야 합니다. 예를 들어, 당시에는 사라지게 방치되었던 마테오 리치Matteo Ricci의 선구자적 직관에 대해 생각해 봅시다."

교종은 계속 말했다. "저는 풍습에 대한 민속적 적응에 대해 말하고 있는 것이 아닙니다. 그것은 정신의 문제, 곧 사고방식의 문제입니다. 예를 들자면, 추상적이기보다는 더 구체적으로 생각하는, 혹은 적어도 서구적 추상 관념과는 다른 유형의 추상 관념을 지닌 민족들이 있습니다. 저 자신이 아르헨티나에서 예수회 관구장으로서 이 차이를 살았습니다. 저는 과라니족 지역 출신의 어느 예수회 형제와 제가 일상생활의 단순한 것들에 관해서도 서로 대화가 얼마나 힘들었는지를 기억하는데, 그 민족은 아주 구체적인 사고가 발달해 있었어요. 우리는 용감하게 살고, 중요한 주제들에 대해서도 이 도전들을 대면할 필요가 있습니다. 요컨대, 어떤 사람의 삶, 체험, 사고방식, 그리고 문화적 배경을 고려하지 않고는 그를 수도자로 양성할 수 없습니다. 이것이 길입니다. 이것이 위대한 선교사 수도자들이 갔던 길입니다. 알래스카의 끈기 있고 관상적인 선교사, 스페인 예수회원 세군도 요렌테Segundo Llorente의 특이한 모험이 생각나네요. 그는 그곳의 언어를 익혔을 뿐만 아니라, 그 사람들의 구체적인 사고방식도 습득했지요.[7] 그러니까 은사를 토착화한다는 것은 근본적이며, 이는 결코 은사를 상대

7 편집자: 예수회원 세군도 요렌테 신부(만시야, 마요르, 레온(스페인), 1906.11.18.-스포케인, 워싱턴(미국), 1989.1.26.)는 40년이 넘는 세월을 알래스카에서 선교사로 지냈다. 그는 알래스카주 대표로서 미 의회의 하원의원이었는데, 알래스카주의 공동 창립자로 간주된다. 그는 아메리카 출신 원주민들만 묻힐 수 있는 아이다호의 데 스멧De smet 인디언 묘지에 묻혔다. 29세에 아쿨루락에 도착했을 때, 그의 첫 번째 난관은 에스키모어를 배우는 것뿐만 아니라, 유럽인들의 사고방식과는 그야말로 완전히 다른 사고방식을 가진 사람들에게 하느님에 관하여 이야기하는 것이었다. 자신의 선교 체험에 대해 12권의 책을 썼다.

화하는 것을 의미하지 않습니다. 우리는 은사를 경직되고 획일적인 것으로 만들어서는 안 됩니다. 우리의 문화를 획일화할 때, 우리는 은사를 죽입니다."

교종은 단호하게 결론을 맺으면서, "수도회들의 중앙 통치부에 은사를 살아가는 여러 방식을 표현하는 다양한 문화권의 사람들을 영입할" 필요성을 지적했다.

프란치스코 교종은 젊은 교회들의 '성소 모집'의 차원에서도 위험을 확실히 알고 있었다. 무엇보다도 특히, 1994년에 축성생활과 사명에 관한 정기 시노드가 열렸을 때, 필리핀 주교들이 '수련자 매매'를 고발했었다. 곧 유럽으로 성소자들을 옮겨 가기 위하여 성소자 모집을 목표로 필리핀 군도에 외국 수도회들이 대거 도착하여 수도원을 세운 것을 고발했던 것이다. "이러한 상황들을 예의주시할 필요가 있습니다." 하고 교종은 말했다.

그러고 나서 교종은 평수사들, 더 일반적으로 말해서 사제가 아닌 수도자들의 성소에 대해서도 말했다. 그는 이 특수한 성소에 대한 적절한 인식이 아직 성장하지 않았음을 한탄했다. 교종은 이에 관해 한 번도 나온 적이 없는, 아마도 다시 작업하여 완성해야 하리라는 어떤 문헌에 대해 언급하고 더 적절한 숙고를 시작해야 하리라고 말했다.

이 대목에서 교종은 이 모임에 참석한 축성생활회와 사도생활단성의 장관 쥬앙 브라즈 지 아비즈João Braz de Aviz 추기경과 차관 호세 로드리게즈 카르바요José Rodríguez Carballo 대주교에게 눈길을 돌리면서, 그 문제를 고려해 보도록 권고했다. 교종은 다음과 같이 끝을 맺었다. "저는 사제가 아닌 남자수도자들의 성소의 위기가 이 성소가 끝났음을 말해 주는 시대의 표징이라고는 전혀 믿지 않습니다. 하느님께서 우리에게 무엇을 요구하고 계시는지를 우리는 알아들어야 합니다."

성직 수도회에서의 평수사 장상이라는 문제에 대한 질문에 답하면서 교종은 이는 교회법적 문제로서 교회법적 차원에서 다루어져야 한다고 답했다.

양성은 장인匠人의 작업이며, 경찰의 작업이 아니다

프란치스코 교종은 이제 양성의 주제에 관한 몇 가지 질문을 듣는다. 그리고 다음과 같이 우선적 요소를 제시하면서 즉시 대답한다. "지원자들의 양성은 근본적입니다. **양성의 기둥**은 네 개로, 곧 **영적·지적·공동체적·사도적 기둥**입니다. 맞서 싸워야 할 유령은 힘들고 복잡한 '바깥' 세상 앞에서 피신처와 위로로 이해되는 수도생활의 이미지이지요. 네 기둥은 수련기에 들어서는 첫날부터 상호작용을 해야지 순차적으로 구성되어서는 안 됩니다. 동시에 상호작용을 해야 하는 거예요."

"오늘날의 문화는 여러 해 전 우리 시대에 우리가 살았던 문화보다 훨씬 풍부하고 갈등의 소지가 많습니다. 우리 때는 문화가 더 단순하고 질서 있었지요. 오늘날의 토착화는 다른 태도를 요구합니다. 예를 들어, 단순히 이것, 혹은 저것을 금함으로써 문제들이 해결되는 것이 아니지요. 많은 대화와 많은 대조가 필요합니다. 문제를 피하기 위해서 몇몇 양성원에서는 젊은이들이 드러나는 실수를 하지 않으려 이를 악물고 애를 쓰고, 미소를 많이 지으면서 규칙을 따르고, '좋아, 넌 양성이 끝났어'라는 말을 듣는 날을 기다립니다. 이건 성직주의의 열매인 위선인데, 성직주의는 가장 끔찍한 악惡 중 하나예요. 저는 그 말을 이미 올여름 리우데자네이루에서 라틴아메리카 주교회의CELAM의 주교들에게 했습니다. 곧 우리는 양성원과 신학교에서도 이 성직주의의 경향을 물리칠 필요가 있습니다. 저는 이를 제가 젊은이였을 적에 받았던 하나의 조언 안에 요약하지요. '계속 전진하고 싶거든, 분명하게 생각하고 모호하게 말하라.' 그것은 분명히 위선으로의 초대였어요. 우리는 어떤 대가를 치르더라도 그것을 피해야 합니다." 사실, 리우데자네이루에서 교종은 성직주의를 하느님 백성의 "성숙과 그리스도교적 자유의 결핍"의 원인 중의 하나로 밝혔다.[8]

그러니까 "만약 신학교가 너무 크면, 신학교는 신학생들을 동반할 능력을 갖춘 양성자들을 가진 공동체들로 나눌 필요가 있어요. 대화는 진지해야 하고, 두려움 없어야 하며, 진실해야 합니다. 오늘날 양성받는 젊은이들의 언어는 그들에 앞서 양성받았던 이들의 언어와 다르다는 것을 고려할 필요가 있습니다. 우리는 시대가 바뀌는 변화를 살고 있어요. 양성은 장인匠人의 작업이지, 경찰과 같은 작업이 아닙니다. 우리는 마음을 양성해야 해요. 그렇지 않으면 우리는 작은 괴물들을 양성할 거예요. 그리고 이 작은 괴물들이 하느님의 백성을 양성하는 거죠."

그리고 교종은 양성이 개인적 성장만이 아니라, 그 궁극적 전망인 '하느님의 백성'을 향해 방향 지워져야 한다는 사실을 강조했다. 사람들을 양성하면서, 이들이 파견되어 갈 대상자들을 생각할 필요가 있다는 것이다. "우리는 언제나 신자들을, 곧 하느님의 충실한 백성을 생각해야 합니다. 예수님 부활의 증인이 되는 사람들을 양성할 필요가 있어요. 양성자는 양성을 받는 사람이 하느님의 백성을 돌보도록 불릴 것임을 생각해야 합니다. 우리는 언제나 하느님의 백성 안에서, 그 안에서 생각해야 해요. 식초처럼 까칠한 마음을 지닌 수도자들을 생각해 보세요. 그들은 하느님의 백성을 위한 수도자들이 아닙니다. 요컨대 우리는 관리자들과 경영자들이 아니라 아버지들, 형제들, 여정의 동반자들을 양성해야 하지요."

마지막으로, 교종 프란치스코는 또 다른 위험을 밝히고자 했다. "양성에서의 문제들 때문에, 그리고 중대한 동기로 인해 수도회에서 나가라는

---

8 편집자: 2013년 7월 28일, 리우데자네이루 수마레의 연구소에서 총회가 열리는 기회에 라틴아메리카 주교회의의 책임자 주교들과의 만남에서 한 연설.

권고를 받은 젊은이가 그 후에 신학교에 받아들여진다면 이것은 또 다른 커다란 문제입니다. 저는 지금 자신이 죄인임을 인정하는 사람들에 대해서 말하는 것이 아닙니다. 우리는 모두 죄인이지요. 하지만 우리가 모두 타락한 것은 아닙니다. 죄인들은 받아들여져야 하지요. 하지만 타락한 사람들은 안 됩니다." 여기서 교종은 베네딕토 16세가 성추행의 경우들을 다루면서 내린 중대한 결정을 상기시켰다. "이는 언제나 하느님의 백성을 염두에 두면서 개인적 양성을 진지한 도전으로 받아들이는 용기를 가지기 위해 우리에게 하나의 표양이 되어야 합니다."

'갈등을 어루만지며' 형제적 삶을 살기

새 복음화에 관한 시노드는 수도자들에게 형제 생활을 통해 복음이 지닌 인간화하는 힘의 증인이 될 것을 요청했었다. 이 호소에서 실마리를 취하여 수도자들의 형제 생활에 대한 몇 가지 질문이 교종에게 주어졌다. "사명의 임무와 공동체 생활의 임무를 어떻게 함께 해 나갈까요? 어떻게 개인주의의 경향을 거슬러 투쟁할까요? 어려움 중에 있거나 갈등을 겪고 있거나 갈등을 만들어내는 형제들을 어떻게 대할까요? 어려운 경우들 앞에서 어떻게 정의로운 응대와 자비를 결합할 수 있을까요?"

교종 프란치스코는 전날 떼제 공동체의 원장 알로이스Alois 수사의 방문을 받았던 일을 기억하면서 말했다. "떼제에는 가톨릭 수사들과 캘빈교 수사들, 루터교 수사들… 모두가 참으로 형제 관계의 삶을 살아갑니다. 그들은 젊은이들에게 인상적인 사도적 지주입니다. 형제애는 사람들을 불러모으는 엄청난 힘을 가지고 있습니다. 반면에 형제애가 병들면 파괴력을 가집니다. 형제애를 거스르는 유혹은 축성생활의 길을 가장 방해하는 것입니다. 개인주의의 유혹은 그 바탕에서는 형제애를 제공하지 않는 하나의 방식이에요. 성 요한 베르크만스는 말하기를 자기에게는 가장 큰 고행이 바로 공동체 생활이라고 했지요.[9] 종종 형제적 삶을 살기가 힘이 듭니다. 하지만 형제적 삶을 살지 않으면 풍요로운 생산성이 없습니다. 일이, '사도직'의 일이라 할지라도, 형제적 삶으로부터의 도피 수단이 될 수 있습니다. 어떤 사람이 형제적 삶을 살아내지 못한다면 수도생활을 할 수가 없지요."

교종은 계속해서 말한다. "수도적 형제 생활은 있을 수 있는 모든 차이를 지니고도 갈등을 넘어서는 사랑의 체험입니다. 공동체 안의 갈등은 피할 수 없습니다. 어떤 의미에서는 공동체가 진정으로 진실하고 충실한 관계를 산다면 갈등이 있어야 하지요. 어려움을 겪는 형제들이 없는 공동체를 생각하는 것은 의미가 없고 유익하지 않습니다. 어떤 공동체 안에서 갈등을 겪지 않는다는 것은 뭔가 부족하다는 것을 의미합니다. 현실이 말해주는 것은 모든 가정과 모든 인간 집단에 갈등이 있다는 것입니다. 갈등은 수용되어야 합니다. 무시되어서는 안 돼요. 덮어 두면 압력이 생겨서 다음 순간 폭발합니다. 갈등이 없는 삶은 삶이 아닙니다."

여기서 관건이 되는 가치는 높은 가치이다. 우리는 프란치스코 교종의 근본 원칙 중 하나가 "일치는 갈등보다 우월하다."라는 것임을 알고 있다. 수도자들에게 한 그의 말은 「복음의 기쁨」(226-230항)에 비추어 읽어야 하는데, 여기에서 교종은 "갈등을 견디는 일을 받아들이고, 그것을 해결하여 새로운 과정의 연결고리로 변화시키도록"(227항) 요청한다. 베르골료에게 있

9 편집자: 요한 베르크만스Jan Berchmans(Diest, 벨기에, 1599.03.12-로마, 1621.08.13)는 1888년 교종 레오 13세에 의해 시성된 예수회원이다. 그는 1618년 9월 24일에 예수회원으로서 첫 수도서원을 발했고, 꼴레지오 로마노(현 그레고리오 대학의 전신)에서 철학 공부를 마치기 위하여 로마로 옮겨 갔는데, 그곳에서 병이 나서, 2년 후인 1621년 8월 13일에 세상을 떠났다. 그는 자신이 좋아했던 모토인 Age quod agis(네가 지금 하고 있는 것을 잘하라)와 Maximi facere minima(가장 작은 것으로써 가장 큰 것이 되게 하라)에 충실했다. 그는 일상의 것들을 비범하게 해냈으며, 공동생활의 성인이 되었다.

어서 인격적 실현이란 오로지 개인적이기만 한 일은 결코 아니고 집단적이고 공동체적이라는 것을 기억할 필요가 있다. 이런 점에서 갈등은 성숙의 과정 안에서 진화할 수 있고, 그래야 한다.

하지만 어쨌건 갈등은 동반 받아야 한다. "우리는 착한 사마리아인의 비유에서 단지 그냥 지나가 버리는 사제나 레위인처럼 행동해서는 결코 안 됩니다. 그럼 어떻게 할까요? 우울증의 위기 한가운데 있던 22세 청년의 이야기가 생각납니다. 저는 지금 어떤 수도자에 대한 이야기를 하고 있는 것이 아니고 유복한 집안의 세탁부로 일하는 과부 어머니와 함께 사는 젊은이에 대한 이야기를 하고 있습니다. 이 젊은이는 더 이상 일을 하러 다니지도 않고 술에 빠져 몽롱한 상태로 살았지요. 엄마는 그를 어찌해 볼 도리가 없었어요. 단지 매일 아침 집을 나서기 전에 그를 커다란 다정한 사랑으로 바라보곤 했지요. 이 젊은이는 이제 중요한 사람이 되어 있습니다. 그 위기를 극복한 것이지요. 엄마의 그 다정한 눈길이 마침내는 그를 뒤흔든 것입니다. 다정한 사랑을 회복할 필요가 있습니다. 모성적 다정함도요. 예를 들어 성 프란치스코가 살았던 다정한 사랑을 생각해 보세요. 다정한 사랑은 갈등을 극복하도록 도와줍니다. 그리고 이것으로도 충분하지 않다면 공동체를 바꾸어야 하는 경우일 수도 있겠지요."

교종은 계속 말했다. "때로 우리는 아주 잔혹한 것이 사실입니다. 개인적 만족을 위해서, 혹은 개인적 이득을 얻고자 비난하려는 유혹을 받습니다. 종종 형제애의 위기가 인격의 나약함에 기인하기도 하는데, 이런 경우에는 전문가의, 심리학자의 도움을 청할 필요가 있습니다. 이런 일을 두려워할 필요가 없습니다. 반드시 심리학에 대한 맹신에 빠지리라고 두려워해서는 안 되지요. 어떤 형제의 갈등 앞에서 경영자로 행동해서는 결코, 결코 안 됩니다. 마음을 쏟아야 해요."

"형제애는 대단히 섬세한 어떤 것입니다. 아르헨티나의 성무일도서 성 요셉 대축일의 제1저녁기도의 찬미가에서는 성인에게 '성체적 다정함'으로 교회를 보호해 주시라고 청합니다. 바로 그렇게 형제들을 대할 필요가 있지요. 성체적 다정함으로요. 갈등을 어루만질 필요가 있습니다. 바오로 6세께서 많은 그림이 그려진 한 어린이의 편지를 받았을 때의 이야기가 생각납니다. 바오로 6세는 많은 문제를 가진 편지들만 놓이는 탁자 위에 그런 편지 하나가 도착하는 것은 당신에게 아주 유익하다고 말씀하셨지요. 다정함은 우리에게 유익합니다. 성체적 다정함은 갈등을 덮어 두지 않고 인간으로서 대면하도록 도와줍니다."

수도자들과 지역 교회들 사이의 상호관계

이 시점에서 총장들은 지역 교회 안의 맥락에서 수도공동체들이 들어가 자리 잡는 것에 대해, 그리고 주교들과의 관계에 대한 몇 가지 질문을 했다. 지역에 자리한 교회의 선익을 위해 다양한 수도회들의 은사가 어떻게 존중되고 촉진될 수 있는지? 모든 이들이 더 성장하기 위해, 그리고 선교가 더 발전하기 위해 서로 다른 은사들과 그리스도인의 삶의 형태들 사이의 친교가 어떻게 촉진될 수 있는지?

프란치스코 교종은 주교들과 수도자들 사이의 관계에 관하여 수도자성과 주교성에 의해 1978년에 반포된 지침(「상호관계Mutuae Relationes」)의 기준들을 검토해 달라는 요청이 이미 여러 해 전부터 있어 왔다고 답했다. 교종은 "그 문헌이 지나간 어떤 시대에는 응답이 되었지만 현재의 상황에는 부응하지 못하기" 때문에 이제 때가 무르익었다는 견해였다. "다양한 수도회들의 은사가 존중되고 장려되어야 합니다. 교구 안에 그것들이 필요하기 때문이에요. 주교와 수도공동체 사이에 생길 수 있는 문제들을 저는 경험으로 알고 있습니다." 예를 들어, "만일 수도회가 어느 날 수도자들의 부족 때문에 어떤 일을 그만두기로 결정한다면, 주교는 갑자기 손안에 뜨거운

감자를 받아들게 되지요. 저도 이런 의미에서 힘든 체험을 했습니다. (수도자들이) 일을 포기하려 한다는 소식을 듣게 되었고 저는 어떻게 해야 할지 몰랐습니다. 한번은 심지어 이미 이루어진 일을 통지받기도 했지요. 그와 달리 아주 긍정적인 다른 이야기들을 할 수도 있겠지요. 요컨대 저는 문제들을 알고 있습니다. 그러나 주교들이 수도자들의 은사와 사도직을 항상 알고 있지는 않다는 것도 알고 있습니다. 우리 주교들은 축성된 사람들이 보조 자료가 아니라 교구를 풍요롭게 하는 은사임을 이해해야 합니다. 수도공동체들이 교구 안에 자리 잡는 것은 중요합니다. 주교들이 은사를 이해하지 못하고 수도자들을 단지 유용한 도구로만 간주하지 않도록 주교와 수도자들 사이에 대화를 보존해야 합니다." 이러한 이유로 교종은 축성생활회성에 「상호관계Mutuae Relationes」 문헌에 대한 숙고를 다시 시작하고 개정하는 작업을 하는 과제를 맡겼다.

사명의 변방: 소외, 문화, 그리고 교육

마지막 질문들은 축성된 사람들의 사명의 변방에 관한 것들이었다. 교종은 '밖으로 나가기', '가기', '변방'에 대해 자주 말했었다. 그래서 장상들은 밖으로 나가서 향해 가야 하는 이 변방들이 무엇인지 물었다. "성하께서는 이 세상에 있는 배척의 현실 안에서 축성생활의 현존을 어떻게 보십니까? 많은 수도회가 교육의 과제를 수행하고 있는데, 이런 종류의 봉사를 어떻게 보십니까? 이 분야에 종사하는 수도자들에게 무슨 말씀을 해 주시겠습니까?"

교종은 무엇보다 먼저 지리적 변방들이 물론 여전히 존재하며, 그리로 이동할 자세가 되어 있을 필요가 있다고 말했다. 그러나 또한 고정되어 있지 않고, 모든 이에게 똑같지 않으며, "도리어 각 수도회의 은사에 기초하여 찾아야 하는 상징적인 변방들이 있습니다. 그러니까 고유 은사에 따라 모든 것을 식별해야 하지요. 물론 배척의 현실은 가장 중대한 우선 요소로 남아 있습니다만 식별이 요구됩니다. 첫째 기준은 **가장 훌륭하고 가장 재능 있는 사람들이 이 배척과 소외의 상황 안으로 파견되어야 한다**는 것입니다. 이 상황들은 용기와 많은 기도를 요구하는 더 위험한 상황들입니다. 장상이 이런 상황에서 일하는 사람들을 동반하는 것이 필요합니다." 열정에 사로잡힐 위험, 선의를 지녔으나 그 상황들에 적합하지 않은 수도자들을 소외된 변방으로 파견할 위험이 언제나 있음을 교종은 상기시켰다. 적절한 식별과 동반을 보장하지 않고는 소외 현장에 대한 결정을 해서는 안 된다.

소외에 대한 이러한 도전과 함께 교종은 마찬가지로 중요한 다른 두 개의 도전을 이야기했는데, 곧 학교들과 대학에서의 문화적 도전과 교육의 도전이다. 이 분야에서 축성생활은 커다란 봉사를 제공할 수 있다. 교종은 다음과 같이 상기시켰다. "『치빌타 카톨리카』의 신부님들이 저를 찾아왔을 때[10] 저는 그분들에게 사고思考의 변방, 곧 단일하고 약한 사고라는 변방에 관해 얘기했지요. 그분들에게 저는 이러한 변방을 추천했습니다. 살레시오회 총장님이 살레시오회원들에게 있어 모든 것은 변방에서의 교육에 관한 꿈, 곧 그들을 파타고니아라는 지리적인 변방까지 재촉해 갔던 돈 보스코의 꿈을 기초로 하여 시작되었음을 알고 계시듯이 말이지요. 다른 예들을 많이 들 수 있을 것입니다."

교종에게 있어서 교육의 기둥들은 "지식을 전달하기, 행하는 방식을 전달하기, 가치를 전달하기"이다. "이것들을 통해서 신앙이 전달되는 것입니다. 교육자는 자신이 교육하는 사람들의 수준에 맞아야 하며, 변화하는

10 2013년 6월 14일에 이 잡지를 위해 일하는 예수회원들이 바티칸에서 교종을 알현했다. 이때의 연설 전문은 『나의 문은 항상 열려 있습니다』 221-228에 부록으로 실려 있다.

세대에게 어떻게 예수 그리스도를 선포해야 할 것인지 숙고해야 합니다." 그런 다음 교종은 다음과 같이 강조했다. "오늘날 교육의 과제는 핵심이요, 핵심이요, 핵심인 사명입니다!" 교종은 복잡한 환경에서, 특히 복잡한 가정환경에서 살고 있는 어린이들과 청소년들, 그리고 젊은이들을 교육적 환경으로 맞아들이기 위해 요구되는 준비에 대해 부에노스아이레스에서 자신이 했던 몇 가지 체험을 말했다. "큰 슬픔에 잠겨 있다가 마침내 자신의 마음 상태의 원인을 선생님께 털어놓았던 어린 소녀의 경우가 기억납니다. '우리 엄마의 약혼자가 저를 좋아하지 않아요.' 학교에서 공부하는 아이들 중에서 부모가 서로 헤어진 어린이들의 비율이 대단히 높습니다. 오늘날 우리가 살고 있는 상황은 종종 우리에게 이해하기조차 힘든 새로운 도전을 해 옵니다. 우리는 이런 소년소녀들에게 어떻게 그리스도를 선포할 수 있을까요? 변화하는 세대에게 어떻게 그리스도를 선포할 수 있을까요? 우리는 그들에게 신앙을 거스르는 백신을 투여하지 않도록 주의해야 합니다."

***

3시간이 지날 무렵, 12시 30분경에, 교종은 이 대화를 마쳐야 하는 것이 유감이라고 말했다. "다른 질문들은 다음 기회를 위해 남겨 둡시다." 하고 웃으면서 말했다. 치과의사가 자신을 기다리고 있다고 사정을 말하면서 참석한 총장들에게 작별 인사를 하기 전에, 교종은 2015년이 축성생활에 바쳐진 해가 될 것이라고 발표했다. 이 말은 긴 박수로 환영받았다. 교종은 미소를 지으며 축성생활회와 사도생활단성 장관과 차관을 바라보면서 말했다. "이분들 탓이지요. 이분들이 제안한 것이거든요. 이 두 분이 만나면 위험해요." 그렇게 그는 전 회중에게서 유쾌한 웃음을 불러일으켰다.

강당을 떠나면서 교종은 말했다. "여러분께 감사드립니다. 여러분이 이

© vaticanmedia

모임에서 보여 주신 신앙의 자세에 대해 감사드립니다. 여러분이 하시는 일, 여러분의 신앙 정신, 그리고 봉사의 추구에 대해 감사드립니다. 여러분이 끊임없이 교회에 바치는 증언에 대해, 여러분이 계속해서 교회에 제공하는 순교자들에 대해 감사드리고, 또한 여러분이 감수해야 하는 굴욕에 대해서도 감사드립니다. 그것이 십자가의 길입니다. 마음으로부터 감사드립니다."

12

2014년 1월 3일 | 로마 예수 성당 | 성 삐에트로 파브르Pietro Favre 시성 감사 미사

예수 성명聖名 기념일 미사 강론

[예수의 거룩한 이름을 기념하는 날. 예수회의 이름 축일에 교종 프란치스코는 2주 전에 성인으로 선포된, 오래고도 지극히 현대적인 삐에트로 파브르에 초점을 맞추어 자기 수도회의 은사에 대해 묵상한다.]

성 바오로가 이렇게 말하는 것을 우리는 들었습니다. "그리스도 예수님께서 지니셨던 바로 그 마음을 여러분 안에 간직하십시오. 그분께서는 하느님의 모습을 지니셨지만 하느님과 같음을 당연한 것으로 여기지 않으시고 오히려 당신 자신을 비우시어 종의 모습을 취하시고 사람들과 같이 되셨습니다"(필리 2,5-7). 우리 예수회원들은 예수님의 십자가 깃발 아래 모인 군대로 그분 이름의 영예를 받고자 합니다. 이는 그분이 지니셨던 마음을 지니는 것을 의미합니다. 그분처럼 생각하고 그분처럼 사랑하고 그분처럼 보고 그분처럼 걷는 것을 의미합니다. 그분이 하셨던 것을 그분과 똑같은 생각으로, 그분 마음의 생각으로 하는 것을 의미합니다.

그리스도의 마음은 사랑을 위해 자신을 '비워낸' 하느님의 마음입니다. 예수님을 따르는 우리 예수회원 각자는 자기 자신을 비울 준비가 되어 있

어야 할 것입니다. 우리는 이 낮춤으로 불렸습니다. '비워진 자들'이 되도록 불린 것입니다. 자기 자신에게 집중하여 살지 말아야 하는 사람들이 되도록 불렸습니다. 예수회의 중심은 그리스도와 그분의 교회이기 때문입니다. 그리고 하느님은 '항상 더 크신 하느님Deus semper maior', 항상 우리를 놀라게 하시는 하느님이십니다. 놀라움의 하느님이 중심에 계시지 않는다면 예수회는 방향을 잃게 됩니다. 그래서 예수회원이라는 것은 완성되지 않은 생각, 곧 열린 생각의 사람이라는 것을 의미합니다. 쉼 없이 우리를 놀라게 하시는 항상 더 큰 하느님의 영광이라는 지평을 항상 바라보면서 생각하기 때문입니다. 이것이 우리 심연의 불안(조바심)입니다. 그 거룩하고 아름다운 불안(조바심) 말입니다!

그런데 우리는 죄인이기 때문에 자신에게 물어볼 수 있습니다. 우리의 마음이 추구하는 불안(조바심)을 보존했는지 혹은 반대로 위축되었는지를, 우리의 마음이 항상 긴장 속에 있는지를. 이런 마음은 편히 머물지 않는, 자신 안에 갇히지 않고 하느님의 충실한 백성 전체와 함께 걸어가야 할 여정의 리듬으로 뛰는 마음입니다. 하느님을 발견하기 위해 하느님을 찾을 필요가 있고 또다시 늘 하느님을 찾기 위해 하느님을 발견할 필요가 있습니다. 오직 이 조바심만이 예수회원의 마음에 평화를 줍니다. 사도적이기도 한 이 조바심은 우리가 케리그마를 선포하는 데, 용감하게 복음화하는 데 지치게 해서는 안 됩니다. 이는 풍요로운 사도적 결실의 선물을 받도록 우리를 준비시키는 조바심입니다. 조바심 없이는 우리는 불모의 존재입니다.

커다란 갈망의 사람, 또 하나의 다니엘이었던 뻬에트로 파브르가 지녔던 조바심은 바로 이것입니다. 파브르는 "겸손하고 민감하며, 깊은 내적 생활을 하던 사람이며 모든 종류의 사람들과 우정 관계를 맺는 선물을 받은 사람"(베네딕토 XVI, 2006년 4월 22일 예수회원들에게 한 연설)이었습니다. 하지만 조바심을 내고 우유부단하고 결코 만족을 모르는 사람이기도 했습니다. 성 이냐시오의 지도 아래 그는 자신의 차분하지 못한, 그러나 부드러운, 탁월하다고 할 만한 감수성을, 결정을 내리는 능력에 결합하는 법을 배웠습니다. 그는 위대한 갈망의 사람이었습니다. 자신의 그 갈망들을 스스로 짊어지고 그것들을 인식했습니다. 아니, 파브르에게는 행동으로 움직여 가는 참된 정신이 드러나는 것은 바로 어려운 일들에 착수할 때입니다(『비망록』, 301 참조).

진정한 신앙은 항상 세상을 변화시키려는 깊은 갈망을 포함합니다. 우리가 제기해야 할 질문은 바로 이것입니다. 우리에게도 위대한 비전과 도약이 있는가? 우리도 대담한가? 우리의 꿈은 높이 나는가? 열정이 우리를 불태우는가?(시편 69,10 참조) 아니면 우리는 미지근하고 작업실의 사도적 계획을 짜는 것으로 만족하는가? 항상 기억할 것은 교회의 힘이 교회 자신 안에, 교회의 조직력에 있지 않고 하느님의 깊은 물속에 숨겨져 있다는 것입니다. 이 물이 우리의 갈망을 휘젓고 우리의 갈망은 마음을 넓어지게 해 줍니다. 성 아우구스티노가 한 말이 이것이지요. 갈망하기 위해 기도하고 마음을 넓게 가지기 위해 갈망하라. 바로 갈망 안에서 파브르는 하느님의 음성을 식별할 수 있었습니다. 갈망 없이는 어디에도 가지 못하며, 바로 그래서 자신의 갈망을 주님께 봉헌할 필요가 있는 것입니다. 회헌은 "우리 주 하느님께 바쳐 드린 갈망으로 이웃을 돕는다"(회헌 638) 하고 말하지요.

파브르는 "하느님 안에서 확장되려는" 참되고 깊은 갈망을 지니고 있었습니다. 그는 완전히 하느님께 집중해 있었고 그래서 순종의 정신으로 유럽의 어디나 모든 사람과 상냥하게 대화하기 위해 그리고 복음을 선포하기 위해, 때로는 걸어서도 갈 수 있었던 것이지요. 어쩌면 우리가 체험할 수 있고 또 많은 사람이 체험하는 유혹이 생각나네요. 복음 선포를 심문관의 몽둥이와 연결 지으려는 유혹, 단죄하려는 유혹 말입니다. 아닙니다. 복음은 상냥함으로, 형제애로, 사랑으로 선포하는 것입니다. 파브르가 지닌 하느님과의 친밀함은 그에게 내적 체험과 사도적 삶은 항상 함께 간다는 것을 이해하게 해 주었습니다. 『비망록』에서 그는 마음의 첫 움직임은 "본질적이고 근원적인 것을 갈망하는" 움직임이어야 한다고, 곧 "첫 자리는 우리 주 하느님을 발견하려는 완전한 기민함에 남겨져야"(『비망록』, 63) 한다고 쓰고 있습니다. 파브르는 "그리스도께서 마음의 중심을 차지하시도록 하려는"(『비망록』, 68) 갈망을 체험합니다. 하느님께 몰두하기만 하면 세상의 변두리를 향해 가는 것은 가능합니다! 또 파브르는 지리적 변방으로도 멈추지 않고 여행하였는데, 그에 대해 이런 말이 나올 정도였습니다. "그는 어디에도 머물러 있지 않으려고 태어난 것 같다"(Monumenta Ignatiana, 『서간집』 I, 362). 파브르는 주님을 전하려는 강렬한 갈망에 사로잡혀 있었습니다. 우리가 그의 갈망과 동일한 갈망을 갖고 있지 않다면 우리는 기도 안에 머물러 조용한 열정으로 주님께 우리 형제 삐에트로의 전구로 다시 우리를 매혹하여 주시기를 청할 필요가 있습니다. 삐에트로를 이 모든 사도적 "광기"로 데려갔던 주님의 그 매혹으로.

우리는 긴장 속에 사는 사람들이고 모순되고 일관성 없는 사람들이기도 하며 죄인들입니다. 모두가요. 하지만 예수님의 눈길 아래 걷고자 하는 사람들이지요. 우리는 작은 자들이고 죄인들이지만, 예수님의 이름을 부여받은 수도회 안에서 십자가의 깃발 아래 모이고 싶어 합니다. 우리는 이기적이지만 그럼에도 위대한 갈망으로 동요되는 삶을 살고 싶습니다. 그러니 이제 우주의 영원하신 주님께 드리는 우리의 봉헌을 새롭게 합시다. 그분의 영광스러운 어머니의 도움으로 우리가 당신 자신을 비워 내신 그리스도의 마음을 원하고, 갈망하고, 살 수 있도록 말입니다. 성 삐에트로 파브르가 썼듯이 "이 삶에서 예수님의 이름에 우리를 다시 묶어 주지 않는 이름은 결코 추구하지 맙시다"(『비망록』, 205). 성모님께 우리를 당신 아드님과 함께 있게 해 주시도록 기도합시다.

13

2014년 2월 2일 | 주님 봉헌 축일

제18차 세계 축성생활의 날 미사 강론

(굵은 글씨의 강조는 『프란치스코의 가르침』 원문의 것임)

예수님을 성전에 봉헌한 축제는 **만남**의 축제라고도 불립니다. 전례에서 서두에 예수님께서 당신 백성을 만나러 가신다고 말합니다. **예수님과 당신 백성**의 만남입니다. 또한 마리아와 요셉이 자기네 아기를 예루살렘 성전에 데리고 왔을 때 예수님과 그분의 백성 -시메온과 한나라는 두 노인이 대표하는- 사이의 첫 번째 만남이 이루어집니다.

그것은 백성의 역사 내부에서의 만남, **젊은이들과 노인들의 만남**이기도 합니다. 젊은이들은 갓난아기를 데리고 온 마리아와 요셉이었습니다. 노인들은 늘 성전에 나와 사는 두 인물, 시메온과 한나였고요.

복음사가 루카가 그들에 대해 우리에게 무엇을 말해 주는지, 그들을 어떻게 묘사하는지 살펴봅시다. 성모님과 성 요셉에 대해서 그는 그들이 주님의 율법에 규정된 바를 행하고자 했다고 네 번 반복해서 말합니다(루카 2,22.23.24.27 참조). 예수님의 부모는 하느님의 법규를 준수하는 기쁨을, 주님의 율법 안에서 걷는 기쁨을 누리고 있음이 포착, 아니 감지되지요! 이들은 신혼부부로서 이제 막 아기를 가졌고 둘 다 정해진 일을 이행하려는 소망으로 활기가 돌고 있습니다. 이는 어떤 외적인 사실이 아닙니다. 제대로 되고 있다고 느끼기 위한 것이 아니라고요. 그게 아니죠! 그것은 강렬하고 깊은, 기쁨 가득한 소망입니다. 시편이 이렇게 말하는 것입니다. "당신 가르침의 길에 저의 기쁨이 있나이다… 당신의 법이 저의 기쁨이니이다."

노인들에 대해서는 뭐라고 말합니까? 그들은 **성령에 인도되고 있었다**고 성 루카는 한 번 이상 강조합니다. 시메온에 대해서는 의롭고 독실하며 이스라엘이 위로받을 때를 기다리는 사람이었으며, "성령께서 그 위에 머물러 계셨다"(루카 2,25)라고 말하며 주님의 그리스도를 뵙기 전에는 죽지 않으리라고 "성령께서 알려 주셨다."(루카 2,26 참조)고 말합니다. 마침내 그는 "성령에 이끌려 성전으로 들어갔다"(27절). 또 한나에 대해서는 "예언자"(36절)였다고, 곧 하느님께 영감을 받았다고 말하며 성전에서 "단식하고 기도하며 밤낮으로 하느님을 섬겼다"(37절)고 말합니다. 결국 이 두 노인에게는 생명이 가득합니다! 성령으로부터 활력을 받고 있으며 성령의 활동에 순응하고 그 부르심에 민감하기에 생명이 가득한 것입니다.

이것이 성가정과 하느님 백성의 이 두 대표자 사이의 만남입니다. 그 중심에는 예수님이 계십니다. 모든 것을 움직이시는 분은, 양쪽 모두를 아버지의 집인 성전으로 인도하시는 분은 바로 그분입니다.

주님의 법을 준수함에서 오는 기쁨으로 가득 찬 젊은이들과 성령의 활동으로 기쁨에 찬 노인들 사이의 만남은 **율법 준수와 예언 사이의 독특한 만남**으로, 그 만남에서는 젊은이들이 율법을 준수하는 이들이고 노인들이 예언자적입니다! 거꾸로 된 것 같지 않나요? 그런데 이건 다른 것입니다. 사실 잘 숙고해 보면 율법의 준수는 성령으로부터 활력을 얻으며, 예언은 율법이 열어 놓은 길로 움직입니다. 누가 마리아보다 더 성령으로 가득하겠습니까? 누가 그분보다 더 성령의 활동에 순응하겠습니까?

복음서의 이 장면에 비추어 그리스도와의 만남으로서의 축성생활을 바라봅시다. 마리아와 요셉에 의해 옮겨져서 우리에게 오시는 분은 그분이시고, 성령에 이끌려 그분을 향해 가는 쪽은 우리입니다. 하지만 중심에는 그분이 계십니다. 그분이 모든 것을 움직이시고, 그분이 우리가 당신을 만날 수 있고 알아볼 수 있으며 맞아들일 수 있고 끌어안을 수 있는 성전으로, 교회로 우리를 끌어당기십니다.

예수님은 교회 안에서 한 수도회의 창립 은사를 통해 우리를 만나러 오십니다. 우리의 성소에 대해 그렇게 생각하는 것은 멋진 일이죠! 우리와 그리스도의 만남은 그분의 증인 한 사람의 은사를 통해 교회 안에서 형태를 취합니다. 이는 언제나 우리를 경탄케 하고 우리에게 감사를 드리게 하지요.

축성생활 안에서도 젊은이들과 노인들 사이의, 법규 준수와 예언 사이의 만남을 살아갑니다. 이를 대립하는 두 가지 실제로 보지 맙시다! 그보다는 성령께서 둘 다에게 활력을 주시도록 합시다. 그 표지는 기쁨입니다. 준수하는 기쁨, 생명의 규칙 안에서 걷는 기쁨이지요. 성령에 인도되는 기쁨, 결코 경직되지 않고 결코 폐쇄적이지 않으며, 말씀하시고 열어 주시고 인도해 주시고, 지평선을 향해 나아가도록 초대하시는 하느님의 목소리에 항상 열려 있는 기쁨이에요.

젊은이들에게 지혜를 전해 주는 것이 노인들에게는 유익합니다. 이 체험과 지혜의 유산을 모아들여 발전시켜 나가는 것이 젊은이들에게는 유익합니다. 박물관에 보관하기 위해서가 아닙니다. 아니지요, 아니에요, 아니라고요. 삶이 우리에게 제기하고 우리에게 던지는 도전을 통해 발전시켜 가기 위해서예요. 각 수도가족과 교회 전체의 선익을 위해서 발전시켜 가는 것입니다.

이 신비의, 만남의 신비의 은총이 우리의 여정에서 우리를 비추고 위로하기를 빕니다.

14

2014년 2월 2일

삼종기도 전 말씀

사랑하는 형제자매 여러분, 안녕하세요.

여러분은 비를 맞고 계시군요. 용감하시네요… 오늘 우리는 예수님의 성전 봉헌 축일을 지냅니다. 또 세계 축성생활의 날이기도 하지요. 이날은 복음 권고의 길로 예수님을 더 가까이서 따르라는 부르심을 들은 사람들이 교회를 위해 지니는 중요성을 상기시켜 줍니다. 오늘의 복음은 예수님 탄생 후 40일이 지나자 마리아와 요셉이 히브리 율법에 정해진 대로 아기를 하느님께 봉헌하고 축성하려고 성전에 데려간 일을 이야기해 줍니다. 복음서의 이 이야기는 하느님의 은총의 선물을 통해 동정이시고 가난하시며 순종하시는 예수님의 전형적인 특징을 취하는 사람들이 자신의 삶을 내주는 것의 아이콘이 되기도 합니다.

하느님께 이렇게 자신을 바치는 것은 모든 그리스도인에게 해당됩니다. 우리는 모두 세례를 통해 그분께 축성봉헌되었기 때문입니다. 우리는 모두 가정 안에서, 일터에서, 교회에 대한 봉사에서, 자비를 위한 활동에서, 우리 삶을 관대한 선물이 되게 하면서 예수님과 함께, 예수님처럼 성부께 우리 자신을 바치라고 불렀습니다. 그렇지만 그러한 축성봉헌은 서원을 통해 충만하고 오롯한 방식으로 하느님께 속하는 수도자들과 수도승들, 그리고 평신도 축성생활자들에 의해 특별한 방식으로 살아지지요. 주님께 대한 이 소속은 이를 참된 방식으로 살아가는 사람들에게 하느님 나라의 복음에 대한 특별한 증언을 제공하도록 해 줍니다. 그들은 어둠이 가장 짙은 곳에 그리스도의 빛을 가져가고 낙담한 마음들에 그분의 희망을 전파하기 위해 하느님께 남김없이 봉헌되고, 형제들에게 온전히 넘겨진 것입니다.

축성된 사람들은 삶의 여러 상황에서 하느님의 표지가 되고, 더 정의롭고 형제적인 사회의 성장을 위한 누룩이 되며, 작은이들과 가난한 이들에게 참여하는 예언이 됩니다. 그렇게 이해되고 살아진 축성생활은 우리에게 바로 실제 모습 그대로 나타납니다. 곧 하느님의 선물이죠. 하느님께서 교회에 주신 하느님의 선물, 당신 백성에게 주신 하느님의 선물! 축성된 사람 각자는 순례하는 하느님 백성을 위한 선물입니다. 복음 전파와 그리스도교적 교육과 가장 궁핍한 사람들을 향한 애덕과 관상적 기도의 임무, 그리고 인간적 양성과 젊은이들의 영적 양성 및 가정의 임무, 또 인류 가정 안의 정의와 평화를 위한 임무를 강화하고 쇄신하는 이러한 사람들의 현존이 많이 필요합니다. 하지만 병원에 있는 수녀들과 선교지의 수녀들과 학교의 수녀들이 없다면 어떤 일이 벌어질지 좀 생각해 봅시다. 수녀들이 없는 교회라는 걸 생각해 보세요! 생각할 수 없지요. 수녀들은 하느님 백성을 이끌어 가는 이 선물이요 이 누룩입니다. 자기 삶을 하느님께 봉헌하는, 예수님의 메시지를 전달하는 이 여성들은 위대합니다.

교회와 세상은 이 사랑의 증언과 하느님 자비의 증언이 필요합니다. 축성생활자들, 남녀 수도자들은 하느님이 선하시고 자비로우시다는 증언입니다. 따라서 축성생활의 체험을 감사로 활용하고 다양한 은사와 영성에 대한 지식을 심화할 필요가 있지요. 많은 젊은이가 형제들에 대한 사심 없는 봉사를 위해 자신들을 그분께 온전히 봉헌하라고 부르시는 주님께 “예”라고 답하도록 기도할 필요가 있습니다. 하느님과 형제들을 섬기기 위해 삶을 봉헌하는 것입니다.

이 모든 동기로, 이미 알린 것처럼, 내년은 특별히 축성생활에 바쳐질 것입니다. 지금부터 이 일을 예수님의 부모로서 최초로 그분에 의해 축성되셨고 그분께 삶을 봉헌하셨던 동정 마리아와 성 요셉의 전구에 맡깁시다.

15

2014년 3월 8일 | 교종청립 안토니아눔 대학

'인류와 교회 안에서의 사명에 봉사하는 축성생활회와 사도생활단들의 교회 재화의 운영'에 대한 국제 심포지엄 참석자에게 보낸 메시지

존경하올 형제 축성생활회와 사도생활단성 장관 쥬앙 브라즈 지 아비즈 João Braz de Aviz 추기경님,

추기경님과 "인류와 교회 안에서의 사명에 봉사하는 축성생활회들과 사도생활단들의 교회 재화의 운영"에 대한 국제 심포지엄에 참석하신 모든 분께 저의 진심 어린 인사를 드립니다.

우리 시대는 인간들의 삶에 중요한 결과들을 가져오는 중대한 변화들과 수많은 분야에서의 진보로 특징지어집니다. 하지만 빈곤의 감소에도 불구하고 달성된 목표는 흔히 배제와 불공정의 경제에 이바지해 왔습니다. "오늘날 모든 것이 경쟁의 논리 안으로, 그리고 힘 있는 자가 더 약한 자를 먹어 버리는 강자의 법의 논리 안으로 들어갑니다"(「복음의 기쁨」, 53항). 우리 시대 남녀 인간들 대부분이 살아가고 있는 불안정 앞에서, 또 많은

사람의, 특히 젊은이들의 정신적·윤리적 취약성 앞에서 그리스도교 공동체로서 우리는 도전을 느낍니다.

축성생활회와 사도생활단들은 무상성의 원리와 선물의 논리가 경제활동 안에 들어 있음을 살고 증언함에 있어 주역이고 능동적인 주체일 수 있고 또 그러한 주체여야 합니다. 각 회의 창립 은사는 이 '논리', 곧 선물이기라는 논리 안에 온전한 자격으로 새겨져 있습니다. 축성생활로서 여러분은 경제적·사회적·정치적 발전에 참된 기여를 하십시오. 창립 은사와 그 결과인 영적 자산에 대한 충실성은 각 회의 고유 목적과 함께 어느 차원에서나 행정과 운영과 회 안에서 이루어지는 모든 일의 첫째 기준이 됩니다. "은사의 본성은 힘의 방향을 이끌어 주고, 충실성을 뒷받침해 주며, 모두의 사도적 활동이 하나의 사명을 향하도록 방향 잡아 줍니다"(「축성생활」, 45항).

수도회의 재산이 사려 분별을 가지고 투명하게 관리되고, 우선적인 은사적·영적 차원을 재정적 차원과 효율성에 결합하면서, 보호되고 보존되도록 주의 깊게 감독할 필요가 있습니다. 효율성은 낭비를 용인하지 않고 자원을 잘 활용하는 데 주의를 기울이는 수도회들의 경영 전통 안에 그 고유한 토대를 두고 있습니다. "우리 시대와 같은 시대에 어떻게 모든 것이 쟁취와 소유와 경제적 재화의 향유 안에 흡수되는지, 교회 안팎의 여론에서 복음적 가난을 보고 싶은 열망과 필요를 알아차리고 복음이 선포되고 표현되는 그곳에서 더 알아보고 싶어 하는지에 우리는 깨어 주의를 기울이면서 주목합시다"(1970년 6월 24일, 일반 알현).

저는 금년 사순절 메시지에서도 그러한 필요를 환기하고자 했습니다. 축성생활회들과 사도생활단들은 항상 예언적 목소리였고 그리스도라는 새로움에 대한 그리고 당신의 가난으로 우리를 부요하게 하시면서 가난하게 되신 분께 대한 동화의 생생한 증언이 되어 왔습니다. 이 사랑에 찬 가난은 연대요 나눔이고 애덕이며, 삶의 참된 의미를 흐리는 물질적 우상을 경계하기 위해 정의의 추구와 본질적인 것의 기쁨 안에서 검소함으로 표현됩니다. 이론적 가난은 쓸모가 없으며, 가난은 끝자리의 사람들, 가난한 사람들, 병자들과 어린이들 안에서 가난하신 그리스도의 살을 만지면서 배웁니다. 오늘날에도 여전히 여러분은 하느님의 섭리에 맡기도록 가르치는 복음의 논리 안에서 모든 이기심을 극복하면서, 교회와 세상에, 가난한 사람들과 모든 물질적·도덕적·영적 비참함에 대한 관심의 전초병이 되십시오.

심포지엄을 추진하고 준비하신 축성생활회와 사도생활단성에 감사를 표하면서 이 심포지엄이 소기의 결실을 거둘 수 있기를 바랍니다. 이를 위해 복되신 동정 마리아의 전구를 청하며 여러분 모두를 축복합니다.

바티칸에서.

16

2014년 5월 10일 | 추기경회의실

이탈리아 재속회 협의회가 주최한 모임 참석자들에게

[교종이 원고 없이 즉석에서 하신 말씀]

저는 여러분을 위해 원고를 준비했지만 오늘 어떤 일이 생겼습니다. 제 탓이에요. 저는 두 개의 만남이 있었는데 동시라고는 말하지 못해도 거의 동시였지요. 그래서 연설문을 여러분에게 넘겨주기로 했습니다. 그 글을 읽는 것은 지루하니까요. 그리고 혹시 여러분에게 도움이 될지 모르는 두세 가지를 말하고자 합니다.

비오 12세가 이에 대해 생각하시고 「섭리의 어머니이신 교회Provida Mater Ecclesia」가 나왔을 때부터 이는 교회 안의 혁명적인 행위였습니다. 재속회는 바로 당시의 교회가 행한 용감한 동작입니다. 곧 재속회에 구조와 제도성을 갖추어 준 것입니다. 그때부터 지금까지 여러분이 교회 안에서 행하시는 선善은 대단히 큽니다. 용감하게요. 세상에서 살기 위해서는 용기가 필요하니까요. 홀로인 여러분 중 많은 분이 여러분의 아파트로, 어떤 사람들은 작은 공동체로 오가지요. 날이면 날마다 세상 안에서 사는 사람의 삶을 살아내기, 그리고 동시에 관상을, 주님을 향한 이 관상적 차원을 보호하기, 또한 세상을 대면하여 세상의 아름다움과 또한 사회의 커다란 죄들과 일탈과 이 모든 것을 관상하는 거예요. 언제나 영적 긴장 안에서….

그래서 여러분의 소명은 매혹적입니다. 여러분의 소명은 사람들만의 구원이 아니라 제도의 구원이 달린 바로 거기에 자리한 성소이기 때문입니다. 세상에 있는 필요한 수많은 세속 제도의 구원 말입니다. 그래서 저는 이렇게 생각합니다. 「섭리의 어머니이신 교회」를 통해 교회는 그야말로 혁명적인 행위를 했다고요!

여러분이 항상 넘어서서 나아가는 이러한 자세를 보존하시기를 기원합니다. 넘어서서만이 아니라 넘어서고 또 그 가운데서, 모든 것에 관련된 곳, 곧 정치, 경제, 교육, 가정… 등이 관련된 곳 그곳에서요…! 어쩌면 여러분은 "그런데 내가 뭘 할 수 있지?" 하고 생각하는 유혹을 당할 수도 있습니다. 이런 유혹이 올 때 주님께서 밀알 하나에 대해 말씀하신 것을 기억하십시오! 여러분의 삶은 밀알 하나와도 같습니다…. 그곳에서요. 누룩과도 같습니다…, 그곳에서요. 하느님 나라가 오도록, 마치 겨자 나무처럼 자라나서 커지도록, 또한 많은 사람을 보호하도록 가능한 모든 것을 하는 겁니다.

이걸 생각하세요. 작은 삶, 작은 몸짓, 평범한 삶이지만 누룩이요 자라나는 씨앗이 되는 겁니다. 이것이 여러분에게 위로를 줍니다. 하느님 나라에 대한 이러한 결산에서 결과는 눈에 보이지 않습니다. 오직 주님만이 우리에게 뭔가를 감지하게 해 주십니다. 결과는 저 위에서 보게 되겠지요.

그래서 여러분이 많은 희망을 지니는 것이 중요합니다! 이것이 여러분이 주님께 항상 청해야 하는 은총입니다. 곧 결코 실망을 주지 않는 희망입니다. 결코 실망을 주지 않는다고요! 앞으로 나아가는 희망입니다. 저는 여러분에게 히브리서 11장을, 그 희망의 장章을 아주 자주 읽도록 권하고 싶어요. 우리의 수많은 선조가 이 길을 걸어갔고 결과를 보지 못했지만 멀리서 그 결과에 인사는 했습니다. 희망…. 이것이 제가 여러분에게 축원하는 것입니다. 여러분이 교회 안에서 하시는 일에 대해 큰 감사를 드립니다. 기도와 활동에 대해 큰 감사를 드립니다. 희망에 대해 감사드립니다. 잊지 마세요. 혁명가들이 되십시오!

[교종이 준비한 연설문]

사랑하는 형제자매 여러분,

여러분이 모이는 기회에 여러분을 맞이하게 되어 저는 여러분에게 다음과 같은 말로 인사드립니다. 저는 여러분의 소명을 알고 있고 높이 평가하고 있습니다! 그 소명은 교회가 인정하고 승인한 축성생활의 가장 최근 형태 중 하나이며 어쩌면 그래서 아직 충분히 이해되지 못하는 소명입니다. 용기를 잃지 마십시오. 여러분은 제가 꿈꾸는 가난하고 밖으로 나가는 교회를 이루고 있습니다!

소명으로 인해 여러분은 다른 사람들처럼, 다른 사람들 가운데서 평신도들이고 사제들이며, 외적 표시 없이 공동생활이라는 지주가 없이, 조직된 사도직이나 특수한 사업체들로 드러나 보이는 일 없이 평범한 삶을 살아갑니다. 여러분은 오직 전체화하는 하느님 사랑에 대한 체험만으로 부요하며, 그래서 삶의 수고를 그 여러 가지 표현에서 알고 공유하면서 복음의 빛과 힘으로 발효시킬 수 있습니다.

여러분은 바오로 6세가 회칙 「주님의 교회Ecclesiam suam」에서 말한 대화하는 교회의 표징입니다. 그분은 이렇게 말하지요. "세상은 밖으로부터 구원되지 않습니다. 사람이 되신 하느님의 말씀처럼 그리스도의 메시지를 전달하려는 대상자들의 삶의 형태에서 그들과 어느 정도 같아질 필요가 있습니다. 특혜로 인한 거리나 이해할 수 없는 언어의 횡격막 없이 통상적인 관습을, 인간적이고 정직한 한 특히 가장 작은이들의 관습을 공유할 필요가 있습니다. 그들이 경청되고 이해받고자 한다면 말입니다. 말을 하기 전에 인간의 목소리를, 아니 마음을 들을 필요가 있습니다. 그 마음을 이해하고, 가능한 한 존중하고, 그럴 만한 가치가 있는 경우에는 따라 줄 필요가 있습니다. 우리가 사람들의 목자요 아버지요 교사가 되고자 하는 그 동일한 행동 안에서 그들의 형제들이 될 필요가 있습니다. 대화의 분위기는 우정입니다. 아니 섬김입니다."(90항)[11]

여러분의 회의 주제 "인간사 한가운데서: 복잡한 사회의 도전들"은 여러분의 사명과 여러분의 예언의 분야를 가리킵니다. 여러분은 여러분 안에 그리스도교 메시지의 본질을, 곧 구원하시는 아버지의 사랑이라는 메시지를 지니고 있으면서 세상 안에 있지만 세상에 속하지는 않습니다. 여러분의 소명은 여러분이 모든 인간에게 그리고 흔히 표현되지 않거나 가려져 있는 그의 가장 깊은 차원에 관심을 가지도록 합니다. 여러분이 만나고 알게 된 하느님 사랑의 힘으로 가까이 있음과 다정한 사랑의 능력을 갖추십시오. 그렇게 해서 다른 사람을, 그의 상처와 그의 기대를, 그의 질문들과 그의 필요를 모든 거리를 없애 버리는 보살핌의 표현인 그 다정한 사랑으로 만질 수 있을 만큼 가까이 있을 수 있게 됩니다.

(상처 입은 사람) 곁을 지나다가 보고 연민을 가졌던 사마리아 사람처럼 말입니다. 그것은 여기서 여러분에게 여러분의 소명을 걸게 하는 움직임입니다. 그 소명은 곧 모든 사람 곁을 지나가고 여러분이 만나는 모든 인간의 이웃이 되어 주는 것입니다. 여러분이 세상 안에 머무는 것이 단순히 하나의 사회학적 조건이 아니라 여러분을 의식적이고 주의 깊은 머무르기로,

11 적어도 한국어 번역본에서는 90항의 내용이 이와 다르고 다른 항에서도 찾지 못해 원문대로 번역함.

형제의 삶을 알아차리고 볼 줄 알고 만질 줄 아는 머무르기로 부르는 하나의 신학적 실제로 부르기 때문입니다.

이런 일이 발생하지 않으면, 여러분이 한눈을 팔게 되면, 혹은 더 나쁘게 현시대의 이 세상을 알지 못하고 그저 여러분을 더 편안하게 해 주거나 더 유인하는 세상만을 알고 접촉한다면 회심이 시급합니다! 여러분의 소명은 본질상 밖으로 나가는 소명입니다. 단지 여러분을 다른 사람을 향해 데려가기 때문만이 아니라 또한 그리고 특히 여러분에게 각 사람이 거주하는 곳에 거주하도록 요청하기 때문이기도 합니다.

이탈리아는 재속회와 그 회원 수가 가장 많은 나라입니다. 여러분은 많은 사람을 위한 맛있는 빵을, 사람들이 먹지 못해 많이들 굶주리고 있는 그 빵을 만들 수 있는 누룩이 되십시오. 곧 필요를, 갈망을, 실망을, 희망을 들으십시오. 여러분의 소명에서 여러분을 앞서가신 분처럼 여러분은 젊은이에게 희망을 줄 수 있고 노인들을 도울 수 있고 미래를 향해 길을 열 수 있으며 모든 곳에 모든 상황에 사랑을 퍼뜨릴 수 있습니다. 그렇게 되지 않으면, 여러분의 평범한 삶에 증언과 예언이 결핍되면, 여러분에게 반복해서 말하건대, 회심이 시급합니다!

결코 세상의 길을 걸어가는 힘찬 움직임을 잃지 마십시오. 걸어가는 것이, 불안하게 절뚝거리면서라도 가는 것이 자신들의 요구나 안정 안에 갇혀 멈추어 있는 것보다는 항상 낫다는 인식을 잃지 마십시오. 선교적 열정, 신앙의 기쁨을 다른 사람들과 나누도록 여러분을 재촉하는 그리스도와의 만남의 기쁨은 개인주의에 막혀 머무르는 위험을 멀리해 줍니다. 인간이 오직 자신의 선택과 자신의 욕구에만-흔히 자유와 존중이라는 겉보기에 멋있는 옷을 입고 나타나는- 인도되어 자신을 자신의 조물주로 제시하는 생각은 축성생활의, 특히 재속 축성생활의 토대를 위협합니다.

소명에 의한 여러분의 공동체에 대한 소속감을 재평가하는 일이 시급합니다. 그 소속감은 바로 공동생활에 기초하지 않기 때문에 은사에서 힘의 요점들을 발견합니다. 그래서 여러분 각자가 다른 사람들에게 하느님과 만날 수 있는 소중한 가능성이 되어 준다면 공동체로서 예언이 되는 책임을 재발견하는 것이고, 나라와 교회를 위한 선물이 될 수 있는 하나의 의미 있는 말을 겸손과 인내로써 함께 추구하는 것이며 그 말을 단순하게 증언하는 것입니다. 여러분은 성령께서 불러일으키신 새로움의 씨앗을 포착할 준비가 되어 있는 안테나와 같아서 교회공동체가 이 선함의 눈길을 지니고 모든 이에게 도달하기 위해 새롭고 용감한 길을 발견하도록 도와줄 수가 있습니다.

가난한 이들 가운데 가난한 이들, 그러나 불타는 심장을 지닌 가난한 이들. 결코 멈추어 서지 말고 항상 걸어가십시오. 혼자일 때도 여러분은 함께이며 그리고 파견된 자들입니다. 축성은 여러분을 교회 안에 살아 있는 불꽃이 되게 하기 때문입니다. 순례하는 덕인 그 덕, 곧 기쁨을 가지고 항상 걸어가십시오!

사랑하는 여러분, 여러분의 존재에 감사합니다. 주님께서 여러분을 축복하시고 성모님께서 여러분을 보호하시기를 빕니다. 그리고 저를 위해서 기도해 주세요!

17

2014년 5월 20일

제66차 이탈리아 주교회의에서 행한 연설 중에서

… 수도생활을 촉진하십시오. 지난날에는 수도생활이 정체성이 무엇보다도 사도직 활동opere과 연결되어 있었지만, 오늘날에는 눈으로 볼 수 있는 표징으로 존재할 줄 알고 모든 사람을 복음에 따라 살아가도록 독려할 줄을 알기만 한다면, 미래의 소중한 자산을 이룹니다. 축성생활자들에게, 남녀 수도자들에게 기쁨에 찬 증인들이 되도록 요구하십시오. 징징대는 방식으로 예수님을 이야기할 수 없습니다. 더구나 명랑함을 잃어버리면 현실을, 역사를, 자신의 삶 자체를 왜곡된 빛 아래서 읽을 수밖에 없습니다.

18

2014년 5월 26일 | 올리브 동산 옆 겟세마니 성당

이스라엘 방문 중 사제, 남녀 수도자, 신학생들과의 만남에서

"예수님께서 밖으로 나가시어… 올리브 산으로 가시니, 제자들도 그분을 따라갔다"(루카 22,39).

인류를 죄의 종살이에서 구하기 위해 하느님께서 정하신 때가 오자 예수님께서는 올리브 산 기슭의 이곳 겟세마니로 물러나십니다. 예수님의 기도로, 그분의 고뇌로, 그분의 피땀으로 거룩해진, 특히 성부의 사랑의 뜻에 대한 그분의 "예"로 거룩해진 이 거룩한 장소에 우리는 모여 있습니다. 우리는 예수님께서 그 시간에 체험하신 감정에 다가가는 것을 거의 두려워합니다. 세상의 드라마가 결정된 그 내면의 공간에 발끝으로 걸어 조심스럽게 들어가지요. 그 시간, 예수님께서는 기도할 필요를 느끼셨으며, 당신을 따랐고 당신 사명에 더 가까이서 참여했던 제자들을, 당신 벗들을 당신 곁에 둘 필요를 느끼셨습니다. 하지만 여기 겟세마니에서 (예수님을) 따름은 어려워지고 불확실해집니다. 의심과 피로와 공포가 스며듭니다. 예수님의 수난이 숨 가쁘게 이어질 때 제자들은 스승 앞에 여러 태도를 취

했습니다. 가까이 있기, 멀어지기, 우유부단이라는 태도들입니다.

이곳에서 주교, 사제, 축성생활자, 신학생인 우리는 모두 자신에게 이렇게 물어보는 것이 좋을 것입니다. 고통 받으시는 내 스승 앞에서 나는 누구인가? 예수님과 함께 밤새도록 그분에게서 파견받고 기도하는 대신 잠들어 버리면서 현실 앞에 눈을 감고 도피하는 사람들인가? 혹은 두려움에 스승의 지상 생애 중 가장 비극적인 시간에 스승을 버리고 도망가 버린 사람들 안에서 내 모습을 보는가? 어쩌면 내 안에는 벗이라 불렸음에도 예수님을 배반하고 동전 30개에 그분을 팔아 버린 자의 이중성이, 허위가 있지는 않은가? 베드로처럼 나약하고 그분을 부정했던 사람들 안에서 내 모습을 보는가? 그는 조금 전에 예수님께 죽음에 이르기까지 그분을 따르겠다고 약속했었습니다(루카 22,33 참조). 그런 후 궁지에 처하고 두려움이 덮쳐 오자 그분을 모른다고 맹세까지 합니다. 나는 엠마오로 가는 두 제자처럼, 어리석고 예언자들이 말한 것을 믿는 데에 마음이 굼뜬 그들처럼(루카 24,25 참조) 이젠 그분 없이 삶을 구상하는 사람들을 닮았는가? 아니면, 하느님 덕분에 동정 마리아와 사도 요한처럼 나는 끝까지 충실했던 사람들 사이에 드는가? 골고타에서 사방이 캄캄해지고 모든 희망이 끝난 것처럼 보일 때 오직 사랑만이 죽음보다 강합니다. 어머니와 사랑받던 제자의 사랑은 예수님의 고통에 바닥까지 참여하도록 그들을 부추겨 십자가 아래 남게 합니다. 스승이 자신들에게는 전부요 자기네 사명의 비할 데 없는 힘이며 자기네 삶의 최종 지평임을 증언하면서 순교에 이르기까지 자기네 스승을 본받았던 사람들 안에서 내 모습을 보는가?

우리에 대한 예수님의 우정과 충실성과 자비는, 우리의 넘어짐과 잘못과 우리의 배반에도 불구하고 그분을 따르는 길을 신뢰로써 계속 걸어가도록 우리를 격려하는 헤아릴 길 없는 선물입니다. 주님의 이 선하심은 사제생활과 수도생활도 관통할 수 있는 유혹자 앞에서, 죄와 악과 배반 앞에서 깨어 경계하는 것을 우리에게 면제해 주지 않습니다. 우리는 모두 죄에, 악에, 배반에 노출되어 있습니다. 예수님의 부르심의 위대함과 우리의 작음 사이에, 사명의 숭고함과 우리의 인간적 나약함 사이의 불균형을 우리는 알아차립니다. 하지만 주님께서는 우리가 큰 놀라움의 바다에서 익사하지 않도록 당신의 커다란 양선과 무한한 자비 안에서 항상 우리의 손을 잡아 주십니다. 그분은 우리 곁에 계시며, 우리를 결코 홀로 두지 않으십니다. 그러니까 두려움이, 낙담이 우리를 삼키도록 두지 말고 용기와 신뢰로써 우리의 길과 사명에서 앞으로 나아갑시다.

사랑하는 형제자매 여러분, 여러분은 이 축복받은 땅에서 기쁨으로 주님을 따르도록 불렀습니다! 그것은 하나의 선물이자 또한 책임이기도 합니다. 이곳에서의 여러분의 현존은 대단히 중요합니다. 온 교회가 여러분에게 감사를 드리고 기도로 여러분을 후원합니다. 이 거룩한 곳에서 저는 또 예루살렘의 모든 그리스도교 신자에게 애정 어린 인사를 보냅니다. 제가 애정으로 그분들을 기억한다는 것과, 도시 안에서의 그분들의 삶이 어려움을 잘 알기에 그들을 위해 기도한다는 것을 보장하고 싶습니다. 그분들에게 기쁨으로 희망 안에서 주님 수난의, 또한 그분 부활의 용감한 증인이 되기를 권고합니다. 동정 마리아와 성 요한을 본받아 예수님께서 아직도 못 박히시는 수많은 십자가 곁에 머무릅시다. 이것이 우리 구세주가 우리더러 당신을 따르라고 부르신 길입니다. 다른 길은 없습니다. 바로 이 길입니다!

"누구든지 나를 섬기려면 나를 따라야 한다. 내가 있는 곳에 나를 섬기는 사람도 함께 있을 것이다"(요한 12,26).

19

2014년 8월 16일 | 꽃동네 강당

한국 방문 중 수도자들에게

[8월 16일 오후 수도자와의 만남에 정해진 시간보다 30분 정도 늦게 나타난 교종은 약간 급한 모습으로 통로를 지나 단상에 오르자마자 먼저 전례 담당 마리노 마리니 주교에게 진지하게 귓속말로 무언가를 지시하더니 먼저 말을 시작했다.]

통역자가 필요합니다. 안녕하세요! 작은 문제가 하나 있어요. 결코 소홀히 해서는 안 되는 것 한 가지가 있다면 그건 기도이지요. 하지만 오늘은 기도를 개인적으로 하겠습니다. 왜 우리가 저녁기도를 함께할 수 없는지를 설명하지요. 헬리콥터 출발로 인해 시간 문제가 있기 때문이지요. 헬리콥터가 제시간에 출발하지 못하면 가다가 산 위에 '처박혀 가루가 되고' 말 위험이 있거든요! 이제 우리 모두 성모님께 기도합시다. 그런 후 두 회장이 말할 것이고 다음에 제가 말하지요.

[성모송]

(남녀 수도회 장상연합회 회장들의 인사말 후)

교종 방한 수도자들과의 만남 | 2014년 8월 16일 | 꽃동네

그리스도 안에서 사랑하는 형제자매 여러분,[12]

주님 안에서 여러분 모두에게 애정을 가지고 인사를 드립니다. 오늘 여러분과 함께 있으면서 이 친교의 시간을 나누게 되어 참 좋습니다. 여러분이 대표하는 은사와 사도직의 커다란 다양성이 한국과 그 너머에 있는 교회의 삶을 놀랍도록 풍요롭게 합니다. 우리가 하느님의 무한하신 선하심에 대한 찬미를 노래했던-노래하기로 되어 있었던!- 이 저녁기도 중에 저는 이 사랑받는 나라에서 하느님 나라 건설에 헌신하는 여러분과 여러분의 모든 형제자매에게 감사를 드립니다. 친절한 환영의 말씀을 해 주신 한국 남녀 수도회와 사도생활단 장상협의회 회장이신 황석모 신부님과 이광옥 스콜라스티카 수녀님께 감사를 드립니다.

12 본 강론은 주교회의 제공 번역과 내용은 물론 같지만 준비된 원고와 달리 즉석에서 추가되거나 변경된 내용을 포함하여 실제 말씀하신 대로 번역했다.

"제 몸과 마음 스러질지라도, 하느님은 제 마음의 반석, 영원히 제 몫이옵니다"(시편 73,26 참조)라고 한 시편 말씀은 우리 삶을 생각하게 해 줍니다. 시편 작가는 하느님께 대한 기쁨에 찬 신뢰를 표현합니다. 기쁨이 삶의 모든 순간에, 특히 커다란 어려움이 있을 때에 똑같은 방식으로 드러나지는 않지만, 기쁨은 "무한히 사랑받고 있다는 개인적인 확신에서 생겨나는 한 줄기 빛으로 언제나 우리 곁에 있다는 것"(「복음의 기쁨」, 6항)을 우리는 모두 알고 있습니다. 하느님께 사랑받는다는 굳건한 확신이 여러분 성소의 중심에 있습니다. 다른 사람들을 위해 존재한다는 것은 하느님 나라의 현존을 보여 주는 만질 수 있는 표징이며 천국의 영원한 기쁨을 앞당기는 것입니다. 우리의 증언이 기쁨에 찬 것이어야만 우리는 사람들을 그리스도께로 끌어당길 수 있을 것입니다. 그리고 이 기쁨은 기도생활과 하느님 말씀의 묵상과 성사 거행과 공동체 생활에서 자라 나오는 선물입니다. 공동체 생활은 매우 중요합니다. 이것들이 결핍되면, 우리 여정의 초기에 그토록 친밀하게 알았던 그 기쁨을 흐리게 하는 나약함과 어려움이 나타날 것입니다.

하느님께 축성된 사람들인 여러분에게 그러한 기쁨은 십자가 위 그리스도의 희생 제사 안에서 드러난 성부의 자비라는 신비 안에 뿌리내리고 있습니다. 여러분 수도회의 은사가 관상을 더 지향하든 활동 생활을 더 지향하든, 여러분의 도전은 바로 **공동체 안의 삶을 통하여 하느님의 자비에 대한 '전문가'가 되는 것**입니다. 공동체 생활이 언제나 쉽지는 않다는 것을 저는 체험으로 압니다만, 공동체 생활은 마음의 양성을 위한 섭리적인 토양입니다. 갈등을 예상하지 않는 것은 비현실적입니다. 몰이해가 생겨날 것이고 그것을 대면해야 할 것입니다. 그러한 어려움에도 불구하고, 바로 공동체 생활을 통하여 우리는 자비와 인내와 완전한 사랑 안에서 성장하도록 부름 받고 있습니다.

기도와 공동체로부터 성장하는 하느님 자비의 체험이 여러분의 존재 전체와 활동 전체를 형성하여야 합니다. 여러분의 정결과 청빈, 순종은 하느님 자비의 반석 위에 굳건하게 머무는 그만큼 하느님 사랑에 대한 기쁜 증언이 될 것입니다. 하느님의 자비가 반석입니다. 이러한 증언은 수도적 순종과 관련하여 특별한 방식으로 이루어집니다. 성숙하고 관대한 순종은 종의 모습을 취하셔서 고난을 통하여 순종을 배우신(「완전한 사랑」, 14항 참조) 그리스도께 기도 안에서 일치하도록 요구합니다. 지름길은 없습니다. 하느님께서는 우리 마음을 온전히 바라십니다. 이는 우리가 언제나 더욱더 '우리 자신에게서 이탈하고' '우리 자신에게서 나가야' 한다는 것을 의미합니다. 하느님의 자상하신 자비에 대한 생생한 체험은 또한 깨끗한 마음에서 솟아 나오는 완전한 애덕에 도달하려는 갈망을 지탱해 주기도 합니다. 정결은 오로지 우리 마음의 반석이신 하느님의 사랑에만 자신을 바치는 여러분의 자기 증여를 표현합니다. 우리는 모두 이것이 개인적으로 얼마나 많은 힘든 노력을 수반하는지를 알고 있습니다. 이 분야에서의 유혹은 우리에게 하느님께 대한 겸손한 신뢰와 깨어 있음과 항구함을 요구하며, 주님께서 우리의 길에 보내 주신 지혜로운 형제나 지혜로운 자매에게 마음을 열 것을 요구합니다.

가난의 복음 권고를 통하여 여러분은 힘의 원천으로서뿐 아니라 보화로서의 하느님의 자비를 알아볼 수 있게 될 것입니다. 모순처럼 보이지만 가난하다는 것은 보화를 발견하는 것을 의미합니다. 우리가 지치더라도, 우리는 죄와 나약함으로 무거워진 우리 마음을 그분께 봉헌할 수 있습니다. 우리가 가장 나약하게 느껴지는 순간에 우리는, 우리가 부유해지도록 가난해지신 그리스도(2코린 8,9 참조)를 만날 수 있습니다. 덕을 향해 나아가는 길에서 우리가 이루게 될 모든 진보에도 불구하고, 용서와 치유를 받아야 하는 우리의 이 근본적인 필요 그 자체가 우리가 결코 잊어서는 안 되는 가난의 한 형태입니다.

그 밖에도 개인적으로나 공동체적으로 여러분의 생활양식에서 청빈의 구체적인 표현을 찾아내야 합니다. 저는 특히 여러분의 정신을 산만하게 할 수 있고 다른 사람들에게 당혹과 추문을 야기할 수 있는 모든 것을 피할 필요에 대해 저는 생각합니다. 축성생활에서 청빈은 '방벽'이자 '어머니'입니다. 축성생활을 보호하기에 '방벽'이고, 축성생활이 성장하도록 돕고 올바른 길로 이끌기에 '어머니'입니다. 청빈서원을 하고도 부자로 살아가는 축성된 사람들의 위선이 신자들의 영혼에 상처를 입히고 교회를 해칩니다. 또한 순전히 기능적이고 세속적인 사고방식을 받아들이려는 유혹이 얼마나 위험한지도 생각하십시오. 이러한 사고방식은 우리의 희망을 인간적인 수단에만 두도록 이끌며 우리 주 예수 그리스도께서 사셨고 우리에게 가르치신 청빈의 증거를 파괴합니다. 이 점에 대해 회장 신부님과 회장 수녀님께 감사드립니다. 지구화와 소비주의가 수도적 가난에 끼치는 위험에 대해 제대로 말했기 때문이지요. 감사합니다.

사랑하는 형제자매 여러분, 축성생활이 교회와 세상을 위한 소중한 선물임을 보여 주기 위하여 여러분이 할 수 있는 모든 것을 매우 겸손하게 하십시오. 그 선물을 여러분 자신만을 위하여 간직하지 말고 사랑받는 이 나라 구석구석에 그리스도를 모셔 가면서 그 선물을 나누십시오. 여러분의 뒤를 이어 장차 오게 될 축성된 사람들을 위한 양성에서 해야 할 몫이 있음을 인정하면서, 여러분의 기쁨이 성소를 끌어당기고 가꾸려는 노력 안에서 계속 표현되게 하십시오. 여러분이 관상생활에 헌신하든지 사도적 생활에 헌신하든지 한국 교회를 위한 열렬한 사랑을 지니고, 복음을 선포하고 일치와 성덕과 사랑 안에서 하느님의 백성을 건설하는 교회의 사명에 여러분의 고유한 은사를 통하여 기여하려는 열렬한 소망을 지니십시오.

여러분 모두를, 특히 여러분 공동체의 연로하고 병든 회원들을–그분들에게 마음으로부터 특별한 인사를 드립니다- 교회의 어머니이신 마리아의 사랑스러운 보살핌에 맡겨 드리며, 마음으로부터 여러분에게 축복을 드립니다. 전능하신 하느님 성부와 성자와 성령께서는 여러분에게 강복하시기를.

20

2014년 11월 7일 | 끌레멘스 홀

이탈리아 남자수도회 장상협의회CISM 총회 참석자들에게

사랑하는 형제 여러분,

여러분을 환영하고 여러분의 환대에 감사드립니다. 특히 여러분의 회합을 마치면서 우리의 이 모임을 주선하신 회장 신부님께 감사드립니다. 저는 여러분들의 작업에 대해서 들은 바에 비추어 저는 여정을 위한 몇 가지 준거점을 여러분과 나누고 싶습니다.

무엇보다 먼저 수도생활은 교회를 성장하게 하는 주된 요소인 그 '끌어당김'(매력)을 실현하도록 교회를 도와줍니다. 수도생활을 진정으로 살아가는 한 수사나 한 수녀의 증언 앞에서 사람들은 "여기 뭐가 있는 거지?", "무엇이 이 사람을 세상적 지평 너머로 밀어 가는 걸까?" 하고 스스로 묻게 되기 때문이지요. 이것이 첫째라고 저는 말하겠습니다. 곧 교회가 끌어당김의 길에서 성장하도록 돕는 것입니다. 개종시키고자 신경 쓰는 일 없이 끌어당기는 것입니다!

그것을 우리는 지난 수요일 복음에서 들었습니다. "너희 가운데에서 누구든지 자기 소유를 다 버리지 않는 사람은 내 제자가 될 수 없다"(루카 14,33). 여러 형태로 이루어지는 이러한 결정은 모든 그리스도인에게 요구됩니다. 하지만 우리 수도자들은 그에 대한 예언의 증언을 제공하도록 부름받았습니다. 복음적인 삶의 증언은 선교사 제자와, 특히 축성생활의 길에서 주님을 따르는 사람을 구별해 주는 것입니다. 그리고 예언적 증언은 거룩함(성덕)과 일치합니다. 참된 예언은 결코 이념적(이데올로기)이지 않으며, 제도와 대조되지 않습니다. **참된 예언이 곧 제도**입니다. 예언은 제도적입니다. 참된 예언은 이념적이지 않으며, '유행'이 아니고, 복음에 따르면, 항상 반대 받는 표적이지요. 예수님이 그러하셨듯이요. 예컨대 예수님은 당시의 종교 당국자들에게, 곧 바리사이들과 사두가이들의 지도자들, 율법학자들에게 반대 받는 표적이었습니다. 다른 선택과 제안들, 곧 에세느파, 열혈당원들 등에게 있어서도 그랬습니다. 반대 받는 표적이었지요.

회장 신부님이 말씀하셨듯이 여러분이 요 며칠 동안 하신 작업에 대해 감사드립니다. 「복음의 기쁨」에 제시된 길을 따라 나아가는 것을 도와주는 작업이지요. 신부님이 멋진 표현을 쓰셨는데요. "우리는 후방부대의 전투, 방어를 위한 전투를 하고 싶지 않고 사람들 사이에서 우리를 소비하고 싶습니다." 하느님께서 항상 당신 나라를 싹트게 하시고 자라나게 하시리라는 신앙의 확실성 안에서요. 이건 쉬운 일이 아닙니다. 당연한 것이 아니에요. 회심을 요구하지요. 무엇보다도 기도와 성체조배를 요구합니다. 당부하건대 성체조배입니다. 역사의 변두리에서 살아가는 하느님의 거룩한 백성과의 나눔을 요구합니다. 중심에서 벗어나는 것입니다. 살며 결실을 맺기 위한 모든 은사는 중심에서 벗어나도록 부름받았습니다. 중심에는 오직 예수 그리스도만이 계시도록 하기 위해서이지요. 은사는 증류수를 담은 병처럼 보존되어서는 안 되고, 우리 수도회들의 위대한 선교사들이 우리에게 가르쳐 주는 것처럼 현재의 실재와 문화들과 역사와 대조시키면서 용감하게 열매를 맺게 해야 합니다.

수도생활이 오늘날 제공하도록 부름받은 분명한 표지는 형제자매적 생활입니다. 청컨대 여러분 사이에 (뒤에서 하는) 험담이라는 테러가 없도록 하십시오! 그 테러를 쫓아내 버리세요! [웃음] 형제자매애가 있어야 합니다. 형제에게 거슬리는 것이 있다면 대면해서 말하는 거예요…. 어떤 때는 주먹질로 끝나기도 하겠지요. 문제 되지 않아요. 그것이 험담이라는 테러보다는 낫습니다. 오늘날 지배적인 문화는 주관적 권리에 집중된 개인주의적 문화입니다. 이는 가정이라는 일차적 세포에서부터 시작하여 사회를 부식腐蝕시키는 문화이지요. 축성생활은 다름 안에서 형제자매들로 함께 살아가는 것이 가능하다는 형제자매애의 증언을 제공함으로써 교회와 사회 전체를 도울 수 있습니다. 이것은 중요합니다! 왜냐면 공동체 안에서는 먼저 선택하는 것이 아니라, 성격, 나이, 양성, 감수성… 등이 다른 사람들을 만나기 때문이지요. 그럼에도 형제들로서 살아가고자 합니다. 항상 잘 해내지는 못하지요. 여러분이 잘 알아요. 잘못하는 경우가 많습니다. 우리는 모두 죄인이니까요. 하지만 잘못했다는 것을 인정하고 용서를 청하면 용서를 해 줍니다. 이것이 교회에 유익한 것입니다. 교회의 몸 안에 형제자매애라는 림프액을 돌게 하지요. 이는 또한 사회 전체에도 유익합니다.

그런데 이 형제자매애는 하느님의 부성을, 그리고 교회와 어머니 동정 마리아의 모성을 전제합니다. 우리는 날마다 이 관계를 새롭게 해야 하며, 기도를 통해, 성찬례를 통해, 성체조배를 통해, 묵주기도를 통해 그렇게 할 수 있습니다. 그렇게 해서 우리는 날마다 그리스도와 함께 '있기', 그리스도 안에 '있기'를 새롭게 하며, 그렇게 해서 우리는 하늘에 계신 아버지와의 참된 관계 안에 놓이고, 어머니인 교회, 우리의 거룩한 교계적 교회와 어머니 마리아와의 참된 관계 안에 놓이게 됩니다. 우리의 삶이 항상 새롭게 이 근본적 관계들 안에 자리한다면, 그때 우리는 참된 형제자매애도, 사람을 끌어당기는 증언의 형제자매애도 실현할 수 있게 됩니다.

사랑하는 형제 여러분, 여러분에게 이 단순한 요점들을 남깁니다. 이 점들에 대해 이미 여러분은 시행하고 있지요. 이 길로 나아가시도록 격려하며 저도 여러분을 동반하겠습니다. 주님께서 여러분을 축복하시고 여러분의 모든 공동체를, 특히 더 시련을 당하고 더 고통 받는 공동체들을 축복하시길 빕니다. 저와 교회를 위한 저의 봉사를 기도로 동반해 주셔서 고맙습니다. 감사합니다!

제2부

만남의 신비학을 살아가세요!

– 축성생활의 해 –

21

2014년 11월 21일

축성생활의 해를 기하여 모든 축성생활자에게 보내는 서간

지극히 사랑하는 축성생활자 여러분!

저는 주 예수님께서 베드로의 후계자에게 형제들을 믿음 안에서 굳건히 해 줄 과제를 맡기신(루카 22,32 참조) 베드로의 후계자로서 여러분에게 이 편지를 씁니다. 또한 저는 여러분처럼 하느님께 축성된 여러분의 형제로서 이 편지를 씁니다.

복음에 대한 온전한 동의와 교회를 위한 봉사 안에서 예수님을 따르도록 우리를 불러 주셨으며, 우리에게 기쁨을 주시고 온 세상에 당신 사랑과 자비를 증언하게 하시는 성령을 우리 마음에 부어 주신 성부께 함께 감사드립시다.

여러분 중 많은 분에게서 들은 말과 축성생활회와 사도생활단성省으로부터 들은 말을 받아 전하면서, 제6장에서 수도자를 다루고 있는 교회에 관한 교의 헌장 「인류의 빛Lumen gentium」 50주년과 또한 수도생활 쇄신에 관한 교령 「완전한 사랑Perfectae caritatis」 50주년을 맞는 기회에 저는 '축성생활의 해'를 반포하기로 결정했습니다. 이 해는 대림 제1주일인 금년 11월 30일에 시작하여 2016년 2월 2일 성전에서의 예수님 봉헌 축일에 끝날 것입니다.

축성생활회와 사도생활단성의 말을 듣고 나서 저는 이 해의 목적을 성 요한 바오로 2세가 제삼천년기가 시작될 때 교회에 제안하셨던 것과 똑같은 목적을 제시하면서, 그분이 어떤 식으론가 이미 주교대의원회의 후속 권고 「축성생활」에서 이미 제시하셨던 바를 다시 가져왔습니다. "여러분에게는 기억하고 이야기해야 할 영광의 역사뿐만 아니라 **이룩해야 할 위대한 역사**가 있습니다! 성령께서 여러분과 함께 아직도 위대한 일을 하시려고 여러분을 출발케 하시는 그 미래를 바라보십시오"(110항).

I – 축성생활의 해의 목적

1

첫 번째 목적은 **과거를 감사로 바라보기**입니다. 각각의 우리 수도회는 풍요로운 은사적恩賜的 역사로부터 나옵니다. 그 기원에는 하느님의 행위가 자리하는데, 하느님께서는 그리스도를 가까이서 따르고 복음을 특정한 삶의 형태로 옮기며, 신앙의 눈으로 시대의 징표를 읽어내고 창의성을 가지고 교회의 필요에 응답하도록 어떤 사람들을 부르십니다.

초기의 체험은 그 후 자라나고 발전하면서 새로운 지리적·문화적 환경에 있는 회원들을 끌어들이고 은사를 실현하는 새로운 방법들을, 그리고 사도적 사랑의 새로운 기획들과 표현들을 생겨나게 합니다. 마치 씨앗이 큰 나무가 되어 그 가지들을 확장하는 것과 같지요.

이 축성생활의 해에는 모든 은사적 가족이 자신의 뿌리와 역사적 발전을 기억하는 것이 좋겠습니다. 교회를 아름답게 하는, 그리고 모든 선업善業을 위한 선물을 그토록 많이 교회에 주신(「인류의 빛」, 12항 참조) 하느님께 감사드리기 위해서입니다.

자신의 역사를 이야기한다는 것은 정체성을 생생하게 유지하기 위해, 그리고 가족의 일치와 그 회원들의 소속감을 견고히 하기 위해서도 필수불가결한 것입니다. 이는 고고학考古學을 하거나 무익한 향수에 잠기는 일이 아니며, 오히려 지난 세대들이 걸어온 길을 거슬러 올라가면서 그 길에서 영감을 주는 광채들과 이상理想과 계획을, 그리고 남녀 설립자들과 최초의 공동체들로부터 시작해서 지난 세대들을 움직여 온 가치들을 포착하는 것입니다. 이는 또한 은사가 역사를 통하여 어떻게 살아져 왔는지, 어떤 창의성을 발휘했는지, 어떤 어려움들을 직면해야 했었는지, 그리고 그 어려움들을 어떻게 극복해 왔는지를 인식하기 위함이기도 합니다. 인간적 나약함의 열매요 때로는 어쩌면 은사의 몇몇 본질적 요소의 망각이기도 한 모순들을 발견할 수도 있을 것입니다. 이 모든 것이 유익하며 함께 모아져서 회심을 위한 호소가 됩니다. 자신의 역사를 이야기한다는 것은 하느님께 찬미를 드리고 그분의 모든 선물에 대해 감사드리는 것입니다.

특별히 제2차 바티칸 공의회에 이어지는 지난 50년에 대해 하느님께 감사드립시다. 공의회는 교회 전체에 있어 성령의 '한바탕 부는 바람'을 나타냅니다. 공의회 덕분에 축성생활은 결실 풍부한 쇄신의 길을 실현시켰는바, 이 쇄신의 여정은 그 빛과 그림자를 통해 성령의 현존으로 특징지어지는 은총의 시기였습니다.

이 축성생활의 해가 또한 겸손하게, 그리고 사랑이신 하느님께(1요한 4,8 참조) 대한 커다란 신뢰로써 자신의 허약함을 고백하는 기회가 되고 그 허약함을 주님의 자비로우신 사랑의 체험으로 살아갈 기회가 되기를 바랍니다. 또한 축성생활 안에서 그리스도를 따르도록 부름받은 사람들의 대다

수 안에 현존하는 거룩함과 생명력을 세상에 힘껏 외치고 기쁘게 증언할 기회가 되기를 바랍니다.

2

나아가서 이 해는 **현재를 열정으로 살아가도록** 부릅니다. 과거에 대한 감사한 기억은 오늘날 성령께서 교회에 말씀하시는 것을 주의 깊게 들으면서 우리의 축성생활의 구성요소들을 점점 더 깊이 있는 방식으로 실현하도록 우리를 부추깁니다.

최초의 수도승 생활의 시초로부터 오늘날의 '새로운 공동체'에 이르기까지 모든 형태의 축성생활은 복음이 가르치는 대로 그리스도를 따르라는 성령의 부르심(「완전한 사랑」, 2 참조)에서 태어납니다. 남녀 설립자들에게 있어 절대적인 규칙은 복음이었으며, 다른 모든 규칙은 복음의 표현이자 복음을 충만하게 살아가는 데 필요한 도구이기 위한 것일 뿐입니다. 설립자들의 이상은 그리스도였고, 바오로와 함께 "나에게는 삶이 곧 그리스도입니다"(필리 1,21) 하고 말할 수 있기까지 그분께 온전히 투신하는 것이었으며, 서원은 단지 그들의 이 열정적 사랑을 실현하기 위한 의미가 있었을 뿐입니다.

이 축성생활의 해에 우리가 대면하도록 부름받은 질문은 우리도 역시 복음의 요구에 응할 것인가, 또 어떻게 응할 것인가 하는 것입니다. 복음이 진정 매일의 삶을 위한, 그리고 우리가 행하도록 부름받은 선택을 위한 '휴대품'인가 하는 것입니다. 복음은 요구가 강력하며, 철저하고 진지하게 살 것을 요구합니다. 복음서를 읽는 것으로 충분치 않으며 [그럼에도 읽는 것과 공부는 극히 중요한 것입니다], 복음을 묵상하는 것도 충분치 않습니다 [우리는 매일 기쁘게 묵상하지요]. 예수님은 복음을 실행하라고, 당신 말씀을 살라고 우리에게 요구하십니다.

우리는 또 자신에게 물어야 합니다. 우리가 서원할 때 확고했던 대로 참으로 예수님이 우리에게 첫째가는 유일한 사랑인가? 그러할 때만이 우리는 살아가면서 만나는 모든 사람을 진리와 자비 안에서 사랑할 수 있고 사랑해야 합니다. 무엇이 사랑이고 어떻게 사랑해야 하는지를 우리는 그분에게서 배울 것이기 때문입니다. 곧 우리는 그분 자신의 마음을 가지게 될 것이기에 사랑하는 법을 알게 될 것입니다.

우리 설립자들은 예수님께서 목자 없이 흩어진 양 떼 같은 군중을 보실 때 가지셨던 연민을 자신 안에 느꼈습니다. 예수님께서 이 연민으로 움직이셔서 당신 말씀을 주시고 병자를 낫게 하시며 먹을 빵을 주시고 당신 자신의 생명을 바치셨듯이 설립자들도 역시 그렇게 성령께서 자신들을 보내시는 인간을 여러 방식으로 섬겼습니다. 곧 중재 기도, 복음의 설교, 교리교수, 교육, 가난한 사람들과 병자들에 대한 봉사 등이 그것입니다. 사랑의 독창적인 방식은 한계를 몰랐고, 문화들과 대단히 다양한 사회적 환경 안에 복음의 숨결을 가져가기 위한 무수히 많은 길들을 여는 법을 알았습니다.

축성생활의 해는 우리에게 맡겨진 사명에의 충실성에 대해 우리에게 질문을 던집니다. 우리의 직무들과 우리의 활동들과 우리의 현존은 성령께서 우리 설립자들에게 요구하신 바에 응답하고, 오늘날의 사회와 교회 안에서 목적을 달성하기에 적절한가? 바꾸어야 할 것이 있는가? 우리는 우리네 사람들을 위한 똑같은 열정을 갖고 있고, 그들의 기쁨과 아픔을 나눌 만큼, 참으로 그들의 필요를 이해하고 그에 응답하기 위해 기여할 수 있을 만큼 그렇게 가까이 있는가? 성 요한 바오로 2세는 이미 이렇게 물으셨지요. “설립자들을 부추겼던 바로 그 관대함과 자기희생이 여러분과 여러분의 영적 자녀들이 은사들을 생생하게 보존하도록 움직여 가야 합니다. 그 은사들은 교회에 봉사하고 그분 나라의 완전한 건설이 이루어지도록 하기 위해 그 참된 특성을 잃어버리지 않고 그것들을 불러일으키셨던 그 동일한 성령의 힘으로 계속해서 풍요로워지고 적응하는 것입니다."[13]

기원을 기념할 때는 축성생활의 계획을 구성하는 그 이상의 요소가 하나 드러납니다. 설립자들은 예수님을 둘러싼 열두 제자들의 일치에 매혹되었고 최초의 예루살렘 공동체를 구별해 주던 친교에 매혹되었습니다. 자신의 공동체를 탄생시키면서 그들 각자는 그 복음적 모델들을 재생하고, 한마음 한뜻이 되며, 주님의 현존을 누리고자 했습니다(「완전한 사랑」, 15항 참조).

열정으로 현재를 산다는 것은 "친교의 전문가", "하느님에 따른 인간 역사의 정점에 자리한 그 '친교의 계획'의 증인이요 창조자"[14]가 되는 것을 의미합니다. 서로 다른 문화들이 충돌하고 공존이 어려우며, 가장 약한 이들을 학대하고 불평등한 사회에서 우리는 모든 인간의 존엄성과 각자가 지닌 은총의 선물의 공유를 인정함으로써 형제적 관계를 살게 해 주는 공동체의 구체적 모델을 제공하도록 부름받고 있습니다.

그러므로 여러분은 **친교의 사람들**이 되십시오. 용감하게 난관들과 긴장이 있는 곳에 현존하십시오. 모든 사람이 하나가 되도록(요한 17,21 참조) 사람들의 마음에 열정을 부어 주시는 성령의 현존을 보여 주는 믿을 만한 표지가 되십시오. **만남의 신비학**을 살아가십시오. 그것은 곧 모든 인간관계의 모델이신 하느님의 세 위격 사이에 흐르는 사랑의 관계에서(1요한 5,8 참조) 빛을 받아 "다른 사람들의 말을 듣는 능력, 경청하는 능력입니다. 함께 길을, 방법을 탐색하는 능력입니다."[15]

---

13 원문의 주: 교종 서간, 「복음의 길Los caminos del Evangelio」, 신세계의 복음화 5백 주년에 라틴아메리카의 남녀 수도자들에게, 1990년 6월 29일, 26항.

14 원문의 주: 수도자와 재속회 성성, 「수도자와 인간의 진보」, 1980년 8월 12일, 24항.

15 원문의 주: 2014년 5월 12일, 로마의 교종청립 꼴레지오 원장들과 학생들에게 한 연설.

3

희망으로 미래를 끌어안기가 이 축성생활의 해의 세 번째 목적이고자 합니다. 다양한 형태의 축성생활이 대면하는 어려움들을 우리는 알고 있습니다. 곧 특히 서양에서의 성소 감소와 노화, 심각한 세계 금융위기에 따른 재정적 문제들, 국제성과 지구화의 도전들, 상대주의의 함정들, 소외와 사회적 무의미성 등입니다. 많은 우리 동시대인들과 공유하는 바로 이 불확실성 안에서 우리의 희망은 실현됩니다. 이 희망은 “두려워하지 마라. 내가 너와 함께 있겠다”(예레 1,8 참조) 하고 계속 되풀이해서 말씀하시는 역사의 주님께 대한 믿음의 열매입니다.

우리가 말하는 희망은 숫자나 사업에 기초하지 않고 우리가 신뢰를 두는 분(2티모 1,12 참조)께, “불가능한 일이 없는”(루카 1,37) 분께 기초합니다. 이것이 바로 실망시키지 않는 희망이요 축성생활로 하여금 계속하여 미래에 위대한 역사를 쓰게 해 주는 희망입니다. 성령께서는 계속해서 우리와 함께 위대한 일들을 행하시고자 바로 그 미래를 향해 우리를 재촉하신다는 것을 의식하면서 우리는 미래에 시선을 두어야 합니다.

숫자와 능률의 유혹에 양보하지 마십시오. 자신의 힘을 믿으려는 유혹에는 더욱더 양보하지 마십시오. ‘깨어 지켜보면서’ 여러분 삶의 지평과 현재의 순간의 지평을 주의 깊게 살피십시오. 베네딕토 16세와 더불어 여러분에게 되풀이합니다. “우리 시대의 교회 안에서 축성생활의 종말이나 무의미를 선포하는 재앙의 예언자들과 함께하지 마십시오. 오히려 깨어서 주의 깊게 지켜보면서 예수 그리스도를 다시 입고 –성 바오로가 권고하듯이(로마 13,11-14 참조)– 빛의 무기로 무장하십시오.”[16] 항상 주님께 대한 신뢰로써 계속 우리의 길을 가고 다시 시작합시다.

16 원문의 주: 2013년 2월 2일 주님 봉헌 축일 강론.

특히 젊은이 여러분에게 말합니다. 여러분이 자신의 신선하고 관대한 선택으로 여러분의 수도회에 결정적인 공헌을 하면서 그 품 안에서 이미 능동적으로 살고 있기에 여러분은 (수도회의) 현재입니다. 동시에 그 미래이기도 합니다. 조만간 여러분은 활성화와 양성과 봉사와 사명 수행의 통솔 책임을 갖도록 부름받을 것이기 때문입니다. 이 축성생활의 해에는 여러분의 앞 세대와의 대화에서 여러분이 주인공이 될 것입니다. 형제자매적 친교 안에서 여러분은 그 세대의 경험과 지혜로 풍요로워질 수 있을 것이며, 동시에 그 세대에게 초기의 이상理想을 다시 제시할 수 있을 것이고 여러분이 가진 열정의 도약과 신선함을 제공할 수 있을 것입니다. 그리하여 복음을 사는 새로운 방식들을, 그리고 증언과 선포의 요구에 점점 더 적절한 응답을 함께 모색하게 될 것입니다.

저는 여러분이 서로 다른 수도회들의 젊은이들끼리 모일 기회를 가지게 되리라는 것을 알게 되어 기쁩니다. 그 만남이 친교와 상호 지지와 일치의 통상적인 길이 되기를 바랍니다.

II - 축성생활의 해에 대한 기대

저는 이 은총의 축성생활의 해에 특별히 무엇을 기대할까요?

1

언젠가 제가 말했던 것이 항상 사실이기를 바랍니다. 곧 "수도자들이 있는 곳에는 기쁨이 있다"라는 말입니다. 우리는 하느님께서 우리 마음을 채워주시고 우리를 행복하게 하실 능력이 있으시며 다른 곳에서 우리 행복을 찾을 필요가 없다는 것을 체험하고 보여 주도록 부름받았습니다. 또 우리들의 공동체 안에서 살아가는 참된 형제애가 기쁨을 자라게 한다는 것을, 교회와 가정과 젊은이들과 노인들과 가난한 사람들을 위한 봉사에 우리 자신을 온전히 내주는 것이 우리를 인간으로 실현하고 우리 삶에 충만함을 준다는 것을 체험하고 보여 주도록 부름받았습니다.

우리 가운데서 슬픈 얼굴들, 불만스럽고 만족하지 못한 사람들이 보이지 않기를 바랍니다. '슬프게 따르는 것은 슬픈 따름이기 때문입니다.' 우리도 역시 모든 다른 남녀 인간들처럼 어려움을 체험하고 정신적 어둠과 낙담과 질병, 노화로 인한 힘의 쇠락을 체험합니다. 바로 이 사실에서 우리는 '완전한 환희'를 찾아야 할 것이고, 모든 점에서 우리와 비슷하게 되신 그리스도의 얼굴을 알아보는 것을 배워야 할 것이며, 그래서 우리에 대한 사랑으로 십자가 체험을 거부하지 않으셨던 그분과 우리가 비슷하다는 것을 아는 기쁨을 체험해야 할 것입니다.

능률과 건강주의와 성공에 대한 숭배를 과시하는 사회 안에서, 가난한 사람들을 주변으로 내몰고 '패배자들'을 배척하는 사회 안에서 우리는 우리의 삶을 통해서 "내가 약할 때에 오히려 강합니다"(2코린 12,10) 하는 성경 말씀의 진리를 증언할 수 있습니다.

제가 교종 권고 「복음의 기쁨」에서 베네딕토 16세의 강론을 인용하면서 쓴 것을 축성생활에 잘 적용할 수 있겠습니다. "교회는 개종운동에 의해서가 아니라 끌림으로 성장합니다"(14항). 그렇습니다. 축성생활은 우리가 근사한 성소 모집 활동을 조직할 때 성장하는 것이 아니라 우리를 만나는 남녀 젊은이들이 우리에게 끌리는 것을 느낄 때, 우리가 행복한 사람들이라는 것을 볼 때 성장합니다! 마찬가지로 축성생활의 사도적 효력은 그 수단들의 능률과 효력에 달린 것이 아닙니다. 바로 여러분의 삶이, 기쁨이 비쳐 나오고 복음을 살고 그리스도를 따르는 아름다움이 드러나는 삶이 말을 해야 합니다.

작년 성령강림절 전야에 교회 운동단체들에게 제가 했던 말을 여러분에게도 되풀이합니다. "교회의 가치는 근본적으로 복음을 사는 것이요 우리의 신앙을 증언하는 것입니다. 교회는 땅의 소금이요 세상의 빛이며, 사회 안에서 하느님 나라의 누룩을 현존시키라고 부름받았으며, 모든 것에 앞서 증언으로써, 곧 형제자매적 사랑과 연대와 나눔의 증언으로써 그렇게 합니다"(2013년 5월 18일).

2

저는 여러분이 '세상을 깨우기를' 기대합니다. 축성생활을 특징짓는 요소는 예언이기 때문입니다. 총장들에게 제가 말했듯이 "복음적 철저성은 수도자들만의 것은 아닙니다. 모든 사람에게 요구되는 것이지요. 하지만 수도자들은 주님을 특별한 방식으로, 예언자적 방식으로 따릅니다. 저는 여러분에게 이 증언을 기대합니다. 수도자들은 세상을 깨울 수 있는 남녀 인간들입니다." 지금 요구되는 우선성은 바로 이것입니다. "예수님이 이 땅 위에서 어떻게 사셨는지를 증언하는 예언자들이기…. **수도자는 결코 예언을 포기해서는 안 됩니다**"(2013년 11월 29일).

예언자는 하느님에게서 자신이 살아가는 역사를 주의 깊게 관찰하고 사건들을 해석하는 능력을 받습니다. 예언자는 깨어서 밤을 지키며 새벽의 여명이 터 오는 때를 아는 파수꾼과 같습니다(이사 21,11-12). 예언자는 하느님을 알며, 남자들과 여자들, 자기 형제들과 자매들을 압니다. 식별을 할 능력이 있고 또한 죄와 불의의 악을 고발할 능력이 있습니다. 자유롭기 때문이고, 하느님이 아니라면 다른 주인들에게 응답해서는 안 되기 때문이며, 하느님의 관심사 외에 다른 관심사가 없기 때문입니다. 예언자는 상시적常時的으로 가난한 사람들과 무방비인 사람들 편에 섭니다. 하느님 자신이 그들 편이라는 것을 알기 때문입니다.

결국 저는 여러분이 '유토피아들'을 생생하게 유지하는 것이 아니라 은총의 선물과 형제자매애와 다름을 받아들이는 것과 상호적 사랑이라는 복음적 논리를 살아갈 '다른 장소들'을 만들어내기를 기대합니다. 수도승원, 공동체, 영성센터, 치타델라,[17] 학교, 병원, 집-가정, 그리고 애덕과 은사적 창의성이 탄생시켰고 또 계속되는 창의성으로 탄생시킬 그 모든 장소는 복음에서 영감을 얻는 사회를 위한 누룩이, 진리와 예수님 말씀의 권능을 말해야 하는 '산 위의 도시'가 점점 더 되어 가야 합니다.

종종 엘리야와 요나처럼 달아나려는 유혹이, 예언자의 과제에서 빠져나가려는 유혹이 올 수도 있습니다. 너무도 힘든 요구이기 때문이고 수고스럽고 결과에 실망하기 때문입니다. 하지만 예언자는 결코 혼자가 아니라는 것을 압니다. 하느님께서는 예레미야에게 그러하셨듯이 우리에게도 이렇게 보장하십니다. "두려워하지 마라. 내가 너와 함께 있어 너를 구해 주리라"(예레 1,8).

3

남녀 수도자들은 다른 모든 축성생활자들과 똑같이 제가 방금 상기한 바와 같이 "친교의 전문가들"로 정의되었습니다. 따라서 저는 성 요한 바오로가 제시한 "친교의 영성"이 현실이 되고 여러분이 이 새로운 천년기에 "우리 앞에 놓인 큰 도전"을 포착하는 데 선두에 서 주시기를 기대합니다. 곧 "교회를 친교의 집이며 친교의 학교로 만드는 것"[18]입니다. 저는 이 축

---

17 포꼴라레 운동의 창시자 끼아라 루빅이 로삐아노에 세워진 '마리아의 도시'라는 의미의 마리아뽈리에 부여한 이름. 포꼴라레 운동의 참여자들이 함께 모여 사는 일종의 마을로 일반 도시처럼 집들과 일터와 학교 등으로 이루어진다. 현재 거의 모든 대륙에 존재하며, 마리아뽈리 외에도 다른 많은 치타델라들이 복음의 이상을 공유하면서 다양한 이름과 고유한 모습으로 생겨났다.

18 원문의 주: 교서 「새천년기」, 2001년 1월 6일, 43항. 역자의 사역.

성생활의 해에 여러분의 설립자들이 추구했던 형제자매애라는 이상理想이 동심원同心圓들과 같이 지극히 다양한 차원에서 자라나도록 진지하게 노력하리라는 것을 확신합니다.

친교는 무엇보다도 우선 수도단체에 속한 각각의 공동체들 내부에서 실천됩니다. 이에 관해서 저는 제가 지치지 않고 되풀이했던 말, 곧 비난, 험담, 시기, 질투, 대립은 우리네 집들에 거주할 권리가 없는 태도들이라고 자주 했던 말들을 다시 읽으시기를 권고합니다. 이를 전제로 하고, 우리 앞에 열린 사랑의 길은 거의 무한합니다. 이는 상호적인 환대와 관심을 추구하는 것이고 물질적·영적 재화의 친교를 실천하는 것이며, 형제자매적 교정矯正, 가장 약한 사람들에 대한 존중 등이기 때문입니다. 이는 "함께 살기의 '신비학'"으로서 우리의 삶을 "거룩한 순례"[19]가 되게 합니다. 또한 우리 공동체들이 항상 더 국제적이 되어 간다는 것을 고려할 때 우리는 서로 다른 문화들을 가진 사람들 사이의 관계에 대해서도 스스로 물어야 합니다. 각자가 자신을 표현하고 자신의 특수한 재능과 함께 받아들여지며 온전하게 공동책임자가 되도록 어떻게 배려할까요?

나아가서 저는 서로 다른 수도회들 사이의 친교가 자라나기를 기대합니다. 이 축성생활의 해가 지역적 차원과 세계적 차원에서 양성과 복음화와 사회 참여의 공동 계획을 함께 수립하기 위해 더 큰 용기를 가지고 자기 수도회의 경계를 벗어나 밖으로 나가는 기회가 될 수는 없을까요? 이런 방식으로 더 효과적으로 현실적인 예언적 증언을 제공할 수 있을 것입니다. 서로 다른 은사와 성소 사이의 친교와 만남은 희망의 길입니다. 아무도 스스로 고립하여 미래를 건설할 수 없고, 혼자서 자기 힘만으로도 건설할 수 없으며, 항상 만남으로, 대화로, 경청으로, 상호 도움으로 열려 있고 자

---

19 원문의 주: 「복음의 기쁨」, 2013년 11월 24일, 87항. 역자의 사역.

기준거성이라는 병에서 우리를 지켜 주는 친교의 진리 안에서 자신을 인정함으로써 미래를 건설할 수 있습니다.

동시에 축성생활은 성직자와 평신도들로부터 시작하여 교회 안의 모든 성소 사이에 진지한 상승작용相乘作用(시너지)을 추구하도록 부름받았습니다. 그리하여 "무엇보다 먼저 그 내부에서, 나아가 교회공동체 안에서, 그리고 교회의 경계를 넘어서서 친교의 영성을 자라게 하는"[20] 것입니다.

4

저는 또 교회의 모든 구성원들에게 요구하는 것을 여러분에게 기대합니다. **실존적 변두리로 가기 위해 자기 자신에게서 나가라**는 것입니다. "너희는 온 세상에 가서"는 예수님께서 제자들에게 주신 마지막 말씀이었고 오늘날에도 계속해서 우리 모두에게 주시는 말씀입니다(마르 16,15 참조). 온 인류가 기다립니다. 곧 모든 희망을 잃어버린 사람들, 어려움 중에 있는 가정들, 버려진 어린이들, 모든 미래가 차단된 젊은이들, 병자들과 버려진 노인들, 재물로 배부르지만 마음은 비어 있는 부자들, 신적인 것에 목말라하며 삶의 의미를 찾는 남녀 인간들….

여러분 자신에게 몰두하여 웅크리고 있지 말고 집안의 사소한 말다툼으로 질식하지 말며, 여러분 자신의 문제들에 갇혀 있지 마십시오. 여러분이 다른 사람들을 도와 그들의 문제를 해결해 주고 기쁜 소식을 선포하려고 밖으로 나가면 여러분의 문제들은 해결될 것입니다. 생명을 주면서 생명을 발견할 것이고 희망을 주면서 희망을, 사랑을 주면서 사랑을 발견할 것입니다.

난민들을 환대하고 가난한 사람들 가까이 머무는 구체적인 행동을, 교

20 원문의 주: 「축성생활」, 1996년 3월 25일, 51항. 역자의 사역.

리교수와 복음 선포와 기도생활로의 입문에서 창의성의 구체적인 행동을 저는 여러분에게서 기대합니다. 결과적으로 저는 복음화와 애덕의 현실적 요구에 더 부응하는 사업들을 위해 구조의 간소화와 커다란 집들의 재활용, 그리고 새로운 필요에 사업을 적응시키기를 희망합니다.

5

저는 모든 형태의 축성생활이 하느님과 오늘날의 인류가 요구하는 것에 대해 숙고하기를 기대합니다.

수도승원들과 관상적 방향을 가진 단체들은 그들끼리 서로 만날 수 있을 것입니다. 혹은 기도생활에 대한 체험과 교회 전체와의 친교를 어떻게 성장시킬 것인지에 대한 체험, 그리고 박해받는 그리스도인들을 어떻게 지원할 것인지에 대한 체험, 그리고 더 열성적인 영적 생활을 추구하거나 도덕적, 혹은 물질적 지원을 필요로 하는 사람들을 어떻게 맞아들이고 동반할 것인지에 대한 체험을 교환하기 위해 여러 다른 방식으로 서로 연결할 수 있을 것입니다.

가르치는 일과 문화의 촉진에 바쳐진 애덕 수도회들, 복음의 선포에 투신하거나 특정한 사목의 직분을 수행하는 수도회들, 사회구조 안에 스며들어 현존하는 재속회들도 마찬가지로 할 수 있을 것입니다. 성령의 독창성은 삶과 사업의 무척 다양한 방식들을 낳았기에 우리는 쉽게 그 목록을 만들거나 그것들을 미리 만들어진 도식 안에 집어넣을 수는 없습니다. 그러니까 제가 모든 각각의 은사적 형태를 다 언급하는 것은 불가능합니다. 하지만 이 축성생활의 해에 아무도 교회의 삶 안에서 자신의 현존에 대해, 그리고 우리 주변에서 일어나는 계속적이고 새로운 요구들과 가난한 이들의 외침에 응답하는 자신의 방법에 대한 진지한 검증으로부터 빠져나가서는 안 됩니다.

오로지 세상의 필요에 대한 이러한 관심과 성령의 충동에 대한 유순함 안에서만이 이 축성생활의 해는 참된 카이로스이자, 은총과 변화가 풍성한 하느님의 때가 될 것입니다.

III – 축성생활의 해의 지평

1

이 편지를 통해 저는 축성생활을 하는 사람들만이 아니라 **그들과 함께 이상과 정신과 사명을 공유하는 평신도들에게** 말합니다. 어떤 수도단체들은 이에 관해서 오랜 전통을 가지고 있고 또 다른 수도단체들은 더 짧은 경험을 가지고 있습니다. 사실 모든 수도가족 주변에, 사도적 생활의 수도회들과 재속회들 주변에도 더 큰 가족이 존재합니다. 동일한 은사를 인정하는 여러 단체를 포함하는, 특히 바로 자신의 평신도 조건 안에서 동일한 은사적 실제에 참여하라는 부르심을 느끼는 평신도 그리스도인들을 포함하는 '은사적 가족'입니다.

저는 평신도 여러분도 이 축성생활의 해를 여러분이 받은 은총의 선물을 더 잘 알아차리게 할 수 있는 하나의 은총으로 살아가도록 격려합니다. 함께 성장하고 오늘의 사회 안에서 성령의 부르심에 함께 응답할 수 있도록 이 해를 온 "가족"과 함께 지내십시오. 여러 단체의 축성생활자들이 이 축성생활의 해에 서로 만나는 몇몇 기회들이 있을 때 여러분도 하느님의 단일한 선물의 표현으로서 참석하여, 다른 은사적 가족들과 다른 평신도 단체들의 체험을 알도록 하고, 여러분 자신을 풍요롭게 하며 서로 지지해 주십시오.

2

축성생활의 해는 축성된 사람들에게만 관련되는 것이 아니라 교회 전체에 관련됩니다. 그래서 저는 **그리스도교 백성 전체에게**, 그리스도교의 역사를 이루어 온 위대한 성인들의 계승자인 수많은 남녀 축성생활자들의 존재라는 선물을 항상 더 잘 깨닫도록 하라고 말합니다. 성 베네딕토 없이, 성 아우구스티노와 성 베르나르도 없이, 성 프란치스코와 성 도미니코 없이, 로욜라의 성 이냐시오와 아빌라의 성녀 테레사 없이, 성녀 안젤라 메리치와 성 빈첸시오 드 폴 없이 교회는 무엇이겠습니까? 성 요한 보스코와 복녀 콜카타의 테레사에 이르기까지 이 명단은 거의 무한히 이어질 것입니다. 복자 바오로 6세는 이렇게 말씀하셨습니다. "이러한 구체적인 표지가 없다면, 교회 전체에 생명을 불어넣어 주는 사랑이 식고, 복음의 구원적 역설이 무디어지고, 세속화되어 가는 현대 세계에서 신앙의 '소금'이 희석될 위험이 있습니다"(「복음의 증거」, 3항).

그래서 저는 모든 그리스도교 공동체에게 무엇보다도 먼저 주님께 감사드리고 받은 선물들을, 남녀 설립자들의 성덕을 통해, 또 자신의 은사에 대한 수많은 축성생활자들의 충실성을 통해 지금도 우리가 받고 있는 선물들을 감사로 기념하기 위해 이 축성생활의 해를 살아가도록 초대합니다. 여러분 모두가 축성생활자들 주위로 가까이 모여들어, 교회 전체의 것인 그들의 직무와 활동의 수행을 위해, 가능한 정도에서 그들과 함께 기뻐하고 그들의 어려움을 나누고 그들과 협력하도록 초대합니다. 그들에게 그리스도교 백성 전체의 애정과 따뜻함을 느끼게 해 주십시오.

축성생활의 해와 가정에 대한 시노드의 다행스러운 일치에 대해 주님을 찬미합니다. 가정과 축성생활은 모든 사람에게 풍요로움과 은총을 가져다주는 성소들이며, 생명의 관계를 건설함에 있어 인간화의 공간이요 복음화의 자리입니다. 그들은 서로 도와줄 수 있습니다.

3

이 편지를 통해 저는 감히 **가톨릭과 다른 전통의 교회에 속한 축성생활자들과 형제 생활 단체 및 공동체의 구성원들에게**도 말씀드립니다. 수도승 생활은 나뉘지 않은 교회의 자산으로서 정교회에서도 가톨릭교회에서도 여전히 지극히 생생합니다. 그 수도승 생활에서, 그리고 서방교회가 아직 결합해 있었을 때 그에 이어 나타난 다른 경험들에서, 개혁 교회공동체들의 환경에서 생겨난 유사한 기획들이 영감을 얻었는데, 이 공동체들은 또 계속해서 내부에서 형제적 공동체와 봉사의 또 다른 표현들을 낳았습니다.

축성생활회와 사도생활단성은 여러 교회의 축성된 형제적 삶의 경험에 속한 구성원들을 만나게 하기 위한 기획들을 마련하였습니다. 축성생활의 교회일치운동이 모든 교회의 일치를 향해 가는 더 넓은 길에 도움이 되는 방식으로 서로 더 잘 알고 더 존중하며, 상호협력이 자라도록 저는 이런 만남들을 열렬히 독려합니다.

4

또 우리는 수도승 생활과 형제적 수도공동체들의 다른 표현들의 현상이 모든 큰 종교들에 존재한다는 것을 잊을 수 없습니다. 가톨릭교회와 몇몇 커다란 종교 전통들 사이의 수도승 간 대화의 경험도 없지 않은데, 이 경험은 더 강화되기도 했습니다. 축성생활의 해가 지금까지 걸어온 길을 평가하고 이 분야에서 축성생활자들의 주의를 환기시키며 서로 더 깊이 알아 가기 위해 더 해야 할 일이 무엇인지를 스스로 묻고 인간의 삶에 봉사하는 많은 공통 분야에서 협력하는 기회가 되기를 희망합니다.

함께 걷는 것은 항상 풍요로워지게 하며, 이 시기에 어려움이 드러나고 있는 민족들 간, 문화들 간의 관계에 새로운 길을 열어 줄 수 있습니다.

5

끝으로 저는 특별히 저의 형제 주교들에게 말합니다. 이 축성생활의 해가 마음으로부터, 그리고 기쁘게 축성생활을 수도가족들만이 아니라 그리스도 몸 전체의 선익에 이바지하는 영적 자본(「인류의 빛」, 43항 참조)으로 맞아들이는 기회가 되어야 할 것입니다. "축성생활은 교회에 주어진 선물이요 교회 안에서 태어나 교회 안에서 자라며 온전히 교회로 방향 지어집니다."[21] 따라서 교회에 주어진 선물로서 축성생활은 고립되거나 소외된 실재가 아니고 내밀하게 교회에 속하며, 그리스도교적 소명의 내밀한 본성과 신부인 교회 전체가 유일한 신랑과의 결합을 향해 있는 자세를 표현하기에, 교회의 사명의 결정적 요소로서 교회의 심장부 자체에 자리합니다. 결국 축성생활은 "필수불가결하게 교회의 삶과 성성聖性에 속합니다."(「인류의 빛」, 44항)

그런 맥락에서 저는 개별 교회의 목자인 여러분에게 여러분의 공동체 안에 구별되는 은사들을 -역사 안에 있어 온 은사들이건 새로운 은사들이건- 장려하는 일에 특별한 배려를 하면서, 그 은사들을 지원하고 활성화하고 식별을 도우며, 어떤 축성생활자들이 처할 수 있는 고통과 나약함의 상황에서 다정함과 사랑으로 다가가도록, 그리고 특히 여러분의 가르침으로 축성생활의 가치에 대해 하느님 백성을 비추어 줌으로써 교회 안에서 축성생활의 아름다움과 거룩함을 빛나게 하도록 권고합니다.

들음과 관상의 동정녀, 사랑하는 당신 아들의 첫 제자이신 마리아께 이 축성생활의 해를 맡깁니다. 성부의 특별한 사랑을 받는 딸이요 은총의 모든 선물을 입으신 그분을 하느님께 대한 사랑과 이웃에 대한 봉사 안에서의 따름의 최고 모범으로 바라봅시다.

21 원문의 주: J. M. 베르골료 주교, 교회와 세상 안에서의 축성생활과 그 사명에 관한 주교 대의원회의에서의 발언, 16차 총회, 1994년 10월 13일.

© vaticanmedia

주님께서 우리에게 풍성히 내려 주실 은총과 빛의 선물들에 대해 지금부터 여러분과 함께 감사하며 저는 여러분 모두를 사도적 축복으로 동반합니다.

2014년 11월 21일

복되신 동정 마리아의 봉헌 축일

바티칸에서

22

2014년 11월 27일

축성생활회와 사도생활단성 총회에서

사랑하는 주교직과 사제직에서의 형제 여러분, 사랑하는 형제자매 여러분.

저는 오늘 기쁜 마음으로 여러분을 만나며 축성생활을 위한 교종청 부서에서 여러분의 봉사를 받는 사람들을 만납니다. 특별히 최근에 임명되신 추기경님들과 주교님들께 환영의 인사를 드리며, 모두의 이름으로 저에게 인사 말씀을 해 주신 장관 추기경님께 감사드립니다. 또 차관과 두 분의 차관보께 이 '로고logo'에 대해 감사드립니다. 저는 이것을 어제 '로쎄르바토레 로마노'에서 보았지만 무엇인지 잘 이해하지 못했는데 이제 이해했습니다!

여러분이 이번 회기를 위해 선택하신 주제 "새 포도주는 새 부대에"는 아름답고 뜻깊은 것입니다. 복음서의 이 말씀에 비추어 여러분은 헌장 「인류의 빛」과 교령 「완전한 사랑」으로부터 50년이 지나고 나서 교회 안에서의 축성생활의 오늘에 대해 숙고하셨습니다. 제2차 바티칸 공의회 후 성령의 바람은 계속 힘차게 불면서, 한편으로는 수도회들이 공의회 자체가 요구했던 영적·은사적·제도적 쇄신을 실현하도록 재촉했고 다른 한편으로는 당신을 따르고 복음을 선포하는 데 자신의 삶을 바치기 위해 모든 것을 떠나라는 예수님의 초대에 응답하는 새로운 방식들을 남녀 인간들의 마음속에 불러일으켰습니다.

우리는 "낡은 부대"를 버리는 것을, 곧 교회의 삶에서, 따라서 축성생활에서도, 하느님께서 세상 안에 당신 나라를 드러내도록 하기 위해 요구하시는 바에 더 이상 응답하지 못하는 것으로 인정되는 그 관습과 그 구조들을 쇄신하는 일을 두려워해서는 안 됩니다. 우리에게 거짓 보호를 제공하고 애덕의 역동을 조건 지우는 구조들 말입니다. 우리가 돌보도록 파견된 양 떼로부터 우리를 멀어지게 하고 우리가 예수 그리스도의 기쁜 소식을 기다리는 이들의 외침을 듣지 못하게 방해하는 관습들 말입니다. 오늘날 축성생활 안에서 만날 수 있는 나약함의 영역들은 변화에 대한 몇몇 분야의 저항, 끌어당기는 힘(매력)의 감소, 떠나가는 이들의 상당한 수 등입니다. 이것이 저를 걱정하게 합니다! 이는 성소자들의 선발에 관해, 그들의 양성에 관해, 그리고 각 사람의 직무에 관해 말해 주는 것이 있습니다. 하지만 먼저 이 마지막 두 가지를 잘 평가해야겠습니다.

또 어떤 양성 과정의 연약함, 영적 생활을 희생하면서 이루어지는 제도적·직무적 과제들에 대한 조바심, 문화적 차이와 세대 간의 차이를 통합하는 어려움, 권위 행사와 재화의 사용에서 쉽지 않은 균형의 문제가 있습니다.

저를 걱정하게 하는 것은 또 가난이에요, 예! 제 수도가족 자랑을 좀 해야겠습니다. 성 이냐시오는 말하기를 가난은 축성생활의 어머니요 보호벽이기도 하다고 하셨지요. 가난은 어머니이고 생명을 주며 세속성으로부터 보호하는 벽입니다. 방향을 잡아 주는 기준들은 선택의 복음적 독창성, 은사적 충실성, 섬김의 수위성首位性, 가장 작은이들과 연약한 이들에 대한 관심, 모든 인간의 존엄성에 대한 존중입니다.

우리 축성생활자들은 주님을 섬기고 주님의 말씀으로 다른 사람들을 섬기기 위해 축성되었습니다. 그렇죠? 여러분은 새로운 회원들에게 부디 이렇게 말하십시오. 기도는 시간 낭비가 아니다, 하느님을 경배하는 것은 시간 낭비가 아니다, 하느님을 찬미하는 것은 시간 낭비가 아니다 하고요. 우리 축성생활자들이 매일 기도의 무상성 안에서 하느님 앞에 머물지 않는다면 포도주는 시어질 것입니다.

여러분의 총회는 바로 축성생활의 해 직전에 위치하고 있습니다. 이 축성생활의 해에 "새로운 포도주를 새로운 부대에" 넣도록 도와주시라고 함께 주님께 기도합시다! 동정 마리아께서 여러분을 동반하시고 여러분에게 부활한 자들의 새로운 열성과 새로운 길을 찾는 거룩한 담대함을 얻어 주시기를. 성령께서 여러분을 도와주시고 비추어 주시기를. 감사합니다.

23

2014년 11월 29일 | 로마 성 마리아 대성당

축성생활의 해 전야 기도의 밤의 영상 메시지

"세상을 깨우십시오! 세상을 깨우십시오!"

보편교회에 대한 저의 봉사로 인해 비록 물리적으로는 멀리 있지만 제가 축성생활에 바치기를 원했던 이 해를 시작하면서 저는 모든 남녀 축성생활자와 긴밀히 일치해 있음을 느낍니다.

축성생활회와 사도생활단성의 모든 구성원과 이 철야 기도모임을 위해 로마 백성의 구원Salus Populi Romani이신 복되신 동정녀의 다정한 눈길 아래 성 마리아 대성당Santa Maria Maggiore에 모여 계시는 모든 분께 애정 어린 인사를 드립니다. 여러분과 함께 또한 세상에서 살고 일하는 모든 남녀 축성생활자에게도 인사를 전합니다.

이 기회에 제가 가장 먼저 하고 싶은 말은 교회와 세상에 주신 축성생활이라는 소중한 선물에 대해 주님께 드리는 감사의 말입니다. 축성생활에 바쳐진 이 해가 하느님 백성의 모든 구성원이 축성생활의 가치를 적절한 방식으로 활용하면서 축성생활이라는 선물에 대해 모든 선이 흘러나오는 주님께 감사하는 기회가 되기를 바랍니다. 사랑하는 형제자매 여러분,

여러분에게도 여러분이 교회와 세상 안에서 존재하고 행하는 일에 대해 마찬가지로 저의 감사를 드립니다. 이 해가 온 교회와 함께 여러분의 성소를 경축하기 위한, 그리고 여러분의 예언적 사명을 생생하게 하기 위한 '강력한 시기'가 되기를 바랍니다.

제가 다른 기회에 몇 번 말했던 것을 오늘도 여러분에게 반복합니다. "세상을 깨우십시오!" 어떻게?

그리스도를 여러분 존재의 중심에 두십시오. 여러분 삶의 근본 규범이 "복음이 가르치는 대로 그리스도를 따르는 것"(「완전한 사랑」, 2항)이기에 축성생활은 본질적으로 그분께 대한 개인적 투신에 있습니다. 사랑하는 축성생활자 여러분, 끊임없이 그리스도를 찾으십시오. 그분의 얼굴을 찾으십시오. 여러분이 "하느님 아버지 앞에, 그리고 형제자매들 앞에 선 육화하신 말씀으로서의 **예수님의 존재 방식과 행동 방식의 살아 있는 기념**"(「축성생활」, 22항)으로 변화될 정도로 그분이 여러분 삶의 중심이 되기를 빕니다. 남녀 축성생활자들은 "아버지 앞에서, 그리고 형제자매들 앞에서 육화하신 말씀으로서 예수님의 존재 방식의 살아 있는 기념"(「축성생활」, 22항)으로 변화되도록 살아가기를 바랍니다. 사도 바오로처럼 그분이 여러분을 정복하시게 두고 그분의 감정과 그분의 삶의 형태를 취하십시오(「축성생활」, 18항 참조). 예수님의 손길이 여러분을 만지도록 하고, 그분의 목소리에 인도되며 그분의 은총으로 지탱되게 하십시오(「축성생활」, 40항 참조).

예수님의 손길이 여러분을 만지도록 하고, 그분의 목소리에 인도되며 그분의 은총으로 지탱되게 하기는 쉽지 않습니다.

그리스도와 함께 늘 복음에서 출발하십시오! 복음을 삶의 형태로 받아들이고 단순함과 일관성을 드러내는 일상적인 몸짓으로 옮기면서 복음을 이념(이데올로기)으로 변형하려는 유혹을 극복하십시오. 복음은 여러분의 삶과 사명 수행을 '젊게' 보존해 주고 그것들을 현재적이고 매력적으로 만들어 줄 것입니다. 복음이 용감하게 나아갈 견고한 토양이 되기를 빕니다. 사랑하는 축성생활자 여러분, 여러분은 복음의 '살아 있는 주석'이 되도록 부름받았으니 복음이 여러분의 삶과 사명의 토대이자 최종 준거점이 되기를 바랍니다.

여러분은 보금자리에서 나와 오늘의 남녀 인간의 변두리를 향해 가십시오! 그러기 위해 그리스도께서 여러분을 만나시도록 두십시오. 그분과의 만남은 다른 사람들과의 만남으로 여러분을 재촉할 것이며, 가장 궁핍한 이들을, 가장 가난한 이들을 향해 여러분을 재촉할 것입니다. 복음의 빛을 기다리는 변두리에 도달하십시오(「복음의 기쁨」, 20항). 변경 지대에 사십시오. 이는 여러분에게 성령의 새로움을 발견하기 위해 깨어 있도록 요구할 것입니다. 새로운 변경 지대의 복잡성을 인식하는 명료성, 한계와 진행하는 적절한 방법을 분별하는 식별력 그리고 "백성 안에 계신 그리스도의 고통 받는 몸을 만지면서"(「복음의 기쁨」, 24항) 현실 안에 잠기기를 요구할 것입니다.

사랑하는 형제자매 여러분, 여러분 앞에는 수많은 도전이 제기됩니다. 하지만 이것들은 극복하라고 있는 것입니다. "하지만 명랑함과 담대함 그리고 희망에 찬 투신을 잃어버리는 일 없이 현실주의자가 됩시다! 선교의 힘을 빼앗기지 맙시다!"(「복음의 기쁨」, 109항)

세상과 역사 안에서 하느님의 신비를 관상하는 여인, 다른 사람들을 즉각적으로 돕는 일에 부지런한 여인(루카 1,30 참조) 그래서 제자-선교사인 모든 이의 모델이신 마리아께서 당신의 모성적 눈길 아래 놓아드리는 이 축성생활의 해에 우리를 동반해 주시기를.

성 마리아 대성당의 철야 기도모임에 참석하신 여러분 모두와 모든 남녀 축성생활자에게 마음으로부터 축복을 보냅니다. 그리고 부디 저를 위해서 기도해 주시기를 청합니다.

주님께서 여러분을 축복하시고 성모님께서 여러분을 보호하시기를.

24

2014년 11월 30일

축성생활의 해 개막미사를 위한 메시지

사랑하는 축성생활자 자매들과 형제 여러분,

축성생활의 해를 시작하는 성찬례의 거행이라는 이토록 뜻깊은 기회에 커다란 기쁨으로 여러분께 인사드립니다. 제가 이미 약속했던 대로 직접 여러분 가운데 있기를 무척 원했지만 하느님의 뜻이 달리 마련하셨습니다.[22]

수도생활의 쇄신에 관한 공의회의 교령 「완전한 사랑Perfectae caritatis」 반포 50주년에 축성생활의 해를 소집하면서 저는 무엇보다도 우선 교회 전체에, 복음 권고의 서원을 통해 좀 더 가까이서 그리스도를 본받기 위해 모든 것을 버리기로 결정하신 여러분 모두가 보여 주신바 그리스도를 따르는 이 독특한 형태의 아름다움과 소중함을 다시 제안하고 싶었습니다. 앞으로 이어지는 여러 달 동안 여기 로마와 세계 각지에서 이루어질 많은 기획들을 통해 여러분의 빛나는 삶의 증언은 하느님 백성 전체에게 빛과 열

22 30일까지 터키 순방 중이었음.

을 주기 위해 등경 위에 놓인 등불과 같이 될 것입니다. 그래서 일 년 전 남자수도회 총장들에게 했던 긴급한 초대를 여기 계신 여러분에게도 다시 합니다. 세상을 깨우십시오! 여러분의 예언적이고 시류를 거슬러 가는 증언으로 세상을 비추십시오!

이 초대를, 여러분에게 바쳐진 이 특별한 해에만이 아니라 영원히, 어떻게 실현할 수 있을까요? 기본 방침이 되는 세 가지 단어를 여러분께 제시합니다.

기뻐하면서!

그리스도를 따르고 그분의 복음을 실천하는 것이 여러분의 마음을 행복으로 채운다는 것을 모든 이에게 보여 주십시오. 여러분에게 다가오는 이에게 이 기쁨을 전염시키십시오. 그러면 많은 사람이 그 기쁨의 이유를 여러분에게 물을 것이고 여러분의 눈부시고 열정적인 복음의 모험에 함께 참여하려는 갈망을 느낄 것입니다.

용기를 가지고!

주님께 사랑받는다고 느끼는 사람은 그분께 충만한 신뢰를 새롭게 드릴 줄을 압니다. 여러분의 남녀 설립자들이 하느님 나라를 섬기는 새로운 길을 열면서 그렇게 했습니다. 여러분을 동반하시는 성령의 힘으로 세상의 길로 가서 복음의 혁신하는 힘을 보여 주십시오. 복음은 실천되면 오늘날에도 놀라운 일들을 이루고 인간의 모든 의문에 답을 줄 수가 있습니다.

친교의 사람으로서!

여러분의 존재에 필요한 단 한 가지(루카 10,42 참조)로 여러분이 선택한 하느님과의 인격적인 친교에 튼튼히 뿌리를 내리고, 지칠 줄 모르는 형제애의 건설자가 되어 무엇보다도 여러분끼리, 나아가서는 모든 사람과, 특히 가장 가난한 이들과 상호적 사랑이라는 복음의 법을 실천하십시오. 보편적인 형제애가 유토피아가 아니라 인류 전체를 위한 예수님의 꿈 자체라는 것을 보여 주십시오.

사랑하는 축성생활자 자매들과 형제 여러분, 축성생활의 해를 장엄하게 시작하려고 오늘 여기에 와 주신 데 대해 감사드립니다. 저의 이름으로 성찬례를 집전하시는 축성생활회와 사도생활단성省 장관 쥬앙 브라즈 지 아비즈João Braz de Aviz 추기경님께도 감사를 드립니다. 이 축성생활의 해에 예정된 행사들이 잘 이루어지도록 하고자 관대하게 일하고 계신 호세 카르바요José Rodríguez Carballo 대주교님과 축성생활회와 사도생활단성의 모든 분들께도 저의 감사를 표하고 싶습니다.

성부의 특별한 사랑을 받는 딸이시요 성령의 모든 은총의 선물을 입으신 분이시며, 여러분의 최상의 모범이신 동정 마리아께 오늘 시작하는 축성생활의 해를 의탁하면서, 제 기도로 여러분을 동반하고 여기 계신 여러분께 기꺼이 제 사도적 축복을 드립니다.

25

2015년 1월 16일 | 마닐라, 원죄 없으신 잉태 주교좌 성당

필리핀 방문 중 주교, 사제, 수녀, 수사들과 드린 미사 강론

"너는 나를 사랑하느냐?" [회중이 "예!" 하고 말한다.] 감사합니다! 하지만 저는 지금 예수님의 말씀을 읽고 있었어요! 주님께서 말씀하십니다. "너는 나를 사랑하느냐?… 내 양들을 돌보아라"(요한 21,15.16 참조). 오늘 베드로에게 하신 예수님의 말씀이 제가 여러분에게 하는 첫 마디입니다. 사랑하는 형제 주교들과 사제들과 남녀 수도자들과 신학생 여러분, 이 말씀은 우리에게 본질적인 것 하나를 상기시킵니다. 모든 사목 직무는 사랑에서 태어난다는 것이지요. 모든 사목 직무는 사랑에서 태어납니다! 모든 사제적 삶은 화해를 이루는 그리스도의 사랑의 표지입니다. 아기 예수의 성녀 테레사처럼 우리의 다양한 성소 안에서 우리 각자는 어떤 방식으로든가 교회의 심장 안에서 사랑이 되도록 부름받았습니다.

커다란 애정으로 여러분에게 인사드립니다. 그리고 저의 애정을 나이 들고 병든 형제자매들 모두와 오늘 여기에 함께할 수 없었던 분들 모두에게 전해 주시기를 여러분에게 부탁드립니다. 필리핀 교회 복음화 500주년

을 바라보면서 우리는 지난 세대의 여러 주교와 사제와 수도자가 남긴 유산에 감사를 느낍니다. 그분들은 복음을 설파하기 위해서만이 아니라 공동선에 봉사하기 위한 사랑과 용서와 연대라는 복음의 메시지에서 영감을 얻는 사회를 가꾸어 가기 위해서도 노력을 기울였습니다. 오늘 여러분은 그 사랑의 사업을 이끌어 가고 계십니다. 그분들처럼 여러분은 다리를 건설하도록 부름받았고, 양 떼를 먹이도록, 그리고 새로운 시대의 새벽에 아시아에서의 복음을 위한 합당한 길들을 닦도록 부름받았습니다.

"그리스도의 사랑이 우리를 소유합니다"(2코린 5,14).[23] 오늘의 제1독서에서 바오로는 우리가 선포하도록 부름받은 사랑은 십자가에 못 박히신 구세주의 마음에서 퍼져 나오는 화해하는 사랑이라고 말합니다. 우리는 "그리스도의 사절입니다"(2코린 5,20). 우리의 직무는 화해의 직무입니다. 우리는 하느님의 끝없는 사랑과 자비와 연민의 기쁜 소식을 선포합니다. 우리는 복음의 기쁜 소식을 선포합니다. 복음은 하느님 은총의 약속이기 때문인데 그 은총만으로 우리의 병든 세상에 충만함과 회복을 가져다줄 수 있습니다. 복음은 참으로 정의롭고 구속救贖된 사회질서 건설에 영감을 줄 수 있습니다.

그리스도의 사절이라는 것은 무엇보다 우선 각 사람을 주 예수님과의 새로워진 만남으로 초대하는 것을 의미합니다(「복음의 기쁨」, 3항). 우리와 그분과의 인격적 만남. 이 초대가 여러분이 필리핀의 복음화를 기념하는 일의 중심에 자리해야 합니다. 하지만 복음은 회심으로의 호소요, 개인으로서와 백성으로서 우리에게 양심 성찰로의 호소이기도 합니다. 필리핀의 주교들이 제대로 가르쳐 왔듯이 필리핀 교회는 그리스도의 가르침과는 명백한 대조를 이루며 필리핀 사회의 얼굴을 얼룩지게 하는 뿌리 깊은 불평

---

23 원래 "우리를 다그칩니다"인데, 교종은 웬일인지 "소유합니다"라는 단어를 쓴다.

등과 불의의 원인들을 알아보고 그것들과 싸우도록 부름받았습니다. 복음은 정직하고 올곧고 공동선을 위해 노력하는 삶을 살도록 각 그리스도교인 개개인을 부릅니다. 하지만 또한 그리스도교 공동체를 '정직함의 순환'을 이루도록, 그리고 예언적 증언으로 사회를 변화시키기 위해 사회 안에 확산되어 갈 수 있는 연대의 네트워크를 이루도록 부르기도 합니다.

가난한 사람들. 가난한 사람들이 복음의 중심에 있으며, 그들은 복음의 중심입니다. 곧 복음에서 가난한 사람들을 빼 버리면 우리는 예수 그리스도의 메시지를 온전히 이해할 수 없습니다. 그리스도의 사절들로서 우리 주교들, 사제들, 수도자들은 마음 안에 그분의 화해시키는 은총을 받아들이는 데 선봉자가 되어야 할 것입니다. 성 바오로는 이것이 무엇을 의미하는지를 설명합니다. 이것은 모든 것을 그리스도의 빛 안에서 새롭게 바라보면서 세속적 관점을 거부하는 것을 의미합니다. 이는 우리가 가장 먼저 우리의 양심을 성찰하고 우리의 실패와 패배를 인정하며 계속적인 회심의 길로, 일상적인 회심의 길로 들어선다는 것을 포함합니다. 바로 우리가 하느님 말씀이 우리의 오만을, 변화에 대한 우리의 두려움을, 이 세상의 정신과 타협하는 우리의 비참함을, 우리의 영적 세속성을 흔들도록 허용하지 않는다면 어떻게 우리가 다른 사람들에게 십자가의 새로움과 해방하는 힘을 선포할 수 있겠습니까?(「복음의 기쁨」, 93항 참조)

우리 사제들과 축성생활자들에게 있어 복음의 새로움으로의 회심은 기도 안에서 매일 주님을 만나는 것을 포함합니다. 성인들은 우리에게 이것이 모든 사도적 열정의 샘이라는 것을 가르쳐 줍니다! 수도자들에게 복음의 새로움을 살아간다는 것은 공동체의 삶과 사도직 안에서 완전한 사랑 안에서 점점 더 주님과 긴밀하게 일치를 이루기 위한 자극을 항상 새롭게 발견한다는 것을 의미합니다. 우리 모두에게 있어 이는 그리스도의 가난을 성찰적 방식으로 살아가는 것을 의미하는데, 그리스도의 삶은 온전히 아버지의 뜻을 행하고 다른 사람들을 섬기는 데 집중해 있었습니다. 이에 대한 커다란 위협은 당연히 우리 삶에 스며들어 우리가 제공하는 증거를 위태롭게 할 수 있는 모종의 물질주의에 빠지는 것입니다. 오로지 우리 자신이 가난해짐으로써만, 우리 자신이 가난해짐으로써만, 우리의 자기만족을 없앰으로써만 우리는 우리 형제자매들 가운데 꼴찌들과 우리 자신을 동일시할 수 있습니다. 우리는 새로운 빛으로 사물을 보게 될 것이며, 그렇게 해서 우리는 배척과 양극화와 수치스러운 불평등에 물든 사회 안에서 복음의 철저함을 선포하라는 도전에 정직하고 올곧게 응답할 수 있을 것입니다.

여기서 저는 이 자리에 있는 젊은 사제들과 수도자들과 신학생들에게 한 가지를 말하고 싶습니다. 저는 여러분에게 그리스도와 교회에 대한 여러분의 사랑의 기쁨과 열정을 누구와도 나누기를, 특히 여러분의 동년배들과 나누기를 요청합니다. 여러분은 혼란스럽고 기가 꺾여 있을 수도 있는, 그럼에도 계속해서 교회를 자신들의 길동무요 희망의 샘으로 보는 젊은이들 가운데 현존하십시오.

가난과 부패에 짓눌린 사회 안에 살아가면서 낙담하여 모든 것을 포기하려는, 학교를 떠나 길거리에서 살려는 유혹을 받는 이들 가까이 머무르십시오. 성性과 혼인과 가정을 바라보는 혼란스러운 방식들에 유혹당하는 사회에 그리스도교 혼인의 아름다움과 진실함을 선포하십시오. 여러분도 알다시피 이 실제들은 하느님의 창조 계획을 손상시키고 여러분의 문화 안에 들어 있는 아름다운 것들을 형성하는 데 영감을 준 참된 가치들을 배반하도록 위협하는 강력한 힘들의 공격을 늘 받고 있습니다.

필리핀 문화는 사실 신앙의 창의성으로 조성되었습니다. 필리핀 사람들은 하느님께 대한 사랑과 열렬한 신앙심으로, 그리고 성모님과 그분의 로사리오에 대한 뜨겁고 진심 어린 신심으로 어디에나 알려져 있습니다.

이 위대한 유산은 강력한 선교적 잠재력을 내포하고 있습니다. 그것은 여러분의 민족이 복음을 토착화하고 계속해서 그 메시지를 받아들이는 방식입니다(「복음의 기쁨」, 122항 참조). 500주년을 준비하는 여러분의 임무를 행하면서 이 견고한 토대 위에 건설하십시오.

그리스도께서는 우리가 죽으시는 그분께 결합하여 더 이상 우리 자신을 위해 살지 않고 그분을 위해 살 수 있도록 모든 사람을 위해 돌아가셨습니다(2코린 5,15 참조). 사랑하는 형제 주교들과 사제들과 수도자 여러분, 저는 자기희생을 통해 형제자매들에 대한 봉사에 자신을 바칠 수 있도록 넘치는 열정을 여러분 모두에게 불러일으켜 주시도록 교회의 어머니 마리아께 간청합니다. 그렇게 해서 그리스도의 화해시키는 사랑이 필리핀 사회의 구조 안에, 또 여러분을 통하여 세상의 가장 먼 구석에도, 더 온전하게 파고들 수 있기를 바랍니다. 아멘.

26

2015년 2월 2일(주님 봉헌 축일) | 바티칸 대성당

제19차 세계 축성생활의 날 미사 강론

아기 예수님을 팔에 안고 걸어가는 어머니 마리아의 모습을 마음의 눈앞에 그려 봅시다. 마리아는 아기 예수님을 성전으로 인도하시고 백성 안으로 인도하시며 그분이 당신 백성을 만나시도록 데려가십니다.

어머니의 양팔은 하느님의 아들이 우리를 향해 내려오시면서 이용하시는 '사다리'와도 같습니다. 하느님의 굽어보심이라는 사다리지요. 우리는 그것을 오늘 제1독서인 히브리서에서 들었습니다. 그분께서는 "자비롭고 믿을 만한 대사제가 되시기 위해 모든 점에서 형제들과 같아지셨습니다"(2,17).[24] 이것이 예수님의 이중의 길입니다. 그분은 내려오셔서 우리와 같이 되셨습니다. 그것은 우리를 당신과 같이 되게 하시어 우리와 함께 아버지께 올라가시기 위해서였습니다.

우리는 마리아가 팔에 아기를 안고 성전에 들어가시는 복음서의 장면을 상상하면서 이 움직임을 마음속으로 관상할 수 있습니다. 성모님은 걸으

24 강론에 인용된 대로 번역함.

십니다. 하지만 아드님이 성모님보다 먼저 걸으십니다. 성모님은 아드님을 데려가십니다. 하지만 우리가 당신께 갈 수 있도록 우리에게 오시는 이 하느님의 길로 성모님을 데려가시는 분은 바로 아드님이십니다.

예수님은 우리에게 새로운 길을, 곧 당신 자신이신 "새롭고도 살아 있는 길"(히브 10,20 참조)을 가리켜 보여 주시려고 우리와 똑같은 길을 가셨습니다. 우리 축성된 사람들에게 있어서 이는 구체적으로, 그리고 다른 길이 없이, 기쁨과 항구함으로 걸어가야 하는 유일한 길입니다.

복음서는 무려 다섯 번이나 마리아와 요셉의 '주님의 율법에 대한 순종'을 강조합니다(루카 2,22. 23. 24. 27. 39 참조). 예수님은 당신의 뜻을 행하려고 오시지 않았고 아버지의 뜻을 행하려 오셨습니다. 이것이 당신의 '양식'이라고 말씀하셨지요(요한 4,34 참조). 그래서 예수님을 따르는 사람은 순종의 길로 나서서 주님의 "굽어보심"을 모방하며, 자신을 아무것도 아닌 것이 되게 하고 굴욕을 받기까지 자신을 낮추고, 아버지의 뜻을 자신의 뜻으로 삼습니다(필리 2,7-8 참조). 수도자에게 있어서 진보한다는 것은 섬기면서 자신을 낮추는 것을 의미합니다. 곧 "하느님과 같음을 당연한 것으로 여기지 않으신"(필리 2,6 참조) 예수님과 똑같은 길을 가는 것을 의미하지요. 섬기기 위해 자신을 낮추어 종이 되는 것입니다.

이 길은 설립자의 은사의 자취를 지닌 규칙이라는 형태를 취합니다. 한편, 모두에게 대치할 수 없는 규칙은 항상 복음이라는 것을 잊는 일이 없어야겠습니다. 또한 성령께서는 그 무한한 창의성으로 복음을 축성생활의 여러 규칙으로 옮기는데, 이 규칙들은 모두 그리스도 추종에서, 곧 섬기면서 자신을 낮추는 이 길에서 태어납니다.

이 '법'을 통하여 축성생활자들은 지혜에 도달할 수 있는데, 지혜란 어떤 추상적인 태도가 아니라 성령의 활동이요 선물입니다. 그러한 지혜의 명백한 표지는 기쁨입니다. 그렇습니다. 수도자의 복음적 기쁨은 예수님과 함께 낮춤의 길을 간 결과이지요…. 우리가 슬플 때는 자신에게 이렇게 묻는 것이 좋을 것입니다. "이 비움(케노시스)의 차원을 우리는 어떻게 살고 있는가?"

예수님의 성전 봉헌 이야기에서 지혜는 시메온과 한나라는 두 노인에 의해 대표되는데, 이들은 성령께 순응하는 사람들로서 [세 번이나 그렇게 말합니다] 성령께 인도되고 성령으로 생명력을 얻었습니다. 주님께서는 율법에 대한 순종의 길이라는 기나긴 길을 통해 그들에게 지혜를 주셨습니다. 한편으로는 사람을 낮추고 아무것도 아니게 하지만 다른 한편으로는 희망을 지피고 지켜 주는 순종이 그들을 창의적이 되게 하는데, 그들은 성령으로 가득 찼기 때문입니다. 그들은 또한 성전으로 들어가는 아기를 둘러싸고 일종의 전례를 거행하지요. 곧 시메온은 주님을 찬미하고 한나는 구원을 '설교'합니다(루카 2,28-32.38 참조). 마리아의 경우처럼 시메온 노인도 팔에 아기를 받아 안습니다. 하지만 사실은 아기가 그를 붙잡은 것이며 그를 인도한 것이지요. 오늘 축일의 제1저녁기도는 그것을 분명하고 아름답게 표현합니다. "노인이 아기를 안았지만 아기가 노인을 인도하였도다.senex puerum portabat, puer autem senem regebat." 젊은 어머니 마리아도, '할아버지'인 노인 시메온도 아기를 팔에 안지만 그 두 사람을 모두 인도하는 것은 아기 자신입니다.

이 일에서 창의적인 쪽은 젊은이들이 아니고 노인들이라는 것이 흥미롭습니다. 젊은이들인 마리아와 요셉은 순종의 길로 주님의 율법을 따르고, 노인들인 시메온과 한나는 아기에게서 율법과 하느님의 약속의 완성을 봅니다. 그들은 축제를 벌일 능력이 있고 기쁨과 지혜로움에서 창의적이지요. 그렇지만 주님께서는 당신 성령의 활동을 통해 순종을 지혜로 바꾸어 주셨습니다.

종종 하느님은 지혜의 선물을 경험이 없는 젊은이에게도 베푸실 수 있습니다. 성령께 대한 순종과 유순함의 길을 갈 자세가 되어 있는 것으로 충분합니다. 이 순종과 이 유순함은 이론적인 사실이 아니고 말씀의 육화의 논리 아래 있습니다. 설립자에 대한 유순함과 순종, 구체적인 어떤 규칙에 대한 유순함과 순종, 장상에 대한 유순함과 순종, 교회에 대한 유순함과 순종입니다.

순종 안에서 항구한 여정을 통해서 개인적이고 공동체적인 지혜가 성숙해 가며, 그렇게 해서 규칙을 시대에 대조시키는 것이 가능해집니다. 사실 참된 '아죠르나멘또aggiornamento(쇄신)'는 유순함과 순종 안에서 다듬어지는 지혜의 작품이지요.

축성생활의 재활성화와 쇄신은 규칙에 대한 큰 사랑을 통해서, 그리고 수도회 안의 노인들을 관상하고 그들의 말을 듣는 능력을 통해서도 이루어집니다. 그렇게 해서 각 수도가족의 은사인 '유산'은 순종과 지혜와 함께 지켜집니다. 이 여정을 통해서 우리는 우리의 축성을 영지주의자들처럼 가볍고 탈육화脫肉化된 방식으로 살아가지 않도록 보호됩니다. 영지주의자들은 수도생활을 하나의 '풍자만화'로, 곧 포기 없는 추종을, 만남 없는 기도를, 친교 없는 형제자매 생활을, 신뢰 없는 순종을, 초월 없는 사랑을 살아가는 그런 풍자만화로 축소시킬 것입니다.

오늘날 우리도 역시, 예수님이 당신 백성을 만나시도록 마리아와 시메온처럼 그분을 팔에 안고자 합니다. 물론 오직 그리스도의 신비가 우리를 붙잡도록 둘 때만이 우리는 그것을 얻어낼 것입니다. 그분이 우리를 인도하시도록 하면서 우리도 백성을 예수님께로 인도합시다. 우리가 되어야 하는 존재는 바로 이것, 곧 인도를 받는 인도자입니다.

주님께서 우리의 어머니 마리아와 성 요셉과 성 시메온과 성녀 한나의 전구로 우리를 본기도에서 우리가 청했던 바대로 "성령 안에서 온전히 새롭게 되어 하느님께 바쳐지게" 해 주시길 빕니다. 아멘.

27

2015년 3월 21일 | 두오모

폼페이와 나폴리 사목 방문 중 성직자, 수도자, 종신 부제들과의 만남에서

[원고 없이 즉석에서 한 연설]

저는 연설을 미리 준비했습니다만, 그건 지루해요. 준비한 원고를 추기경님께 드릴 건데 추기경님께서 나중에 게시판을 통해서 알려 주실 것입니다. 저는 몇 가지에 대해 좀 답변하는 것을 더 좋아합니다. 저더러 앉아서 말하라고들 하시네요. 그럼 좀 쉬면서 하지요.

이 자리에 있는 아주 나이 많은 한 수녀님이 급히 달려와서 저에게 이렇게 말했습니다. "저에게 임종을 위한 강복을 주십시오." "왜 그러세요, 수녀님?" "저는 선교지로 가서 수도원을 열어야 하거든요…." 이것이 수도생활의 정신입니다. 이 수녀님이 저에게 생각거리를 주었지요. 저기 계시네요. 노인이세요. 하지만 이렇게 말했어요. "맞아요. 저는 지금 죽음의 순간articulo mortis에 있지만 수도원을 쇄신하러, 혹은 새롭게 수도원을 세우러 가야 합니다." 그러고는 떠납니다. 그래서 저도 이제 순종하여 앉아서 말하겠습니다.

이것이 제가 여러분에게 요청하는 증언의 하나입니다. 곧 항상 길을 가는 것입니다. 축성생활에서 길을 가는 것은 예수님을 따라가는 것입니다. 곧 일반적으로 축성생활도 사제들도 주님을 위해 일하려는 마음으로 예수님의 뒤를 따르는 것입니다. 언젠가-아까 그 수녀님이 한 말과 연결 지어 보자면-한 노인 신부님이 저에게 이렇게 말했습니다. "우리에겐 연금이 없어서 요양원에 가게 되면 기도를 통해서, 할 수 있는 작은 것들을 하면서 일을 계속하지요. 하지만 예수님의 뒤를 따르는 똑같은 열정으로 합니다." 이것이 예수님의 길로 걸어간다는 증언입니다! 그래서 삶의 중심은 예수님이어야 합니다. 만약 삶의 중심에 -이건 과장입니다만… 다른 곳에서는 벌어지는 일이에요. 나폴리에서는 아니라고 저는 확실히 믿습니다.- 내가 주교에게 맞서거나 본당 주임사제에게 맞서거나 다른 신부에게 맞서는 사실이 자리한다면 내 온 삶은 그 싸움에 사로잡힙니다. 하지만 이는 삶을 잃어버리는 것입니다.

증언은 예수님이십니다. 중심은 예수님이십니다. 그리고 중심이 예수님이실 때는 어쨌든 이런 문제들이 있어요. 어디에나 있습니다. 하지만 대처하는 방법은 다릅니다. 어떤 수도원에서 혹 원장 수녀님이 내 마음에 들지 않는데, 만약 내 중심이 내 마음에 들지 않는 그 원장 수녀님이라면 증언은 이루어지지 않습니다. 그런데 내 중심이 예수님이시라면 나는 내 마음에 들지 않는 이 원장 수녀님을 위해 기도하고 너그럽게 봐주며 다른 장상들이 상황을 알도록 모든 것을 합니다. 하지만 아무도 나에게서 기쁨을 빼앗아 가지 않습니다. 예수님 뒤를 따라서 가는 기쁨을요.

여기 신학생들이 있군요. 신학생 여러분에게 한 가지를 말하겠습니다. 여러분이 예수님을 중심에 모시지 않는다면 서품을 늦추십시오. 예수님이 여러분 삶의 중심이라는 것을 확신하지 못한다면 확신하기 위해 좀 더 시간을 가지고 기다리세요. 그렇지 않을 경우 어떻게 끝날지 모르는 길에 들어설 것이기 때문이지요.

이것이 첫 번째 증언입니다. 곧 예수님께서 중심이 되시도록 하라는 것입니다. 험담도, 이 자리 저 자리 차지하려는 야심도, 돈도 중심이 아니고 - 돈에 대해서는 나중에 말하고 싶습니다.- 중심은 예수님이어야 합니다. 항상 예수님과 함께 간다는 것을 나는 어떻게 확신할 수 있습니까? 그분께로 데려가시는 그분의 어머니가 계십니다. 성모님을 사랑하지 않는 사제, 수사, 수녀는 묵주기도도 하지 않는다고 저는 말하고 싶습니다. 누가 어머니를 원치 않는다면 어머니는 그 사람에게 당신 아들을 주지 않을 것입니다.

추기경님이 저에게 성 알퐁소 마리아 데 리구리의 책 한 권을 선물로 주셨는데요. 『마리아의 영광』인지 모르겠네요…. 이 책에 대해서 저는 각 장章 뒤에 있는 성모님의 이야기를 읽는 걸 좋아합니다. 그 이야기들 안에는 성모님이 우리를 항상 예수님께 데려가시는 것이 보입니다. 그분은 어머니이시고 성모님이라는 사실의 중심은 어머니이시라는 것, 예수님을 모시고 있다는 것이지요. 아주 아름답고 예술적인 그림들과 모자이크 작품들을 만드는 루프닉Rupnik 신부님이 저에게 예수님을 앞에 모신 성모님 이콘 하나를 선물로 주었습니다. 예수님은 그리고 성모님의 손은 예수님이 내려오시면서 떨어지지 않으려고 손으로 성모님의 옷자락을 붙잡는 모습으로 그려져 있습니다. 예수님을 우리에게 내려오시게 하신 분은 바로 성모님이십니다. 우리에게 예수님을 주신 분은 성모님이신 것이지요. 예수님을 증언하시는 분, 그리고 예수님의 뒤를 따라가기 위한 근사한 도움은 어머니이십니다. 우리에게 예수님을 주시는 분은 바로 성모님이신 것입니다. 이것이 증언의 하나입니다.

또 다른 증언은 가난의 정신입니다. 가난 서원을 하지는 않지만 가난의 정신을 지녀야 하는 사제들에게도 마찬가지입니다. 교회 안에 사업 정신이 들어올 때, 사제들 안에건 수도자들 안에건 그런 정신이 들어올 때는 추합니다. 저는 대단한 한 수녀, 훌륭한 여성이자 자기 일을 잘 해냈던 대단한 재무 담당 수녀를 기억합니다. 규칙을 잘 지켰지만 마음은 돈에 집착하고 있었고 무의식적으로 사람들을 그들이 가진 돈에 따라 선택하곤 했지요. "난 이 사람이 더 좋아, 돈이 많으니까." 그 수녀는 중요한 한 학교의 재무 담당자였고 큰 건축공사들을 했는데 훌륭한 여성이었지만 이러한 한계를 보였고 마침내는 이 여성이 당한 수치가 널리 알려지게 되었습니다. 나이는 대략 70세 정도였는데 학교에서 쉬는 시간에 교사 휴게실에서 커피를 마시다가 졸도하여 쓰러졌어요. 사람들이 그분에게 정신이 돌아오게 하려고 뺨을 때려 봤지만 정신을 차리지 못했습니다. 그러자 한 여교사가 이렇게 말했답니다. "어디 '페소' 지폐를 한 번 쥐어 줘 보세요. 그렇게 해서 반응하는지 봅시다." 가여운 그 수녀는 이미 죽었지만 이것이 그 수녀가 죽었는지 살아 있는지 아직 모를 때 그녀에 대해 말해진 마지막 말이었습니다. 한심한 증언이지요.

축성생활자들은 -사제건 수녀건 수사건 간에- 결코 사업가여서는 안 됩니다. 하지만 가난의 정신은 극빈의 정신은 아닙니다. 가난 서원을 하지 않은 사제는 자신이 저축을 할 수 있지만 정직하고 합리적이기도 한 방식으로 해야 하지요. 그런데 그런 탐욕을 가지고 사업에 손을 대기 시작하면…. 교회 안에 돈 때문에 얼마나 많은 추문이 있고 얼마나 자유롭지 못한지요. "나는 이 사람에게 모든 진실을 말해야 하는데 할 수가 없어. 이 사람은 큰 후원자거든." 큰 후원자들은 자기들이 원하는 대로 사는데 나는 그들에게 그것을 자유롭게 말하지 못하는 겁니다. 그들은 자기들이 나에게 주는 돈에 집착해 있기 때문이에요.

가난이, 가난의 정신이 얼마나 중요한지 이해하시겠어요? 이는 참 행복의 첫 번째가 말하는 것과 같습니다. "행복하여라, 마음이 가난한 사람들". 제가 이미 말했듯이 사제는 자기 저축을 할 수 있지만 마음을 거기 두어서는 안 되고 합리적인 저축이어야 해요. 돈이 끼어들면 사람들 사이에 차이가 나는 법입니다. 그래서 저는 모두에게 양심을 성찰할 것을 요구합니다. 내 가난의 삶은 어떤가? 작은 일들에서 나오는 그 가난은? 이것이 두 번째 증언입니다.

세 번째 증언은 -저는 여기서 수도자들을 위해서, 축성생활자들을 위해서 그리고 교구 사제들을 위해서도 일반적으로 말합니다- **자비**입니다. 우리는 자비의 활동을 잊어버렸습니다. 저는 묻고 싶습니다. -묻지는 않겠지만 묻고 싶어요.- 육체적, 영적 자비의 활동을 말해 보라고 묻고 싶어요. 우리 중 얼마나 많은 수가 그 활동들을 잊어버렸는지요! 집에 돌아가면 교리서를 집어 들고 이 자비의 활동들을 기억하세요. 할머니들과 단순한 사람들이 동네에서, 본당에서 실천하는 활동들입니다. 예수님을 따르는 것, 예수님의 뒤를 따라가는 것은 단순하기 때문이에요. 제가 항상 드는 한 가지 예를 인용하겠습니다. 아직은 그리스도교 도시들인 대도시들에 -저는 지금 전에 제가 있었던 대교구를 생각하는데 적어도 로마에서는 같은 일이 벌어진다고 믿지만 나폴리에서는 모르겠군요. 하지만 로마는 분명해요.- 세례를 받았는데 성호를 그을 줄 모르는 어린이들이 있습니다. 이 경우 가르치는 자비의 활동이 어디에 있습니까? "내가 너에게 믿음의 표시를 하는 법을 가르쳐 줄게." 그저 하나의 예일 뿐입니다. 하지만 자비의 활동을 재개할 필요가 있습니다. 육신적 활동이건 영적 활동이건 간에요. 내 집 가까이 병든 사람이 있어서 찾아가 보고 싶은데 내가 낼 수 있는 시간이 텔레비전 드라마 시간과 겹친다면 텔레비전 드라마와 자비의 활동 사이에서 텔레비전 드라마를 선택한다면 이건 안 됩니다.

텔레비전 드라마에 대해 이야기하면서 다시 가난의 정신으로 돌아갑니다. 전에 제가 있던 교구에는 수녀님들이 운영하는 기숙학교가 있었는데 많은 일을 하는 훌륭한 학교였습니다. 그런데 학생들이 살던 그 기숙학교가 속한 집의 한 부분에는 수녀님들의 집이 있었어요. 그분들이 사는 집은 좀 오래되어서 리모델링이 필요했는데 새롭게 잘 고쳐 지으면서 너무 좋고 호화롭게 지었지요. 텔레비전 드라마 시간이면 기숙학교 안에 한 사람의 수녀도 찾아볼 수가 없었습니다.

이런 것들이 세속의 정신으로 우리를 데려가는 것들인데 제가 말하고 싶은 다른 것이 생각납니다. 세속성의 위험입니다. 세속적으로 사는 거예요. 예수님께서 원하지 않으셨던 세상의 정신으로 사는 것입니다! 예수님께서 아버지께 바치신 대사제의 기도를 생각해 보세요. "이들을 세상에서 데려가시라고 비는 것이 아니라, 이들을 악에서 지켜 주십사고 빕니다"(요한 17,15). 세속성은 증언을 거슬러 반대로 가는 반면 기도의 정신은 드러나 보이는 증언입니다. 누가 기도하는 축성된 남녀인지, 또한 누가 형식적으로 기도하고 마음으로 기도하지 않는지 보입니다.

이것들이 사람들이 보는 증언들입니다. 성소의 부족에 대해 말했는데, 증언은 성소자를 끌어당기는 것들 중 하나예요. "나는 저 사제처럼 되고 싶다, 나는 저 수녀님처럼 되고 싶다." 삶의 증언입니다. 편안한 삶, 세속적인 삶은 우리에게 도움이 되지 않습니다.

성직자 총대리가 문제를 강조하셨는데요, 사제적 형제애의 사실을 저는 문제라고 부릅니다. 이것도 역시 축성생활에 해당됩니다. 축성생활에서도 사제단에서도 교구 사제들의 고유 은사인 교구성敎區性에서도, 주교를 중심으로 모인 사제단에서도 공동체의 삶이어야 합니다. 이 '형제애'를 성장시켜 가는 것은 수도원에서도, 축성생활에서도, 사제단에서도 쉬운 일이 아닙니다. 악마는 우리를 시기와 질투와 내부의 싸움과 반감으로 늘 우리를 유혹합니다. 이것들은 우리가 참된 형제자매애를 살아가는 데 도움이 되지 않습니다. 오히려 분열의 증언을 주게 됩니다.

제가 볼 때는 사제단에서도 수도공동체에서도 형제애가 없다는 표시는 험담이 있을 때입니다. 저는 험담(뒷담화)의 테러리즘이라는 표현을 사용하겠습니다. 남의 험담을 하는 자는 폭탄을 던져서 파괴하는 테러리스트입니다. 자기는 밖에 있으면서요. 적어도 가미카제[25]처럼이라도 한다면 모를까! 그런데 다른 사람들을 파괴한다고요. 험담은 파괴를 하며, 형제애가 없다는 표지입니다.

누가 여러 관점을 가진 어떤 사제를 만난다면 -다름이 있어야 하니까요.- 그건 정상적입니다. 그리스도교적이에요. 하지만 이 다름은 얼굴 보고 그걸 말할 수 있는 용기를 통해 드러나야 합니다. 주교에게 할 말이 있으면 주교관에 가서 "주교님, 비호감이네요." 하고 말할 수도 있어요. 이때 주교는 복수하지 않을 용기가 있어야 합니다. 이것이 형제관계예요! 혹은 어떤 사람에게 어떤 반감을 가지고 있는데 그 사람에게 바로 가기보다 다른 사람에게 갈 때 (어떻게 될까요.) 수도생활이건 사제생활이건 대면해야 할 문제들은 있습니다. 하지만 꼭 두 사람만의 사이에서입니다. 만약에 그럴 수 없을 때는 -그럴 수 없을 때가 종종 있으니까요.- 중재인 역할을 할 수 있는 다른 사람에게 말하세요. 하지만 다른 사람을 거슬러 말할 수는 없습니다. 험담은 교구적 형제애, 사제적 형제애, 수도공동체의 테러리즘이기 때문입니다.

또 증언, 기쁨에 대해 말해 봅시다. 내 삶의 기쁨이, 선택을 잘했다는 기쁨이, 주님께서는 나에게 충실하신 것을 매일 보는 기쁨이 충만합니다. 주님께서 모든 이에게 항상 충실하신 것을 보는 기쁨입니다. 내가 주님께 충실하지 못할 때 나는 화해의 성사를 받습니다. 싫증나고 고통스러운 마음으로 슬퍼하는 남녀 축성생활자들은 무언가 잘못되어 있으며 영적 조언자, 친구에게 가서 이렇게 말해야 합니다. "내 삶에 무슨 일이 벌어지고 있

25 태평양전쟁 말기에 목숨을 포기하고 육탄 공격으로 임했던 일본 해군 항공대의 특별 공격대.

는지 모르겠어요." 기쁨이 없을 때는 무언가 잘못되어 있습니다. 대주교님이 오늘 말씀하신 직감이 뭔가 부족하다는 것을 우리에게 말해 주지요. 기쁨이 없으면 주님과 복음으로 끌어당기지 못합니다.

이것들이 증언입니다. 세 가지 이야기로 마치고자 합니다. 첫 번째는 **흠숭**입니다. "기도하세요?" "예, 기도합니다." 청하고 감사하고 찬미하지요. 그런데 주님을 흠숭합니까? 우리는 하느님에 대한 흠숭의 감각을 잃어버렸습니다. 하느님에 대한 흠숭을 회복할 필요가 있습니다. 두 번째는 예수님의 신부를 사랑하지 않고 예수님을 사랑할 수는 없습니다. 우리는 **교회를 사랑**하는 많은 사제를 알고 있는데 그들이 교회를 사랑하는 것이 보여요. 세 번째는, 이것은 중요한데요, **사도적 열성, 곧 선교성**입니다. 교회에 대한 사랑은 교회를 알리게 하고 밖으로 나가서 예수님의 계시를 선포하기 위해 자기 자신에게서 나가게 해 줍니다. 하지만 또 다른 초월적 차원을 향해, 곧 흠숭을 향해 가기 위해 자신에게서 나가도록 밀어 가기도 합니다.

선교성의 영역에서 교회가 좀 더 걸어가야 한다고, 좀 더 회개해야 한다고 저는 믿습니다. 교회는 비정부기구 NGO가 아니고 가장 큰 보화, 곧 예수를 가진 그리스도의 신부이니까요. 그리고 교회의 사명은, 교회의 존재 목적은 바로 이 복음화, 곧 예수님을 가져다주는 것입니다. 흠숭, 교회를 사랑하기 그리고 선교성입니다. 이것들이 저에게 그냥 떠오른 것들입니다.

[성체 흠숭 후에]

대주교님이 성혈이 반쯤 녹았다고 말씀하시네요. 거룩하신 분께서 우리를 절반 정도 좋아하시는 거죠. 우리는 모두 더 회심해야 합니다. 그분이 우리를 더 좋아하시도록 말이죠. 대단히 감사합니다. 그리고 부디 저를 위해 기도해 주시기를 잊지 마세요.

[교종이 준비한 원고]

친애하는 형제자매 여러분, 안녕하세요!

나폴리의 신앙과 역사의 상징인 이곳, 주교좌 성당에 저를 환대해 주심에 감사드립니다. 추기경님, 우리 만남을 주선해 주심에 감사드립니다. 그리고 모두의 이름으로 질문을 해 주신 두 수사님에게 감사드립니다.

저는 성직자 총대리 신부님께서 말씀하신 "사제인 것은 멋진 일이다."라는 표현에서 출발하고자 합니다. 그렇습니다. 사제라는 것은, 축성생활자라는 것도 멋진 일이에요. 저는 먼저 축성생활자들에게 말하고 다음에 사제들에게 말하겠습니다.

저는 주님을 따르라고, 그분과 함께 있으라고, 그분의 말씀을, 그분의 용서를 전하면서 사람들을 향해 가라고 그분께 부름받았다는 항상 새로운 놀라움을 여러분과 나눕니다. 참으로 이는 우리에게 일어난 위대한 일이요, 매일 우리를 새롭게 하시는 주님의 은총입니다. 나폴리와 같이 오래된 도전들과 새로운 도전들을 지닌 만만치 않은 현실에서는 많은 형제자매의 필요에 부응하기 위해서는 온전히 그 안에 잠기는 위험을 무릅쓰고 몸을 던져야 하리라고 짐작됩니다.

우리 위에 머무르면서 우리를 새롭게 하시고 우리에게 다시 활력을 주시는 주님의 눈길을 느끼고 항상 감실 앞에 있고 거기서 침묵 속에 머무르는 시간을 찾아낼 필요가 있습니다. 예수님 앞에 있는 것이 우리를 좀 불안하게 한다면 그건 좋은 표지입니다. 우리에게 유익할 거예요! 시편이 말하듯이(138,24 참조) 우리가 생명의 길을 걷고 있는지 혹은 거짓의 길을 걷고 있는지, 우리가 착한 일꾼들로서 일하고 있는지 혹은 '고용인들'처럼 되어 버렸는지, 우리가 주님의 사랑과 은총을 전달해 주는 열려 있는 통로인지 혹은 우리 반대로 자신을 중심에 두면서 주님과의 만남에 도움이 되지 않는 '화면'이 되고 마는지를 보여 주는 것은 바로 기도입니다.

그리고 또 형제애의 아름다움, 함께 사제라는 것의 아름다움, 혼자서 주님을 따르는 것이 아니라 대단히 다양한 은총의 선물과 인격으로 함께 주님을 따른다는 것의 아름다움이 있으며, 모든 것이 친교와 형제애 안에서 살아집니다. 이것 역시 쉬운 일은 아니고 즉각적이거나 당연한 것이 아닙니다. 우리 사제들 역시 '나'를 우상화하는 정도까지 들어 높이는 오늘날의 주관주의적 문화 안에 잠겨 살기 때문이지요. 또 혼자서 혹은 '나처럼 생각하는' 사람들의 작은 무리와 함께 해 나가려는 유혹을 가져오는 일종의 사목적 개인주의도 있어요.

하지만 우리는 사제직 안에서 모두가 주교를 중심으로 그리스도 안의 친교를 살도록 불렸다는 것을 알고 있습니다. 그렇게 할 수 있습니다. 아니 시대에 맞는 그리고 지역의 현실에 맞는 구체적 형태들을 항상 추구해야 합니다. 그런데 이 사목적·선교적 추구는 친교의 자세로 겸손과 형제애로써 이루어져야 합니다.

백성과 함께 걷는 아름다움을 잊지 맙시다. 저는 몇 년 전부터 여러분의 교구 공동체가 다시 일어서고자 하고 모두의 협력을 필요로 하는 사회현실과 접촉하면서 신앙의 재발견이라는 어려운 과정에 착수했음을 알고 있습니다. 그래서 저는 다른 사람을 만나러 가기 위해, 문을 열고 가정들과 병자들과 젊은이들과 노인들이 살고 있는 거기에서 그들을 찾고 그들의 곁에 있어 주고 그들을 지지해 주면서 그들을 만나기 위해 밖으로 나가라고 여러분을 독려합니다. 그들과 함께 **삶의 전례**를 거행하기 위해서요.

특별히 자녀들을 낳고 교육하는 도전을 받고 있는 가정들을 동반하는 것은 아름다운 일일 것입니다. 어린이들은 사회의 건강을 알아보기 위한 '진단 징표'입니다. 어린이들은 망쳐져서는 안 되고 사랑받아야 합니다! 우리 사제들은 어린이들이 그리스도교적 삶으로 양육되도록 가정들을 동반하라고 부름받았습니다.

두 번째 발언은 축성생활을 언급했고 빛과 그림자에 대해 말했습니다. 언제나 빛을 희생하면서 그림자를 더 강조하려는 유혹이 있지요. 하지만 이는 우리 자신에게 파고들도록, 계속해서 불평을 하도록, 늘 다른 사람을 비난하도록 이끌어 갑니다. 오히려 특별히 이 축성생활의 해에 "수도자들이 있는 곳에 기쁨이 있다"는 것이 사실이도록 우리 안에서 그리고 우리 공동체들 안에서 우리의 소명의 아름다움이 솟아나도록 합시다. 이러한 정신으로 저는 축성생활자들에게 서간을 썼는데 이 서간이 여러분의 개인적·공동체적 여정에 도움이 되고 있기를 바랍니다.

여러분에게 묻고 싶습니다. 여러분 공동체 안의 '분위기'는 어떻습니까? 이 감사가 있나요? 우리 마음을 채우는 하느님의 이 기쁨이 있나요? 이것이 있다면 우리 가운데 슬픈 얼굴이, 만족하지 못하고 불만스러운 사람들이 없기를 바라는 제 소망이 이루어진 겁니다. "슬프게 (예수님을) 따르는 것은 슬픈 따름"(축성생활의 해 서간, II, 1)이기 때문입니다.

사랑하는 축성생활자 형제자매 여러분, 저는 여러분이 겸손과 단순함으로써 축성생활이 교회와 세상을 위한 소중한 선물임을 증언하기를 바랍니다. 자기 자신을 위해 간직해야 할 선물이 아니라 그리스도를 이 도시 구석구석에 모셔가면서 나누어야 할 선물이라는 것을요. 여러분이 하느님께 드리는 매일의 감사가 그분께로 사람들의 마음을 끌어당기고 그들의 여정을 동반하려는 갈망 안에서 표현되기를 바랍니다. 관상생활에서나 사도적 생활에서나 여러분 안에 교회에 대한 사랑을 강하게 느낄 수 있기를, 그리고 여러분의 특수한 은사를 통해 복음을 선포하고 하느님 백성을 일치와 거룩함과 사랑 안에 세우는 사명에 기여할 수 있기를 바랍니다.

사랑하는 형제자매 여러분, 감사합니다. 주님과 거룩한 어머니 교회에 대한 공통된 사랑에서 활력을 얻어 나아갑시다. 마음으로부터 여러분을 축복합니다. 그리고 부디 저를 위해 기도하기를 잊지 말아 주세요.

28

2015년 4월 11일

남녀 축성생활 양성자 모임에서

사랑하는 형제자매 여러분, 안녕하세요.

[장관추기경이] 저에게 여러분의 수數를, 여러분이 몇 명인지를 말해 주었습니다. 그래서 저는 이렇게 말했지요. "아니, 성소가 줄어들었는데 피양성자보다 양성자들이 더 많군요!" 이게 문제예요! 성소자들이 오도록 주님께 청하고 최선을 다할 필요가 있습니다!

모든 참석자들의 이름으로 저에게 해 주신 말씀에 대해 브라즈 지 아비즈 추기경님께 감사드립니다. 바로 축성생활의 해에 교회 안에서 거행되는 차원에서 세계 여러 곳 여러 단체의 남녀 양성자들과 함께하는 최초의 이 대회를 준비하신 차관님과 다른 협력자들께도 감사드립니다.

여러분 자신의 존재로, 그리고 여러분이 교육자요 양성자로서 대표하는 바로 인해 저는 여러분과의 이 만남을 바랐습니다. 여러분 각자의 뒤에 있는 여러분의 젊은이들, 우리의 젊은이들, 곧 열정적으로 살아가는 현재의 그 주역들이자 희망으로 고무된 미래의 촉진자들을 저는 꿰뚫어 보기 때문이지요. 하느님 사랑에 재촉받아 자기 삶에서 그 사랑을 취하는 길들을 교회 안에서 찾는 젊은이들을 말입니다. 저는 그들이 여기 있는 것을 느끼며 그들에게 애정 어린 안부를 전합니다.

여러분이 이렇게 많은 걸 보면 성소의 위기를 말하진 않을 것 같네요! 하지만 실제로는 의심 없는 양적 감소가 있고, 이로 인해 양성의 과제가, 곧 젊은이들이 예수님 자신의 생각을 지니도록까지(필리 2,5; 「축성생활」, 65항 참조) 그들의 마음 안에 진정으로 예수님의 마음을 형성하는 양성이 한층 더 긴급해지는 것입니다. 저는 또 자신의 증언으로 축성의 아름다움을 전달하는 능력이 있는 축성생활자들이 있는 곳에는 성소의 위기가 없다는 것을 확신합니다. 증언은 풍성한 결실을 낳습니다. 증언이 없다면, 일관성이 없다면 성소는 없을 것입니다. 바로 이 증언으로 여러분은 부름받았습니다. 이것이 여러분의 직무요 여러분의 사명입니다. 여러분은 단지 '교사들'만은 아닙니다. 여러분은 무엇보다도 여러분의 고유한 은사 안에서 그리스도 추종의 증인들입니다. 이것은 우리가 매일 예수님의 제자들임을 기쁘게 재발견한다면 할 수 있는 일입니다.

유일한 스승과의 우정에서 출발하여 항상 여러분 자신의 양성을 보살펴야 한다는 요구도 여기에서 나옵니다. 부활의 날들을 지내는 이때 기도 안에서 자주 저에게 울려오는 말은 '갈릴래아'입니다. 베드로는 최초의 연설에서 "모든 것이 시작되었던 그곳"이라고 말합니다. 예루살렘에서 일어난 일들은 실은 갈릴래아에서 시작된 것입니다. 우리의 삶도 역시 하나의 '갈릴래아'에서 시작되었지요. 곧 우리 각자는 갈릴래아 체험이, 주님과의 만남의 체험이, 잊지 못하는 그 만남의 체험이 있습니다. 하지만 많은 경우 다른 것들에, 일에, 불안에 덮여 버리고 맙니다. 죄와 세속성에도 덮여 버려요.

증언을 제공하기 위해서는 자신의 갈릴래아로 자주 순례를 갈 필요가 있습니다. 그 만남, 그 경탄의 기억을 다시 찾아내서 거기에서 다시 출발할 필요가 있어요. 하지만 이 기억의 길을 따르지 않는다면 현재 있는 그곳에 그냥 머무를 위험이 있습니다. 또 왜 거기 있는지 모를 위험도 있어요. 이것이 증언을 제공하고자 하는 남녀들의 훈련입니다. 곧 내가 주님을 만났던 자신의 갈릴래아로, 그 최초의 경탄으로 돌아가는 것입니다.

축성생활은 아름답습니다. 교회의 가장 소중한 보화 중 하나로 세례의 성소에 뿌리를 두고 있지요. 그 축성생활의 양성자라는 것은 아름다운 일입니다. 성령께서 부르신 사람들 안에 성자의 마음을 형성하시는 성부의 일에 참여하는 것은 하나의 특권이니까요. 종종 이 봉사가 무겁게 느껴질 수 있지요. 마치 다른 더 중요한 다른 어떤 것에서 우리를 빼내기라도 하는 것처럼. 하지만 이건 속임수요 유혹입니다.

사명 수행은 중요합니다. 하지만 사명 수행으로 양성하는 일, 선포의 열정으로 양성하는 일도 똑같이 중요합니다. 예수 그리스도의 사랑을 모든 사람에게, 특히 멀리 있는 사람들에게 말해 주려고, 그분을 작은이들과 가난한 사람들에게 이야기해 주고 그들에 의해 복음화되려고 어디에나 가는, 모든 변두리로 가는 그 열정으로 양성하는 일도 똑같이 중요해요. 이 모든 것은 견고한 기초를, 인격의 그리스도교적 구조를 요구하는데, 오늘날 가정들 자체가 이를 제공해 주는 경우는 드뭅니다. 그리고 이것이 여러분의 책임을 증가시키는 것이지요.

양성자의 자질들 중 하나는 젊은이들 안에 모든 사람을 맞아들일 수 있는 넓은 마음, 자비가 풍부하고 다정한 사랑이 가득한 마음을 형성해 주기 위해 그들을 넓은 마음으로 대하는 것입니다. 여러분은 여러분에게 맡겨진 사람들의 축성생활의 벗이요 동반자일 뿐만 아니라 그들에게 최대로 요구하고 최대로 줄 능력이 있는 참된 아버지, 참된 어머니이기도 합니다. 하나의 생명을 낳는 것, 하나의 수도생활을 출산하는 것이지요. 이것은 오로지 사랑을 통해서만, 아버지와 어머니의 사랑을 통해서만 가능합니다.

오늘날의 젊은이들이 그저 그렇고 관대하지 못하다는 것은 사실이 아닙니다. 하지만 그들은 "받기보다는 주는 것이 더 행복하다!"(사도 20,35)는 것을, 순종하는 삶 안에 큰 자유가 있고 동정童貞의 마음에 큰 풍요가 있으며 아무것도 소유하지 않음에 큰 부富가 있다는 것을 체험할 필요가 있습니다. 이런 이유로 각자의 여정에 사랑을 가지고 주의를 기울이고, 성소 식별에서 시작하여 양성 과정의 각 단계에서 복음적으로 요구할 필요가 있습니다. 있을 수도 있는 양적量的 위기가 질적質的 위기라는 훨씬 더 심각한 위기를 규정하지 않도록 하기 위해서요. 이것이 위험입니다.

성소 식별은 중요합니다. 사람의 인성을 아는 모든 사람들이 -심리학자들이 됐건, 영적 아버지들, 영적 어머니들이 됐건 간에- 우리에게 말해 주는 것은 무의식적으로 뭔가 균형이 잡히지 않은 것이 있거나 정신의 불균형 상태나 (정신의) 일탈이라는 어떤 문제가 있을 때는 자기 보호를 위해서 무의식적으로 자기를 보호하는 강력한 구조들을 추구한다는 것입니다. 거기에 식별이 있습니다. 아니라고 말할 줄 알아야 하는 것입니다. 하지만 쫓아내지는 말아야 하죠. 아니, 아니에요. 내가 너를 동반할게. 자, 가 보자, 가 보자, 가 보자…. 입회를 동반하듯이 퇴회도 동반하는 것입니다. 그 젊은이가 필요한 도움을 받으면서 삶에서 길을 찾도록 말입니다. 오늘의 빵과 내일의 굶주림이라는 그 방어를 통해서가 아니고요.

질적 위기…, 이런 말이 기록되어 있는지는 모르겠지만 지금 저는 이 말을 하고 싶어집니다. 많은, 많은 축성생활자의 자질을 보노라면…. 어제 점심식사에 사제서품 60주년을 경축하는 한 무리의 사제들이 있었지요. 노인들의 그 지혜라니… 어떤 분들은 사실 좀…, 하지만 대부분의 노인들은 지혜가 있어요! 날마다 일하려고 일어나는 수녀들, '인간에 대한 의사들'인 병원의 수녀들. 여러 해를 이어 간 이 축성에서 우리는 얼마나 많은 것을 배워야 하는지요!… 그러고 나서는 그들은 죽지요. 멀리 떠나서 그곳에서 죽는 선교 수녀들, 선교사 축성생활자들…

노인들을 바라보세요! 바라보지만 말고 그들을 찾아보러 가세요. 수도생활에서도 우리의 그 노인들에 대해 제4계명이 중요하니까요. 이분들도 수도단체에서는 하나의 '갈릴래아'입니다. 그분들 안에서 우리는 오늘 우리에게 말씀하시는 주님을 만나기 때문입니다. 이 지혜로운 축성된 남녀 노인들에게 가까이 다가가도록 젊은이들을 그분들에게 보내는 것은 그 젊은이들에게 얼마나 유익한지 모릅니다. 얼마나 유익한지요! 젊은이들은 진정성을 발견하는 감각을 가지고 있거든요. 이것이 유익한 거예요.

초기 양성, 이 식별은 평생토록 이루어질 과정의 첫걸음이며, 젊은이는 삶의 모든 날에, 모든 연령대에, 형제애에서도 사명 수행에서도, 활동에서도 관상에서도, 하느님 아버지께서 자신을 양성하시도록 내드리는 겸손하고 지성적인 자유를 향해서 양성되어야 합니다.

사랑하는 남녀 양성자 여러분, 여러분의 겸손하고 신중한 봉사와, 듣기 위해 내주시는 시간에 대해 -(양성은) '귀의' 사도직, 경청하기의 사도직이죠.- 동반과 여러분의 젊은이 각자를 보살피는 데 내주시는 시간에 대해 감사드립니다. 하느님께는 하나의 덕이 -하느님의 덕에 대해 말할 수 있다면요.- 하나의 자질이 있는데, 그에 대해서 사람들은 많이 말하지 않아요. 그것은 인내입니다. 하느님께는 인내가 있어요. 하느님은 기다릴 줄을 아십니다. 여러분도 역시 이것을, 이 인내의 태도를 배우십시오. 이 인내는 많은 경우 조금은 순교이지요. 곧 기다리는 것이에요…. 참지 못하는 유혹이 올 때는 멈추세요. 혹은 호기심의 유혹이 올 때…. 아기 예수의 성녀 테레사가 생각나는데요. 한 수련자가 어떤 이야기를 하기 시작했는데 성녀는 그 이야기가 어떻게 끝나는지를 듣고 싶었습니다. 그러다가 그 수련자가 다른 곳으로 갔는데, 성녀 테레사는 아무 말 하지 않고 기다렸습니다. 인내는 양성자들의 덕들 중 하나입니다.

동반하기, 이 사명에서는 시간도 에너지도 아껴서는 안 됩니다. 결과가 기대에 부응하지 못할 때 낙담할 필요가 없습니다. 고통스럽지요. 어떤 청년이, 어떤 아가씨가 와서 3년이나 4년이 지난 후에 이렇게 말해요. "아, 전 별로 내키지 않네요. 전 하느님을 거스르지 않는 다른 사랑을 발견했어요. 할 수 없네요. 전 가겠어요." 이런 건 참 힘들지요. 하지만 그것이 여러분의 순교이기도 합니다. 성공하지 못한 사람들, 양성자의 관점에서 볼 때 성공하지 못한 이 사람들은 양성자 자신의 계속 양성의 여정에 도움 될 수 있지요.

종종 여러분의 일이 충분히 높은 평가를 받지 못한다는 느낌을 가질 수도 있지요. 그렇다면 예수님께서 여러분을 사랑으로 따르신다는 것, 교회 전체가 여러분에게 감사한다는 것을 알아 두십시오. 항상 축성생활의 이 아름다움 안에서요. 어떤 사람들은 축성생활은 지상의 천국이라고 말합니다. 아닙니다. 혹시라도 연옥일지는 모르지만요! 하지만 기쁘게 나아가는 겁니다. 기쁘게 나아가는 거예요.

여러분이 기쁘게 감사 안에서, 삶에서 영원히 온 마음으로 하느님께 소속하는 것보다, 형제자매들을 섬기는 데 생명을 내주는 것보다 더 아름다운 일은 아무것도 없다는 확신으로 이 직무를 살아가기를 기원합니다.

하느님께서 저에게 당신이 가진 그 덕을, 곧 인내의 덕을 좀 주시도록 부디 저를 위해서 기도해 주시기를 청합니다.

29

2015년 5월 16일 | 바오로 6세 강당

로마 교구 수도자들과의 만남

첫 번째 질문(풀비아 씨에니Fulvia Sieni 수녀, 아우구스티누스회 싼티 꽈트로 코로나띠Santi Quattro Coronati 수도원)

수도승원들은 숨기와 보이기 사이, 봉쇄와 교구의 삶에의 참여 사이, 기도하는 침묵과 선포하는 말 사이의 섬세한 균형을 살아갑니다. 어떤 방식으로 도시의 수도승원이 교구의 영적 삶과 다른 형태의 축성생활을 풍요롭게 하고 자신도 그것들로부터 풍요로워지면서 수도승원의 특전적 성격 안에 확고하게 머물 수 있을까요?

첫 번째 답변

수녀님은 숨기와 보이기 사이의 섬세한 균형에 대해 말하는군요. 저는 그 이상을 말하겠습니다. 곧 숨기와 보이기 사이의 긴장입니다. 수도승원 소명은 이 긴장, 삶과 연관된 의미의 긴장, 충실성의 긴장입니다. 균형은 "무게를 동등하게 달아야지. 여기 이만큼, 저기 이만큼…" 이런 것으로 이해할 수 있습니다. 하지만 긴장은 숨은 삶을 향한 하느님의 부르심이요 어떤 방식으론가 드러나 보이라는 하느님의 부르심 사이의 긴장입니다. 이 보이기는 어떠해야 하고 이 숨은 삶은 어떠해야 할까요? 여러분이 영혼 안에서 사는 것은 바로 이 긴장입니다. 여러분의 소명은 이것입니다. 곧 여러분이 '긴장 속의' 여성이라는 것, 주님을 찾고 주님 안에 숨으려는 이 태도와 표지를 제공하라는 이 부르심 사이의 긴장 속의 여성이라는 것입니다.

수도승원이 담장은 표지를 제공하기에는 충분치 않습니다. 6~7개월 전에 어떤 봉쇄 수도원 수녀님에게서 편지 하나를 받았는데, 그 수녀님은 안내실에서 가난한 사람들과 함께 일하기 시작했었답니다. 그러다가 가난한 사람들과 함께 일하려고 수도원을 나갔고 그 후 점점 더 앞으로 나아가서 마침내는 "내 봉쇄 구역은 세상입니다." 하고 말하기에 이르렀습니다. 저는 그 수녀님에게 이렇게 답했습니다. "사랑하는 수녀님, 말해 보세요. 수녀님은 휴대용 격자문格子門을 가지고 있나요?"[26] 이건 잘못입니다.

또 다른 잘못은 아무것도 듣지 않고 아무것도 보지 않으려는 잘못입니다. "하지만 신부님, 소식들(뉴스)이 수도승원 안으로 들어갈 수 있는 건가요?" 들어가야 하지요! 하지만 이를테면, '수다스러운' 매스컴의 소식들이 아닙니다. 세상 안에서 무슨 일이 벌어지는지 하는 소식이죠. 예를 들어 전쟁과 질병과 사람들이 얼마나 고통 받는지에 대한 소식입니다. 그래서 결코, 결코 포기해서는 안 되는 것 중의 하나는 사람들의 말을 듣기 위한 시간이지요! 관상의 시간, 침묵의 시간에도요…. 몇몇 수도승원들은 전화기에 응답기를 달아 놓고 있는데 사람들이 전화를 해서 이런저런 일들로 기도를 요청하지요. 세상과의 이런 연결은 중요합니다! 어떤 수도승원들에서는 텔레비전 뉴스를 봅니다. 이것이 규칙에 따라 이루어지는 모든 수도승원의 식별인지는 모르겠습니다. 다른 수도승원들에서는 신문이 오면 읽

---

26 격자문은 봉쇄수도자들이 외부인을 만나는 장소인 수도승원 면회실의 칸막이 문으로, 여기에서는 봉쇄의 상징으로 쓰였다.

습니다. 또 다른 수도승원들에서는 다른 방식으로 세상과의 이 연결을 이룹니다. 하지만 언제나 중요한 것은 세상과의 연결입니다. 무슨 일이 일어나고 있는지를 아는 것이에요. 여러분의 소명은 은신이 아니기 때문입니다. 그 소명은 바로 전투장으로 가는 것이고 투쟁이며, 그 도시를 위해 주님의 마음을 두드리는 것입니다. 마치 백성이 전투를 하는 동안 손을 높이 쳐들고 기도하는 모세처럼 말입니다(탈출 17,8-13 참조).

숨은 삶 및 기도와 사람들의 소식을 듣는 것 사이의 이 긴장 안에서 주님으로부터 많은 은총이 옵니다. 이 일에서는 신중함이, 식별이 여러분에게 한쪽에 얼마나 많은 시간을 할애하고 다른 쪽에 또 얼마나 많은 시간을 할애할 것인지를 알게 해 줄 것입니다. 하루에 반 시간이나 한 시간을 할애하여 먹을 것을 청하러 오는 이들에게 음식을 주는 일을 하는 수도승원들도 있는데, 이는 하느님 안에 숨은 생활과 반대되는 것이 아닙니다. 그건 하나의 봉사이지요. 그리고 하나의 미소예요. 마음을 열어 주는 (봉쇄) 수녀들의 미소라고요! 수녀들의 미소는 찾아오는 사람들의 굶주림을 빵보다 더 채워 줍니다. 이번 주간은 빵 한 조각이라도 청하러 오는 가난한 사람들에게 그 반 시간 동안 먹을 것을 주는 일 담당은 수녀님이에요. 어떤 사람은 이 일을, 다른 사람은 다른 일을 맡지요. 곧 이번 주간은 궁핍한 사람들에게 웃어 주는 것이 수녀님 담당인 거예요! 여러분은 이것을 잊지 마세요. 미소 지을 줄 모르는 수녀에게는 뭔가 부족한 겁니다.[27]

수도원에는 모든 가정에서 그러하듯이 문제들과 다툼들이 있지요. 작은 다툼들, 모종의 질투, 이런저런 것들이 있어요. 이런 일은 우리에게 가정 안에서 사람들이 얼마나 고통 당하는지를, 가정 안의 다툼들을 이해하

27 첫째 질문에 대한 이 답변의 나머지 부분에서는 한국어의 자연스러움을 위해 '수도승원'보다는 '수도원'으로 옮긴다. 또한 실제로 모든 형태의 수도원에 해당되는 내용이기도 하기 때문이다.

게 해 줍니다. 남편과 아내가 싸울 때, 질투가 있을 때, 가족이 헤어질 때… 이런 것들을 이해하게 해 주지요. 여러분도 역시 이런 종류의 시련을 당할 때 -이런 일들은 항상 있는데-, 그것은 길이 아님을 느끼고, 수도원 안에서 평화의 길을 찾으면서, 주님께서 가정들 안에서, 사람들 사이에 평화를 이루어 주시도록 주님께 그 시련을 바치는 것입니다.

"하지만 말씀해 주세요, 신부님. 우린 종종 세상 안에, 도시 안에 타락이 있다는 말들을 하는데요. 수도원 안에도 타락이 있을 수 있습니까?" 그렇습니다. 기억을 잃어버릴 때입니다. 기억을 잃어버릴 때에요! 성소에 대한 기억, 하느님과의 첫 만남에 대한 기억, 수도원을 설립했던 은사에 대한 기억을요. 이 기억을 상실하고 영혼이 세속적으로 되기 시작하며, 세속적인 것들을 생각하고 사람들을 위한 전구의 기도에 대한 그 열정을 상실할 때가 그렇습니다. 수녀님은 그야말로 아름답고 멋지고 근사한 말을 했습니다. "수도원은 도시 안에 현존하고 하느님께서는 도시 안에 계시며 우리는 도시의 소음들을 듣습니다." 했지요. 이 소음들은 바로 삶의 소리요 문제들의 소리이며 일하러 가고 일에서 돌아오는 사람들, 이런저런 일들을 생각하고 사랑하고… 그렇게 살아가는 많은 사람들의 소음들입니다. 이 모든 소음이 여러분을 모세가 가졌던 그 용기로 하느님과 싸우도록 밀어붙여야 합니다. 백성이 잘못된 길을 가기 때문에 모세가 슬퍼했을 때를 기억하세요. 주님께서는 인내심을 잃고 모세에게 말씀하셨지요. "나는 이 백성을 멸망시키겠다! 하지만 너는 안심해라. 나는 너를 새로운 백성의 지도자로 세우겠다." 모세는 뭐라고 말했습니까? 뭐라고 말했어요? "안 됩니다. 당신이 이 백성을 파멸시키시면 저도 역시 멸망시키시는 겁니다!"(탈출 32,9-14 참조) 백성과의 이 연결이 도시입니다. 주님께 "이것은 저의 도시이고 저의 백성입니다. 이들은 저의 형제들이고 저의 자매들입니다." 하고 말씀드리는 것입니다. 이는 백성을 위해 목숨을 내주는 것입니다. 이 섬세한 균형, 이 섬세한 긴장은 이 모든 것을 의미합니다.

'꽈트로 싼티Quatro Santi 아우구스티누스회' 수도자 여러분은 어떻게 하는지 모르겠네요. 면회실에 사람들을 받아들일 수는 있지요…. 격자는 몇 개나 있나요? 네 개나 다섯 개? 혹은 이제는 더 이상 격자가 없는지요…. 많은 시간을 이야기하는 데 내주는 것은 어떤 신중치 못한 사태로 떨어질 수 있는 건 사실입니다. 성녀 테레사는 이에 대해 많은 이야기를 하지요. 하지만 여러분의 기쁨을 보고, 여러분의 기도, 전구의 기도에 대한 약속을 보는 것은 사람들에게 대단히 유익합니다! 여러분은 한 반 시간 정도의 이야기 후에는 주님께로 돌아가십시오. 이것은 대단히 중요합니다. 대단히 중요해요! 봉쇄는 항상 이 인간적 연결이 중요합니다. 이건 대단히 중요합니다.

마지막 질문은 수도승원이 교구의 영적 삶과 다른 형태의 축성생활을 풍요롭게 하고 자신도 그것들로부터 풍요로워지면서 수도승원의 특전적 성격 안에 확고히 머무를 수 있는가 하는 것이었죠. 그래요, 교구에 대해서는 주교를 위해서, 보좌주교들을 위해서, 그리고 사제들을 위해서 기도하는 것입니다. 어디에나 훌륭한 고해 사제들이 있습니다! 일부 사제들은 그다지 훌륭하지 않지만…. 하지만 훌륭한 고해 사제들이 있어요! 저는 봉쇄 수녀가 뭐라고 말하는지를 들으려고 수도승원에 가는 사제들에 대해 알고 있는데, 여러분은 사제들에게 아주 좋은 일을 하는 거예요.

사제들을 위해 기도하십시오. 이 섬세한 균형 안에는, 이 섬세한 긴장 안에는 사제들을 위한 기도도 들어 있습니다. 아기 예수의 성녀 테레사를 생각해 보세요…. 사제들을 위해 기도하기, 하지만 또한 사제들의 말을 경청하기, 사제들이 찾아올 때 면회실의 그 몇 분 동안 그들의 말을 경청하는 겁니다. 들어 주기예요. 저는 봉쇄 수도원 수녀와 이야기하면서 속이 시원하게 털어놓는 -이런 말 쓰는 거 양해해 주세요.- 많고 많은 사제를 알고 있습니다. 그리고 수녀의 미소와 짧은 한마디 말과 기도의 보장은 그들을 새롭게 하고 기분 좋게 본당으로 돌아가게 합니다. 대답이 되었는지 모르겠네요….

두 번째 질문(이오나 랑가Iwona Langa, 동정녀회, 아인 카림 집-가족)

혼인과 그리스도교적 동정성은 사랑의 소명을 실현하는 두 가지 방식입니다. 충실성과 항구함과 마음의 일치는 그리스도교 배우자들에게도 저희 축성된 사람들에게도 임무요 도전입니다. 어떻게 서로의 길을, 서로를 위해서 비추어 주고 하느님 나라를 향해 함께 걸어갈까요?

두 번째 답변

앞서 말한 수녀님, 풀비아 씨에니 수녀님이 말하자면 '감옥에 갇혀' 있다면 이 다른 자매님은… '길 위에' 있는 거지요. 두 분 다 하느님 말씀을 도시에 전해 줍니다. 자매님은 아주 멋진 질문을 하셨습니다. "혼인에서의 사랑과 축성생활에서의 사랑이 동일한 사랑인가?" 하는 것이지요. 항구함, 충실성, 마음의 일치라고 하는 그 특질들을 가지고 있는가? 임무와 도전들이 있는가? 그래서 축성된 사람들은 주님의 신부라고 말해지지요. 주님과 결혼하는 겁니다. 저는 수녀가 된 딸을 둔 숙부가 있는데, 이렇게 말하더군요. "이제 난 주님의 장인이야! 내 딸이 주님과 혼인했거든."[28]

여성의 축성에는 혼인의 차원이 있습니다. 남성의 축성에도 그렇습니다. 주교에 대해서 '교회의 신랑'이라고 말해집니다. 교회의 신랑이신 예수님을 대신하기 때문이지요. 하지만 여자들에게 있어서의 [축성의] 이 여성

---

28 교종은 누이의 남편을 가리키는 '매형'이나 '매제'에 해당하는 이태리어 단어 'cognato'라고 했는데 실수로 보여 내용에 따라 '장인丈人'으로 옮긴다.

적 차원은 -질문을 좀 벗어납니다만 돌아가겠습니다.- 대단히 중요합니다. 수녀들은 교회와 성모님의 표상입니다. 교회가 여성형이라는 것을 잊지 마세요. (남성형 관사冠詞를 써서) (남성) 교회il Chiesa가 아니고 (여성형 관사를 써서) (여성) 교회la Chiesa예요. 그래서 교회는 예수님의 신부입니다. 우리는 자주 이를 잊어버립니다. 수녀의 이 모성적 사랑을 -교회의 사랑이 모성적이니까요.- 잊어버려요. 수녀의 이 모성적 사랑을 -성모님의 사랑이 모성적이니까요.- 잊어버린다고요. 축성된 여성의 사랑의 표현인 충실성은 -하지만 어떤 의무로서가 아니라 고유한 동질성으로 인한- 어머니 교회와 어머니 성모님의 충실성과 사랑과 다정함을 반영해야 합니다. 축성되기 위해 이 길로 들어서지 않는 여자는 결국에는 잘못하는 겁니다. 축성된 여성의 모성! 이에 대해 많이 생각하십시오. 마리아는 어떻게 모성적이고 교회는 어떻게 모성적인지요.

자매님은 이렇게 물었지요. 어떻게 서로의 길을, 서로를 위해서 비추어주고 하느님 나라를 향해 함께 걸어갈까요? 마리아의 사랑과 교회의 사랑은 구체적인 사랑입니다! 구체성은 여성들의, 수녀들의 이 모성의 특질이에요. 구체적 사랑. 어떤 수녀가 관념들을 가지고, 지나친 관념들, 지나친 관념들을 가지고 시작한다면…. 성녀 테레사는 어떻게 했나요? 성녀 테레사는, 그 위대한 성녀는 장상에게 어떤 충고를 주었나요? “그 자매에게 비프스테이크를 한 조각 주세요. 그리고 나중에 이야기합시다.” 현실로 내려오게 하는 겁니다.

구체성이에요. 사랑의 구체성은 대단히 어렵습니다. 아주 어려워요! 공동체 안에서 살 때는 -공동체의 문제들은 우리 모두가 알고 있으니까요.- 더욱더 그렇습니다. 질투, 험담, 이 장상은 이렇고 저 장상은 저렇고…. 이런 것들이 구체적인 것들인데, 그렇지만 좋지 않은 것들이에요! 모든 것을 용서하는 선함의, 사랑의 구체성입니다! 어떤 진실을 말해야 한다면 직접 대면해서, 하지만 사랑으로 말합니다. 나무라기 전에 기도를 먼저 하고 나서 주님께서 앞장서서 교정해 주시도록 청하는 것입니다. 그것이 구체적 사랑입니다! 수녀가 구름 위의 사랑을 자신에게 허용할 수는 없어요. 아닙니다, 사랑은 구체적입니다.

축성된 여성의 구체성은 어떤 것일까요? 어떤 거예요? 복음서의 두 구절에서 이를 찾아볼 수 있습니다. '참행복'에서 여러분이 무엇을 해야 하는지를 말해 줍니다. 예수님은, 예수님의 프로그램은 구체적입니다. 자주 저는 참행복이 교회의 최초의 회칙回勅[29]이라고 생각합니다. 사실이에요. 모든 프로그램이 거기 다 들어 있거든요. 또 우리 모두가 심판받을 때 따를 규약인 마태복음 25장에서 구체성을 찾아볼 수 있습니다. 축성된 여성의 구체성이 거기 있어요. 이 두 구절로 축성생활 전체를 살 수 있습니다. 이 두 개의 규칙으로, 이 두 가지 구체적인 것으로, 이 구체적인 것들을 행하면서요. 이 구체적인 것들을 행하면서 대단히 위대한 성덕과 기도의 한 단계에, 그 수준에 도달할 수도 있습니다.

구체성이 필요합니다. **사랑은 구체적**이에요! 여러분의 여성으로서의 사랑은 구체적인 모성적 사랑입니다. 엄마는 결코 자녀들을 나쁘게 말하지 않습니다. 당신이 수녀[30]라면, 수도원에 살든지 평신도 공동체에 살든지, 당신은 이 모성적 축성을 지닌 것이며, 그래서 다른 자매들을 나쁘게 말하는 것이 허용되지 않습니다! 안 돼요. 항상 자매들에게 사과해야 합니다. 항상! 아기 예수의 성녀 테레사의 자서전에서 성녀가 자기를 미워하던 그 수녀를 만났을 때의 그 구절이 아름답습니다. 성녀는 어떻게 했나요? 미소를 짓고 앞으로 나아갔지요. 사랑의 미소입니다. 두 다리를 다 절고

29 교종 문헌의 한 형태.

30 문맥상으로는 '축성생활자'

있었고 가엾게도 병들었기 때문에 항상 불만이던 그 수녀를 동행해야 했을 때는 어떻게 했나요? 최선을 다했습니다! 그 자매를 잘 데려갔고 그런 다음에는 빵을 잘라 주었으며 그 이상의 어떤 것을 해 주었어요. 결코 숨어서 그 자매를 비난하지 않았습니다! 그건 모성을 파괴합니다. 자기 자녀를 비난하는, 나쁘게 말하는 엄마는 어머니가 아니에요! 이탈리아어로 '마트리냐(계모)'라고 한다고 믿습니다만…. 아무튼 어머니가 아니에요. 저는 자매님에게 이렇게 말하겠습니다. 사랑은 -이는 혼인의 사랑이기도 하다는 것을 아시겠지요. 이것도 같은 모습으로서 교회 안에서 모성의 모습인데- 구체성입니다. 저는 여러분에게 이 수련을 하도록 당부합니다. 곧 참 행복을 자주 읽고 마태오 25장, 심판의 규정을 자주 읽는 수련 말입니다. 이것은 복음의 구체성을 위해 아주 유익합니다. 글쎄, 여기서 끝낼까요?

세 번째 질문(가에따노 사라치노Gaetano Saracino 신부, 스칼라브리니회 선교사, 지극히 거룩하신 구속주 본당)

재능이 대단히 풍부한 이 지역 교회 안의 서로 다른 은사들이 지닌 은총의 선물들을 어떻게 공유하고 열매를 맺게 할까요? 서로 다른 과정들 사이의 통교만도 어려운 경우가 많습니다. 저희는 수도회들, 본당들, 다른 사목 기구들, 평신도 단체들과 운동단체들 사이에 함께 참여하는 봉사라기보다는 오히려 거의 경쟁이라도 하듯이 서로 역량을 함께 모으는 능력이 없습니다. 또 때로 우리 축성된 사람들은 마치 '땜빵'처럼 느껴질 때가 있습니다. 어떻게 '함께 걸어갈'까요?

세 번째 답변

저는 그 본당에 간 적이 있고 이 혁명적인 신부가 뭘 하는지 알지요. 일을 잘해요! 일을 잘한다고요! 신부님은 축제에 대해 말하기 시작했는데요. 우리 그리스도인들이 잊어버리는 것들 중 하나가 잔치입니다. 하지만 잔치(축제)는 하나의 신학적 범주예요. 성경에도 나오잖아요. 집에 돌아가면 신명기 26장을 펴 보세요. 거기에는 모세가 주님의 이름으로 농부들이 매년 무엇을 해야 하는지를 말하는데, 곧 수확의 맏물을 성전에 가져다 바쳐야 하는 것입니다. 이렇게 말하지요. "성전으로 가거라. 수확의 맏물을 가져다가 광주리에 담아 감사의 표로 주님께 바쳐라." 그리고 어떻게 하나요? 먼저, 기억을 합니다. 그에게 소小 신앙고백문을 낭송하게 하지요. "저희 조상은 떠돌아다니는 아람인이었는데, 하느님께서 그를 부르셨습니다. 저희는 이집트에서 종살이를 했는데, 주님께서 저희를 이집트에서 이끌어내셨습니다. 그리고 저희에게 이 땅을 주셨습니다.…"(신명 26,5-9 참조).

첫째는 기억하는 것입니다. 둘째는 담당자에게 바구니를 줍니다. 셋째는 주님께 감사드리는 것이고요. 그리고 넷째는 집으로 돌아가서 잔치를 벌이는 것입니다.[31] 잔치를 벌이고 가족이 없는 사람들을 초대하고, 종들을, 자유가 없는 사람들을 초대합니다. 이웃도 잔치에 초대해요. 잔치는 삶의 신학적 범주입니다. 이 잔치의 차원 없이는 축성생활을 살 수 없습니다. 잔치를 벌이는 거예요. 그런데 잔치를 벌이는 것은 떠들어 대고 시끄럽게 하고… 뭐 그런 것과 같은 것이 아닙니다. 잔치를 벌이는 것은 제가 인용한 그 성경 대목 안에 있는 것입니다. 기억하세요, 신명기 26장입니다. 기도의 목적이 있습니다. 그것은 주 우리를 위해 하신 그 모든 것을, 나에게 주신 그 모든 것을, 내가 일해서 얻고 잔치를 벌이는 그 열매도 기억하는 기쁨입니다.

공동체 안에서, 신부님의 경우처럼 본당 안에서도, 잔치를 벌일 일이 생길 때 잔치를 하지 않는 곳에서는 뭔가 부족한 거예요! 너무 경직되어 있

31 한국어 성경에서와 같이 '기뻐하다'로 의역할 수도 있다.

지요. "규율이 우리에게 유익할 거야." 모든 것이 질서 있죠. 어린이들은 영성체를 해요. 정말 근사하죠. 훌륭한 교리를 가르쳐 주고요.… 하지만 뭔가 부족합니다. 떠들썩함이 부족하고 시끄러움이 부족하고 잔치가 없어요! 공동체의 축제적 마음이 없어요. 잔치. 몇몇 영성 작가들은 성찬례도, 성찬례의 거행도 잔치(축제)라고 말합니다. 그래요, 성찬례는 주님의 죽으심과 부활을 기념함에 있어 잔치의 차원을 지닙니다. 저는 이것을 빼놓고 싶지 않았지요. 신부님의 질문 자체에는 없었지만 내적 묵상에는 있었으니까요.

그리고 또 신부님은 이 본당과 저 본당, 이 수도회와 저 수도회… 사이의 경쟁에 대해 말했는데요. 주교에게 가장 어려운 일 중 하나는 교구 안에 조화를 이루는 것입니다. "그런데 수도자들은 주교에게 땜빵인가?" 때로는 그럴 수도 있겠지요…. 하지만 저는 신부님에게 다른 질문을 하나 하겠습니다. 신부님을 주교로 만들면 -주교의 입장에 한번 서 보세요- 예를 들어 훌륭한 수도자 주임신부를 가진 본당이 하나 있다고 칩시다. 그런데 3년 뒤에 관구장이 와서 "이 신부를 바꾸어 다른 사람을 보내겠습니다." 하고 말하는 거예요. 이런 태도에 주교들도 고통 받습니다. 자주 -주교와 대화를 하는 수도자들도 있기 때문에 항상 그렇지 않지만- 우리는 우리의 몫을 해야 하지요. "우리는 총회를 했는데 총회에서 이렇게 결정했습니다…." 많은 남녀 수도자가 사소한 일에 지나친 비중을 두면서 살아갑니다.[32] 항상 그렇게 삶을 보내요!

저는 주교이면서 수도자이기에 자유롭게 이렇게 말합니다. 전 양쪽 입

32 교종이 쓴 표현은 아르헨티나에서 쓰는 관용적 표현으로 원래 '장章, 절節 따위를 따지면서 인생을 보내다'라는 뜻으로 '총회'를 가리키는 단어가 책의, 특히 성경의 장章과 같은 단어capitolo임을 이용한 언어유희이다.

장을 다 이해하고 문제들을 알고 있어요. 맞아요. 여러 은사 사이의 일치, 사제단의 일치, 주교와의 일치…, 이 일치를 찾기가 쉽지 않습니다. 각자가 자신의 이해관계에 따라가니까요. 하지만 이런 경향이 있어요. 인간적이죠…. 그 뒤에는 죄가 좀 있습니다. 하지만 그런 상황이에요. 그런 상황이죠. 그래서 교회는 지금 수도자와 주교 사이의 관계에 관한 오래된 문헌을 다시 제공할 생각을 하고 있습니다. 1994년의 시노드는 그 문헌을 「상호관계Mutuae relationes」(1978년 5월 14일)라는 문헌을 개정할 것을 요구했습니다. 여러 해가 지났지만 이루어지지 않았어요. 수도자들과 주교, 교구, 혹은 수도자가 아닌 사제들 사이의 관계는 쉽지 않습니다. 하지만 공동 작업을 위해 힘쓸 필요가 있습니다. 관할지역의 이 구역에서, 이에 있어서 사목적 차원에서 모두 함께 어떻게 일합니까? 그렇게 해서 교회가 이루어집니다. 주교는 수도자들을 땜빵으로 이용해서는 안 되지만 수도자들은 주교를 일을 주는 회사의 주인이라도 되는 것처럼 이용해서는 안 됩니다. 글쎄요… 하지만 축제입니다. 저는 주요한 것으로 돌아가고 싶어요. 사심이 없는 공동체가 있을 때는 항상 축제의 정신이 있습니다. 저는 신부님의 본당을 보았고 그것이 사실입니다. 신부님은 그렇게 할 줄 알아요! 감사합니다.

네 번째 질문(가에따노 그레코Gaetano Greco 신부, 통고의 성모의 카푸친 3회, 카살 델 마르모Casal del Marmo의 미성년자 교도소 사목)

축성생활은 하느님께서 교회에 주신 선물이요 하느님께서 당신 백성에게 주신 선물입니다. 하지만 이 선물이 항상 그 정체성과 특수성에 있어 제대로 평가받고 활용되지는 않습니다. 우리 교회 안에서 자주 공동체들은, 특히 여자 공동체들은 도움 될 만한 동반자들, 양성자들, 영적 지도자들, 고해 사제들을 찾는 데 어려움을 겪습니다. 이 풍요로움을 어떻게 재발견할까요? 축성생활의 80%가 여성의 얼굴을 갖고 있습니다. 교회 안에서 여성의, 특히 축성된 여성의 현존을 어떻게 활용할 수가 있을까요?

네 번째 답변

가에따노 신부님은 자신의 역사를 이야기하는 동안 묵상에서 미성년자 교도소에서 해야 했던 그 '2-3주간의 대체'에 대해 말씀하셨습니다. 그곳에 계신 지가 45년입니다. 순종으로 하셨지요. "형제의 자리는 그곳입니다." 장상이 신부님에게 말했습니다. 마지못해 장상에게 순종했지요. 그러고는 그 순종의 행위가, 장상이 자신에게 요청했던 일이 하느님의 뜻이었음을 보게 되었습니다.

질문에 답하기 전에 순종에 대해 한마디 하겠습니다. 바오로는 우리에게 예수 그리스도의 신비를 말할 때, 예수 그리스도의 풍요로움이 어떠했는가를 말하고자 할 때 이 말을 씁니다. "죽음에 이르기까지, 십자가의 죽음에 이르기까지 순종하셨습니다"(필리 2,8). 자신을 낮추셨지요. 순종하셨습니다. 그리스도의 신비는 순종의 신비이고, 순종은 풍요를 가져옵니다. 모든 덕이 그러하듯이, 모든 신학의 자리가 그러하듯이, 순종은 훈련의 태도가 되려는 유혹을 받을 수 있습니다. 하지만 축성생활에서의 순종은 신비입니다. 제가 축성된 여성은 마리아와 교회의 표상이라고 말했듯이 우리는 순종은 예수님의 길의 표상이라고 말할 수 있습니다.

예수님께서 순종으로 육화하셨을 때 순종으로 사람이 되셨고 십자가에까지, 죽음에까지 이르셨습니다. 순종의 신비는 이 예수님의 길에 비추어서가 아니면 이해하지 못합니다. 순종의 신비는 그분이 가시기를 원하셨던 길에서 그분을 닮는 것입니다. 그 열매들이 보입니다. 이 점에서 증언을 제공해 주심에 대해 가에따노 신부님께 감사드립니다. 순종에 대해 많은 말들을 하는데 -미리 대화하기, 이 모든 것은 다 좋은 거지요. 나쁜 것이 아닙니다.- 정작 순종이 무엇입니까? 필리피인들에게 보내는 바오로의 편지 2장을 보세요. 그것이 **예수님의 신비**입니다. 오로지 거기서만 우리는 순종을 이해할 수 있습니다. 총회나 관구 회의에서가 아니고요. 그 회의들에서는 순종을 심화할 수 있지요. 하지만 **순종을 이해하는 것은 오직 예수님의 신비에서만 가능**합니다.

이제 질문으로 건너가겠습니다. 축성생활은 하나의 선물입니다. 하느님께서 교회에 주신 선물이지요. 맞습니다. 하느님의 선물이에요. 여러분은 예언에 대해 말하지요. 축성생활은 예언의 선물입니다. 그것은 현존하시는 하느님이요, 선물을 가지고 현존하기를 원하시는 하느님이에요. 곧 그분은 남녀 인간들을 선택하시는데, 그것은 선물, 거저 주시는 선물입니다. 성소도 선물입니다. 그 길로 가고자 하는 사람들의 모집이 아니에요. 성소는 그런 것이 아니고, 한 사람의 마음에 주어진 선물이요, 한 수도회에 주어진 선물이며, 그 수도회 역시 선물입니다. 하지만 이 선물이 항상 그 정체성과 특수성에서 제대로 평가되고 활용되는 것은 아니지요. 그건 맞습니다. 축성생활자들을 모두가 같은 존재인 것처럼 평준화하려는 유혹이 있습니다. 제2차 바티칸 공의회에서 그런 식의 제안이, 축성생활자들을 평준화하자는 제안이 있었습니다. 그건 안 됩니다. 축성생활은 특정한 정체성을 가진 선물로서 하느님께서 하나의 수도가족을 형성하기 위해 한 남자에게, 혹은 한 여자에게 주시는 은사적 선물을 통해 옵니다.

하나의 문제는 어떻게 수도자들을 동반할 것인가 하는 문제이지요. 자주 공동체들은, 특히 여자 수도공동체들은 우리네 지역 교회에서 정식 남녀 동반자들, 양성자들, 영적 아버지들과 고해 사제들을 찾는 데 어려움이 있습니다. 축성생활이 무엇인지를 이해하지 못하기 때문이거나 은사에 끼어들어 수녀의 마음에 해로운 해석을 주기 때문이거나… 그렇지요. 우리는 지금 그런 어려움이 있는 수녀들에 대해 말하고 있지만 남자들도 그런 어려움이 있습니다. 동반하기가 쉽지 않아요. 고해 신부, 영적 아버지를 찾기가 쉽지 않습니다. 올바른 의향을 가진 사람을 찾기가 쉽지 않아요. 그 영적 지도가, 그 고해성사가 깊이 없는 친구들 사이의 잡담이 되지 않도록 하기 위해서 말이지요. 혹은 수도생활을 이해하지 못하기 때문에 문제가 어디 있는지를 잘 이해하지 못하는 엄격한 사람들이 있지요.…

저는 제가 있었던 다른 교구에서 조언을 청하러 오는 수녀들에게 항상 이렇게 말하곤 했지요. "말해 보세요. 수녀님네 공동체나 수녀님네 수도회에는 지혜로운 수녀님, 은사를 잘 살아가는 수녀님, 경험 있는 훌륭한 수녀님이 없습니까? 그 수녀님에게서 영적 지도를 받으세요!" "하지만 여자인 걸요!" "그건 평신도의 은사예요!" 영적 지도는 사제들만의 독점적 은사가 아닙니다. 그것은 평신도의 은사예요! 초기 수도승 생활에서는 평신도들이 위대한 지도자들이었습니다. 지금 저는 바로 순종에 대한 성 실바노의, 아토스 산의 그 수도승의 가르침을 읽고 있습니다. 그는 목수였고 목수 일을 했지요. 다음에는 경리였습니다. 하지만 부제도 아니었습니다. 그렇지만 그는 위대한 영적 지도자였어요! 평신도의 은사입니다. 장상들은 그 수도회에서, 혹은 그 관구에서 어떤 사람이 [남자나 여자가] 영적 아버지의 은사를 가지고 있음을 본다면 그가 이 봉사를 위해 양성되도록 도와야 합니다. 쉽지 않죠.

영적 지도자와 고해 사제는 별개입니다. 나는 고해 사제에게 가서 내 죄를 말하고 매를 맞지요. 그런 다음 나에게 모든 것을 용서하고 난 계속 나아갑니다. 하지만 영적 지도자에게는 내 마음속에서 무슨 일이 벌어지는지를 말해야 합니다. 의식 성찰은 고해를 위한 것과 영적 지도를 위한 것이 똑같지 않아요. **고해성사**를 위해서는 **어디서 떨어졌는지**를 찾아야 합니다. 인내심을 잃었는지, 탐욕을 지녔는지, 이런 것들, 죄스러운 구체적인 것들을 찾아야 해요.

하지만 **영적 지도**를 위해서는 **마음속에서 무엇이 일어났는지**를 성찰해야 합니다. 정신의 어떤 움직임이 있는지, 황량함을 느끼는지, 위로를 받았는지, 피곤한지, 왜 슬픈지, 이런 것들이 영적 지도자와 이야기하는 것들입니다. 이런 것들이에요. 장상들은 공동체 안에서, 수도회 안에서, 관구 안에서 누가 이런 은사를 가졌는지를 찾고, 이 사명을 주며, 그들을 양성하고 이 일에 있어 그들을 도울 책임이 있습니다. 길에서 동반하는 것은 축성된 형제나 자매와 함께 한 걸음 한 걸음 걸어가는 것입니다. 이에 있어 우리는 아직 미성숙하다고 믿습니다. 이 점에 있어 우린 성숙하지 않아요. 영적 지도는 식별에서 오기 때문이지요. 자기 마음속에서 무엇이 일어나는지를 식별할 줄 모르는, 어떤 결정을 식별할 줄 모르는 축성된 남녀 인간들 앞에 있다면, 그것은 영적 지도의 결핍입니다. 이는 오로지 지혜로운 남자, 지혜로운 여자만이 할 수 있습니다. 그렇게 양성된 사람들이기도 하지요!

오늘날 선의善意만 가지고 해 나갈 수는 없습니다. 오늘날은 세상이 몹시 복합적이고 인문학도 우리를 도와서 심리학 우선주의에 빠지는 일 없이 길을 보도록 도와줍니다. 위대한 인물들, 위대한 남녀 영적 지도자들, 특히 수도승 생활의 글을 통해 그들을 양성하는 것입니다. 여러분이 초기 수도승 생활의 작품들을 접촉하는지 모르겠군요. 거기에 얼마나 큰 영적 지도의 지혜가 들어 있었는지요! 이를 통해 영적 지도자들을 양성하는 것이 중요합니다. 이 풍요로움을 어떻게 재발견할까요? 축성생활은 80%가 여성이라는 것 맞아요. 축성된 남자들보다 축성된 여자들이 더 많지요. 교회 안에서 여성의 현존을, 특히 축성된 여성의 현존을 활용하는 것이 어떻게 가능할까요?

제가 말하려고 하는 것에 있어 저는 좀 반복을 하는데, 곧 축성된 여성에게 많은 사람이 사제들만의 것이라고 믿는 이 역할도 부여하는 것입니다. 그리고 축성된 여성이 어머니인 교회와 어머니이신 마리아의 얼굴이라는 사실에 구체성을 부여하는 것, 곧 모성의 길로 나아가는 것인데, 모성은 자녀를 낳는 것만은 아닙니다! 모성은 성장하도록 동반하는 것이요, 모성은 병자 곁에서, 병든 자녀, 병든 형제 곁에서 여러 시간을 보내는 것이며, 사랑 안에서, 다정함과 모성의 그 사랑으로 삶을 보내는 것입니다. 이 길에서 우리는 교회 안에서 여성의 역할을 더 발견하게 될 것입니다.

가에따노 신부님은 여러 주제를 건드리셨는데, 그래서 저로선 대답하기가 어렵군요…. 하지만 저는 이런 말을 들을 때가 있지요. "아닙니다! 교회 안에서 여자들이 예를 들면 교종청 부서의 장長이 되어야 해요!" 그래요, 그럴 수 있습니다. 어떤 부서에서는 그럴 수 있어요. 하지만 이런 말을 하는 사람이 요구하는 이건 단순한 기능주의일 뿐이에요. 그건 교회 안에서 여성의 역할을 재발견하는 것이 아닙니다. 그건 더 깊은 차원의 것이고 이 길로 가는 것입니다. 그래요, 그런 일도 해야 하고 약속되어야지요. 현재 로마에 한 사람이 있는데, 대학 학장이에요. 환영합니다! 하지만 이것이 승리가 아닙니다. 아니고말고요. 이건 위대한 것이고 기능적인 것이지요. 여성의 역할의 본질은 -신학적이지 않은 말로 하겠는데요.- 여성적 자질을 표현할 수 있는 방식으로 행하는 데 있습니다. 우리가 남자들끼리 어떤 문제를 다룰 때는 어떤 결론에 도달하게 되지요. 하지만 같은 문제를 여자들과 다루다 보면 결론이 다를 것입니다. 같은 길로 가겠지만 더 풍요롭고 더 강력하고 더 직감적이에요. 그래서 교회 안에서 여자들은 이 역할을 가져야 합니다. 여성적 자질을 명백하게 드러내야 하고, 여러 방식으로 그것을 명백하게 드러내도록 도와주어야 합니다.

이로써 저는 질문들에 대해, 신부님의 질문에 대해 제가 할 수 있는 답변을 했다고 믿습니다. 여성적 자질에 대해 말하자면 저는 공동체의 삶 안에서 미소와 인내에 대해 말했는데, 저는 제가 인사했던 97세의 수녀님께

한 말씀 드리고 싶습니다. 97세이십니다, 예, 저기 계시네요. 잘 보입니다. 모두에게 보이게 손 좀 들어 보세요…. 저는 수녀님과 두세 마디 나누었는데 맑은 눈으로 저를 바라보시더군요. 누이의, 엄마의, 여성의 그 미소로 저를 바라보셨어요. 수녀님 안에서 저는 축성생활의 항구함에 존경을 표하고 싶습니다. 어떤 사람들은 축성생활이 지상의 천국이라고 믿지요. 아닙니다! 아마 연옥일지도…. 하지만 천국은 아닙니다. 살아 나가기가 쉽지 않습니다. 이렇게 자신의 삶을 보낸 사람을 보면 저는 주님께 감사드립니다. 수녀님, 저는 수녀님을 통해서 모든 축성된 여성들과 남성들에게 감사드립니다. 대단히 감사합니다!

30

2015년 6월 5일

예수성심의 사제들Dehoniani 수도회 총회 참석자들에게[33]

… 총회 작업 중에 여러분은 모든 사람과 특히 소외된 사람들과 함께 삶과 복음을 나눌 수 있기 위해 화해를 살도록 불린 공동체에 대한 숙고에 집중하였습니다. 여기에서 여러분 총회의 주제 "공동체 안에서 가난한 사람들과 함께 자비로이"가 나왔지요. 이제 저는 여러분에게 여러분의 사목 활동을 실현하기 위한 몇 가지 권고를 드리고자 합니다.

"행복하여라, 자비로운 사람들!"(마태 5,7) 수도생활은 참행복을 구체적으로 실현하기에 충만하게 복음적인 삶으로 제시됩니다. 그래서 수도자로서 여러분은 자비로우라고 부름받았습니다. 우리의 삶 전체가 하느님의 자비 안에서 성장하는 여정이도록 무엇보다도 먼저 기도 안에서, 성경 묵상 안

33 총회나 다른 기회에 개별 수도회 회원들에게 하신 말씀은 포함하지 않았으나, 이 경우는 모든 축성생활자에게 해당되는 보편적 내용이라고 여겨 포함하였다. 다만 서두와 말미에서 해당 수도회에 대한 인사와 격려의 말씀은 생략한다.

에서, 성찬례의 거행 안에서, 하느님과의 깊은 친교 안에 사는 것입니다. 우리가 주님의 무상의 사랑을 의식하고 우리 자신 안에 그 사랑을 받아들이는 정도에 따라 우리의 다정한 사랑도, 우리 곁에 있는 사람들을 향한 우리의 이해와 선함도 자라납니다. 여러분 수도회를 그리고 세상 안에서의 여러분 사명을 쇄신하려는 노력은 필연적으로 각 수도자 개인의 상황을 위한 사랑에 찬 염려를 끌어안습니다. 그 수도자의 축성이 점점 더 찔린 심장이 모든 사람에게 위로와 평화와 구원의 원천이 되어 주었던 예수님과의 활기차고 거룩하게 하는 만남의 원천이 될 수 있도록 말입니다.

수도생활은 하느님에게서 사랑받는 것을 느끼고 그분을 사랑하고자 하는 신앙인들의 공동생활입니다. 바로 이 공동의 노력으로 여러분은 여러분의 영적 일치(조화)의 가장 깊은 이유를 발견할 수 있습니다. 하느님의 자비와 사랑의 체험 안에서 여러분은 공동체들의 조화를 이루는 점도 역시 발견할 수 있습니다. 이는 형제들이 여러분에게 행하는 자비를 점점 더 음미하고 그들에게 여러분의 풍부한 자비를 선물하는 임무를 동반합니다. 이 모든 것에서 성심의 위대한 사도인 여러분의 창립자의 증언이 여러분에게 모범과 도움이 됩니다.

자비는 복음의 종합이 되는 단어로, 그리스도의 '얼굴'이라고 말할 수 있습니다. 그분이 모든 사람을 만나러 다니실 때, 곧 병자들을 낫게 해 주실 때, 죄인들과 함께 식사하실 때, 특히 십자가에 못 박혀 용서하실 때 보여 주신 그 얼굴입니다. 그 십자가에서 우리는 하느님 자비의 얼굴을 봅니다. 주님께서는 이 사랑을 우선적으로 당신 눈에 특별히 소중한 끝자리의 사람들, 가장 가난한 사람들에게 전달하는 '통로'가 되라고 여러분을 부르십니다. 여러분이 접촉하는 연약함과 가난의 상황이 던지는 질문에 계속 자신을 내맡기고 성령께서 여러분의 마음에 부어 주시는(로마 5,5 참조) 사랑의 증언을 적절한 방식으로 제공하도록 노력하십시오.

© vaticanmedia

자비의 스타일이 현재의 필요에 신속하게 개방하고 복음화의 새로운 아레오파고들 안에서 활동적으로 현존하면서, 희생을 감수해야 하더라도 현대 세계의 병의 징후들이 드러내는 극단적인 필요를 지닌 현실을 향해 개방하도록 해 주기를 빕니다.…

31

2015년 6월 6일 | 주교좌 성당

사라예보(보스니아와 헤르체고비나) 순방 중 사제, 수도자, 신학생들과의 만남에서

저는 여러분에게 할 연설을 준비했지만 이 사제, 이 수사님, 이 수녀님의 증언을 듣고 나니 원고 없이 즉석에서 여러분에게 말할 필요를 느낍니다.

그분들은 우리에게 삶을 이야기했고 경험을 이야기했으며 좋지 않은 일들과 멋진 일들을 많이 이야기해 주었습니다. 훌륭한 연설 원고는 추기경님에게 넘깁니다.

증언들은 스스로 말했습니다. 이것이 여러분의 민족이 지닌 기억입니다! 기억을 잊은 민족은 미래가 없습니다. 이는 신앙 안에서의 여러분의 아버지들, 어머니들에 대한 기억입니다. 여기서는 세 사람만 말했지만 그들 뒤에는 같은 고통을 겪은 많은 사람이 있습니다.

사랑하는 자매들, 사랑하는 형제들, 여러분은 여러분의 역사를 잊을 권리가 없습니다. 복수하기 위해서가 아니라 평화를 이루기 위해서입니다. [이 증언들을] 어떤 이상한 것으로 보기 위해서가 아니라 그들이 사랑한 것처럼 사랑하기 위해서입니다. 여러분의 피 속에는, 여러분의 소명에는 이 세 순교자의 소명이 있고 피가 있습니다. 그리고 수많은 수녀, 수많은 신부, 수많은 신학생의 피가 있고 소명이 있습니다. 히브리서의 저자는 우리에게 이렇게 말합니다. 부디 여러분의 조상들을, 여러분에게 신앙을 전달해 준 그들을 잊지 마십시오. 이분들은 [증언자들을 가리키며] 여러분에게 신앙을 전달해 주었습니다. 이분들은 신앙을 어떻게 사는지를 여러분에게 전해 주었습니다. 바오로가 또 우리에게 말합니다. 최초의 순교자이신 "예수 그리스도를 잊지 마십시오." 이분들은 예수님의 발자국을 따라갔습니다.

평화를 이루기 위해 기억을 되살리십시오. 몇 개의 단어가 제 마음에 남아 있습니다. 되풀이되는 하나는 '용서'입니다. 한 남자가, 한 여자가 주님을 섬기는 일에 자신을 봉헌하고 용서할 줄 모른다면 필요 없습니다. 다투고 나서 나에게 욕설을 한마디 한 친구를 용서하기, 혹은 나에게 질투를 하는 수녀를 용서하기는 많이 어렵지 않아요. 하지만 나를 때리고 고문하고 짓밟고 나를 죽이려고 권총으로 협박하는 사람을 용서하는 것, 이건 어렵습니다. 그런데 그분들은 그렇게 했고 그렇게 하라고 설교합니다!

제 마음에 남은 또 다른 말은 포로수용소의 120일이라는 말입니다. 세상의 영은 몇 번이나 우리의 이 선조들을, 우리 선조들의 고통을 잊어버리게 하는지요! 그날들은 날이 아니라 분으로 헤아려졌습니다. 분마다 시간마다 고문이 있었기 때문입니다. 덥거나 춥거나 식사도, 물도 없이 더러운 상태로 모두 함께 산다는 것, 그리고 그토록 오랫동안 그렇게 산다는 것은! 그런데 우리는 이가 하나 아플 때 혹은 불평하고, 아주 편하게 방에 TV를 하나 갖고 싶어 하고, 식사가 그다지 좋지 않을 때 장상을 험담하고…. 여러분의 선조들의 증언을 제발 잊지 마십시오. 이 사람들이 얼마나 고통을 받았는지를 생각하십시오. 신부님이-첫 번째로 말한- 살아남기 위해 받았던 6리터의 피를 생각하십시오. 그리고 예수 그리스도의 십자가에 합당한 삶을 살아가십시오.

세속적인 수녀들, 사제들, 주교들, 신학생들은 하나의 풍자만화예요. 그들은 섬기지 않습니다. 그들에겐 순교자들에 대한 기억이 없어요. 십자가에 못 박히신 예수 그리스도께 대한 기억을 잃었습니다.

저에게 떠오르는 또 한 가지는 수녀님에게 배를 먹으라고 준 그 민병民兵입니다. 또 먹을 것을 갖다준, 지금은 미국에 살고 있는 그 이슬람 여성…. 우리는 모두 형제들입니다. 그 잔인한 남자도 생각을 했지요…. 무슨 생각을 했는지는 모르겠지만 자기 마음속에 성령을 느꼈고 어쩌면 자기 엄마를 생각하고 이렇게 말했지요. "이 배를 가져가고 아무 말도 하지 마시오." 그 이슬람 여성은 종교적 차이를 넘어섰습니다. 하느님을 믿었고 선을 행했지요.

모든 사람의 선익을 추구하십시오. 모두가 가능성을, 선의 씨앗을 지니고 있습니다. 우리 모두가 하느님의 자녀들입니다.

이러한 증언들을 이토록 가까이 지니고 있는 여러분은 축복을 받았습니다. 그 증언들을 잊지 마세요, 제발. 여러분의 삶은 이 기억으로 성장합니다. 저는 어렸을 때 아빠가 돌아가시고 이어서 엄마가 돌아가셨으며 또 누이도 죽고 홀로 남은 그 사제를 생각합니다. 하지만 그는 사랑의 열매였습니다. 혼인의 사랑이 낳은 결실이었지요. 그 순교자 수녀님을 생각해 보십시오. 그 수녀님 역시 한 가정의 딸이었습니다. 두 명의 프란치스칸 누이를 가진 그 프란치스코 회원도 생각해 보십시오. 추기경님이 말씀하신 것이 떠오릅니다. 삶의 정원에, 곧 가정에 무슨 일이 벌어집니까? 좋지 않은 일이 벌어집니다. 피어나지 못하는 것입니다. 많은 자녀들이 피어나고 많은 성소가 나오도록 가정들을 위해 기도하십시오.

마지막으로, 저는 여러분에게 이 이야기는 잔인성의 역사라는 것을 말하고 싶습니다. 오늘날에도 이 세계대전에서 많고 많고 많은 잔인함을 봅니다. 항상 잔인함의 반대를 행하십시오. 곧 다정한 사랑의, 형제애의, 용서의 자세를 지니십시오. 그리고 예수 그리스도의 십자가를 지십시오. 교회는, 거룩한 어머니 교회는 여러분에게 이것을 원합니다. 작은, 작은 순교자들이기를, 이 작은 순교자들 앞에서 예수님의 십자가의 작은 증인들이기를요.

주님께서 여러분을 축복하시기를! 그리고 제발, 저를 위해서 기도해 주세요. 감사합니다.

[교종이 준비한 원고]

사랑하는 형제자매 여러분,

여러분 모두에게 저의 애정 어린 인사를 드리며, 여기 올 수 없지만 영적으로 우리와 함께하고 있는 여러분 공동체의 아픈 형제자매들에게도 이 인사를 보냅니다. 풀리치Puljić 추기경님께도, 류비카Ljubica 수녀님에게도, 쯔보니미르Zvonimir 신부님에게도, 조쪼Jozo 수사님에게도 증언에 대해 감사드립니다. 복음과 교회에 봉사하는 여러분 모두에게 감사드립니다. 저는 신앙 안의 형제들을, 특히 주님의 포도밭에서 '풀타임으로' 일하도록 불린 여러분을 굳건히 하고 격려하고자 평화와 대화의 순례자로 여러분의 땅에 왔습니다. 주님께서는 이렇게 말씀하시지요. "보라, 내가 세상 끝날까지 언제나 너희와 함께 있겠다"(마태 28,20). 이는 특히 직무를 하면서 힘든 순간에 위로와 희망을 불어넣어 주는 확실함입니다. 여러분의 그리스도교 공동체의 과거와 현재의 고통과 시련을 생각합니다. 이 상황 안에 살면서도 여러분은 물러서지 않았고 개인적, 사회적, 사목적 어려움들에 지칠 줄 모르는 섬김의 정신으로 대처하려고 애쓰면서 견디어 왔습니다.

여러분 나라에서 가톨릭교회가 수적으로 소수인 상황과 직무의 실패는 종종 밤새 애썼으나 한 마리 물고기도 잡지 못한 그때의 예수님 제자들처럼 느껴지게 하지요(루카 5,5 참조). 하지만 우리가 주님께 의탁한다면 그분 말씀의 권능을, 우리 안에 신뢰와 희망을 새롭게 하는 성령의 힘을 체험하는 것은 바로 그 순간입니다. 우리가 하는 봉사의 풍요로운 결과는 특히 믿음에 달려 있습니다. 바오로 사도가 말하듯 아무것도 우리를 거기서 갈라놓을 수 없을 그리스도의 사랑(로마 8,35-39 참조)에 대한 믿음입니다. 사도는 시련을 말하고자 했지요! 형제애 또한 우리를 지탱해 주고 활성화해 줍니다. 주님께서 사제들 사이의, 수도자들 사이의, 축성된 평신도들 사이의, 신학생들 사이의 형제애, 주님께서 모든 것을 버리고 당신을 따르도록 부르신 우리 모두 사이의 형제애는 우리에게 기쁨과 위로를 주고 우리의 일을 더 효과적인 것이 되게 해 줍니다. 우리는 형제애의 증인들입니다!

"여러분 자신과 모든 양 떼를 깨어 지키십시오"(『성경』: "잘 보살피십시오")(사도 20,28 참조). 사도행전에 나오는 성 바오로의 이 권고는 우리가 다른 사람들이 거룩해지도록 도와주기를 원한다면 우리 자신들을, 곧 우리의 성화를 소홀히 해서는 안 된다는 것을 상기시킵니다. 또 거꾸로, 하느님의 충실한 백성에 대한 헌신, 그 백성의 삶 안에 잠기기, 특히 가난한 사람들과 작은이들 가까이 머무르기는 그리스도를 닮아 가는 일에서 우리를 성장하게 합니다. 자신의 개인적 여정을 보살피는 것과 사람들을 향한 사목적 사랑은 항상 나란히 가며 서로를 풍요롭게 합니다. 결코 따로따로 가지 않아요.

오늘날 이곳 보스니아와 헤르체고비나에서 하느님의 양 떼를 섬긴다는 것은 사제에게 또 축성생활자에게 무엇을 의미합니까? 우리 안에 있는 양들을 지키면서, 하지만 또 기쁜 소식을 기다리면서, 혼자서는 예수님께 이르는 길을 찾거나 되찾지 못하는 사람들을 찾으러 가면서, 나가면서 희망의 사목을 실행하는 것을 의미한다고 저는 생각합니다. 사람들이 사는 그 곳에서 그들을 만나는 것, 울타리 밖에, 멀리, 때로는 아직 예수 그리스도를 알지 못하는 한 무리 양 떼를 만나는 것입니다. 가톨릭 신자들을 믿음과 그리스도교적 삶으로 양성하는 일을 보살피는 것입니다. 평신도 신앙인들을 교회의 복음화 사명의 주역이 되도록 격려하는 것입니다. 그래서 저는 열려 있고 '밖으로 나가는', 환대와 만남의 능력이 있고 복음적 증언에 용감한 가톨릭 공동체를 성장시키도록 권고합니다.

신부, 축성생활자는 자기 사람들의 번민과 희망을 살도록 불렸습니다. 자주 긴장과 불화와 불신, 불안정과 가난으로 특징 지어지는 자기 시대의 구체적인 상황에서 활동하도록 불렸습니다. 가장 고통스러운 상황들 앞에서 감동할 줄 아는 마음을, 공감의 능력을 하느님께 청합시다. 사람들의 물질적, 영적 필요에 가까이 있기보다 더 나은 증언은 없습니다. 사람들에게 하느님께서 가까이 계심을 위로하고 낫게 해 주시는 그분의 손길을 느끼게 해 주는 것은 우리 주교들, 사제들, 수도자들의 과제입니다. 우리 백성의 상처와 눈물에 다가갑시다. 우리에게 도움을 청하는 이들에게 그리고 어쩌면 수줍어서 우리에게 도움을 청하지는 못하지만 도움이 크게 필요한 이들에게 마음을 열고 손을 내미는 데 지치지 맙시다. 이와 관련해서, 수녀님들이 관대하게 하는 그 모든 일에 대해, 특히 수녀님들의 충실하고 자상한 현존에 대해 저의 찬사를 표현하고 싶습니다.

사랑하는 사제들과 남녀 수도자 여러분, 기쁘게 여러분의 사목적 봉사를 계속하시도록 격려합니다. 그 풍요로운 결실은 믿음과 은총에 의해, 하지만 겸손하고 세상의 관심사에서 이탈한 삶의 증언으로 주어집니다. 부디 자신 안에 갇힌 일종의 엘리트가 되려는 유혹에 떨어지지 마십시오. 관대하고 선명한 사제적·수도자적 증언은 신학생들 및 주님께서 당신을 섬기도록 부르시는 이들에게 모범과 자극이 됩니다. 젊은이들 곁에 있으면서, 봉사와 기도의 몇몇 체험을 나누도록 그들을 초대하면서 그들이 그리스도의 사랑을 발견하도록 그리고 주님의 부르심에 자신을 열도록 도와주십시오. 평신도 신자들이 여러분 안에서 그리스도께서 당신 제자들에게 남겨 주신 유언으로서의 그 충실하고 관대한 사랑을 볼 수 있기를.

사랑하는 신학생 여러분, 특별히 여러분을 위해 한마디 하겠습니다. 여러분 나라의 축성생활자들의 많은 훌륭한 증언들 가운데 하느님의 종 페타르 바르바리치Petar Barbarić를 기억합시다. 그는 자신이 태어난 헤르쩨고비나와 서원을 발한 보스니아를 결합합니다. 교구 사제이건 수도 사제이건 모든 성직자도 그러하듯이요. 이 젊은 사제직 후보자가 덕이 충만한 자신의 삶으로 모두에게 커다란 모범이 되길 빕니다.

동정 마리아께서는 자상한 어머니로서 항상 우리 곁에 계십니다. 그분은 주님의 첫 제자이고 주님과 형제들에게 바쳐진 삶의 모범입니다. 어떤 어려움에 처할 때 혹은 우리가 완전히 무력함을 느끼는 어떤 상황을 만날 때 자녀의 신뢰로써 어머니를 향합시다. 그러면 그분은 카나의 혼인 잔치에서처럼 우리에게 항상 이렇게 말씀하십니다. "무엇이건 그가 말하는 대로 하여라"(요한 2,5). 그분은 예수님의 말씀을 듣도록, 그분 말씀을 따르도록 우리에게 가르치시는데, 믿음으로 하도록 가르치십니다! 어머니로서 우리에게 전해 주고자 하시는 그분의 비결은 이것입니다. 곧 신앙, 참된 신앙, 산을 옮기기 위해서는 부스러기 하나로도 충분한 참된 신앙이에요!

이 신뢰에 찬 내맡김으로 우리는 기쁘게 주님을 섬길 수 있으며 어디서나 희망의 씨앗을 뿌리는 사람들이 될 수 있습니다. 기도 안에서 여러분을 기억할 것을 보장하며 마음으로부터 여러분 모두와 여러분의 공동체들을 축복합니다. 부디, 저를 위해서 기도하는 것을 잊지 마세요.

32

2015년 7월 8일 | 에콰도르 국립 마리아 기념 성당 엘 킨체El Quinche

에콰도르, 볼리비아, 파라과이 순방 중 성직자, 남녀 수도자, 신학생들과의 만남에서

안녕하세요, 형제자매 여러분.

여러분과 함께 지낸 지난 이틀, 48시간 동안 저는 뭔가 특별한 것이 있다는 것을 -미안합니다.- 에콰도르 백성에게 뭔가 특별한 것이 있다는 것을 알아차렸습니다. 제가 가는 곳마다 어디에서나 항상 환대가 기쁨에 넘쳤고 만족스러웠으며 따뜻하고 경건하며 신심이 깊었지요. 하지만 여기에서는 예컨대 축복을 청하는 경건함과 방식에서 -가장 나이 드신 분들부터 그런 것을 처음 배우는 '꼬맹이'에 이르기까지- 뭔가, 뭔가 다른 것이 있었습니다. 저도 쑤쿰비오스Sucumbios의 주교님처럼 이렇게 묻고 싶은 유혹을 느꼈지요. 이 백성의 레시피는 어떤 것일까? 어떤 것일까요? 저는 이에 대해 생각해 보았고 기도했지요. 저는 기도 안에서 예수님께 여러 번 물었어요. 이 백성에게 어떤 남다른 점이 있는지요? 그런데 오늘 아침에 기도하면서 '성심께 대한 봉헌'이 떠올랐지요.

미리 준비한 원고가 있지만 읽지 않겠습니다. 남녀 수도자 여러분, 사제들과 신학생 여러분, 하느님께서 여러분을 선택하신 그 **무상성**으로 돌아가는 길로 날마다 돌아가 걸어가십시오. 여러분은 신학교에 들어가기 위해, 수도생활로 들어가기 위해 입장료를 내지 않았습니다. 여러분이 그럴 만한 공덕이 있었던 것이 아닙니다. 날마다 하느님의 무상성을 기억하고 그리로 돌아가세요. 이것만이 여러분을 중요하게 합니다. 이것을 잊는다면 우리는 무상성에서 멀어집니다.

그리고 기억을 잃지 않을 은총을, 결코 여러분 자신을 중요하게 여기지 않을 은총을 청하십시오.

여러분의 건강을 보살피세요. 주님께서 당신을 따르고 섬기라고 거저 불러 주신 사람들에게 특별히 위험한 병에 걸리지 마세요. 곧 **영적 알츠하이머에 떨어지지 마세요**. 여러분이 어디에서 떨어져 나왔는지에 대한 기억을 잃지 마세요. 그것은 자신의 뿌리를 기억하지 못하는 사람을 공격하는 병입니다. 여러분이 출세했다고 여기지 마세요.

저는 여러분에게 예수님의 메시지로 말해 주어야 한다고 생각되는데, 여러분이 풍부하게, 영적 풍부함과 종교심과 깊이로 가지고 있는 이 모든 것은 여러분이 용기를 가졌던 데서 -왜냐면 대단히 어려운 순간들이 있었으니까요.- 나라를 예수성심께, 우리를 무척 사랑하시는 신적이고 인간적인 그 마음께 봉헌하는 용기를 가졌던 데서 온다는 것입니다. 저는 여러분을 좀 이렇게 신적이고 인간적인 사람들로 봅니다. 여러분이 죄인인 것은 확실합니다. 저도 그렇습니다…. 하지만 주님께서는 모든 것을 용서하십니다….

이것을 보호하십시오! 그리고 몇 년 지나지 않아 마리아 성심께 대한 봉헌이 있었습니다. 잊지 마십시오. 그 봉헌은 에콰도르의 역사에서 하나의 이정표라는 것을. 그리고 그 봉헌에서 여러분이 가진 은총이, 이 종교심이, 여러분을 다르게 만드는 것이 나온 것처럼 저에게는 느껴집니다.

오늘 저는 여러분 사제들, 신학생들, 남녀 수도자들에게 이야기해야 하고 무언가를 말해야 합니다. 제가 준비한 연설문이 있는데… 하지만 그것을 읽고 싶지 않습니다…. 그래서 이걸 수도자 장상협의회 회장님이 나중에 발표하도록 드립니다.

저는 동정녀에 대해, 마리아에 대해 생각했습니다. 마리아의 말씀 두 가지-여기서 제가 기억이 잘 나지 않는데, 다른 말씀도 하셨는지는 잘 모르겠네요…-입니다. "저에게 이루어지소서." 그렇습니다. 물론 왜 자신이 선택되었는지 천사에게 설명을 청하긴 했습니다. 하지만 이렇게 말하지요. "저에게 이루어지소서." 또 다른 말은 "그가 너희에게 말하는 것을 하여라." 마리아는 결코 자신이 주인공이 되고 싶어 하지 않았어요. 평생토록 제자였습니다. 당신 아들의 첫 제자. 자신이 지녔던 모든 것은 순전히 하느님의 무상성(거저 주신 것)이었음을 인식하고 있었지요. 무상성에 대한 인식. 그래서 하느님의 무상성이 드러나도록 "이루어지소서", "하여라" 하신 것입니다.

수녀들, 수사들, 사제들, 신학생들 여러분은 날마다 돌아가십시오. 하느님께서 여러분을 선택하신 무상성으로 돌아가는 이 길을 가십시오. 여러분은 신학교에 들어가기 위해, 수도생활로 들어가기 위해 입장료를 내지 않았습니다. 여러분은 그럴 자격이 있었던 것이 아닙니다. 혹 여기 있는 어떤 수사나 사제나 신학생이나 수녀가 자신이 그럴 만한 자격이 있었다고 믿는 사람이 있으면 손을 들어 보세요! 모든 것을 거저 받았습니다. 이 길을 가는 수사, 수녀, 사제, 신학생의 삶 전체가, 그리고 말하자면 주교들의 삶 전체가 이 무상성의 길로 가야 하고 날마다 이 길로 돌아가야 합니다. "주님, 오늘 저는 이것을 했습니다. 이것은 잘되었습니다. 이런 어려움이 있었습니다.… 하지만 이 모든 것은 당신에게서 옵니다. 모든 것이 공짜입니다." 무상성. 우리는 하느님의 무상성의 대상입니다. 우리가 이것을 잊어버리면 서서히 우리 자신이 중요한 존재가 되어 가지요. "이분을 좀 보세요. 어떤 일들을 하고 있는지…", "보세요, 이분은 그토록 중요한 곳의 주교님이 되셨어요…." "이분은 몬시뇰이 되셨어요." "이분은…", 그렇게 서서히 우리는 밑바탕에 있는 것에서, 마리아가 결코 멀어지지 않았던 것에서, 곧 하느님의 무상성에서 멀어져 갑니다.

형제로서 충고 하나 하지요. 날마다, 아마 저녁이 나을 텐데요. 잠을 자러 가기 전에 예수님께 눈길을 돌리고 이렇게 말씀드리세요. 당신은 저에게 모든 것을 공짜로 주셨습니다. 그러고 나서 잠자리에 드세요. (이동으로) 자리가 바뀔 때나 어떤 어려움이 있을 때 저항하지 않아요. 모든 것이 거저 주어진 것이고 아무것도 자격이 있어서 받은 것이 아니니까요! 이렇게 마리아는 하신 거예요.

성 요한 바오로 2세는 「구세주의 어머니Redemptoris Mater」에서 -이 문헌을 읽도록 여러분에게 권하는데. 그래요, 이 문헌을 집어 들고 읽으세요. 물론, 성 요한 바오로 2세는 순환적인 사고 스타일을 가지고 계셨는데 교수였지만 하느님의 사람이었어요. 아무튼 이 문헌이 지닌 모든 영양분을 끌어내려면 여러 번 읽을 필요가 있습니다.- 아마도 마리아는 -저는 지금 제가 인용하려는 문장을 잘 기억하지는 못하겠지만 그 사실을 인용하고자 합니다.- 십자가의 순간에, 자신의 충실성의 순간에 이렇게 말하고 싶었을지도 모릅니다. "얘가 이스라엘을 구속하리라고들 내게 말하더니! 그 사람들은 나를 속였구나." 그런데 그렇게 말하지 않습니다. 그런 생각조차 하시지 않아요. 모든 것을 거저 받았다는 것을 아는 여인이었기 때문입니다. 형제이자 아버지의 조언입니다. 저녁마다 무상성 안에 자리 잡으세요. 그리고 이렇게 말하세요. "이루어지소서. 모든 것을 당신이 저에게 주셨으니 감사드립니다."

여러분에게 말하고 싶은 두 번째 것은 건강을 보존하라는 것입니다. 특히 어떤 병에, 상당히 위험한, 혹은 당신을 따르고 섬기도록 거저 부르신 사람들에게 대단히 위험한 어떤 병에 걸리지 않도록 보살피라는 것입니다. '영적 알츠하이머'에 걸리지 말고 기억을 잃어버리지 마십시오. 특히 여러분이 끌어내진 그 자리에 대한 기억을 잃지 마세요. 예언자 사무엘의 그 장면, 이스라엘의 왕에게 기름을 바르도록 파견될 때의 장면. 베들레헴으로 가서 예쎄라고 하는 한 남자의 집으로 갑니다. 예쎄에게는 7-8명의 아들들이 있었는데 하느님께서는 사무엘에게 그 아들들 가운데 왕이 있다고 말씀하십니다. 그리고 분명하게 그들을 보고 이렇게 말하지요. "이 아이가 틀림없다." 큰아들은 몸집이 크고 키가 컸으며, 몸무게도 무겁고 용감하게 보였으니까요. 그런데 하느님께서는 그에게 말씀하십니다. "아니다, 그가 아니다." 하느님의 눈길은 인간들의 눈과 다릅니다. 그렇게 모든 아들을 다 거치게 하시고 하느님께서는 "아니다, 그는 아니다." 하고 말씀하십니다. 예언자는 어찌할 바를 모르는 처지가 되자 아버지에게 묻지요. "다른 아들들은 없습니까?" 아버지가 답합니다. "있습니다. 저기에서 염소 떼와 양 떼를 치고 있는 막내가 있습니다." "불러오시오." 17-8세가량, 모르겠어요, 되어 보이는 그 소년이 오자 하느님께서 말씀하십니다. "그 아이다." 양 떼를 좇아다니던 그를 데려온 것입니다. 또 다른 예언자는 하느님께서 그에게 예언자로서 어떤 일들을 하라고 말씀하시자 이렇게 말하지요. "양 떼를 좇아다니다가 불려온 제가 누구입니까?" 여러분이 어디에서 불려 나왔는지 잊지 마십시오. 뿌리를 부정하지 마세요!

성 바오로는 기억을 잃을 이 위험을 꿰뚫어 보고 있었고 자신이 서품을 준 가장 사랑하는 아들 주교 디모테오에게 사목적 조언을 주는데 그 중 감동적인 한 가지가 있습니다. "그대의 할머니와 그대의 어머니가 지녔던 믿음을 잊지 마시오!" 곧 "그대가 어디에서 불려 나왔는지를 잊지 마시오, 그대의 뿌리를 잊지 마시오, 출세했다고 느끼지 마시오!" 무상성은 출세와 함께할 수 없는 하나의 은총이며, 어떤 사제가, 어떤 신학생이, 어떤 수사가, 어떤 수녀가 "출세"할 때 -저는 인간적 출세를 뜻합니다.- 영적 알츠하이머를 앓기 시작하며 자신이 불려 나온 그 자리에 대한 기억을 잃어버리기 시작합니다.

사제와 남녀 축성생활자 여러분을 위한 두 가지 원칙은 이것입니다. 날마다 모든 것을 공짜로 받았다는 느낌을, 여러분 각자의 선발의 무상성-우리 중 아무도 그 선발에 자격이 없다는 사실-에 대한 느낌을 새롭게 하고 기억을 잃지 않을 은총을, 더 이상 자신을 중요한 존재로 느끼지 않을 은총을 청하십시오. 자기 집에서 사투리로 말하고 민족들이 가진 고귀한 고대 언어-에콰도르는 그런 언어를 얼마나 많이 가지고 있는지요!- 중 하나인 다른 언어로 말하던 어떤 사제나 어떤 축성생활자가 언어를 잊어버린 것을 보는 것은 대단히 슬픈 일입니다. 언어를 잊어버리는 것은 아주 슬픈 일이에요. 그 언어를 말하기를 원치 않는 것은 아주 슬픈 일입니다. 이는 그들이 불려 나온 자리를 잊었다는 뜻입니다. 이것을 잊지 마십시오. 기억의 은총을 청하십시오.

이것이 제가 강조하고 싶었던 **두 가지 원칙**입니다. 이 두 가지 원칙을 여러분이 살아간다면 -날마다요, 이건 매일의 일이에요. 매일 저녁 그 두 가지 원칙을 기억하고 은총을 청하십시오.- 이 두 가지 원칙을 여러분이 살아간다면 삶 안에서 여러분에게 두 가지 태도를 줄 것입니다. 두 가지 태도로 살게 할 것입니다.

첫째, 섬김입니다. 하느님께서는 나를 선택하셨습니다. 나를 끌어내셨습니다. 왜요? 섬기라고요. 나에게 고유한 섬김입니다. "나에겐 내 시간이 있어." "나는 내 일이 있어." "나는 이것이 있어…" "아니야, 이젠 가게를 닫아야지." "그래, 나는 가정을 축복하러 가야겠지. 하지만… 피곤해… 오늘은 텔레비전에서 재밌는 드라마를 하는데, 그러니…" -수녀들에게는!-, 이것이 아닙니다. 결국, 섬김, 섬기기, 섬기기입니다. 다른 일들은 하지 않고 우리가 피곤할 때 섬기고 사람들이 우리를 성가시게 할 때 섬기는 거예요.

어떤 나이 든 신부님 한 분이 저에게 말씀하셨는데 그분은 평생 학교에서, 대학에서 교수였고 문학을 가르쳤답니다. 문학을요, 천재였죠. 은퇴했을 때 그분은 관구장에게 가난한 동네로 보내달라고 청했어요. 이민자들, 일자리를 찾아 이민해 오는 사람들로, 아주 단순한 사람들로 이루어진 동네들로 보내달라고요. 그리고 그 수도자는 일주일에 한 번 자기 공동체로 돌아가 이야기를 했어요. 아주 머리가 좋은 사람이었죠. 그 공동체는 신학과 공동체였는데, 그분은 다른 신학 교수 신부들과 같은 수준에서 이야기를 했어요. 그런데 어느 날 한 사람에게 이렇게 말했습니다. "신부님들은… 여기서 누가 교회론을 가르치나요?" 교수가 손을 들었어요. "나요." "신부님에겐 두 가지 명제가 부족해요." "어떤 건가요?" "하느님의 충실하고 거룩한 백성은 본질적으로는 숭고하고 -곧 원하는 대로 하고- 존재론적으로는 성가시다." 이는 큰 지혜를 포함하고 있는데, 섬김의 길에 들어선 사람은 인내를 잃지 않고 성가심을 당해야 하기 때문이고, 섬기고 있으면서 한순간도 자신의 것이 아니기 때문입니다. 한순간도 자신의 것이 아니에요. 나는 섬기려고 여기에 있습니다. 내가 해야 하는 일에서 섬기고, 나의 백성을 위해, 내 일을 위해, 하느님께서 나에게 맡기신 사람들을 위해 기도하면서 감실 앞에서 섬기는 것입니다,

섬김, 섬김을 무상성과 섞으세요. 그러면… 예수님께서 말씀하신 것은 "네가 거저 받은 것을 거저 주어라." 제발, 제발! 은총을 거래하지 마세요! 부디, 우리의 사목이 무상의 것이길. 누가 이 무상성의 감각을 잃으면 아주 흉해요…. 그래요, 좋은 일들을 하지요. 하지만 이것 무상성에 대한 감각을 잃은 거예요.

두 번째는, 이 무상성과 이 기억-처음에 내가 말했던 이 두 가지 원칙,

무상성과 기억-을 살아가는 축성생활자, 사제 안에서 보이는 두 번째 태도는 **기쁨, 명랑함**입니다. 이건 예수님의 선물입니다. 우리가 청하면, 바로 매일 새로워지는 무상성의 감각과 우리가 불려 나온 지점에 대한 기억을 잃어버리지 않기라는 우리의 사제생활 혹은 수도생활의 이 두 개의 기둥을 잊지 않는다면, 그분이 우리에게 주시는 선물이에요.

이것을 여러분에게 기원합니다. "그렇습니다, 신부님. 신부님께서는 어쩌면 저희 백성의 레시피가 그것이리라고 말씀하셨습니다. 저희는 성심 덕분에 이렇습니다." 물론입니다. 그런데 저는 여러분에게 같은 노선에서, 곧 예수성심의 방향에서 다른 레시피를 제안하는데, 그것은 **무상성의 감각**입니다. 예수님은 무無가 되셨고 자신을 낮추셨으며, 자신을 비우셨고 당신의 가난으로 우리를 부유하게 하시려고 스스로 가난해지셨습니다. 순수한 무상성입니다. 그리고 **기억의 감각**입니다. 주님께서 우리 삶에서 이루신 놀라운 일들을 기억합시다.

주님께서 여러분 모두에게 이 은총을 내리시기를, 여기 있는 우리 모두에게 이 은총을 내리시기를, 그리고 계속해서 -저는 하마터면 "상을 주시기를" 하고 말할 뻔했습니다.- 여러분이 섬겨야 하는, 여러분이 섬기도록 불린 이 에콰도르 백성을 축복하시기를, 이 백성을 제가 이곳에 도착하자마자 곧 주목했던 이 독특함으로 계속 축복하시기를. 예수님께서 여러분을 축복하시기를, 그리고 동정녀께서 여러분을 보호하시기를.

***

모두 함께 우리에게 모든 것을 거저 주신 주님의 기도를, 우리 안에 예수님께 대한 기억을 생생하게 유지해 주는 주님의 기도를 바칩시다.

[하늘에 계신…] [강복]

부디, 부디 저를 위해 기도해 주시기를 부탁합니다. 저도 여러 번 하느님께서 저를 선택하신 그 무상성을 잊어버릴 유혹을, 제가 불려 나온 그 지점을 잊어버릴 유혹을 느끼니까요. 저를 위해 기도해 주세요!

[교종이 준비했던 원고]

친애하는 형제자매 여러분,

저의 이 방문 동안에 체험한 바를 킨체의 성모님 발 아래로 가져갑니다. 제가 애덕의 수녀회의 집에서 잠시 함께 했던 노인들과 병자들을 그리고 가졌던 모든 만남을 그분의 마음에 맡겨 드립니다. 그들을 마리아의 마음 안에 놓아드립니다. 하지만 그들을 또한 사제들, 남녀 수도자들, 신학생 여러분의 마음속에도 맡겨 둡니다. 주님의 포도밭으로 불린 여러분이 에콰도르의 이 백성이 살아가고 고통 받고 기뻐하는 모든 것의 수호자가 되도록 하기 위해서입니다.

몬시뇰 라짜리Lazzari, 미나Mina 신부님과 산도발Sandoval 수녀님의 말씀에 감사드립니다. 여러분의 말씀은 저에게 하느님 백성을 위한 공동의 염려 안에서 몇 가지를 공유하기 위한 요점을 제공해 주었습니다.

복음서에서 주님께서는 우리에게 조건을 붙이지 말고 사명을 받아들이라고 권고하십니다. 이는 중요한 메시지로서 이를 잊어버리는 건 좋지 않으며, 동정녀의 봉헌에 바쳐진 이 기념 성당에서 특별한 강세로 메아리쳐 옵니다. 마리아는 당신처럼 소명을 받은 우리를 위한 제자의 모범입니다. 그분의 신뢰에 찬 응답 "당신 말씀대로 제게 이루어지소서"(루카 1,38 참조)는 카나의 혼인 잔치에서 하신 그분의 말씀을 상기시킵니다. "무엇이든지 그가 시키는 대로 하여라"(요한 2,5). 그분의 모범은 당신처럼 섬기라는 권고입니다.

동정녀의 봉헌에서 우리는 우리 각자의 부르심을 위한 몇 가지 암시를 찾아볼 수 있습니다. 어린 동정녀는 그의 부모와 해방을 기다리던 모든 백성을 위한 하느님의 선물이었습니다. 성경에서 자주 반복되는 사실이지요. 하느님께서는 구원을 가져오도록 운명 지어진, 그리고 동시에 나이 많은 부모의 희망을 새롭게 해 주는 나약한 어린이 하나를 보내시면서 당신 백성의 부르짖는 소리에 응답하시는 것입니다. 하느님의 말씀은 우리에게 이스라엘 역사 안에서 판관들, 예언자들, 왕들은 당신 백성에 대한 당신의 다정한 사랑과 자비를 전달해 주는 주님의 선물임을 말해 줍니다. 그들은 하느님의 무상성의 표지이지요. 그들을 선택하신 분은 바로 하느님이십니다. 이는 우리를 자기준거성에서 해방해 주고 우리는 더 이상 우리 자신에게 속하지 않으며, 복음서가 말해 주듯이 우리의 소명은 모든 이기심을 그리고 물질적 이득이나 애정적 보상의 모든 추구를 포기하도록 요구한다는 것을 이해하게 해 줍니다. 우리는 용병이 아니고 섬기는 자들입니다. 우리는 섬김을 받으려고 오지 않았고 섬기러 왔으며 지팡이나 식량 자루 없이 온전한 이탈로 섬깁니다.

킨체의 성모님이라는 호칭과 관련된 몇 가지 전승은 디에고 데 로블레스Diego de Robles가 룸비치Lumbicí 토착민들의 위임을 받아 성화聖畫를 그렸다고 말합니다. 디에고는 신심信心으로 그 일을 한 것이 아니었고 경제적 이익을 위해 했던 것이지요. 그런데 그들이 비용을 지불할 수 없었으므로 그는 그 성화를 오야카치Oyacachi로 가져가서 삼나무 판자 몇 개와 바꾸었습니다. 디에고는 또 성화 앞에 제대를 하나 만들어 달라는 그 사람들의 요청을 받아들이지 않았습니다. 말에서 떨어지면서 위험에 처하여 동정녀의 보호를 느낄 때까지는 말이죠. 그는 마을로 돌아가서 성화의 받침대를 만들었습니다. 우리 각자도 역시 교차로에서 우리를 만나러 오시는 하느님을, 좌절하고 무너진 사람들이라는 우리의 처지 안에서 우리를 부르시는 하느님을 체험한 적이 있지요. 허영과 세속성이 우리로 하여금 하느님께서 어디서 우리를 구출해 내셨는지를 잊어버리게 하지 않기를! 엘 킨체의 마리아께서는 우리를 야망에서, 이기적 관심사에서, 우리 자신에게 지나치게 주의를 기울이는 데서 우리를 내려오게 해 주시기를!

사도들이 예수님에게서 받은 '권위'는 그들의 이익을 위한 것이 아닙니다. 우리가 받은 은총의 선물들은 교회를 쇄신하고 건설하도록 주어진 것입니다. 나누기를 거절하지 말고 내주는 데 저항하지 말며 안락함 안에 갇히지 마십시오. 특별히 죄와 실망과 원한에 억눌린 사람들에게 넘쳐흐르는 물로 생기를 돋우어 주는 샘이 되십시오(「복음의 기쁨」, 272항 참조).

동정녀 봉헌이 저에게 상기시키는 두 번째 요점은 **항구함**입니다. 이 축일의 암시 풍부한 마리아 성화에서 소녀 동정녀는 성전 계단을 오르면서 부모에게서 멀어집니다. 마리아는 뒤를 돌아보지 않고 복음의 권고에 명확히 준거하면서 단호하게 앞으로 나아갑니다. 우리도 복음서 안의 제자들처럼 모든 민족과 각처에 예수님의 기쁜 소식을 가져다주기 위해 걸어갑시다. 선교 사명에서의 항구함은 우리를 더 잘 대접하는 곳, 더 많은 도구가 있고 더 편리한 곳을 찾아 이 집 저 집 돌아다니는 것을 뜻하지 않습니다. 그것은 끝까지 우리의 운명을 예수님의 운명에 결합할 것을 요구합니다. 엘 킨체의 동정녀의 발현에 관한 어떤 이야기들은 오야카치Oyacachi의 토착민들이 곰들의 공격을 피해 숨을 곳을 찾고 있을 때 '아기를 품에 안은 부인'이 며칠 동안 계속해서 오후에 그들을 방문했다고 말합니다. 여러 번 마리아는 당신 자녀들을 만나러 가셨습니다. 그들은 그것을 믿지 않았고 이 부인을 의심했지만 매일 오후 해가 질 때쯤 그분이 항구하게 돌아오는 것에 감탄했습니다. 우리를 배척한다고 해도, 밤이 되고 혼란과 위험이 커간다고 해도 항구하기입니다. 우리는 혼자가 아니라는 것, 길을 가는 거룩한 하느님 백성이라는 것을 알고 이러한 노력에서 항구하기입니다.

성전으로 올라가는 소녀 동정녀의 성화에서 우리는 어떤 식으론가 선교하는 제자를 동반하는 교회를 볼 수 있습니다. 소녀 마리아와 함께 그 부모가 있는데 그들은 딸에게 신앙의 기억을 전해 주었고 이제는 딸이 자신의 길을 계속해서 가도록 관대하게 딸을 주님께 바칩니다. "동정녀를 따르는 이들" 안에서, 등불을 켜 들고 있는(시편 44,15 참조) "그의 동반자들" 안에 나타난 그분의 공동체가 있는데, 그들 안에서 교부들은 마리아를 본받으면서 진실하게 하느님의 벗이 되고자 하는 모든 사람에 대한 예언을 봅니다. 또 마리아를 받아들이기 위해 그를 기다리는 사제들이 있는데 그들은 교회 안에서는 목자들에게 모든 영과 모든 부르심을 따스하게 맞아들이고 그것들을 식별하도록 도울 책임이 있음을 상기시켜 줍니다.

서로 붙들어 주면서 일치하여 걸어갑시다. 그리고 그분을 섬기는 데 있어 항구함의 선물을 겸손하게 청합시다.

잉카 제국 시대부터 하나의 다민족 정착지가 되어 온 이 장소에 있어서 엘 킨체의 성모님은 만남과 친교의 기회가 되었습니다. 교회가 친교의 집이요 친교의 학교(『새 천년기』, 43항 참조)가 되기 위한 노력을 꾸준히 한다는 것은, 제가 만남의 문화라고 정의하기를 좋아하는 그것을 일으키는 것은 얼마나 아름답습니까!

(동정녀) 봉헌의 성화는 소녀 동정녀가 사제들에게 일단 축복받고 제단의 계단에 앉았다가 일어서서 춤을 추었다고 말해 줍니다. 저는 혼인 잔치의 그림에서 표현되는 기쁨을 생각합니다. 신랑 친구들의 기쁨, 보석으로 단장한 신부의 기쁨을요. 그것은 보물을 발견하고 나서 그 보물을 차지하려고 모든 것을 버린 사람의 기쁨입니다. 주님을 만나는 것, 그분의 집에 사는 것, 그분과의 친밀함에 참여하는 것은 하느님 나라의 선포와 모든 사람에게 구원을 가져다주는 임무를 지웁니다. 성전의 문턱을 지나간다는 것은 마리아처럼 주님의 성전에서 변모되고 형제자매들에게 주님을 모셔가기 위해 걸음을 내디딜 것을 요구합니다. 동정녀는 천사의 고지告知 후 세례자 요한을 어머니의 태중에서 뛰어놀게 했던 것과 똑같은 이 엄청난 환

희를 나누고자 첫 선교사 제자로서 주저 없이 유다의 마을을 향해 떠납니다. 그녀의 목소리를 듣는 사람은 "기쁨으로 뛰어놀고" 자기 또한 그 기쁨의 설교자가 됩니다. 복음화의 기쁨은 교회를 움직이고 교회로 하여금 마리아처럼 밖으로 나가게 합니다.

기념 성전을 오야카치에서 이 자리로 옮겨 온 이유로 간주되는 것들이 많다고 해도 저는 특별히 한 가지 이유에 머무르고 싶습니다. "여기는 접근성이 좋고 전에도 좋았으며 모두에게 더 편하고 가깝습니다." 키토Quito의 대주교인 루이스 로페즈 솔리스Luis López de Solís 수사님은 모든 사람을 불러 모으고 맞아들일 수 있는 기념 성전을 짓도록 명할 때 그런 뜻으로 말씀하셨습니다. 밖으로 나가는 교회는 가까이 다가가는 교회, 멀리 있지 않으려고 스스로 적응하는 교회, 안락함에서 벗어나 복음의 빛이 필요한 모든 변두리에 도달할 용기를 가진 교회입니다(「복음의 기쁨」, 20항 참조).

이제 우리에게 맡겨진 거룩한 백성이 우리에게 물은 우리의 책임으로 돌아가 봅시다. 이 책임 중에서 이 기념 성전에서 손으로 만져지는 그리고 라틴아메리카의 여러 나라에 아주 널리 퍼져 있는 대중 신심을 돌보고 활성화하고 교육하는 일을 잊지 맙시다. 충실한 백성은 신앙을 자신의 언어로 표현하고 자신의 가장 깊은 곳에 있는 고통과 기쁨과 감사의 감정을 여러 형태의 신심으로 표현할 줄 알았습니다. 곧 행렬, 철야, 꽃, 노래 등인데 이것들은 주님께 대한 신뢰와 그분의 어머니요 우리의 어머니이시기도 한 분께 대한 사랑의 놀라운 표현으로 바뀝니다.

킨체에서는 인간들의 역사와 하느님의 역사가 한 여인의, 마리아의 이야기로 함께 흘러듭니다. 그리고 그것은 하나의 집에서, 우리의 집, 누이요 어머니인 땅에서입니다. 이 호칭의 전승들은 삼나무, 곰, 여기서 하느님 어머니의 최초의 집이었던 바위 안의 동굴을 우리에게 일깨워 줍니다. 우리에게 이곳을 둘러쌌던 새들의 과거에 대해 말해 주고 주변을 꾸미는 꽃들의 오늘을 말해 줍니다. 이 신심의 기원은 “피조물과 평온한 조화를 이루고… 우리 안에 그리고 우리를 둘러싼 것들 안에 살아 계신 창조주를 관상하기 위한 피조물과 평온한 조화”(「찬미받으소서」, 225항)가 더 단순했던 시절로 우리를 데려갑니다. “그분의 현존은 만들어지는 것이 아니라” 창조된 세상 안에서, 당신의 사랑하시는 아들 안에서, 그리스도인들에게 교회의 살아 있는 지체로 느끼게 해 주고 교회의 사명에 능동적으로 참여하게 해 주는 성찬례 안에서(아파레시다 문헌, 264항 참조), 여기에서부터 토착 민족의 신앙의 첫 선포의 새벽을 동반했던 엘 킨체의 성모님 안에서 우리에게 드러납니다. 그분께 우리의 소명을 의탁합시다. 성모님께서 우리 각자를 우리 백성을 위한 선물이 되게 해 주시기를, 사랑하는 우리 에콰도르의 끝까지 변두리까지 당신 아들 예수님의 복음을 전하러 나가는 –사목자들과 일치하여– 임무와 열정에서 항구함을 주시기를.

33

2015년 7월 9일 | 싼타 크루즈 델라 씨에라의 돈 보스코 학교에서

볼리비아 순방 중 성직자, 수도자, 신학생들에게

사랑하는 형제자매 여러분, 안녕하세요!

예수님의 선교하는 제자들의 마음과 삶 전체를 채우는 기쁨을 나누고자 이렇게 여러분을 만나게 되어 기쁩니다. 몬시뇰 로베르트 보르디Robert Bordi의 인사 말씀, 미겔Miguel 신부님과 가브리엘라Gabriela 수녀님 그리고 신학생 다미안Damian의 증언이 그것을 드러내 보여 주었습니다. 여러분의 성소 체험을 나누어 주셔서 대단히 감사합니다.

마르코 복음의 이야기에서 우리는 예수님의 추종자들 집단에 합류한 또 다른 제자 바르티매오의 체험도 들었습니다. 마지막 순간의 제자였지요. 주님께서 예리코에서 예루살렘으로 가시는 마지막 여행이었는데, 그분은 사람들 손에 넘겨지시기 위해 예루살렘으로 가시는 길이었습니다. 소경이자 거지인 바르티매오는 그 이상은 불가능할 정도로 배척당하고 소외당하여 길가에 앉아 있었는데, 예수님께서 지나가신다는 것을 알자 외치기 시작했습니다. 자기 소리를 들리게 한 것입니다. [무대 가까이 있는 한 수

녀를 가리키며] 북으로 자기 말을 듣게 하면서 "저 여기 있어요!" 하고 말한 이 대단한 수녀님처럼 말이죠. 훌륭해요. 수녀님, 북을 잘 치는군요!

예수님 주변에는 사도들과 제자들, 그리고 통상적으로 그분을 따라다니는 여자들이 있었는데, 그분은 생애 중에 하느님 나라를 선포하시기 위해 팔레스티나의 길들을 그들과 함께 걸으셨습니다. 큰 군중이었지요. 좀 억지스럽게 그 의미를 번역한다면 예수님 주변으로 주교들, 사제들, 수녀들, 신학생들, 평신도 활동가들, 그리고 그분을 따르던, 그분의 말씀을 듣던 모든 사람과 하느님의 충실한 백성이 걷고 있었던 것입니다.

여기서 두 가지 실재가 힘차게 떠오르면서 주의를 끌어당깁니다. 한편으로는 외침, 거지의 외침이고 다른 편으로는 제자들의 여러 가지 반응입니다. 우리가 듣거나 듣지 못하는 외침에 대한 주교들, 사제들, 수녀들, 신학생들의 여러 반응을 생각해 봅시다. 마치 복음사가가 우리에게 바르티매오의 외침이 사람들의 삶 안에서, 그리고 예수님을 따르는 사람들의 삶 안에서 어떤 형태의 메아리를 발견했는지를 보여 주고자 한 것 같습니다. 길 가장자리에 있는 사람, 아무도 중요시하지 않는, 기껏해야 사람들이 애긍이나 하는 사람의 고통에, 자신의 고통 위에 앉아 있으면서 주님을 따르는 사람들의 그 무리에 들어가지 못하는 사람의 고통에 그들은 어떻게 반응합니까?

소경의 외침에 대한 응답은 세 가지입니다. 오늘날에도 이 세 가지 응답은 현실입니다. 이를 복음 자체의 표현으로 말할 수 있겠습니다. 곧 지나가기 -조용히 해!- 용기를 내서 일어서라! 이 세 가지입니다.

1

지나가기, 거리를 두고 지나가기입니다. 어떤 사람들은 듣지 못하기 때문에 지나가지요. 예수님과 함께 있었고 예수님을 바라보았으며 예수님의 말씀을 듣고 싶었지만 듣지 못했습니다. 지나가기, 그것은 무관심의 메아리입니다. 문제들 옆으로 그냥 지나가기, 그리고 이 문제들이 우리를 건드리지 않기를. 내 문제가 아니야. 그 문제들을 듣지 않고 인정하지 않습니다. 귀먹음. 고통을 당연한 것으로 간주하는, 불의에 익숙해지는 유혹입니다. 그래요. 그런 사람들이 있어요. 난 여기 하느님과 함께 있어, 내 축성생활로써, 임무를 위해 예수님에게서 부르심을 받아서. 그래, 병자들이 있고 가난한 사람들이 있고 고통 받는 사람들이 있는 건 당연하지. 그러니까 어떤 외침이, 도움의 요청이 내 주의를 환기시키지 못하는 건 아주 당연하지.

익숙해지는 겁니다. 우린 이렇게 말하죠. 그게 정상적이지, 항상 그랬잖아… 나에게 해당되지 않는 한…. 이는 경탄하는 능력을 잃어버린, 곧 변화할 가능성을 잃어버린 철갑을 두른 마음에서, 닫힌 마음에서 생겨나는 반향입니다. 예수님을 따르는 우리로서는 주님에 대해서도 경탄의 능력을 잃어버릴 위험을 당하는 것이죠? 첫 만남에서 오는 이 경탄이 약해져 가는 것, 이것은 누구에게나 일어날 수 있고 바로 첫 번째 교종에게 일어났지요. "주님, 주님께서 영원한 생명의 말씀을 가지고 계시는데 저희가 누구에게 가겠습니까!" 이렇게 말하고 나서는 그분을 배반하고 부정하지요. 그에게 경탄이 약해진 것입니다. 이 모든 것이 습관이 되어 가는 과정이지요…. 철갑을 두른 마음. 자신을 건드리게 하지 않고 지나가는 데 익숙해진 마음입니다. 한쪽에서 다른 쪽으로 지나가면서 자기 백성의 삶 안에 뿌리를 내리지 못하는 존재인데, 단지 주님을 따르는 그 엘리트에 속하기 때문이지요.

이를 건너다니기의 영성이라고 부를 수 있을 것입니다. 지나가고 또 지나가고, 지나가고 또 지나가며 결코 멈추지 않아요. 그들은 최신 유행, 최신 베스트셀러를 따라다니지만, 접촉을 갖고 관계를 맺지는 못하며 끼어들지도 못합니다. 자기가 따르고 있는 주님과도 그래요. 점점 더 귀머거리가 되어 가기 때문에요!

여러분은 저에게 이렇게 말할 수도 있겠지요. "하지만 이 사람들은 스승을 따르고 있었고 스승의 말씀에 귀를 기울이고 있었잖아요. 그분의 말씀을 듣고 있었다고요." 여기서 우리는 그리스도교 영성의 가장 중대한 의무가 들어 있는 점 중 하나를 이야기하고 있다고 저는 믿습니다. 요한 복음사가가 우리에게 상기시키듯이 눈에 보이는 자기 형제를 사랑하지 않는 사람이 어떻게 보이지 않는 하느님을 사랑할 수 있을까요?(1요한 4,20 참조) 그들은 스승의 말씀을 듣고 있다고 믿고 있었지만 또한 해석하기도 했고 스승의 말씀은 철갑을 두른 그들 머리의 증류기를 통과해서 지나가 버렸지요. 하느님의 말씀을 듣는 것과 형제의 말을 듣는 것 사이의 이 일치를 갈라놓는 것은 예수님을 따르는 우리의 여정 전체에서 우리와 함께하는 커다란 유혹 중 하나입니다. 우리는 그것을 알고 있어야 해요. **우리 아버지의 말씀을 듣는 것과 같은 방식으로 하느님의 충실한 백성의 말을 들어야 합니다.** 같은 귀로, 같은 경청 능력으로, 똑같은 마음으로 그렇게 하지 않으면 뭔가가 고장 난 것입니다.

우리네 사람들의 고통을 듣지 않고, 그들의 삶에, 그들의 땅에 뿌리를 내리지 않고 지나가는 것은 하느님의 말씀을 들으면서 그 말씀이 우리 안에 뿌리를 박고 열매를 맺도록 두지 않는 것과 같습니다. 뿌리 없는 식물, 뿌리 없는 역사는 메마른 삶입니다.

2

두 번째 말은 "**조용히 해**!"입니다. 이것이 바르티매오의 외침 앞에서의 두 번째 태도에요. 조용히 해, 성가시게 하지 마, 방해하지 마… 우리는 공동체 기도를 하고 있고, 심오하게 고양된 영성에 잠겨 있으니 우리를 성가시게 하지 말고 방해하지 말라구! 앞의 태도와 다른 것은 이 태도는 듣고 인정하고 다른 사람의 외침과 접촉한다는 것입니다. 다른 사람의 고통이 있다는 것을 알고 아주 단순한 방식으로, 곧 나무라면서 반응합니다. 이들은 손가락을 이렇게 하는 [손을 들어 위협의 표시로 검지를 치켜세운다.] 주교들, 사제들, 수도자들, 교종들입니다.

아르헨티나에서는 손가락을 이렇게 하는 여교사들을 두고 "이 교사는 대단히 엄격한 규율을 사용했던 이리고옌Yrigoyen[34]시대의 교사들 같군." 하고 말합니다. 가난하고 충실한 하느님 백성은 얼마나 자주 예수님의 남녀 추종자의 불쾌한 감정이나 개인적 상황 때문에 야단을 맞는지요. 그것은 하느님 백성 앞에서 계속해서 그 백성을 야단치고, 툴툴거리고, 입 다물라고 말하고 있는 사람들의 태도입니다. 제발 백성을 쓰다듬어 주고, 들어 주고, 예수님께서 사랑하신다고 말해 주십시오. "안 됩니다, 이건 안 돼요." "부인, 우는 아이를 성당 밖으로 데려가세요. 제가 강론을 하고 있잖아요." 한 아기의 울음은 숭고한 강론이 아닌 것처럼 말입니다!

이건 예수님의 삶이 오로지 스스로 적합하다고 여기는 사람들만을 위한 것이라고 생각하는 남녀 제자들의 고립된 양심의 드라마이지요. 바탕에는 하느님의 충실하고 거룩한 백성에 대한 깊은 경멸이 있는 거예요. "이 소경이 어디로 끼어들려는 거야? 여기 있으라구." 이러는 거죠. '허락을 받은 사람들'만이, 자기 백성으로부터 서서히 갈라서고 구별되는 '차이가 나는 사람들의 카스트'가 자리를 차지하는 것이 옳아 보이겠지요. 그들은 정체성을 우월성의 문제로 만들어 버렸습니다. 소속이라는 이 정체성이 우월한 것이 된 것입니다. 더 이상 목자들이 아니라 팀장들인 거죠. "나는 여기까지 도달했어. 너는 네 자리에 있으라구."

들어도 들리지 않고, 보아도 보이지 않는 것입니다. 제가 체험한 일화

---

34 히뽈리또 이리고옌. 최초로 전국적 보통선거를 통해 당선된 아르헨티나 대통령.

하나를 이야기해 드리지요…. '75년 무렵… [그 자리에 있는 한 주교를 가리키며] 주교님 교구에서 있었던 일인데요. 저는 쎄뇰 데 로스 밀라그로스 Señor de los Milagros(기적의 주님)께 40명의 수련자를 보내 주시면 매년 쌀타Salta로 기적이 축제에 순례를 가겠다고 약속했어요. 그런데 41명을 보내 주셨지요. 좋아요. 큰 기념 성당마다 그러하듯이 그 성당에서는 미사가 꼬리를 물고 거행되고 고해성사가 끝없이 이어졌지요. 공동집전 미사가 끝나고 저는 나와 함께 와서 나를 동반하고 있던 한 신부와 이야기하고 있었는데 어떤 부인이 저에게 다가왔어요. 밖으로 나가는 곳에서 상본 몇 장을 든 아주 소박한 부인이었는데, 쌀타 사람인지 어디에서 왔는지 모르겠지만, 종종 기적의 축제를 위해 수도까지 오려면 며칠이 걸리지요. "신부님, 저에게 이 상본들을 축복해 주시겠어요?" 하고 부인은 나와 함께 있던 그 신부에게 말했습니다. "부인, 미사에 참여했었나요?" - "예, 신부님" - "좋아요. (미사에는) 하느님의 축복이 있고, 하느님의 현존이 모든 것을, 모든 것을 축복하지요…" - "맞아요, 신부님, 맞아요, 신부님." - "또 미사의 마지막 강복은 모든 것을 축복하는 거예요…" - "맞아요, 신부님, 맞아요, 신부님."

그 순간 이 신부의 친구인 다른 신부가 왔는데 그들은 서로 만나지 못했었지요. "아! 여기 있었네!" 그들은 서로를 향해 돌아섰고 그 부인은-이름이 무엇인지 모르겠지만 그냥 부인이라고 하지요.- "그래요, 신부님." 하고는 나를 보며 이렇게 말했어요. "신부님, 신부님이 저에게 이 상본들을 축복해 주시겠어요?" 하느님 백성에게 항상 장애물을 놓는 사람들은 백성을 분리시키는 겁니다. 듣긴 하지만 들리지 않는 거예요. 그들에게 설교를 하지요. 눈으로는 보지만 (주의를 기울여) 바라보지를 못하지요. 자신을 다른 사람들로부터 구별할 필요성이 그들의 마음을 닫아 버렸습니다. 의식하건 못 하건 자신에게 이렇게 말할 필요성인 거죠. "난 그 사람 같지 않아. 난 그 사람들과 같지 않다고." 자신들에게 맡겨진 사람들의 외침에서, 혹은 그들의 울음에서만이 아니라, 특히 그들 기쁨의 동기에서도 그들을 멀리했습니다. 웃는 이와 함께 웃고 우는 이와 함께 울기, 이것이 사제적 마음의 그리고 축성생활자의 마음의 일부입니다.

종종 우리가 이러한 태도로 만들어내고 우리 자신을 분리시키는 카스트들이 있습니다. 에콰도르에서 저는 사제들에게 -수도자들도 있었어요.- 제발, 날마다 기억의 은총을, 자신들이 불려 나온 자리를, 곧 양 떼를 쫓아다니던 때를 잊지 않을 은총을 청하라고 말했습니다. 그것을 절대로 잊지 마십시오. 그것을 만들어내지 마십시오. 자기 뿌리를 부정하지 마십시오. 지금 자신이 더 세련되고 더 중요한 문화를 지녔다고 해서 집안사람들에게서 배웠던 문화를 부정하지 마십시오. 자신의 태생 언어로 말하는 것을 부끄러워해서 자신들의 케츄아어, 아이마라어, 과라니어를 잊어버리는 사제들이 있습니다. "아니, 지금은 내가 세련된 방식으로 말하니까…." 충실한 백성에 대한 기억을 잃지 않을 은총, 그것은 은총입니다. 신명기에서 하느님께서는 당신 백성에게 "잊지 말라고, 잊지 말라, 잊지 말라…"고 여러 번 말씀하십니다. 그리고 바오로 자신이 직접 주교로 축성한 아끼는 제자 디모테오에게 이렇게 말합니다. "그대의 어머니와 그대의 할머니를 기억하시오!"

3

세 번째 말은 "**용기를 내서 일어서라!**"입니다. 이것이 세 번째 반향입니다. 바르티매오의 외침에서 직접 나오는 반향이 아니라 구걸하는 맹인의 소란 앞에서 예수님께서 어떻게 행동하시는지를 본 사람들의 반응에서 나옵니다. 혹은 그의 호소에 주의를 기울이지 않던, 여지를 주지 않던 사람들이나 그를 침묵시키려던 사람의 반응입니다. 예수님께서 그런 방식으로 반응하시는 것을 보고 변한 것은 분명합니다. "일어서라! 너를 부르신다."

그것은 말씀으로, 초대로, 변화로, 우리가 하느님의 거룩하고 충실한 백성 앞에서 반응하는 방식 앞에서 새로움의 제안으로 변하는 외침입니다.

지나가는 다른 사람들과는 달리 예수님께서 멈추시고 "무슨 일이냐?" 하고 물었다고 복음서는 말합니다. 어떤 사람의 외침 앞에서 멈추십니다. 그가 누구인지 밝히기 위해 군중의 익명성에서 나가시며, 이렇게 그분은 그에게 관여하십니다. 그의 삶에 뿌리를 내리십니다. 그리고 그를 침묵시키는 대신 이렇게 물으십니다. "내가 너를 위해서 무엇을 할 수 있는지 말해 보아라." 구별될 필요가 없고 갈라설 필요가 없으며, 그에게 설교하지도 않으시고 그를 분류하지도, 말할 허락을 받았는지 아닌지 묻지도 않으십니다. 질문으로 족합니다. 이 사람의 삶의 일부가 되고자 하시면서, 그의 운명 자체를 짊어지시면서 그를 인정하십니다.

그렇게 조금씩 조금씩 길가에서 맹인에게 그가 잃어버렸던 존엄성을 되돌려주십니다. 그리고 맹인을 포용하십니다. 그리고 그를 외부에서 보기보다 용감하게 그의 문제들과 자신을 동일시하시고 그렇게 해서 자비가 지닌 변화시키는 힘을 드러내십니다. 멈추어 서지 않는 연민compassione –경건함이 아니라 연민–, '함께 고통 당함'con(함께)–passione(고통 받음)이란 없습니다. 멈추어 서지 않는다면, 함께con 고통 당하지patire 않는다면 하느님의 연민을 갖지 못한 것입니다. 듣지 않는 연민은 없습니다. 타인과 연대하지 않는 연민은 없습니다. 연민은 재핑zapping[35]이 아니며 고통을 침묵시키기가 아닙니다. 반대로 사랑의, 함께 고통 당하기patire-con의 고유한 논리입니다. 두려움에 집중하는 논리가 아니라 사랑에서 태어나고 타인의 선善을 모든 것 위에 두는 자유에 집중하는 논리입니다. 우리네 사람들의 고통에 다가가기를 두려워하지 않는 데서 태어나는 논리입니다. 자주 그들 곁에 있기

35 휙 움직이기, 재빠르게 치우기.

위해서 그리고 그 순간을 기도의 기회로 만들기 위해서일 뿐이겠지만 말입니다.

이것이 제자직의 논리입니다. 이것이 성령께서 우리와 함께, 우리 안에서 활동하시는 것입니다. 우리는 이에 대한 증인들입니다. 어느 날 예수님께서 길가에서 자신의 고통 위에, 우리의 비참함 위에, 우리의 무관심 위에 앉아 있는 우리를 보셨습니다. 각자가 자신의 옛 역사를 압니다. 그분은 우리의 외침을 침묵시키지 않으시고 멈추어 서서 다가오셨고 우리를 위해 당신이 무엇을 하실 수 있는지 우리에게 물으셨습니다. "용기를 내어라, 일어서라!" 하고 말한 많은 증인 덕분에 조금씩 조금씩 우리는 우리에게 빛을 보게 해 준 이 자비로운 사랑의, 그 변화시키는 사랑의 손길을 받았습니다.

우리는 어떤 이데올로기의 증인들이 아니며, 어떤 처방전이나 신학을 하는 방식의 증인들이 아닙니다. 우리는 이것들에 대한 증인들이 아니에요. 우리는 예수님의 치유하는 자비로운 사랑의 증인들입니다. 우리는 우리 공동체의 삶 안에서 그분의 행동의 증인들입니다.

이것이 스승님의 교육학이고 이것이 당신 백성을 대하시는 하느님의 교육학입니다. 재핑zapping의 무관심에서 "용기를 내어라! 일어서라, [선생님이] 널 부르신다!"(마르 10,49)로 건너가기입니다. 우리가 특별해서가 아니라, 우리가 가장 나은 존재여서가 아니라, 우리가 하느님의 관리들이어서가 아니라, 단지 우리를 변화시키는 자비에 대한 무상의 증인들이기 때문입니다. 그렇게 살 때 기쁨과 즐거움이 있고, 자기 삶에서 "노래하라, 걸어라!" 한 성 아우구스티노의 조언을 자신의 것으로 삼았던 수녀님의 증언에 동의할 수 있게 됩니다. 변화시키는 기쁨에 대한 증언에서 오는 그 기쁨.

이 길에서 우리는 혼자가 아닙니다. 우리는 모범과 기도로 서로 돕습니다. 우리 주변에는 구름 같은 증인들이 있습니다(히브 12,1 참조). 예수의 성녀 테레사의 복녀 나자리아 이냐찌아Nazaria Ignazia di Santa Teresa di Gesù를 기억합니다. 복녀는 노인들을 돌보면서, 먹을 것이 없는 사람들을 위한 '가난한 자의 접시'를 통해, 고아들을 위한 구호원과 전쟁에서 부상당한 이들을 위한 병원을 열어서 그리고 여성들의 증진을 위한 여성 후원 제도도 만들면서 하느님 나라를 선포하는 일에 삶을 바쳤습니다. 복음화와 가난하고 병든 사람들을 보살피는 일에 온전히 헌신했던 가경자 비르지니아 블랑코 타르디오Virginia Blanco Tardío도 기억합니다. 그들과 군중, 예수님을 따르는 사람들 가운데 다른 많은 익명의 사람은 우리의 여정에 자극이 됩니다. 이 구름 같은 증인들! 하느님의 도우심과 모든 이의 협력을 받아 나아갑시다. 주님께서는 당신 빛이 땅의 모든 구석에 도달하도록 하시기 위해 우리를 쓰십니다. 앞으로 나아갑시다. "노래하고 걸으시오!" 노래하고 걸으면서, 부디, 저를 위해 기도해 주세요. 저는 기도가 필요합니다. 감사합니다!

34

2015년 7월 11일 | 파라과이 아순시온 주교좌 성당

주교, 사제, 부제, 남녀 수도자, 신학생, 운동단체들과 드린 저녁기도 중의 묵상

모두 함께 저녁기도를 드리는 것이 얼마나 아름다운지요! 일상의 삶에서 묵상하고 목소리와 노래의 조화를 반복하는 교회를 어찌 꿈꾸지 않겠습니까? 그것을 우리는 이 주교좌 성당에서 합니다. 이 대성당은 여러 번 다시 시작해야 했지요. 이 대성당은 교회와 우리 각자의 표지입니다. 때로는 안팎의 폭풍이 우리가 건설해 온 것을 내던지고 새롭게 시작하지 않을 수 없게 하지만 늘 하느님 안에 있는 희망과 함께이지요. 이 건물을 바라본다면 그것은 의심 없이 파라과이 사람들을 실망에 빠트리지 않았음을 알게 됩니다. 하느님께서는 결코 실망에 빠트리지 않으시고 그래서 우리는 그분을 감사로 찬미하기 때문입니다.

전례기도는 그 구조와 리듬이 있는 형태를 통해, 자기 주님께 동화되고자 하는 그리스도의 신부인 온 교회를 표현합니다. 우리 각자는 기도 안에서 예수님을 더욱 닮아 가기를 원합니다.

기도는 우리가 일상에서 살고 있거나 살아가야 할 것을 떠오르게 합니

다. 기도는 적어도 소외시키거나 그저 장식일 뿐인 것은 아니지요. 기도는 우리에게 시편에서 우리가 낭송하는 것을 실행하거나 입증하기 위한 동력을 줍니다. "가난한 이를 먼지에서 일으키시는"(시편 113,7) 하느님의 손은 바로 우리이고 불모의 슬픔이 비옥한 땅의 기쁨으로 변하도록 일하는 것은 우리입니다. "당신께 성실한 이들의 죽음이 주님의 눈에는 소중하네"(시편 116,15) 하고 노래하는 우리는 바쁘게 일하면서 투쟁하고 잉태 순간부터 나이가 많아지고 힘이 약해질 때까지 모든 인간 생명의 가치를 지키는 사람들입니다. 기도는 우리가 하느님과 다른 사람들과 피조물에게 지닌 사랑의 반영입니다. 사랑의 계명은 선교하는 제자가 예수님께 가장 잘 동화되는 길입니다. 예수님께 붙어 있는 것은 그리스도교적 소명에 깊이를 주는데 이 소명은 예수님의 '행하기'-활동보다 훨씬 더 많은 것을 의미하는-에 참여하여 자신이 하는 모든 것에서 그분을 닮고자 합니다. 교회공동체의 아름다움은 그 구성원 각자가 예수님의 존재에 헌신하는 데서 나옵니다.

이 주말의 복음서 찬가들[36]의 후렴은 우리에게 예수님의 열두 제자 파견을 상기시킵니다. 친교 안에서의 사도적 일에 대한 이 의식을 키우는 것은 항상 유익합니다. 항상 모든 성소와 모든 은사의 교회적 본성과 기능에서 출발하여 여러분이 사목적으로 협력하는 것을 보는 것은 멋진 일입니다. 저는 여러분 모두에게, 사제들, 남녀 수도자들, 평신도들, 신학생들, 주교들에게, 특히 교구의 사목 계획과 대륙의 사명을 중심으로 하여 이 교회적 협력에 헌신하면서 공동선을 위한 여러분의 온전히 준비된 자세로 협조할 것을 권고합니다. 우리 사이의 분열이 불모를 불러일으킨다면(「복음의 기쁨」, 98-101항 참조), 친교와 조화에서 풍성한 결실이 나온다는 것은 의심이

36 성무일도 아침기도에 나오는 '즈카르야의 노래Benedictus', 저녁기도에 나오는 '성모의 노래Magnificat'를 가리킨다.

없습니다. 이것들은 성령께 깊이 조응調應하기 때문입니다.

우리는 모두 한계를 지니고 있지요. 아무도 예수 그리스도의 전부를 재현할 수는 없으며, 비록 각각의 성소가 주로 예수님의 생애와 활동의 몇 가지 광채를 드러낸다 해도 포기할 수 없는 공통된 몇 가지가 있습니다. 우리는 방금 "하느님과 같음을 당연한 것(특권)으로 여기지 않으신"(필리 2,6 참조) 주님을 찬양했는데, 이는 모든 그리스도교 성소의 특징입니다. "하느님과 같음을 당연한 것(특권)으로 여기지 않는" 것입니다. 하느님께 불린 사람은 자랑하지 않으며 인정받는 것도, 허망한 갈채도 찾지 않고 범주에서 올라갔다고 느끼지도 않으며 다른 사람들을 마치 자기 발판인 것처럼 대하지 않습니다.

그리스도의 수위성首位性은 히브리서의 전례에 분명하게 묘사되어 있는데, 우리는 방금 그 서간의 거의 끝부분을 읽었습니다. "양들의 위대한 목자처럼 완전해지십시오"(13,20-21 참조). 그리고 이는 모든 축성생활자가 이 세상에 계실 때, "큰 소리로 부르짖고 눈물을 흘리며 기도와 탄원을 올리셨고"(히브 5,7) 고통을 당하시면서 순종이 무엇을 뜻하는지를 배우셨을 때 완전에 도달하셨던 분을 닮아 간다는 것을 인정하는 것을 포함합니다. 이것도 역시 부르심의 한 부분입니다.

이제 우리의 저녁기도를 마칩시다. 이 대성당의 종탑은 여러 차례에 걸쳐 재건축되었습니다. 종소리가 많은 기회에 우리의 전례기도를 앞서고 동반합니다. 우리가 기도할 때마다 하느님에 의해 새로워져서 종탑처럼 굳건하게, 하느님의 놀라우신 일들을 기쁘게 설교하는 우리는 마니피깟 Magnificat[37]을 공유하며 우리의 축성생활을 통해 파라과이에 큰일들을 하시도록 -그분이 하시기를- 합시다.

37 루카 복음 2장에 나오는 마리아의 찬미가로 성무일도 저녁기도에서 매일 노래한다.

35

2015년 9월 17일

젊은 축성생활자들의 모임 참석자들에게

안녕하세요!

여러분, 감사합니다. 장관 추기경님이 여러분이 5천 명의 젊은 축성생활자들이라고 말씀해 주셨습니다. 여러분이 준비해서 친절하게도 저에게 보내 준 질문으로 시작할까 합니다.

그런데 무엇보다 먼저 저는 여러분 가운데 이라크와 시리아에서 온 축성생활자들이 있다는 것을 압니다. 저는 이라크와 시리아의 우리 순교자들, 오늘날의 우리 순교자들에 대한 생각으로 시작하고 싶습니다. 아마도 여러분은 그들 중 많은 분에 대해 혹은 일부에 대해 알고 계시겠지요. 며칠 전 베드로 광장에서 한 이라크 사제가 저에게 다가와 작은 십자가 하나를 주었어요. 예수 그리스도를 부인하지 않으려고 학살당한 사제가 손에 쥐고 있던 십자가였습니다. 그 십자가를 저는 여기에 가지고 왔습니다…. 오늘날의 우리 순교자들의, -이들은 처음 몇 세기 순교자들보다 수가 더 많은데- 그리고 이라크와 시리아의 여러분 나라의 순교자들의 이 증언들에 비추어 저는 우리의 대화를 시작하고자 합니다. 오늘날에도 주님의 교회가 그리스도의 고난에 부족한 것을 당신 몸 안에서 행하고 있음에 대해 주님께 감사드리면서 그리고 예수님을 섬기고 우리의 축성생활에 봉사하면서 일상의 극히 작은 순교, 매일의 그 순교의 은총을 청하면서요.

자, 이제 여러분이 저에게 질문을 하세요. 그런 다음에… 한번 봅시다.

첫 번째 질문

교종님, 저희 모든 남녀 축성생활자가 저희의 생활양식으로 받아들인 복음은 주 예수님께서 당신을 따르며 "어디에 묵고 계십니까?" 하고 묻던 두 제자에게 "와서 보아라." 하고 답하셨다고 말합니다. 최근에 저희는 저희의 부르심을 기념했고 주님께서 더 가까이서 그리고 예언적 방식으로 당신을 따르라는 초대에 처음 응답했을 때부터 저희에게 주신 다른 여러 부르심을 기념했습니다.

교종님, 교종님도 축성생활로의 부르심을 들으셨고 예수님을 따르셨습니다. 교종님도 부르심의 그 "10시"를 기억하시겠지요. 교종님께 1953년 9월의 그 봄에 받은 그 첫 번째 부르심이 어떠했는지를 저희와 나누어 달라고 청하는 것은 지나치게 대담한 일인지…. 예수님과 복음의 무엇에 매혹당했는지요? 왜 수도자가 되셨고 왜 사제가 되셨는지요?

교종: 어디에서 왔나요? [박수]

답: 저는 알레포Aleppo 출신입니다. 시리아…. [박수]

두 번째 질문

경애하는 교종님, 「복음의 기쁨」에서 교종님은 저희에게 세례받은 모든 이는 교회 안의 위치가 어떤 것이건 혹은 신앙 안의 교육이 어느 수준이건 간에 복음화의 일꾼이라는 것을 상기시켜 주셨습니다. 또 이 복음화, 선교

과제는 영으로 이루어져야 하리라는 것, 곧 복음화는 안에서 마음을 불태우는, 그리고 개인적인 성향과 소망을 거스르는 어떤 것처럼 그저 묵인하거나 견디는 무거운 의무로서 행하는 일련의 숙제와는 크게 다르다는 것을 상기시켜 주셨습니다. 경애하는 교종님, 오늘날 교회 안에서 젊은 축성생활자들의 사명은 어떤 것입니까? 저희는 어디로 가야 할까요? 누구에게 어떻게 도움을 받아야 할까요? 교회는 저희를 어디로 파견하고 있나요?

교종: 이름이 뭐예요? 어디에서 왔고 어느 회인가요?

답: [영어로] 교종님, 제 이름은 메리 히야친타Mary Giacinta 수녀이고 인도에서 왔습니다. 아기 마리아의 까리따스 수녀회Sorelle della Carità di Maria Bambina 소속입니다.

세 번째 질문

[스페인어로] 교종님, 이 질문은 오늘 여기에 저희와 함께 있을 수 없었던 봉쇄 수녀 한 사람이 써 준 것입니다. 모든 축성생활자를 가리킬 수 있다고 저는 믿기 때문입니다. 오늘날의 저희 젊은 축성생활자들은, 어떤 사람들이 뿌리가 별로 없고 온전히 투신하기 어려운 "유동적이고 불안정한" 세대라고 규정한 세대에 속합니다. 저희 가족들은 종종 제대로 짜여 있지 않은 상태입니다. 저희는 편리와 상대주의를, 즉각적이고 가볍고 일회용인 모든 것을 선호하는 세대에 속합니다. 축성생활로의 양성 첫 단계를 마치고 나서 성대 서약을 한 후에 저희도 역시 그리스도를 따르는 여정에 있어서 자주 일종의 불안정을 체험합니다. 미지근함에 떨어지는 일을 어떻게 피할 수 있을까요?

교종 프란치스코의 답변

여러분께 감사드립니다. 사라Sara, 메리 히야친타, 삐에르Pierre, 감사해요. 세 사람 모두에게 감사드립니다.

사라부터 시작합시다. 축성생활 안에서의 편리라고 하는 대단히 진지한 문제를 건드렸기 때문이에요. "우린 이렇게 해야 해요…. 그리고 우린 마음이 편안해요. 난 여기서 내가 해야 하는 모든 계명과 규칙을 다 지키지요…. 난 그 모든 것을 잘 지키는 사람이에요…." 그런데 예수의 테레사 성녀는 엄격하고 잘 짜인 규칙 준수에 대해 그건 자유를 빼앗는다고 말했지요. 그분은 자유로운 여성이었습니다! 무척 자유로워서 심문받아야 했지요. 성령에게서 오는 자유가 있는가 하면 세속성에서 오는 자유가 있습니다. 주님은 여러분을, 우리 모두를 삐에르가 자유의 "예언적 방식"이라고 불렀던 것으로, 곧 증언과 충실성에 결합되어야 하는 자유로 부르십니다. "이렇게 해야 해, 해야 해, 해야 해, 해야 해…" 하면서 자녀를 엄격하게 교육하고 자녀들이 꿈을 꾸게 하지 않고 꿈을 지니도록 두지 않으며 자녀가 성장하도록 두지 않는 엄마는 자녀들의 창의적인 미래를 없애 버립니다. 자녀들은 불모의 상태가 될 겁니다.

축성생활 역시 불모의 상태가 될 수 있습니다. 바로 예언적이지 않을 때, 꿈꾸는 것을 허락하지 않을 때 말이지요. 아기 예수의 성녀 테레사를 생각해 봅시다. 수도원 안에 갇혀 살았지요. 그것도 그다지 쉽지 않은 원장과 함께요. 어떤 사람들은 원장이 성녀를 일부러 방해하려고 했다고 생각했지요. 하지만 16세, 17세, 18세, 20세, 21세 그 어린 수녀는 꿈을 꾸었어요! 결코 꿈을 꾸는 능력을 잃지 않았고 결코 지평을 놓치지 않았지요. 오늘날 선교의 주보성인이 될 정도로요. 성녀는 또 교회의 지평의 주보성인입니다. 성녀 테레사가 "틀에 박힌 영혼들almas concertadas"[38]이라고 부른 것은 하나의 위험입니다. 커다란 위험이에요. 성녀는 봉쇄 수녀였지만, 스페인 전역을 다니면서 수도원을 설립했습니다. 그래도 결코 관상의 능력을 잃지 않았습니다. 예언, 꿈을 꾸는 능력은 경직성의 반대입니다. 경직된 사람들은 꿈을 꿀 수 없습니다.

마태오복음 23장에서 예수님께서 당시의 엄격한 사람들에게, 당시의 경직된 축성된 자들에게 하신 멋진 말씀들을 생각해 봅시다. 그 구절을 읽어 보세요. 그 사람들이 경직된 사람들입니다. 규칙 준수는 경직된 것이어서는 안 됩니다. 규칙 준수가 경직되면 그것은 규칙 준수가 아니고 개인적 이기주의입니다. 자기 자신을 추구하는 것이고 자기가 남들보다 더 의롭다고 느끼는 것이지요. "저는 저 자매와, 저 형제와, 저기 저 사람과… 같지 않으니 주님 감사합니다. 우리 수도회는 그야말로 가톨릭적이고 계율을 잘 지키며 저쪽으로 가는 저 수도회와 같지 않으니 주님, 감사합니다." 이것이 경직된 사람들이 하는 이야기입니다. 이 모든 것을 마태오 23장에서 찾아볼 수 있을 것입니다.

성녀 테레사는 그것들을 "틀에 박힌 영혼들almas concertadas"이라고 부릅니다. 우리가 어찌 이렇게 회심하지 않겠습니까? 주님께서 우리에게 말씀하시는 것, 항상 열려 있는 마음, 주님께서 우리에게 말씀하시는 것을 장상과의, 영적 스승과의, 교회와의, 주교와의 대화에 가져가는 것입니다. 열려 있기, 열린 마음, 대화, 공동체적인 대화도요. "하지만 신부님, 저희는 대화를 할 수가 없어요. 대화만 했다 하면 늘 다투니까요…." "괜찮아요! 초기에 베드로, 바오로, 야고보도 –사도행전을 읽어 보세요.– 심하게 다투었어요." 하지만 그러고 나서는 성령께 열려 있어서 용서하는 이 능력을 갖게

38 '조화로운', '화합된' '질서 잡힌' 등으로 해석될 수 있는 concertadas는 대체로 긍정적인 의미로 쓰이지만, 이 맥락에서는 '정돈된', '틀에 박힌', '해 오던 대로만 하는', '새로움에 대해 폐쇄적인', '경직된' 등으로 이해된다.

된 거예요.

저는 좀 어려운 어떤 말을 하려고 합니다. 저는 여러분에게 진지하게 말합니다. 공동체 생활에서 자주 발견되는 죄 중 하나는 형제들 사이에, 자매들 사이에 용서하지 못하는 것입니다. "아이고, 저 자매는 나에게 대가를 치를 거야! 난 저 형제에게 대가를 치르게 할 거야!…" 이것이 다른 사람을 더럽히는 것입니다! 공동체 안에서 험담하는 것은 용서를 방해하며 서로 더 멀리 있게, 서로 더 멀어지게도 합니다. 저는 험담은 죄일 뿐만 아니라 –험담하는 것은 죄이기 때문에 여러분은 험담을 하면 고해성사를 보십시오.… 그건 죄라고요!– 험담하는 것은 테러리즘이기도 하다고 말하기를 좋아합니다! 험담하는 사람은 다른 사람의 명예에 '폭탄을 던져' 스스로 방어할 수 없는 다른 사람을 파괴하기 때문입니다. 빛 속에서가 아니라 어두운 곳에서 늘 험담하기 때문입니다.

어둠은 악마의 왕국입니다. 빛은 예수님의 왕국입니다. 만약 형제에게, 자매에게 불편한 어떤 것이 있다면 (그에게) 가세요…. 먼저 기도하고 마음을 고요히 한 다음에 그 형제에게, 그 자매에게 그것을 말하러 가세요. "나는 이 일에 대해 형제에게(자매에게) 동의하지 않아요…. 형제는(자매는) 좋지 않은 일을 했군요…." 하지만 절대로, 절대로 험담이라는 폭탄을 던지지는 마세요. 절대로, 절대로요! 험담은 공동체 생활의 페스트입니다! 하느님께 자기 일생을 봉헌한 수사, 수녀가 그렇게 해서 테러리스트가 되는 겁니다. 자기 공동체 안에 파괴하는 폭탄을 던지기 때문이죠.

사라 수녀님은 우리의 따름의 불안정에 대해서도 말했습니다. 언제나 축성생활의 시초부터 지금에 이르기까지 불안정의 순간들이 있었습니다. 그것들은 유혹이지요. 사막의 초기 수도승들은 이에 대해 쓰고 어떻게 내적 안정을, 평화를 찾을 것인지를 우리에게 가르칩니다. 하지만 유혹은 늘 있을 것입니다. 항상, 언제나…. 싸움은 마지막까지 있을 겁니다. 아기 예수의 성녀 테레사에게로 돌아가자면 성녀는 임종을 앞둔 사람을 위해 기도해야 한다고 말했습니다. 왜냐면 바로 그때가 유혹들이 강력하게 찾아오는 더 큰 불안정의 순간이기 때문이지요. 문화적으로 이는 사실입니다. 우리는 아주, 아주 불안정한 시대를, '한 토막의 시간'으로 보이는 시대를 살고 있습니다. 곧 임시의 문화를 살고 있습니다.

어떤 주교님이 일 년 전인가 이 년 전인가 말씀하시더군요. 전문직을 가진 한 탁월한 젊은이가, 훌륭한 청년이 자신에게 와서 사제가 되고 싶다고 말했다는 거예요. 그런데 딱 10년 만이랍니다. "그 후에는 한번 보지요…." 이런 일이 일어납니다. 벌어져요. 결혼생활에서도 있어요. "예, 예. 우리는 결혼해요. 사랑이 이어지는 동안은… 사랑이 사라지면 안녕, 안녕. 당신은 당신 집에, 나는 내 집에."

이 임시의 문화가 교회 안에, 수도공동체들 안에, 가정들 안에, 결혼생활 안에 들어왔습니다. 결정적인 것의 문화는 이것입니다. 곧 하느님께서는 당신 아들을 영원히 파견하신 것입니다! 어떤 세대에 혹은 어떤 나라에 임시로 보내신 것이 아니고 모두에게 보내셨어요. 모두에게 영원히요. 이것이 영적 식별의 기준입니다. 나는 임시의 문화 속에 있는가? 예를 들어, 해체되지 않기 위해 결정적 임무도 지는 것입니다.

메리 히야친타 수녀님, 수녀님은 복음화에 대해 말했습니다. 마음속에 타오르는 -이렇게 인용했지요.- 복음화, 곧 마음이 타오르는 곳에, 타오르는 마음으로 복음화하고 싶은 소망이라고요. 이것이 사도적 열의입니다. 복음화하는 것은 개종 운동을 하는 것과 같은 것이 아닙니다. 우리는 회원을, 가입자를 모집하는 축구협회가 아닙니다. 복음화하는 것은 단지 설득하는 것이 아니고 예수 그리스도께서 살아 계신다는 것을 증언하는 것입니다.

그럼 이 증언을 어떻게 하지요? 몸으로, 삶으로 합니다. 공부도 할 수 있을 것이고, 복음화 교육과정을 밟을 수도 있겠지요. 이런 건 좋은 거예요. 하지만 사람들의 마음을 따뜻하게 할 수 있는 능력은 책에서 오지 않습니다. 당신의 마음에서 오는 거예요! 당신의 마음이 예수 그리스도께 대한 사랑으로 타고 있다면 당신은 훌륭한 복음화의 일꾼입니다. 하지만 당신의 마음이 타오르지 않고 오로지 조직의 일들만을 바라본다면…. 이것들은 필요하긴 하지만 부차적인 것들입니다. 여기서 저는 -제가 좀 페미니스트라면 용서하세요.- 여성 축성생활자들의 증언에 감사하고 싶습니다. 모두는 아닌데, 약간 히스테리컬한 사람들도 있거든요! 여러분은 언제나 맨 앞줄에 서려는 이 소망을 가지고 있지요. 왜 그러지요? 여러분이 어머니들이기 때문이에요. 여러분은 여러분 가까이 머무는 교회의 이 모성을 지니고 있기 때문이에요.

저는 부에노스아이레스에서 수녀들이 없어진 어떤 병원이 있었는데 수녀들이 수가 적고 노인들이었기 때문인데 그 수도회가 거의 끝나 가고 있었던 거예요. 수도회들은 모두 임시의 존재들입니다. 주님께서는 어떤 시기를 위해 한 수도회를 선택하신 다음 그 수도회를 놔두고 다른 회를 만드십니다. 어떤 회도 영원히 남을 가능성은 없습니다. 하느님의 은총이지요. 어떤 회들은 그 시기를 위한 것입니다. 이건 분명해요. 이 수녀님들은 가엾게도 노인들이었어요. 사람들이 저에게 한국의 어떤 수도회에 대해서 말하더군요. 서울의 성가수녀회에 대해서요. 어떤 한국 신부님을 통해서 마침내 부에노스아이레스에 있는 그 병원에 세 명의 한국 수녀들이 도착했습니다. 거기서는 스페인어를 말하지요. 그 수녀님들은 스페인어를 제가 중국어를 아는 만큼 알고 있었지요. 곧 전혀 몰랐어요. 이튿날 그들은 병동으로 가서 병실에 갔습니다. 그 수녀들은 몸짓으로, 손으로 쓰다듬고 미소 지으면서 병동을 다녔습니다. 환자들은 "야, 대단한 수녀님들이네! 일하는 것 좀 봐! 얼마나 좋은 수녀님들인지!" 하고 말했어요. "수녀님들이 당신에게 뭐라고 말했나요?" "아니, 아무 말도 하지 않았어요." 불타는 마음의 증언이었던 것입니다. 그것은 수녀님들의 모성입니다.

이것을 잃어버리지 마십시오, 부디! 수녀는 어머니이신 교회와 마리아 어머니의 아이콘이기 때문입니다. 여러분은 교회 안에서 이 기능을 가지고 있습니다. 교회의 아이콘, 마리아의 아이콘, 교회의 다정한 사랑, 교회의 사랑의 아이콘, 교회의 모성과 성모님의 모성의 아이콘이 되는 역할이지요. 이걸 잊지 마세요. 항상 그렇게 맨 앞줄에 서는 거예요. 그리고 나아가서 교회는 예수 그리스도의 신부입니다. 수녀님들 이야기로 마칠게요. 수녀님들은 예수 그리스도의 신부들이고 수녀님들은 감실 앞에서, 주님 앞에서, 신랑과의 대화인 기도를 통해 그분의 메시지를 전달하기 위한 모든 힘을 얻습니다.

제가 좀 서둘러야겠군요. 오늘 할 일이 많아서요.

그리고 삐에르, 당신이 핵심을 말했어요. 예수님을 더 가까이 따르기. 가까이, 가까이 있기. 예언적 방식으로요. 이에 대해서, 예언에 대해서 저는 사라에게 답할 때 말했습니다. 그리고 축성생활에서 핵심이 되는 또 다른 단어, 그것은 기억입니다. 다시 말해 **예언, 가까움, 기억**입니다. 예언에 대해서는 제가 이야기했습니다. 가까움. 여러분 사이에 그리고 다른 사람들과의 사이에서의 가까움. 하느님 말씀과의 가까움. 제 아버지의 직장 동료 한 사람이 -여러 동료가 스페인 내전 후 아르헨티나에 들어왔는데 그들은 격렬한 반성직주의자들이었지요.- 한번은 그들 중 한 사람이 아주 심한 감염병에 걸렸는데 아주 중한 역병이었지요. 그의 부인도 일하고 있었고 아이들이 셋이 있었어요. 이 사람이 어느 수도회를 알게 되었는데 승천의 작은 자매들로 페르네Pernet 신부님이 창설한 수녀회였습니다. 그들의 일은…. 당시에는 기도 후에 그들은 어려움을 겪고 있는 집들을 가가호호 방문했어요. 모두가 간호사들이어서 병자들을 돌보아 주고 아이들을 학교에 데려다주고 집안일을 하고는 오후 네시에 귀가하곤 했습니다. 그들 중 하나가, 원장이 그 병자의 집에 갔습니다. 어려운 경우였기 때문이었지요. "내가 갑니다." 하고 말했어요. 그 남자가 이 수녀님에게 무슨 말을 했는지 상상해 보세요. 가장 심한 욕설을 했어요. 하지만 수녀님은 침착하게 자신의 일을 했어요. 상처를 돌보고 아이들을 데려다주고 먹을 것을 만들어 주었습니다. 그리고 한 달보다 좀 더 지나고 나서 그 남자는 나았습니다. 나았어요. 그래서 일터로 돌아갔습니다. 며칠 뒤 그와 서너 사람의 반성직주의자가 밖으로 나갔어요. 두 수녀님이 길을 가고 있었는데 그들 중 한 사람이 수녀님들에게 심한 말을 했습니다. 이 사람은 그런 말을 한 사람을 주먹으로 쳐서 바닥에 쓰러뜨리며 이렇게 말했습니다. "신부들과 하느님에 대해서는 하고 싶은 말을 다 해라. 하지만 성모님을 거슬러서는, 수녀님들을 거슬러서는 아무 말도 하지 마!" 생각해 보세요. 무신론자가, 반성직주의자가 왜 그런 말을 하죠? 교회의 모성을 보았기 때문이에요. 자기를 돌보고 집안일을 해 주고 아이들을 학교에 데려다주고 데리고 오던 인내심 많은 그 수녀에게서 성모님의 미소를 보았기 때문입니다. 이걸 잊지 마세요, 수녀님들. 여러분은 거룩한 교회와 어머니와 거룩하신 어머니 마리아의 아이콘입니다. 이걸 잊지 마세요. 교회는 이 사실 때문에 여러분에게 고마워합니다. 멋진 증언이지요. 이것이 가까움입니다. 가까이 계십시오. 문제들에, 여러 문제에 가까이 머무르세요.

다른 핵심 단어는 **기억**입니다. 저는 야고보와 요한이 예수님과의 만남을 결코 잊지 않았다고 생각합니다. 다른 사도들도 마찬가지입니다. 베드로, "너는 베드로(반석)이다." 니코데모, 나타나엘…. 예수님과의 첫 만남입니다. 기억, 자기 성소에 대한 기억입니다. 우리 축성생활의 어두운 순간에, 유혹의 순간에, 힘든 순간에 원천으로 돌아가기, 주님께서 우리를 바라보시던 때 우리가 느꼈던 경탄을 기념하고 기억하는 것입니다. 주님께서 나를 바라보셨다…. 기억.

당신은 저에게 제 기억을, 1953년 9월 21일의 첫 부르심이 어땠는지 나누어 달라고 청했지요. 하지만 어땠는지 모르겠습니다. 어쩌다가 성당 안에 들어갔는데 거기서 고해소를 보았고 제가 달라진 상태로 고해소에서 나왔다는 것, 다른 방식으로 나왔다는 것은 압니다. 삶은 거기서 바뀌었습니다.… 예수님의, 복음의 무엇이 저를 매혹했을까요? 모르겠어요…. 그분이 나에게 가까이 계신다는 것. 주님은 결코 저를 홀로 내버려 두신 적이 없습니다. 고통스럽고 어두운 순간에도, 죄의 순간에도…. 이 말도 해야 하기 때문이지요. 곧 우리는 모두 죄인이라고요. 우리는 이론으로 그렇게 말하지 실천적으로 그렇게 말하지는 않지요! 저는 제 죄를 기억하고 부끄러워합니다. 이런 순간들에도 주님은 저를 홀로 버려두지 않으셨어요. 저만이 아니라 모두를. 주님께서는 결코 아무도 버려두지 않으십니다.

저는 사제요 수도자가 되라는 이 부르심을 들었어요. 그날 저에게 고해를 들은 그 사제는, 저는 그분을 몰랐는데, 우연히 거기 계셨어요. 백혈병을 앓고 계셨기 때문에 치료 중이었는데 다음 해에 돌아가셨어요. 그 후에는 당신처럼 어떤 살레시오 회원이 저를 지도하셨는데 저에게 세례를 준 살레시오 회원이었어요. 저는 그분에게 갔고 그분이 저를 예수회원들에게 인도하셨습니다. 수도적 일치운동ecumenism이지요! 그런데 가장 힘든 순간에 그 첫 만남의 기억이 저에게 아주 도움이 되었습니다. 주님께서는 항상 우리를 결정적으로 만나 주시기 때문이지요. 주님께서는 임시의 문화 안으로 들어가지 않으십니다. 그분은 우리를 영원히 사랑하시고 영원히 동반하십니다.

결국 사람들 가까이 있기, 우리끼리 서로 가까이 있기, 우리의 증언으로, 우리의 불타는 마음으로, 그 한국 수녀들처럼 말로 하지 않더라도 다른 사람들의 마음을 따뜻하게 하는 사도적 열성으로 예언하기, 그리고 기억, 항상 돌아가기입니다.

여러분에게 한 가지 조언을 하지요. 신명기에서 모세가 백성을 기억하는 부분을 읽고 여러분의 삶을 기억해 보세요. "내가 거기서 종살이할 때 주님께서 나를 해방해 주셨고…". 아름답지요. 마지막에, 신명기의 마지막 부분에서는 어떻게 성전에 봉헌물을 바치러 가야 하는지를 가르쳐 주면서 이렇게 말합니다. "제 아버지는 떠돌아다니던 아라메아인이었습니다…". 주님 앞에서 자신의 삶을 이야기하는 법을 배우세요. "저는 종이었는데 주님께서 저를 풀어 주셨습니다. 그래서 저는 여기 와서 축제를 벌이는 것입니다!" 축제를 벌이기. 그대가 주님께서 그대의 삶에서 해 주신 놀라운 일들을 기억한다면 축제를 벌이고 싶어질 것이고 입이 양쪽 귀에 걸리도록 미소를 지을 것입니다! 이 아름다운 미소는 주님께서 충실하시기 때문입니다! 예언, 기억, 가까움, 타오르는 마음, 사도적 열성, 결정적임의 문화, 일회용 문화에 대한 거부.

두 가지 말로 마치고 싶습니다. 하나는 더 나쁜 것의 상징인데, 더 나쁜 것인지는 모르겠지만 수도자의 나쁜 태도 중 하나로 바로 자기 자신을 반사하는 것, 자아도취(나르시시즘)입니다. 이걸 조심하세요. 우리는 자아도취적 문화 안에 살고 있으며 우리는 늘 자신을 반사하려는, 자기 자신을 바라보려는 이런 경향을 가지고 있습니다. **자아도취를, 자기 자신을 바라보는 일을 거부하세요**. 그 반대를, 모든 자아도취를 벗기는 것을 받아들이고 흠숭을 받아들이세요. 저는 이것이 우리가 앞으로 나아가는 토대가 되는 점 중 하나라고 믿습니다. 우리는 모두 기도하고 주님께 감사를 드리고 부탁을 하고 주님을 찬미합니다. 그런데 저는 이런 질문을 해요. 우리는 주님을 흠숭하는가? 그대 수사, 수녀, 그대는 **주님을 흠숭하는 능력이 있는가?** 침묵의 흠숭 기도, "당신은 주님이십니다." 이는 자아도취에 고유한 자기 자신 반영하기의 반대입니다. 흠숭, 이 말로 저는 마치고자 합니다. 흠숭

© vaticanmedia

하는 남녀들이 되십시오. 그리고 저를 위해 기도해 주세요.

36

2015년 9월 20일 | 하바나 주교좌 성당

쿠바 순방 중 사제, 축성생활자, 신학생들과 드린 저녁기도에서

[교종 프란치스코는 쿠바 교회의 가난에 대해 이야기한 오르테가Ortega 추기경의 말과 신체적·정신적 병자들 사이에서의 자기 체험을 이야기한 한 수녀의 말에 크게 감동했다. 교종은 이 두 가지 증언에서 실마리를 취하여 내내 원고 없이 즉석에서 말했고 준비된 강론은 원고를 넘겨주었다.]

[교종이 하신 말씀]

하이메Jaime [오르테가 이 알라미노Ortega y Alamino] 추기경님께서는 가난에 대해 말씀해 주셨고 쟈일레니Yaileny [쟈일레니 폰세 토레스Yaileny Ponce Torres, 사랑의 딸] 수녀님은 두 명의 어린아이에 대해 이야기해 주었습니다. 그 아이들은 모두 어린아이입니다. 저는 성경 본문에 기초해서 지금 하려고 준비한 강론을 가지고 있었지만, 예언자들이 말할 때는 -모든 사제는 예언자이고 세례받은 모든 사람은 예언자이며 모든 축성생활자는 예언자이지요.- 그들의 말을 듣는 것이 좋지요. 강론을 하이메 추기경님께 드려서 여러분에게 전달되고 알려지도록 하겠습니다. 여러분은 나중에 그것을 묵상하시겠지요. 지금은 이 두 예언자가 말한 바에 대해 좀 이야기하지요.

추기경님께서는 대단히 불편한, 극히 불편한 한 단어를 말씀하셔야 했지요. 세상의 모든 '문화 구조'를 거슬러 가기도 하는 단어입니다. '가난'이라고 말씀하셨습니다. 추기경님은 여러 번 이 말을 반복하셨지요. 주님께서 우리가 그 말을 여러 번 듣고 마음 안에 받아들이기를 원하셨다고 생각됩니다. 세상의 정신은 가난을 모르고 가난을 원치 않으며 가난을 감춥니다. 부끄러움 때문이 아니라 경멸하기 때문이에요. 가난해지지 않기 위해 죄를 지어야 하고 하느님을 모욕해야 한다면 그렇게 해요. 세상의 정신은 우리 중 하나가 되시고자 자신을 벗어 버리시고 스스로 가난하게 되시어 아무것도 아니게 되셨으며, 자신을 낮추신 하느님 아들의 삶을 사랑하지 않습니다.

그렇게 관대한 그 청년을 두렵게 했던 가난. 그 사람은 모든 계명을 다 지켰고 예수님께서 "자, 네가 가진 모든 것을 팔아서 가난한 사람들에게 주어라." 하고 말씀하실 때 그는 슬퍼집니다. 가난이 두려운 거지요. 가난은 우리가 항상 피하려고 하는 것입니다. 합리적이라 해도요. 저는 지금 마음으로 피하려고 하는 것을 말하고 있습니다. 재화를 관리할 줄 아는 것은 의무입니다. 재화는 하느님의 선물이니까요. 그런데 그 재화가 마음속으로 들어가서 여러분의 삶을 이끌어 가기 시작할 때, 그때는 망하는 겁니다. 여러분은 더 이상 예수님과 같지 않은 거예요. 그 슬퍼하며 떠나간 그 사람, 슬픈 젊은이가 자기 안전을 의지하는 그곳에 여러분도 안전을 의지하는 겁니다.

사제들, 축성생활자들인 여러분에게는 성 이냐시오가 말씀하신 것이 유용할 수 있으리라 여겨집니다. 이건 제 수도가족을 선전하는 것이 아니에요! 성 이냐시오는 가난은 축성생활의 방벽이요 어머니라고 말했지요. 하느님께 대한 신뢰를 낳기 때문에 어머니입니다. 모든 세속성에서 보호해 주기 때문에 방벽입니다. 파괴된 영혼들이 얼마나 많은지요! 그 슬퍼하는 젊은이의 영혼처럼 관대한 영혼들이 출발은 좋았는데 나중에는 그 부유한 세속성에 집착하게 되고 나쁘게, 달리 말하면 진부하게 되고 만 겁니다. 그들은 사랑 없이 끝나고 맙니다. 재물은 빈곤하게 하는데, 나쁘게 빈곤해지게 하기 때문입니다. 재물은 다른 것들에 확신을 두게 하고자 우리가 가진 최고의 것을 빼앗아 가고 우리에게 중요한 단 하나의 부富가 없는 상태로 만듭니다.

예수님을 따르기 위한 가난의 정신, 벗음의 정신, 모든 것을 떠나는 정신. 이렇게 모든 것을 떠나는 것은 제가 만들어낸 말이 아닙니다. 복음서에 여러 번 나오는 말이에요. 배와 그물을 떠나 그분을 따랐던 첫 제자들의 부르심 안에 나타납니다. 예수님을 따르기 위해 모든 것을 떠났던 사람들 말입니다. 언젠가 어떤 지혜로운 노老사제 한 분이 저에게 이야기하시더군요. 부유함의 정신이, 부유함의 세속성이 축성된 사람, 사제, 주교, 교종, 그 누구의 마음속에라도 들어가게 될 때에 대해 말씀하셨는데요. 물론 미래를 보장하기 위해서 돈을 축적하기 시작하면 미래는 예수님 안에 있지 않고 내가 조종하는 영적 형태의 보험회사에 있는 것이라고 말씀하시더군요. 그분은 말씀하시길, 그러니까 예를 들어 어떤 수도회가 아끼고 아껴서 돈을 모으기 시작하면 하느님은 무척도 좋은 분이시기에 형편없는 회계 담당자를 보내 수도회를 망해 버리게 하신다는 것입니다. 형편없는 회계 담당자들은 당신의 교회를 위한 하느님의 가장 큰 축복 중 하나입니다. 그들은 교회를 자유롭게 해 주고 가난하게 해 주기 때문이지요.

우리의 거룩하신 어머니 교회는 가난합니다. 하느님은 우리의 거룩하신 어머니 마리아가 가난하기를 원하셨던 것처럼 교회가 가난하기를 원하십니다. 가난을 어머니처럼 사랑하십시오. 그저 여러분에게 암시하는 것뿐인데요. 여러분 중 누가 원한다면 자신에게 이렇게 물으십시오. 나의 가난 정신은 어떤가? 나의 내적 벗음은 어떠한가? 이것이 우리의 축성생활에, 우리의 사제생활에 유익할 수 있다고 믿습니다. 어쨌거나 참 행복의 첫 번째가 "마음이 가난한 사람은 행복하다"는 것임을 잊지 맙시다. 재물에, 이 세상의 권력에 집착하지 않는 사람들이지요.

수녀님이 꼴찌들에 대해, 가장 작은 사람들에 대해 말해 주셨지요. 이들은 비록 어른이지만 결국 우리는 그들을 어린이처럼 대하지요. 스스로 어린이로 드러나니까요. '가장 작은 이'인 거죠. 이것이 예수님의 표현입니다. 우리가 심판받게 될 척도는 이것입니다. "이 형제들 중 가장 작은 사람 하나에게 해 준 것이 바로 나에게 한 것이다"(마태 25,40 참조). 나쁘거나 세속적이 아니고도 인간적인 관점에서 더 보람이 있을 수 있는 사목적 봉사들이 있습니다. 하지만 가장 작은 이, 가장 버림받은 이, 가장 병든 이, 아무도 마음 쓰지 않는 이, 아무도 원치 않는 이를 내면에서 선호하고자 애쓴다면 그리고 가장 작은 이를 섬긴다면 그 사람은 가장 고차원적인 방식으로 예수님을 섬기는 것입니다.

[그 수녀를 향하여] 수녀님은 수녀님이 원치 않던 곳으로 파견되었지요. 그래서 울었어요. 그걸 좋아하지 않았기에 울었던 거죠. 그렇다고 해서 울보 수녀라는 것을 의미하진 않습니다. 아니죠. 하느님께서는 울보 수녀들에게서 우릴 해방해 주시길! 항상 불평만 하는 수녀들 말이에요…. 이건 내 말이 아니고 (아빌라의) 테레사 성녀가 자기 수녀들에게 했던 말이에요. "그들이 나한테 옳지 않은 일을 했어." 하고 날마다 불평이나 하고 돌아다니는 그런 수녀는 불행합니다. 당시의 카스티야어로 이런 말이 있었어요. "'그들이 이유 없이 나를 이렇게 대했어.' 하고 말하고 다니는 수녀는 불행하도다." 수녀님은 젊었고 다른 것들을 기대하고 있었기에 울었지요. 어쩌면 학교에서는 더 많은 것들을 할 수 있다고, 젊은이들을 위한 미래를 구상할 수도 있다고 생각했겠지요.

그런데 수녀님을 그곳에 '자비의 집'에 보냈단 말예요. 아버지의 다정한 사랑과 자비가 가장 분명하게 이루어지는 곳, 아버지의 다정한 사랑과 자비가 쓰다듬어 주는 손길이 되는 그곳에요. 얼마나 많은 수녀가, 얼마나 많은 수사가 버려진 '물질'을 쓰다듬으면서, 세상이 버린 사람들, 세상이 경멸하는 사람들, 차라리 존재하지 않기를 세상이 바라는 사람들을 어루만지면서 자기네 삶을 불태우는지요. 반복하건대 삶을 불태웁니다. 퇴행성 질병으로 가지고 태어날 수 있음이 예상될 때 태어나기 전에 오늘날의 세상이 새로운 분석이라는 방법으로 되돌려보내 버리고자 하는 그런 사람을 어루만지면서 말입니다. 그가 가장 작은 사람입니다.

꿈이 가득한 젊은 아가씨가 하느님의 다정한 사랑을 자비 안에 현존케 하면서 축성생활을 시작합니다. 때로는 사람들이 이해하지도 못하고 알지 못하지만, 예를 들어 미소 짓는 법을 모르는 경련성 마비 환자의 미소가 얼마나 큰 선을 행할 수 있는지, 혹은 수녀님에게 뽀뽀하고 싶어 하면서 수녀님 얼굴에 침을 흘릴 때 하느님께는 그것이 얼마나 아름답고 얼마나 큰 선을 행할 수 있는지요. 그것은 하느님의 다정한 사랑이요 하느님의 자비입니다. 혹은 그들이 화가 나서 그대를 한 대 때린다면…. 그렇게 세상의 눈에는 내다 버릴 '것들'로 내 삶을 불태우는 것. 이는 오직 한 사람에 대해서만 말하지는 않습니다. 아버지의 자비로 인해 아무것도 아닌 존재가 되시고 자신을 없애신 예수님에 대해 말합니다. 필리피서 2장의 본문이 그렇게 말하지요. 무無가 되셨습니다. 수녀님이 자신의 삶을 바치는 이 사람들은 예수님을 모방하는 것인데 그들이 원해서가 아니라 세상이 그들을 그렇게 이끌어 갔기 때문입니다. 그들은 아무것도 아니고 그들을 숨기며 드러내 주지 않습니다. 혹은 그들을 방문하지 않습니다. 가능하면 그리고 그들이 시간 안에 도착하면 그들을 되돌려보냅니다.

수녀님이 하는 일에 대해 감사합니다. 여러분에게 감사합니다. 어떤 사업도 할 수 없기 때문에, 돈벌이를 할 수 없기 때문에, 우리의 이 형제들, 가장 작은이들에게 있어 '건설적인' 그 어떤 것도 절대로 추진할 수 없는 쓸모없는 것들에 봉사하는 이 모든 여성 덕분에, 많은 축성된 여성들에게 감사합니다. 거기서 예수님이 빛납니다. 거기서 예수님을 위한 나의 선택이 빛납니다. 수녀님과 이런 일을 하는 모든 남녀 축성생활자에게 감사드립니다.

"신부님, 저는 수녀가 아니고 병자들을 돌보지도 않습니다. 저는 신부이고 본당을 가지고 있습니다. 혹은 본당신부를 돕습니다. 제가 편애하는 예수님은 누구입니까? 저의 가장 작은 자는 누구입니까? 성부의 자비를 저에게 가장 잘 보여 주는 사람은 누구입니까? 어디에서 그 사람을 찾을 수 있을까요?" 당연히 저는 항상 마태오복음 25장으로 돌아갑니다. 거기 모든 사람을 찾아볼 수 있어요. 굶주린 사람, 감옥에 갇힌 사람, 병든 사람… 거기에서 그 사람들을 찾아볼 수 있습니다. 그런데 끝자리의 사람, 가장 작은 사람이 드러나는 곳, 사제를 위한 특전적 자리가 하나 있는데 바로 고해소입니다. 그곳에서 그 남자나 그 여자가 자신의 비참함을 드러낼 때 -주의하세요! 그의 비참함은 당신이 가진 비참함과 동일한 것이고 하느님이 당신을 구해 주신 그 비참함이에요.- 제발 그 사람을 꾸짖지 마세요. 벌주지 말고 징계하지 마세요. 당신이 죄가 없다면 가장 먼저 돌을 던지세요. 오직 이 조건일 때만요. 그렇지 않다면 당신의 죄를 생각하세요. 당신이 그 사람일 수 있음을 생각하세요. 아마도 당신은 그보다 더 아래로 내려갈 수 있음을 생각하세요. 그 순간 당신은 손안에 성부의 자비라고 하는 보물을 가지고 있음을 생각하세요. 사제들에게 말하는데 제발 용서하는 데 지치지 마세요. 용서하는 자들이 되십시오. 예수님처럼 용서하는 데 지치지 마세요. 두려움이나 엄격함 뒤에 숨지 마세요. 이 수녀님처럼, 같은 일을 하면서 더럽고 못된 병자를 발견했을 때 침착함을 잃지 않고 그를 섬기며 씻어 주고 돌봐 주는 모든 수녀님처럼 여러분도 그렇게 참회자가 오면 내키지 않아 하지 말고 신경질 내지 말고 고해소에서 쫓아내지 말고 꾸짖지 마세요. 예수님은 그를 안아 주셨습니다. 예수님은 그를 사랑하셨어요.

내일 우리는 성 마태오 축일을 지냅니다. 이분은 어떻게 훔쳤나요! 또 어떻게 자기 백성을 배반했던가요! 복음서는 예수님께서 저녁에 그와 함께 또 그와 같은 다른 사람들과 함께 식사하러 가셨다고 말하지요. 성 암브로시오는 저를 아주 감동시키는 문장을 말하는데요. "자비가 있는 곳에는 예수님의 영이 있고, 엄격함이 있는 곳에는 그분의 직무자들이 있을 뿐이다."

사제 형제, 주교 형제여, 자비를 두려워하지 마세요. 자비가 그대의 손과 용서의 팔을 통해 흘러가도록 하세요. 고해소에 있는 그 사람이 가장 작은 자이니까요. 그러니까 예수님이니까요.

이상이 이 두 분 예언자의 말을 듣고 나서 저에게 떠오르는 말입니다. 주님께서 우리에게 그들이 우리 마음에 뿌린 이 은총을, 곧 가난과 자비를 내려 주시기를. 거기에 예수님이 계시기에.

[미리 준비했던 원고]

우리는 당신 백성을 향한 하느님의 충실성을 시편으로 노래하고 그분의 현존과 무한한 자비에 감사드리려고 이 역사적인 하바나 주교좌 성당에 모여 왔습니다. 이 집의 벽 안에서만이 아니라 '흰 머리카락'을 가진 분들 안에서도 살아 있는 기억이 되고 현실이 되고 "그분의 자비는 무한하고 그분의 충실성은 영원히 이어진다"는 사실이 된 충실성과 자비입니다. 형제 여러분, 우리 함께 주님께 감사드립시다!

이 땅에 와서 쿠바인들 가운데 쿠바인이 되고 주님의 영원한 자비의 표지가 된 많은 선교사의 얼굴 안에 여러 은사의 풍요로움을 지니고 현존하시는 성령에 대해 감사합시다.

복음은 우리에게 아버지와 대화하시는 예수님을 보여 주고 기도가 되는 아버지와 아들 사이의 친밀함 한가운데 우리를 놓아줍니다. 당신의 때가 가까워져 오자 예수님은 제자들을 위해, 당신과 함께 있던 이들을 위해 그리고 장차 오게 될 사람들을 위해 아버지께 기도하십니다(요한 17,20 참조). 당신의 결정적인 때에 예수님은 제자들의 삶을, 우리의 삶을 기도 안에 두신다는 사실은 우리에게 생각의 여지를 줍니다. 그분은 제자들을 일치와 기쁨 안에 보존해 주시라고 아버지께 청합니다. 예수님은 제자들의 마음을 잘 알고 계셨고 우리 마음을 잘 아십니다. 그래서 기도하십니다. 고립되려 하고 자신의 확실성과 안전과 자기 공간 안으로 피하려 하며 교회의 다양한 형태의 얼굴을 부수는 자잘한 '가정사들' 안에 갇혀 다른 사람들의 삶에는 관심을 두지 않으려 하는 의식으로 그들을 취하지 말아 달라고 청하십니다.

개인주의적 슬픔 안으로, 조금씩 원한에, 끝없는 불평에, 단조로움에 자리를 내주는 슬픔 안으로 흘러드는 상황들. "이는 우리에게 하느님께서 바라시는 것도 아니고 성령 안에서 사는 삶도 아닙니다"(「복음의 기쁨」, 2항). 그분은 여러분을 이 성령 안의 삶으로 부르셨고, 우리를 이 성령 안의 삶으로 부르셨습니다. 그래서 예수님은 기도하십니다. 슬픔과 고립이 우리 마음 안에서 지배하지 않도록 청하십니다. 우리도 똑같이 하기를 원합니다. 예수님의 기도에, 그분의 말씀에 일치하여 함께 이렇게 말하기를 원합니다. "아버지, 아버지께서 저에게 주신 이름으로 이들을 지키시어, 이들도 우리처럼 하나가 되게 해 주십시오"(요한 17,11). 또 "너희 기쁨이 충만하도록"(요한 15,11 참조).

예수님은 기도하시고 우리에게 기도하도록 권고하십니다. 우리가 오직 은총의 선물로서만 받을 수 있는 것들이, 오직 선물로서만 살아갈 수 있는 것들이 있다는 것을 아시기 때문입니다. 일치는 오직 성령만이 우리에게 주실 수 있는 은총이며 우리가 할 일은 일치를 청하고 이 선물에 의해 변모되기 위해 우리 자신을 최대한 잘 준비하는 것입니다.

일치를 획일성과, 곧 모두가 똑같은 것을 하고 느끼고 말하는 것과 혼동하는 일이 흔합니다. 이는 일치가 아니고 동질성입니다. 이는 성령의 삶을 죽이는 것을 뜻합니다. 성령께서 당신 백성의 선익을 위해 나누어 주신 은사들을 죽이는 것을 뜻하지요. 그래서 일치는 선물이지 억지로 혹은 교령으로 부과할 수 있는 어떤 것이 아닙니다. 저는 여기서 다양한 세대, 다양한 배경, 서로 다른 삶의 체험을 지니고 공동기도를 통해 하나가 된 여러분을 만나서 기쁩니다. 우리 안에서 이웃이 되려는 열망이 자라나게 해 주시도록 하느님께 청합시다. 우리가 서로 이웃이 되어 가까이 있을 수 있도록 청합시다. 서로의 다름과 성향과 스타일을 지닌 채로, 하지만 가까이 머무는 이웃이 되도록. 우리의 토론을 통해, 등 뒤에서가 아니라 앞에서 말하면서 우리의 '다툼'을 통해서요. 우리가 우리 백성 가까이 있는 목자가 되게 해 주시라고, 토론을 벌이고 사람들로부터 질문을 받게 해 주시라고 청합시다. 교회 안에서 갈등과 토론은 바람직하며, 심지어는 필요하다고까지 저는 말하고 싶습니다. 이는 교회가 살아 있고 성령께서 계속해서 활동하시며 교회를 계속해서 역동적인 존재가 되게 하신다는 표시입니다. '예'도 '아니오'도 없는 그런 공동체들은 큰일입니다! 서로에게 관심을 잃어버렸기에, 사랑을 잃어버렸기에 논쟁도 하지 않는 그런 부부들과도 같습니다.

두 번째로, 주님께서는 우리가 당신이 지니신 것과 동일한 '완전한 기쁨'으로 채워지도록 기도하십니다(요한 17,13 참조). 그리스도인들의 기쁨은, 특히 축성생활자들의 기쁨은 그들의 삶 안에 계시는 그리스도의 현존에 대한 아주 분명한 표지입니다. 슬픈 얼굴들이 있다면 그것은 뭔가 잘못되고 있다는 하나의 경보입니다. 예수님께서는 바로 올리브 동산에 가기 전에, 곧 당신의 "피앗fiat"을 새롭게 해야 할 때 아버지께 이 청을 드리십니다. 저는 여러분 모두가 적지 않은 희생의 무게를 감당해야 한다는 것을, 그리고 어떤 사람들에게는 수십 년 동안 희생이 혹독했으리라는 것을 의심하지 않습니다. 예수님 역시 당신의 희생에서 출발하여 당신이 세상을 이기신다는 것을 아는 기쁨을 우리가 잃지 않도록 기도하십니다. 우리의 신앙을 날마다 재확인하도록 우리를 재촉하는 확실성은 이것입니다. 곧 "예수님께서는 -우리 백성의 얼굴 위에 당신의 기도로- 결코 실망시키지 않고 언제나 우리에게 기쁨을 되찾아 줄 수 있는 다정한 사랑으로 우리가 고개를 들고 다시 시작할 수 있도록 해 주십니다"(「복음의 기쁨」, 3항).

쿠바 백성의 삶에 있어 소중한 증언은 피로와 회의주의에도 불구하고, 때로는 영혼을 위축시키는 아주 위험한 유혹인 절망에도 불구하고, 늘 어디서나 이 기쁨을 빛내는 증언이라는 것은 얼마나 중요한지요!

형제 여러분, 예수님께서는 우리가 하나 되고 당신의 기쁨이 우리 안에 머무르기를 기도하십니다. 우리도 같은 일을 합시다. 곧 기도 안에서 서로 일치합시다.

37

2015년 11월 26일 | 나이로비 성 마리아 학교 운동장

케냐, 우간다, 중앙아프리카 공화국 순방 중 성직자, 수도자, 신학생들과의 만남에서

V. 예수 그리스도는 찬미받으소서!Tumisufu Yesu Kristu!

R. 이제와 영원히, 아멘[Milele na Milele. Amina]

함께 해 주신 여러분께 큰 감사를 드립니다. 여러분에게 영어로 말하고자 합니다만, 저는 영어를 잘하지 못해요…. 그래서 저는 메모를 했는데요. 여러분에게, 여러분 모두에게 하고 싶은 말이 많습니다. 여러분 각자에게요…. 하지만 말하는 것이 겁이 나서 그냥 제 모국어로 말하고 싶습니다. 밀레스Miles 몬시뇰이 통역자이지요. 이해해 주셔서 감사합니다.

성 바오로의 편지를 낭독할 때 저에게 인상적인 것은 이것이었습니다. "여러분 가운데에서 좋은 일을 시작하신 분께서 그리스도 예수님의 날까지 그 일을 완성하시리라고 나는 확신합니다"(필리 1,6).

주님께서는 여러분 모두를 선택하셨습니다. 우리 모두를 뽑으셨어요. 그분은 세례 안에서 우리를 바라보신 날, 그 후에 "원하면 나를 따라오너

라." 하고 우리에게 말씀하시며 우리를 바라보신 날 당신 일을 시작하셨습니다. 그때 우리는 줄을 서서 길을 가기 시작한 것입니다. 하지만 그 길을 시작하신 것은 그분이시지 우리가 아닙니다! 우리가 시작한 것이 아니었어요. 복음에서 우리는 치유를 받고 예수님이 가시는 길을 따라가고자 했던 사람에 대한 이야기를 듣습니다. 그런데 예수님은 그에게 "아니다." 하고 말씀하십니다. 사제직에서건 축성생활에서건 예수 그리스도를 따름에 있어서는 문으로 들어가는 겁니다! 그런데 그 문은 그리스도이십니다! 부르시는 분은 그분이시고, 시작하시는 분은 그분이시며, 일을 하시는 분은 그분이시지요. 어떤 사람들은 창문으로 들어가려고 하지요. 하지만 그건 쓸데없는 일입니다. 혹시 창문으로 들어온 친구가 있다면 부디 그를 끌어안고 설명해 주세요. 떠나서 다른 방식으로 하느님을 섬기는 것이 좋다고요. 예수님이, 그분 자신이 문을 통해 시작하시지 않은 일은 결코 완성에 이르지 못할 것이니까요.

이것이 우리를 선택된 사람들이라는 인식으로 인도해 줍니다. "나는 주님의 시선을 받았고 선택되었다." 에제키엘서 16장의 서두가 저에게는 굉장히 인상적입니다. "너는 이방인의 딸이었다. 너는 방치되었고 버려졌다. 그런데 내가 지나가다가 너를 보고 너를 씻어 주고 데려왔다." 이것이 여정입니다! 이것이 주님께서 우리를 바라보실 때 시작하신 일입니다!

하느님께서 왜 자기를 부르시는지 알지 못하지만, 하느님께서 자기를 부르셨다고 느끼는 사람들이 있습니다. 마음 놓고 걸어가세요. 하느님께서는 왜 당신이 여러분을 부르셨는지 깨닫게 해 주실 것입니다. 또 다른 사람들은 어떤 이득 때문에, 이득 때문에 주님을 따르고자 합니다. 야고보와 요한의 어머니를 생각해 봅시다. "주님, 청하오니 떡을 나누실 때 제 자식들에게 가장 큰 조각을 주십시오…. 하나는 주님 오른편에, 다른 하나는 주님 왼편에 앉게 해 주십시오." 이러잖아요. 이것이 야심 때문에 주님을 따르는 위험입니다. 돈의 야심, 권력의 야심. 우리는 모두 이렇게 말할 수 있습니다. "내가 예수님을 따르기 시작했을 때는 내가 이러지 않았어. 하지만 다른 사람들은 그랬지." 조금씩 마음속에 가라지처럼 씨를 뿌린 거지요.

예수님을 따르는 삶에는 자기 야심을 위한 자리도, 재물을 위한 자리도 없고, 세상에서 중요한 사람이 되기 위한 자리도 없습니다. 예수님은 그분의 지상 생애의 마지막 한 걸음까지, 곧 십자가에 이르기까지 따르는 것입니다. 그다음에 그분은 여러분을 부활시키실 생각을 하시지만 십자가라는 그 지점까지는 여러분이 도달해야 합니다. 저는 여러분에게 그것을 진지하게 말합니다. 교회는 하나의 기업이 아니고 비정부기구 NGO가 아니기 때문입니다. 교회는 하나의 신비예요. "나를 따라라!" 하고 말씀하시며 우리 각자를 바라보시는 예수님 눈길의 신비입니다.

그러니까 이것을 분명히 알아 두어야 합니다. 부르시는 분은 예수님이시라는 것, 예수님께서 부르실 때는 문으로 들어가는 것이지 창문으로 들어가지 않는다는 것, 그리고 예수님의 길을 따라갈 필요가 있다는 것입니다.

예수님께서 우리를 선택하실 때 우리를 '시성諡聖하지' 않으신다는 것은 당연히 분명하지요. 우리는 계속해서 똑같이 죄인들인 겁니다. 제가 여러분에게 당부하고 싶은 것은 혹시라도 여기 누가 -어떤 사제나 수도자가- 죄인이라고 느끼지 않는 사람이 있다면 손을 들어 보라고 하고 싶어요. 우리는 모두 죄인입니다. 우선 제가 죄인이고 그다음에는 여러분도 죄인이에요. 하지만 예수님의 다정함과 사랑이 우리를 앞으로 나아가도록 인도합니다.

"좋은 일을 시작하신 분께서 그 일을 완성하실 것입니다." 예수님의 사랑이 시작하신 그것이 우리를 인도합니다. 복음에서 야고보 사도가 울었던 때를 기억하십니까? 여러분 중 누가 그걸 기억하나요, 기억하지 못하나요? 요한 사도가 울었던 때는요? 기억하지 못하지요. 다른 어떤 사도들이 울었던 때를 기억하시나요? 오직 한 사도만이 울었다고 복음서는 말합니다. 자신이 죄인임을 알아차렸던 그 한 사람만이요. 자기 주님을 배반할 정도로 죄인이었던 겁니다. 이것을 깨닫자 그는 울었지요…. 그런 다음 예수님께서는 그를 교종으로 삼으셨습니다. 누가 이를, 예수님을 이해하겠습니까? 그것은 신비입니다!

그는 그치지 않고 웁니다. 어떤 사제, 어떤 수도자에게 눈물이 마를 때 뭔가 잘못되고 있는 겁니다. 자신의 불충실에 대해 울고, 세상의 아픔에 대해 울고, 버려진 사람들 때문에 울고, 버림받은 노인네들과 살해당한 어린이들과 우리가 이해하지 못하는 일들을 두고 울고, 사람들이 "왜?" 하고 우리에게 물을 때 울어야 합니다. 우리 중 누구도 "왜?"라는 질문들에 모든 답을 갖고 있지 못합니다.

어린이들이 왜 고통받느냐고 묻는 한 러시아 작가가 있습니다. 제가 암이나 종양이나 이를테면 어떤 희귀병을 앓고 있는 어린이에게 인사를 할 때마다 저는 왜 그 아이가 고통 당하는지를 묻습니다…. 그리고 이에 대한 답을 아직 갖고 있지 못합니다. 그저 십자가 위의 예수님을 바라볼 뿐입니다. 살다 보면 십자가 위의 예수님을 바라보면서 그저 울기만 할 수밖에 없는 상황들이 있지요. 어떤 불의, 어떤 아픔, 삶의 어떤 상황에서는 이것이 그저 유일한 답입니다.

성 바오로는 자기 제자들에게 "예수 그리스도를 기억하십시오. 십자가에 못 박히신 예수 그리스도를 기억하십시오." 하고 말했습니다. 어떤 축성생활자가, 어떤 사제가 십자가에 못 박히신 분을 잊는다면 가엾게도 그는 대단히 추한 죄에 떨어진 것입니다. 하느님께 혐오를 주는 죄, 하느님을 구역질 나게 하는 죄에 떨어진 거예요. 그것은 바로 미지근함의 죄입니다.

사랑하는 사제들, 수녀들, 형제 여러분, 남녀 수도자 여러분, 미지근함의 죄에 떨어지지 않도록 주의하십시오.

또 다른 무슨 이야기를 여러분에게 할 수 있을까요? 저는 여러분에게 제 마음에서 나오는 메시지를 주고 싶습니다. 결코 예수님에게서 멀어지지 말라는 것입니다. 이는 결코 기도하기를 중단하지 말라는 의미입니다. "신부님, 하지만 때로는 기도하는 것이 몹시 지루한데요…. 힘들고 졸리고…". 좋아요. 주님 앞에서 잠을 자세요. 그것도 하나의 기도 방법입니다. 그 자리에, 그분 앞에 머무는 거예요. 기도하십시오! 기도를 포기하지 마십시오!

어떤 사제가 기도를 포기한다면 영혼이 마르게 되고 마른 나뭇가지처럼 말라 버리게 됩니다. 마른 나뭇가지는 흉하지요. 보기에 흉해요. 기도하지 않는 어떤 수녀, 어떤 수사, 어떤 사제의 영혼은 흉한 영혼입니다! 이런 말 용서하세요. 하지만 사실이에요….

저는 여러분에게 다음의 질문을 남겨 드립니다. 나는 기도하기 위해 잠을 잘 시간을 빼고, 라디오를 들을 시간을 빼고, 텔레비전을 보고 잡지를 읽을 시간을 빼는가? 혹은 그런 다른 일들을 더 좋아하는가? 그러니까 일을 우리 각자 안에서 일을 시작하시고 그 일을 완성해 가시는 분 앞에 머무르는 것입니다. 기도입니다.

마지막으로 여러분에게 말씀드리고 싶었던 것은 –다른 것을 말하기 전에– 예수님께서 자신을 선택하시도록 둔 사람들은 모두 섬기기 위함이라는 것입니다. 하느님 백성을 섬기기 위해서, 가장 가난한 사람들을, 가장 버려진 사람들을, 사회에서 가장 소외된 사람들을, 어린이들과 노인들을 섬기기 위해서요. 자신들이 살아가는 교만과 죄를 의식하지 못하는 사람들도 역시 섬기기 위해서, 예수님을 섬기기 위해서요. 예수님께서 자신을 선택하시도록 두는 것은 섬김을 받기 위해서가 아니라 섬기기 위해 자신을 선택하시도록 두는 것이지요.

대략 1년쯤 전에 사제들의 모임이 있었습니다. -이 경우 여성 수도자들은 안전하죠!- 영신수련 중에 매일 식탁봉사를 해야 했던 일단의 사제들이 있었지요. 그들 중 어떤 이들은 불평했습니다. "안 돼! 우리는 섬김을 받아야 한다고! 우린 돈을 내잖아. 섬김을 받으려고 돈을 냈단 말야…". 부디 교회 안에 이런 일은 절대로 없어야 합니다! 섬기는 것입니다! 다른 사람들을 이용하지 말고 섬기는 거예요.[39]

이것이 제가 여러분에게 말하고 싶었던 것입니다. "여러분 안에서 좋은 일을 시작하신 분께서 그리스도 예수님의 날까지 그 일을 완성하시리라고 나는 확신합니다."라는 성 바오로의 말을 들었을 때 갑자기 떠올랐던 말이지요.

어떤 추기경님이, 연로하신 추기경님이 저에게 하신 말씀인데 -사실 저보다 한 살 더 많았을 뿐이에요!- 자신의 삶을 바친 남녀 선교사들, 남녀 수도자들이 있는 묘지에 가면 "이들은 왜 내일 시성되지 않는 거지?" 하고 자문한다고 합니다. 그들이 섬기면서 일생을 살았기 때문이지요. 미사 후에 저는 저에게 이렇게 말하는 어떤 사제, 어떤 수녀에게 인사할 때면 저는 감동합니다. "제가 이 자폐아 병원에서 일한 지가, 혹은 저는 아마존에서 선교한 지가, 혹은 이곳이나 저곳에 있은 지가 30년, 40년이에요…." (이런 말은) 제 영혼을 건드립니다! 이 여성 혹은 저 남성은 예수를 따르는 것은 다른 사람들을 섬기는 것이며 다른 사람들을 이용하지 않는 것임을 알고 있습니다.

39 '섬기다'라는 동사servire의 재귀동사servirsi는 '이용하다', 곧 다른 사람이나 물건을 '자신의 필요를 위해 사용하다'라는 뜻으로 두 동사가 동일한 단어를 이용한다는 사실을 전제하는 언어유희이다.

좋아요, 대단히 감사합니다. 하지만 이 무슨 못돼 먹은 교종인가요… 우리에게 충고하고 우리에게 '매질'을 하고 "감사해요!"라는 말은 하지 않아!… 그래요, 마지막으로 할 말-케이크 위에 얹는 체리-은 그야말로 여러분에게 감사한다는 말입니다! 예수님을 따르는 용기에 감사하고, 여러분이 죄인임을 느낄 때마다 감사하고, 다정한 어루만짐이 필요한 사람들을 다정하게 어루만져 주심에 감사하고, 사람들이 평화롭게 죽도록 도와주신 모든 기회에 감사합니다. 삶에 대한 희망을 주심에 감사합니다. 날마다 도움을 받고 교정을 받고 용서를 받는 데 대해 감사합니다.

여러분에게 감사드리면서 청하건대 저를 위해 기도하기를 잊지 말아 주십시오. 저에게 필요하니까요. 대단히 감사합니다!

[사제, 수도자, 신학생들과의 만남 말미에 하신 말씀]

우리가 함께 보낸 시간에 대해 감사드립니다. 하지만 이제 저는 나가야 해요. 암 환자 어린이들이 있는데 저는 그들을 보고 싶고 쓰다듬어 주고 싶거든요.

신학생 여러분에게 대단히 감사합니다. 여러분을 거명하지는 않았지만 제가 말한 그 모든 것에 여러분이 포함됩니다. 혹시 누군가 이 길을 갈 용기가 없다면 아직 시간이 있어요. 다른 일을 찾고, 결혼하고 가족을 이루길 바랍니다. 감사합니다.

38

2015년 11월 28일 | 캄팔라의 성 메리 주교좌 성당

우간다의 사제, 남녀 수도자, 신학생들과의 만남에서

저는 축성생활 담당 주교님께 제가 여러분을 위해 쓴 메시지를 남겨 드리겠습니다. 후에 전달되도록요. 저는 영어를 잘하지 못하니까요.

오늘 저녁 제가 여러분에게 말하고 싶은 것은 세 가지입니다. 첫째, 신명기에서 모세는 자기 백성에게 상기시킵니다. "잊지 말라." 이 말을 그는 신명기에서 여러 번 반복합니다. "잊지 말라." 하느님께서 백성을 위해 하신 모든 것을 잊지 말라. 제가 여러분에게 말하고 싶은 첫째 것은 여러분이 **기억의 은총**을 청하라는 것입니다. 제가 젊은이들에게 말했듯이 우간다 가톨릭 신자들의 피 안에는 순교자들의 피가 섞여 있습니다. 이 씨앗의 기억을 잃어버리지 마십시오! 이런 방식으로 계속해서 성장하도록. 기억의 주된 원수는 망각입니다. 하지만 그것이 가장 위험한 것은 아닙니다. 가장 위험한 원수는 우리 조상들의 유산을 물려받는 데 습관이 되는 것입니다. 우간다 교회는 순교자들에 대한 먼 기억에 결코 습관이 되어서는 안 됩니다. 순교자는 증인을 뜻합니다. 우간다 교회는 이 기억에 충실하기 위해 계속해서 증인이 되어야 합니다. 땅의 기름을 먹고 살아서는 안 됩니다.

과거의 영광은 시작이었습니다. 하지만 여러분은 미래의 영광을 건설해야 합니다. 이것이 교회가 여러분에게 맡기는 과제입니다. **증인**이 되십시오. 복음을 위해 생명을 바친 순교자들이 증인들이었듯이.

증인들이 되기 위해서는 -제가 여러분에게 하려는 두 번째 말인데- **충실성**이 필요합니다. 기억에 대한 충실성, 자신의 성소에 대한 충실성, 사도적 열성에 대한 충실성입니다. 충실성은 성덕의 길을 따르는 것을 뜻합니다. 충실성은 앞서간 증인들이 행한 것을 하는 것을 뜻합니다. 곧 선교사가 되기입니다. 어쩌면 여기 우간다에는 사제들이 많은 교구도 있고 사제들이 적은 교구도 있겠지요. 충실성은 선교사들이 필요한 다른 교구로 가기 위해 주교에게 자신을 내놓는 것을 의미합니다. 이건 쉬운 일이 아닙니다. 충실성은 성소에 항구함을 뜻합니다. 여기서 저는 사랑의 집 수녀님들이 저에게 제공한 충실성의 모범에 특별한 방식으로 감사드리고 싶습니다. 곧 가난한 사람들, 병자들, 가장 궁핍한 이들에 대한 충실성입니다. 그리스도께서 거기 계시기 때문입니다.

우간다는 순교자들의, 증인들의 피로 개간되었습니다. 오늘날 계속해서 개간할 필요가 있으며 그래서 새로운 도전들, 새로운 증언들, 새로운 사명들이 필요합니다. 그렇지 않으면 여러분이 가진 커다란 부富를 잃어버릴 것이며, '아프리카의 진주'는 박물관 안에 보관되는 것으로 끝나고 말 것입니다. 악마는 그렇게 조금씩 공격해 오기 때문입니다. 저는 지금 사제들을 위해서만 말하고 있는 것이 아니고 수도자들을 위해서도 말합니다. 하지만 사제들에게는 선교성의 문제와 관련하여 특별하게 말하고 싶었습니다. 사제들이 많은 교구들은 사제가 적은 교구들에게 봉헌하라는 것입니다. 그렇게 해서 우간다는 계속해서 선교적인 교회가 될 것입니다.

충실성을 뜻하는 기억, 그리고 기도를 통해서만 가능한 충실성. 어떤 수도자가, 어떤 수녀가, 어떤 사제가 일이 많다고 말하면서 기도하기를 멈

춘다면 혹은 기도를 별로 하지 않는다면 이미 기억을 상실하기 시작한 것이고 충실성을 상실하기 시작한 것입니다.

기도는 또한 겸손(낮추어짐)을 뜻하기도 합니다. 자신의 죄를 말하기 위해 정기적으로 고해 사제를 찾아가는 겸손입니다. 두 다리로 절뚝거릴 수는 없습니다. 우리 넘녀 수도자들, 사제들은 이중생활을 할 수 없습니다. 당신이 죄인이라면 용서를 청하십시오. 하느님께서 원하시지 않는 것을 감추어 두지 마세요. 충실성의 결핍을 감추지 마세요. 기억을 장롱 속에 넣고 잠그지 마세요.

기억, 새로운 도전-기억에 대한 충실성- 그리고 기도입니다. 기도는 항상 자신이 죄인임을 인정하는 것으로 시작합니다. 이 세 개의 기둥으로 '아프리카의 진주'는 계속해서 진주일 것이고 이는 사전에 있는 단어만은 아닐 것입니다. 이 교회에 힘을 준 순교자들이 기억과 충실성과 기도에서 전진하도록 여러분을 도와주시기를!

그리고 부디 저를 위해서 기도하는 것을 잊지 말 것을 부탁합니다.

이제 모두 함께 동정 마리아께 성모송을 바칩시다. "은총이 가득하신…"

[교종이 준비한 원고]

사랑하는 형제 사제 여러분,

사랑하는 수도자들과 신학생 여러분,

여러분과 함께하게 되어 기쁩니다. 그리고 여러분의 진심 어린 환영에 감사드립니다. 특별히, 여러분의 희망과 염려를, 특히 우간다의 하느님 백성을 섬기도록 여러분에게 영감을 주는 기쁨을 증언하는 이야기를 해 주신 분들께 감사드립니다.

나아가서 우리의 만남이 새로운 시작을 내다보도록 초대하는 때인 대림 제1주일 전날에 이루어진다는 것이 기쁩니다. 이 대림 시기 동안 우리는 또한 제가 전체 교회를 위해 선포한 자비의 특별 희년의 문턱을 넘어설 준비를 하고 있기도 합니다.

자비의 희년에 다가가는 동안 저는 여러분에게 두 가지 질문을 던지고 싶습니다. 첫째 질문은 이것입니다. 사제들로서, 미래의 사제들로서, 축성된 사람들로서 여러분은 누구입니까? 어떤 의미에서 대답은 쉽습니다. 물론 "예수 그리스도와의 인격적 만남"(『복음의 기쁨』, 3항)으로 삶이 양성된 사람들이지요. 예수님께서는 여러분의 마음을 만지셨고 여러분의 이름을 부르셨으며 여러분에게 나누임 없는 마음으로 당신의 거룩한 백성을 섬기도록 당신을 따르라고 요청하셨습니다.

우간다의 교회는 그 짧고 공경할 만한 역사 안에서 예수님께 대한 사랑으로 모든 것을, 집과 가족을, 순교자들의 경우에는 자신의 목숨까지 버린 수많은 증인-평신도 신자들, 교리교사들, 사제들과 수도자들-으로 축복받았습니다. 사제 직무이건 수도적 축성이건 여러분의 삶에서 여러분은 이 위대한 유산을 발전시키도록 부름받았습니다. 특히 겸손한 섬김의 단순한 행위들을 통해서요. 예수님은 늘 새로운 사람들의 마음을 만지고자 여러분을 이용하기를 원하십니다. 그분은 당신 구원의 말씀을 선포하고자 여러분의 입을 이용하기를 원하시고 당신이 사랑하시는 가난한 사람들을 껴안으시고자 여러분의 팔을, 참된 선교사 제자들의 공동체를 세우시고자 여러분의 손을 이용하기를 원하십니다.

하늘이 우리가 예수님께 드린 "예"는 그분의 백성에게 한 "예"라는 것을 절대로 잊지 않게 해 주시기를. 우리의 문들, 우리 교회의 문들, 특히 우리 마음의 문들은 항구히 하느님 백성에게, 우리 백성에게 열려 있어야 합니다. 이것이 우리의 존재이기 때문입니다.

제가 오늘 저녁 던지고자 하는 두 번째 질문은 이것입니다. 여러분은 여러분의 특정한 소명을 살아가는 데 있어 무엇을 더 하라고 부름받았습니까? 우리가 더 할 수 있는 어떤 일, 우리의 길에서 더 가야 할 거리는 항상 있기 때문입니다.

하느님 백성, 아니 모든 백성은 새로운 삶을, 용서를, 평화를 갈망합니다. 아쉽게도 세상에는 가장 가까운 현실에서 출발하여 우리를 염려하게 하고 우리의 탄원이 필요한 상황이 많이 있습니다. 무엇보다도 저는 사랑하는 브룬디 백성을 위해 기도합니다. 주님께서 행정 당국과 사회 전체에 대화와 협력, 화해와 평화의 감정과 결심을 불러일으켜 주시도록.

고통 받는 사람을 동반하는 것이 우리의 과제라면 이 주교좌 성당의 색유리를 통해 스며들어 오는 빛과도 같이 우리는 하느님의 치유 능력이 우리를 통과해 가도록 해야 합니다. 우선 우리는 그분 자비의 물결이 우리 위로 흘러가고 우리를 정화하며 우리를 회복하도록 해야 합니다. 우리가 그러한 자비를 다른 사람들에게, 특히 여러 변두리에 있는 사람들에게 전달할 수 있도록요.

우리는 모두 이것이 얼마나 어려울 수 있는지를 잘 알고 있습니다. 할 일이 아주 많지요! 동시에 현대의 삶은 또한 우리 양심을 흐리게 하고 우리의 열정을 시들게 하며 심지어는 그리스도교인의 삶의 토대를 부식시키는 '영적 세속성'으로 우리를 끌어들일 수 있는 많은 분심거리를 제공합니다. 회심-예수님의 복음의 핵심(마르 1,15 참조)인 그 회심-의 임무는 영적 게으름을 조장할 수 있는 그런 습관과 사고방식을 인정하고 극복하기 위한 투쟁 안에서 매일 이루어져야 합니다. 우리는 개인으로서도 공동체로서도 양심을 성찰할 필요가 있습니다.

제가 앞서 언급했듯이 우리는 대림 시기를 시작하고 있는데, 이 시기는 새로운 시작의 시기이지요. 교회 안에서 우리는 아프리카가 희망의 대륙이라고 말하기를 좋아하는데 그 이유가 충분합니다. 이 땅의 교회는 수도 성소의 풍성한 수확으로 축복받았습니다. 오늘 저녁 저는 여기 있는 젊은 신학생들과 수도자들에게 특별한 감사의 말씀을 드리고 싶습니다. 주님의 부르심은 기쁨의 샘이고 섬기라는 호소입니다. 예수님께서는 우리에게 "마음에서 넘치는 것을 입으로 말하는 법이다"(루카 6,45)라고 말씀하십니다. 성령의 불꽃이 여러분의 마음을 정화하실 수 있기를, 그리하여 여러분이 복음에 선물하는 희망의 기쁘고 확신에 찬 증인들이 되기를 빕니다. 여러분은 선포할 지극히 아름다운 말을 가지고 있습니다! 여러분이 그 말씀을 항상, 특히 여러분의 삶에서 우러나오는 온전함과 확신으로 선포할 수 있기를 빕니다.

사랑하는 형제자매 여러분, 제 우간다 방문은 짧습니다. 그런데 오늘은 긴 하루였습니다! 하지만 저는 오늘 저녁에 가진 우리의 만남을 지극히 아름다운 이 하루의 화관으로 간주합니다. 오늘 저는 순례자로서 나무공고Namugongo에 있는 우간다 순교자들의 기념 성당에 갈 수 있었고 이 나라와 우리 교회의 미래인 대단히 많은 젊은이를 만날 수 있었습니다. 정말이지 저는 하느님께서 여러분 가운데서 마련하고 계시는 은총의 수확에 대한 커다란 희망을 지니고 아프리카를 떠날 것입니다! 사도적 열정이 풍성하게 퍼지도록, 여러분이 받은 부르심에 기쁘게 항구하도록, 특히 우리의 모든 형제자매의 필요에 늘 열려 있는 순수한 마음이라는 선물을 위해 기도하도록 저는 여러분 각자에게 청합니다. 이렇게 해서 우간다 교회는 참으로 그 영광스러운 유산에 걸맞은 모습으로 드러날 것이고 그리스도의 약속에 대한 확실한 희망으로 미래의 도전을 대면할 것입니다. 여러분을 모두 제 기도 안에 기억하겠습니다. 그리고 여러분에게 저를 위해 기도해 주실 것을 청합니다!

제3부

하느님 자비의 길을 따라

39

2016년 2월 1일 | 바오로 6세 강당

자비의 특별 희년, 축성생활 희년 참석자들과의 만남에서

사랑하는 자매 형제 여러분,

저는 이 만남을 위해서 축성생활과 그 세 가지 기둥이라는 주제에 대해 강연을 준비했습니다. 다른 기둥들도 있지만 축성생활의 세 가지 중요한 기둥에 대해서요. 첫 번째 기둥은 **예언**이고, 다른 것은 **가까이 머물기**이며, 세 번째는 **희망**입니다. 예언, 가까이 머물기, 희망. 저는 원고를 장관 추기경님에게 건넸습니다. 그걸 읽는 건 좀 지루하니까요. 저는 차라리 여러분과 제 마음에서 나오는 이야기를 하고 싶어요. 괜찮나요?

남녀 수도자들, 곧 주님을 섬기는 데 바쳐진 남녀들은 교회 안에서 이 강력한 가난의 길을, 그리고 교회 전체를 위한 영적 부성과 모성으로 그들을 인도하는 정결한 사랑의 길과 순종의 길을… 살아갑니다. 그런데 이 순종에는 항상 무엇인가가 부족하지요. 완전한 순종은 순종으로 자신을 없애시어 사람이 되셨으며 십자가의 죽음에까지 이르신 하느님 아들의 순종입니다.

그런데 여러분 가운데는 강력한 순종을 살아가는 남녀들이 있습니다. 군대식 복종이 아니고요. 그런 건 아니죠. 그건 훈련이에요. 순종과는 다른 거죠. 마음을 내주는 순종을 살아가는 남녀들이 있다고요. 이것이 예언입니다. "당신은 어떤 일을, 저 일을 하고 싶지 않은 거죠?" – "그래요. 하지만 규칙에 따르자면 이런저런 것들을 해야 해요. 성향을 따르자면 이런저런 일을 하고 싶고요. 내가 어떤 것을 분명히 알지 못하겠으면 장상과 이야기하죠. 그리고 대화한 후에는 순종해요." 이것이 예언입니다. 악마가 뿌리는 무정부주의의 씨를 거슬러 가는 예언이에요. "당신은 무엇을 하나요?" – "난 내가 좋아하는 것을 하지요." 의지의 무정부주의는 악마의 딸이지 하느님의 딸이 아닙니다. 하느님의 아들은 무정부주의자가 아니었습니다. 당신의 적들에게 대항하는 군대를 조직하라고 제자들을 부르시지 않았어요. 그분 자신이 빌라도에게 이렇게 말씀하시지요. "내가 이 세상의 왕이라면 내 병사들을 불러 나를 지키게 했을 것이다." 하지만 그분은 아버지께 순종하셨습니다. 그분은 단지 이렇게 청하셨을 뿐이지요. "아버지, 제발, 안 되겠습니다. 이 잔은 안 되겠어요.… 하지만 아버지께서 원하시는 대로 하십시오."

여러분이 순종으로 어떤 일을 받아들일 때, 우리가 좋아하지 않는 일인 경우가 많지요.… [꿀떡 삼키는 흉내를 내며]… 그 순종으로 삼켜야 합니다. 그렇게 하는 거예요. 결국 예언이지요. 예언은 사람들에게 행복의 길, 위대함의 길이 있다는 것, 우리를 기쁨으로 채우는 길이 있다는 것, 그것은 바로 예수님의 길이라는 것을 말해 주는 겁니다. 그것은 예수님 가까이 머무는 길입니다. 그것은 하나의 선물이요, 예언의 은사이며 성령께 청해야 하는 것이지요. 제때 그 올바른 말을 할 줄 알도록 해 달라고, 제때 그 일을 하게 해 달라고, 나의 삶 전체가 하나의 예언이 되게 해 달라고 청하는 거예요. 예언자인 남녀들이 되게 해 달라고요. 이건 굉장히 중요합니다. "뭐, 모두가 하는 대로 하자고…". 아닙니다. 예언은 더 진실하고, 더 아름답고, 더 위대하고 더 좋은 것이 있다는 것을, 그것으로 우리 모두 불렸다는 것을 말하는 것입니다.

또 다른 단어는 **가까움**입니다. 축성된 남녀들은 사람들에게서 멀어지고 모든 안락함을 누리기 위해서가 아니고 -아니죠- 그들에게 다가가기 위함이고 그리스도인들과 비그리스도인들의 삶을, 고통을, 문제들을, 그리고 축성된 어떤 남자와 여자가 이웃이 되어야지만, 곧 가까이 머물러야지만 이해되는 많은 것들을 이해하기 위함입니다. "하지만 신부님, 저는 봉쇄 수녀인데 뭘 해야 하나요?" 아기 예수의 성녀 테레사를 생각해 보세요. 선교의 주보 성인으로서 그분은 불타는 마음으로 가까이 머물렀고, 선교사들로부터 받은 편지들은 성녀를 사람들에게 더욱 가까이 있게 했습니다. 가까이 있기. 축성된 사람들이 된다는 것은 사회 안에서 한 계단, 두 계단, 세 계단을 올라간다는 의미가 아닙니다.

맞아요. 자주 우리는 부모님들이 이렇게 말씀하시는 걸 듣지요. "아세요, 신부님? 저에겐 수녀 딸이 하나 있어요. 수사인 아들이 하나 있어요!" 자랑스럽게 그렇게 말해요. 그리고 그건 사실이에요. 부모님들에게는 축성된 자녀들을 가지는 것이 만족스러운 거죠. 그건 진짜예요. 그런데 축성생활자들에겐 나에게 다른 사람들을 이렇게 (거리를 두고) 바라보게 하는 것은 삶의 신원이 아닙니다.

축성생활은 나를 사람들 가까이 데려가야 합니다. 육체적, 영적 가까움, 사람들을 알기예요. "아, 그래요, 신부님, 제 공동체에서는 장상이 외출 허락을 주었어요. 사람들이 사는 가난한 지역으로 갈 허락을요…." "수녀님의 공동체에는 노인 수녀님들이 계신가요?" "그럼요, 그럼요… 3층에 병실이 있지요." "그렇다면 하루에 몇 번이나 수녀님은 그 수녀님들을, 수녀님의 엄마나 할머니일 수도 있는 그 노인 수녀님들을 찾아보러 가나요?"

"하지만 신부님, 저는 일이 아주 바쁘고 도무지 갈 수가 없다고요…."

가까이 있기(이웃이 되기)! 축성생활자에게 **첫째가는 이웃**은 누구입니까? **공동체의 형제나 자매**입니다. 공동체의 형제나 자매가 바로 여러분의 첫째가는 이웃이에요. 귀엽고, 착하고 사랑을 지닌 가까움이기도 하죠. 여러분의 공동체 안에서는 절대로 절대로 절대로… 험담을 하지 않는다는 것을 압니다. 험담은 서로 멀어지는 한 가지 방법이에요. 여러분은 잘 들으십시오. 험담은, 험담의 테러는 안 됩니다. 뒤에서 험담하는 사람은 테러리스트입니다. 자기 공동체 안의 테러리스트인 거예요. 이 사람, 저 사람을 거슬러 폭탄처럼 말을 던져 버리고는 자기는 유유하게 사라지거든요. 파괴하는 겁니다! 이렇게 하는 사람은 폭탄처럼 파괴하고, 그는 멀어져 가요. 사도 야고보는 아마도 이것이 가장 어려운 덕일 거라고 말했지요. 혀를 다스리는 덕은 인간적으로, 영적으로 가장 가지기 어려운 덕이라고요. 어떤 형제나 자매를 거슬러 뭔가 말하고 싶어진다면 험담의 폭탄을 내버리고 혀를 깨무세요! 강하게요! 공동체 안의 테러리즘은 안 된다고요!

"하지만 신부님, 뭔가 결점이, 고쳐야 할 무엇이 있다면요?" 직접 그 사람에게 말하세요. 자매(형제)는 나를 불쾌하게 하는 이런 태도를 가지고 있군요. 혹은 그건 좋지 않아요. 혹은 그것이 적절치 않다면 –종종 그것은 신중하지 않을 수 있으니까요– 중재를 할 수 있는 사람에게, 문제를 해결할 수 있는 사람에게 말하고 다른 아무에게도 말하지 않는 겁니다. 알았나요? 험담은 아무짝에도 쓸모가 없습니다. "하지만 회의에서는요?" 거기서는 해야죠! 공적으로, 당신이 들은 모든 것을 말해야 해요. 회의에서 어떤 것들을 말하지 않고 나중에 밖에서 말하려는 유혹이 있거든요. "원장 수녀님 봤어? 원장님 봤어? 원장 수녀님 봤어?…" 이러면서요. 도대체 왜 거기 회의에서 말하지 않았나요?… 이거 분명합니까? 가까이 있기의 덕들입니다. 성인들은 이 덕들을 가지고 있었습니다. 성인 축성생활자들은 이

걸 가지고 있었어요.

성녀 테레사는 결코 일에 대해 불평하지 않았습니다. 저녁마다 자기가 식당으로, 성당의 가대에서 식당으로 데려가야 했던 그 수녀가 자기를 힘들게 하는 것에 대해 전혀 불평하지 않았어요. 결코! 그 가엾은 수녀는 대단히 늙었고 거의 마비되어 잘 걷지도 못했고 통증이 있는 데다 -저도 그 수녀님을 이해합니다!- 약간 신경질적이기도 했거든요…. 그런데 성녀는 한 번도 다른 수녀에게 가서 "이 수녀님은 얼마나 힘들게 하는지!" 하고 말하지 않았어요. 어떻게 했나요? 그 수녀님이 편하게 앉도록 도와주었고 그 수녀님에게 냅킨을 갖다주었으며, 빵을 쪼개 주었고 미소를 지어 주었습니다. 이것을 가까이 있기라고 부릅니다. 가까이 있기!

당신이 공동체 안에서 험담의 폭탄을 던진다면 그것은 가까이 있기가 아닙니다. 그건 전쟁을 하는 거예요! 그것은 멀어지는 것이고, 그것은 거리를 조장하는 것이며, 공동체 안에 무정부 상태를 야기하는 겁니다. 이 자비의 해에 여러분 각자가 결코 험담가 테러리스트가 되지 않는 데 성공한다면 그것은 교회를 위한 성공이요, 위대한 성덕의 성공일 것입니다! 용기를 내세요! 가까이 있기입니다.

다음에는 **희망**입니다. 여러분께 고백하건대 성소자의 감소를 볼 때 저는 무척 마음이 아픕니다. 저는 주교님들을 만날 때 물어봅니다. "신학생이 몇 명이나 됩니까?" "4~5명…". 여러분의 수도공동체에서 -남자 수도원이든 여자 수도원이든- 한두 사람의 수련자가 있다면… 공동체는 늙어 갑니다, 늙어 가요…. 수도승원들이, 큰 수도승원들이 있을 때, 아미고Amigo 추기경님이 이야기해 주실 수 있을 텐데요[추기경을 향한다]. 스페인에는 네댓 명의 노인 수녀들로 마지막까지 간 수도승원들이 몇 개나 되는지를요.

이것이 저에게 희망을 거스르는 유혹을 불러옵니다. "아니, 주님, 무슨 일이 벌어지는 겁니까? 축성생활이 왜 이리도 불모가 된 겁니까?" 어떤 수도회들은 '인공수정'을 시험합니다. 어떻게 하냐고요? 걍 받아들이지요…. "뭐, 그래요. 오세요, 오세요, 오세요…". 후에 그 뒤에 있는 문제들이…. 안 됩니다. 신중하게 받아들여야 합니다. 이것이 참된 성소인지를 잘 식별하고 그 성소가 성장하도록 도와주어야 합니다. 우리에게 이 불모를 가져다주는 유혹, 희망을 잃어버리려는 유혹을 거슬러 우리는 더 많이 기도해야 한다고 저는 믿습니다. 지치지 않고 기도해야 합니다. 저는 성경에서 사무엘의 어머니 한나가 기도하면서 아들을 청하는 구절을 읽기를 아주 좋아합니다. 한나는 기도했어요. 입술을 움직이며 기도했습니다…. 눈이 잘 보이지 않았던 늙은 사제는 그녀가 술에 취한 것으로 생각했지요. 하지만 그 여자의 마음은 [하느님께 말씀드렸어요.] "저는 아들을 원합니다!"

저는 여러분에게 묻습니다. 이 성소의 감소 앞에서 여러분의 마음은 이렇게 강도 높게 기도합니까? "우리 수도회는 자녀들이 필요합니다. 우리 수도회는 자녀들이 필요해요…." 하고요.

무척 관대하셨던 주님은 당신의 약속을 어기지 않으실 것입니다. 하지만 우리가 그것을 청해야 합니다. 우린 그분 마음의 문을 두드려야 합니다. 한 가지 위험이 있기 때문인데 이 위험은 아주 나쁘지만 저는 이 말을 해야겠습니다. 어떤 수도회가 자녀도 손주들도 없어서 점점 더 작아지는 것을 볼 때 돈에 집착하게 됩니다. 여러분은 아세요? 돈이란 악마의 똥입니다. 성소자와 자녀들이라는 은총을 가질 수 없을 때 돈이 삶을 지켜 주리라고 생각합니다. 그리고 노년을 생각하면 이것도 없어서는 안 되고 저것도 없어서는 안 되고… 이렇게들 생각하는 거예요. 그렇게 해서는 희망이 없습니다! **희망은 오직 주님께만 있습니다! 돈은 결코 희망을 주지 않을 것입니다. 오히려 우리를 내동댕이칠 것입니다!** 아시겠어요?

이것이 제가 원고를 읽는 대신 저는 여러분에게 말하고 싶었습니다. 원고는 장관 추기경님이 나중에 여러분에게 전해 드릴 것입니다.

저는 여러분이 하시는 일에 대해 크게 감사드립니다. 축성생활자들은 각자가 자신의 은사를 가지고 있습니다. 저는 여성 축성생활자들, 수녀들을 강조하고 싶어요. 수녀들이 없다면 교회는 뭐가 될까요? 저는 이 말을 전에도 했지요. 병원에서, 꼴레지오에서, 본당에서, 구역에서, 선교에서 생명을 바친 남자들과 여자들… 아프리카를 마지막으로 방문했을 때 -제가 일반 알현에서 한 번 이 이야기를 한 것으로 생각되는데요- 저는 83세의 이탈리아 수녀님을 만났지요. 그분이 저에게 말했어요. "제가 -23세라고 했는지 26세라고 했는지 기억이 잘 나지 않습니다만- 그런 나이였을 때부터 저는 여기 있었습니다. 저는 병원에서 일하는 간호사입니다." 생각해 봅시다. 26세 때부터 83세가 되기까지! "저는 이탈리아에 있는 제 가족들에게 이제는 이탈리아로 돌아가지 않겠노라고 편지를 썼어요." 묘지에 가서 죽은 많은 선교사와 병에 걸려서, 그 나라들의 열병에 걸려 40세에 죽은 많은 수녀가 있고 그들은 자기들의 삶을 불살랐던 것을 보면…. 이렇게 말하지요. "이 사람들은 성인들이구나! 이 사람들은 씨앗이야!" 우리는 주님께 이 묘지로 좀 내려오셔서 우리 선조들이 무엇을 했는지 보시고 더 많은 성소를 주시라고 말씀드려야 하겠습니다. 우리에게는 성소자가 필요하니까요!"

이 방문에 대해 여러분에게 감사드립니다. 장관 추기경님, 차관 대주교님, 차관보님들께 이 축성생활의 해에 하신 일에 대해 감사드립니다. 그런데 부디 순종의 예언과 가까이 있기, 가장 중요한 이웃을 잊지 마세요. **가장 가까운 이웃은 공동체의 형제와 자매**입니다. 그리고 희망을 잊지 마세요. 주님께서 여러분의 회에 자녀들을 태어나게 해 주시기를 빕니다. 저를 위해서 기도해 주세요. 감사합니다!

[교종께서 넘겨주신 원고]

사랑하는 형제자매 여러분,

저는 축성생활에 바쳐진 이 한 해의 끝에 여러분을 만나게 되어 기쁩니다.

어느 날 예수님께서는 무한한 자비로 우리 각자를 향하여 우리에게 개인적으로 요청하셨습니다. "오너라! 나를 따라라!"(마르 10,21 참조) 우리가 여기 있는 것은 그분께 "예"라고 답했기 때문입니다. 때로는 열정과 기쁨에 찬 투신이기도 합니다. 어쨌거나 우리는 우리가 상상도 하지 못했을 길로 인도되면서 관대하게 그분을 따랐습니다. 우리는 그분과 친밀함의 순간들을 나누었습니다. "너희는 따로 외딴곳으로 가서 좀 쉬어라"(마르 6,31). 섬김과 사명 수행의 순간들도 나누었습니다. "너희가 그들에게 먹을 것을 주어라"(루카 9,13). 심지어 십자가까지도 나누었지요. "누구든지 내 뒤를 따라오려면, 자신을 버리고 날마다 제 십자가를 지고 나를 따라야 한다"(루카 9,23). 그분은 우리를 아버지와 당신 자신의 관계 안으로 인도하셨고 당신 성령을 우리에게 주셨으며 우리의 마음을 당신 마음의 크기로 확장하시면서 가난한 사람들과 죄인들을 사랑하도록 가르치셨습니다. 우리는 그분에게서 섬김과 환대와 용서와 형제적 사랑을 배우면서 함께 그분을 따랐습니다. 그분과 함께 머무르고 그분을 전하면서 세상의 길들을 가는 것이 우리를 그분께 동화시키고 우리를 교회가 되게 하며 인류를 위한 선물이 되게 하기에 우리의 축성생활은 의미가 있습니다.

우리가 마무리하고 있는 축성생활의 해는 축성생활자들 안에 부르심에 대한 감사와 응답의 기쁨을 강화하면서 교회 안에 축성생활의 아름다움과 거룩함을 더욱 빛나게 하는 데 이바지했습니다. 각각의 남녀 축성생활자는 자신의 정체성을 더욱 명료하게 감지할 수 있었고 그렇게 해서, 설립자들의 은사를 따라 선善의 새로운 페이지를 쓰기 위해 새로워진 사도적 열정으로 미래를 향할 수 있었습니다. 우리에게 그토록 풍요롭고 진취적인 이 축성생활의 해를 살게 해 주신 데 대해 우리는 주님께 감사드립니다. 그리고 여기 로마와 세상에서 커다란 행사들을 준비하고 실행하신 축성생활회와 사도생활단성에 감사드립니다.

축성생활의 해는 끝납니다. 하지만 받은 부르심에 충실하게 머물고 사랑과 내줌과 창의성에서 성장할 임무는 계속됩니다. 그래서 저는 여러분에게 세 가지의 말을 남겨 드리고자 합니다.

첫째는 **예언**입니다. 여러분에게 특수한 요소입니다. 그런데 교회와 세상은 여러분에게 어떤 예언을 기대할까요? 여러분은 무엇보다도 우선 말로 선포하기에 앞서 여러분의 삶으로 하느님의 실재를 선포하도록, 하느님을 말하도록 불렸습니다. 어쩌다가 그분이 거절당하고 소외되고 무시당한다면 우리는 혹시라도 우리가 그분의 얼굴을 충분히 투명하게 드러내지 못하고 오히려 우리의 얼굴을 보이지는 않았는지를 자신에게 물어야 합니다. 하느님의 얼굴은 "자비하시고 너그러우시며 분노에 더디시고 자애가 넘치시"(시편 103,8)는 아버지의 얼굴입니다. 그분이 알려지도록 하기 위해서는 그분과의 개인적 관계를 가질 필요가 있습니다. 이를 위해서는 그분을 흠숭하고 기도 안에서, 특히 침묵 속의 흠숭 안에서 마음과 마음을 맞대고 나누는 대화를 통해 하루하루 그분과의 우정을 가꾸어 가는 능력이 필요합니다.

제가 여러분에게 남겨 드리는 **두 번째** 말은 **가까움**입니다. 하느님은 예수님 안에서 모든 남녀 인간에게 가까워지셨습니다. 갈릴래아의 카나에서 신랑신부의 기쁨을 나누었고 나인의 과부의 고뇌를 나누었습니다. 죽음이 들이닥친 야이로의 집에 들어가셨고 나르드 향유의 냄새가 가득한 베타니아의 집에 들어가셨습니다. 그분은 모든 사람을 위한 몸값으로 목숨을 내놓으시기까지 질병과 고통을 짊어지셨지요. 그리스도를 따른다는 것은 그분이 가시는 곳으로 간다는 말이고, 착한 사마리아 사람처럼 길을 가다가 만난 상처 입은 사람을 짊어진다는 말이며, 잃어버린 양을 찾아 나선다는 말입니다. 예수님처럼 사람들 가까이 있고 그들의 기쁨과 아픔을 나누며 우리의 사랑으로 하느님의 부성적 얼굴과 교회의 모성적 손길을 보여 주는 것을 말합니다. 아무도 여러분을 멀리 초연하게 폐쇄되어, 따라서 불모의 상태로 있다고 느끼지 않도록 말입니다. 여러분 각자는 자신의 은사를 따라 형제들을 섬기도록 불렸습니다. 누구는 기도로, 누구는 교리 교수로, 누구는 가르침으로, 누구는 병자들이나 가난한 사람들을 보살피면서, 누구는 복음을 선포하면서, 누구는 여러 가지 자비의 일을 수행하면서 형제들을 섬기라고 불린 것입니다. 중요한 것은 자기 자신을 위해 살지 않는 것입니다. 예수님께서 당신 자신을 위해 살지 않으시고 아버지와 우리를 위해 사신 것처럼 말입니다.

이렇게 해서 세 번째 단어에 도달합니다. 하느님과 그분의 자비로운 사랑을 증언하면서, 여러분은 그리스도의 은총으로 여러 가지 이유로 고뇌와 두려움을 겪고 때로는 좌절의 유혹을 받는 우리의 이 인류 안에 희망을 퍼뜨릴 수 있습니다. 여러분은 참행복과 정직함과 연민이 지닌 새롭게 하는 힘을, 선의 가치와 의미가 충만한 단순하고 본질적인 삶의 가치를 느끼게 할 수 있습니다. 또 여러분은 교회 안에서도 희망을 키울 수 있습니다. 예를 들어 저는 교회 일치의 대화를 생각합니다. 일 년 전에 있었던 그리스도교 여러 교파의 축성생활자들의 만남은 계속해 나갈 가치가 있는 근사한 새로운 경험이었습니다. 축성생활자들의 삶의 은사적이고 예언적인 증언은 다양한 형태로 우리가 서로 더욱 일치하여 충만한 친교를 촉진하도록 도와줍니다.

사랑하는 형제자매 여러분, 여러분이 하는 매일의 사도직 안에서 나이나 숫자에 구애되지 마십시오. 더 중요한 것은 계속해서 들려오는 예수님의 부르심에 처음의 "예"를 인생의 모든 계절에 항상 새로운 방식으로 반복하는 능력입니다. 그분의 부르심과 우리의 응답은 우리의 희망을 생생하게 유지해 줍니다. 예언, 가까움, 희망. 그렇게 살면서 여러분은 마음속에 예수님을 따르는 사람들을, 더욱이 축성생활자들을 구별해 주는 표지인 기쁨을 지니게 될 것입니다. 그리고 여러분의 삶은 많은 남녀 인간을 하느님의 영광으로 그리스도의 신부인 교회의 아름다움을 통해 끌어당기게 될 것입니다.

사랑하는 형제자매 여러분, 여러분의 존재와 여러분이 교회와 세상 안에서 하는 일에 대해 주님께 감사드립니다. 여러분을 축복하고 여러분을 우리의 어머니께 맡깁니다. 그리고 부디 저를 위해 기도하기를 잊지 말아 주십시오.

40

2016년 2월 2일(주님 봉헌 축일) | 바티칸 대성당

제20차 축성생활의 날, 축성생활 희년, 축성생활의 해 폐막미사 강론

우리 눈앞에는 단순하고 겸손하고 위대한 사실이 하나 있습니다. 예수님은 마리아와 요셉에 의해 예루살렘 성전으로 인도됩니다. 많은 아기와 같은 아기, 모든 아기와 같은 아기이지만 독특한 아기이지요. 모든 사람을 위하여 오신 외아들이십니다. 이 아기는 우리에게 하느님의 자비와 다정한 사랑을 가져다주었습니다. 예수님께서는 아버지의 자비의 얼굴이신 것입니다. 큰 열정을 가지고 살았던 해인 '축성생활의 해'의 끝에 복음이 우리에게 제공하는 표상은 이것입니다. 이 축성생활의 해는 마치 하나의 강처럼 이제 자비의 바다로, 특별 희년을 통해 우리가 체험하고 있는 이 거대한 사랑의 신비 안으로 흘러듭니다.

오늘의 축일은 특히 동방에서는 만남의 축제로 일컬어집니다. 실제로 지금 선포된 복음에서 우리는 여러 만남을 봅니다(루카 2,22-40 참조). 성전에서 예수님은 우리를 만나러 오시고 우리는 예수님을 만나러 갑니다. 이스라엘의 충실한 기다림과 오래된 약속의 성취에 대한 마음의 환희를 나타

내는 노인 시메온과의 만남을 관상해 봅시다. 또한 아기 예수님을 보고 기쁨에 차서 하느님을 찬미하는 여자 예언자 안나와의 만남도 관상해 봅시다. 시메온과 안나는 기다림과 예언이고 예수님은 새로움이요 성취입니다. 곧 그분은 우리에게 하느님의 영원한 새로움으로 나타나십니다. 모든 사람을 위해 태어난 이 아기 안에서 기억과 약속으로 이루어진 과거와 희망에 찬 미래가 만납니다.

여기에서 우리는 축성생활의 시작을 봅니다. 남녀 축성생활자들은 무엇보다도 우선 만남의 인간들이 되도록 부름받았습니다. 사실 성소는 '책상에서' 생각한 우리의 계획에서 시작되는 것이 아니고, 우리에게 도달한 주님의 은총에서, 삶을 바꾸는 만남을 통해, 시작됩니다. 진정으로 예수님을 만난 사람은 그분을 만나기 전과 같은 상태로 남을 수는 없습니다. 그분은 모든 것을 새롭게 하시는 새로움이십니다. 이 만남을 살아가는 사람은 증인이 되고 다른 사람들에게 그 만남을 가능하게 해 줍니다. 그리고 또한 우리 자신 안에 갇혀 있게 하는 자기준거성을 피하면서 스스로 만남의 문화의 촉진자가 되는 것이지요.

우리가 들은 히브리서의 다음 구절은 예수님 자신이 우리에게 만남이 되어 주시기 위해 인간인 우리의 처지를 마다하지 않으신 사실을 상기시켜 줍니다. "이 자녀들이 피와 살을 나누었듯이, 예수님께서도 그들과 함께 피와 살을 나누어 가지셨습니다"(히브 2,14). 예수님께서 '밖으로부터' 우리를 구원하신 것이 아니고 우리의 생명을 나누시길 원하신 것입니다. 축성된 남녀 인간들은 하느님의 이 가까이 계심을 보여 주는, 우리 시대 인간의 연약함과 죄와 상처라는 처지를 이렇게 함께 나누시는 것에 대한 구체적이고 예언적인 표징이 되도록 부르심 받았습니다. 모든 형태의 축성생활은 각각의 특성에 따라 "현대인들, 특히 가난하고 고통받는 모든 사람의 기쁨과 희망, 슬픔과 고뇌"(「기쁨과 희망」, 1항)를 함께 나누면서 영속적 상태로 사명을 수행하도록 부르심 받았습니다.

오늘의 복음은 또 "아기의 아버지와 어머니는 아기를 두고 하는 이 말에 놀라워하였다"(루카 2,33)라고 말합니다. 요셉과 마리아는 모든 민족을 위한 빛과 희망으로 가득 찬 이 만남에서 오는 놀라움을 간직합니다. 우리 역시 그리스도인이요 축성된 사람들로서 놀라움(경탄)의 수호자입니다. 이는 늘 새로워지기를 요구하는 놀라움입니다. 영적 생활에서 습관은 불행한 일입니다. 우리의 은사를 추상적인 가르침으로 굳어지게 하는 것은 불행한 일입니다. 제가 전에도 몇 번 말했듯이 우리 설립자들의 은사는 병에 넣고 밀봉해야 하는 것이 아니고 박물관에 전시해야 하는 것도 아닙니다. 우리 창립자들은 성령에 의해 움직였고, 용감하게 지리적 변두리와 실존적 변두리를 달리면서 일상의 삶으로, 사람들이 가진 문제들로 손을 더럽히는 것을 두려워하지 않았습니다. 그들은 장애와 다른 사람들의 몰이해 앞에서 멈추어 서지 않았습니다. 그리스도와의 만남으로 인한 놀라움을 마음속에 간직했기 때문이지요. 그들은 복음의 은총을 길들이지 않았어요. 마음속에 항상 주님을 향한 일종의 건강한 불안을, 주님을 다른 사람들에게 모셔가려는 -마리아와 요셉이 주님을 성전에 모셔갔던 것처럼- 애타는 갈망을 지니고 있었습니다. 우리도 역시 오늘날 예언적이고 용감한 선택을 하도록 부름받고 있습니다.

마지막으로, 오늘의 축일에서 예수님과의 만남에 대한, 축성생활로의 성소라는 선물에 대한 감사를 살아가는 법을 배우도록 합시다. 감사하기, 감사를 드린다는 것, 그것은 성찬례Eucharistia[40]입니다. 이미 나이가 든 시메온과 안나처럼, 자신의 성소에 만족하고 감사로 가득 찬 축성된 사람들

40 에우카리스티아, '감사'를 뜻함.

의 행복한 얼굴들을 만날 때 이는 얼마나 멋진 일입니까! 우리가 축성생활의 해 동안 살아온 모든 것을 종합할 수 있는 단어는 바로 이것입니다. 곧 다양한 은사를 통해 항상 교회를 활기 있게 하시는 성령의 선물에 대한 감사인 것입니다.

복음은 다음과 같은 말로 끝납니다. "아기는 자라면서 튼튼해지고 지혜가 충만해졌으며, 하느님의 총애를 받았다"(루카 2,40). 마리아의 모성적 중재를 통해 주 예수님께서 우리 안에서 자라나시고 각자 안에서 만남의 열망과 경탄을 수호하는 일과 감사의 기쁨을 키워 주실 수 있기를 빕니다. 그렇게 되면 다른 사람들이 그분의 빛에 이끌려 오게 될 것이고 아버지의 자비를 만날 수 있을 것입니다.

[미사 끝에 바티칸 대성당 마당에서 하신 말씀]

사랑하는 형제자매 여러분, 대단히 감사합니다! 여러분은 좀 서늘한 곳에서 미사에 참례하셨네요! 하지만 마음은 타올랐지요!

이렇게 모두 함께 축성생활의 해를 마무리하게 되어 감사합니다. 계속 앞으로 나아갑시다! 교회 안에서 우리 각자는 자기 자리와 일이 있습니다. 부디, 첫 번째 성소를, 최초의 부르심을 잊지 마십시오. 기억하세요! 여러분이 처음에 부르심 받은 그 사랑으로 주님께서는 오늘 계속해서 여러분을 부르십니다. 첫 부르심의 그 아름다움을, 그 놀라움을 낮추지 마세요. 끌어내리지 마세요. 멋지잖아요! 계속하세요. 항상 뭔가 할 일이 있습니다. 주된 일은 기도하는 것입니다. 축성생활의 '골수骨髓'는 기도예요. 기도하기! 그렇게 나이 들어가는 것입니다. 좋은 포도주처럼 나이 들어가는 거라고요!

여러분에게 한 가지 말씀드리겠는데요. 저는 나이 드신, 하지만 눈은 반짝이는 수녀님들, 수사님들을 찾아보기를 아주 좋아합니다. 그분들의 눈이 반짝이는 것은 영적 생활의 불꽃이 타오르기 때문이지요. 그 불꽃은 꺼지지 않았죠. 꺼지지 않았어요! 오늘, 매일 앞으로 나아가십시오. 그리고 계속해서 일하고 희망으로 내일을 바라보면서, 항상 주님께 새로운 성소를 보내 주시도록 청하십시오. 그렇게 해서 우리 축성의 활동이 계속 이루어져 갈 수 있을 것입니다. 기억하는 일. 첫 부르심을 잊지 마십시오! 이는 매일 해야 할 일입니다. 그리고 희망으로 앞으로 나아가고 씨를 잘 뿌리는 것입니다. 우리 뒤에 오는 다른 사람들이 우리가 그들에게 남겨 줄 유산을 받을 수 있도록.

이제 성모님께 기도합시다. [성모송. 강복]

안녕히 가세요. 저를 위해서 기도해 주시고요.

41

2016년 2월 16일 | 모렐리아 '베누스티아노 까란자' 경기장

멕시코 순방 중 사제, 남녀 수도자, 축성생활자, 신학생들과 함께 드린 미사 강론

이런 말이 있습니다. "당신이 어떻게 기도하는지 나에게 말해 준다면 당신이 어떻게 사는지 말해 주겠습니다. 당신이 어떻게 사는지 나에게 말해 준다면 당신이 어떻게 기도하는지 말해 주겠습니다." 나에게 당신이 어떻게 기도하는지를 보여 주면 나는 살아 계신 하느님을 발견하는 것을 배울 것이고, 나에게 당신이 어떻게 사는지를 보여 주면 나는 당신이 기도하는 하느님을 믿는 법을 배울 것이기 때문입니다. 왜냐면 우리의 삶은 기도에 대해서 말하고 기도는 삶에 대해서 말하기 때문입니다. 기도하는 것은 걷기와 말하기와 듣기처럼 배우는 것입니다. 기도의 학교는 삶의 학교이고 삶의 학교는 기도의 학교를 만드는 장소입니다.

성 바오로는 사랑하는 제자 티모테오에게 가르침을 주거나 신앙을 살도록 권고할 때 이렇게 말하곤 했습니다. "그대의 어머니와 할머니를 기억하시오." 신학생들은 신학교에 입학할 때 여러 번 제게 물었습니다. "신부님, 저는 더 깊고 더 정신적인 기도를 하고 싶습니다." 저는 이렇게 답하곤 했

지요. "이보게, 집에서 배운 대로 계속 기도하게. 그러면 조금씩 기도가 성장할 거네. 그대들의 삶이 성장해 왔듯이." 기도는 배우는 것입니다. 삶에서처럼.

예수님께서는 당신 제자들을 삶의 신비 안으로, 당신 삶의 신비 안으로 인도하고자 하셨습니다. 먹고, 자고, 치유하고, 설교하고, 기도하시면서 그들에게 하느님의 아들이시라는 것이 무엇을 뜻하는지를 보여 주셨습니다. 당신의 삶을, 당신의 내면을 나누도록 그들을 초대하셨고 그들이 그분과 함께 있는 동안 당신의 몸 안에서 아버지의 삶을 만지게 하셨습니다. 당신의 눈길에서, 당신의 걸음에서, "우리 아버지"[41]를 말할 힘과 새로움을 경험하게 해 주셨습니다. 예수님 안에서 이 표현-"우리 아버지"-에는 늘 존재하는 뻔한 것이나 반복의 '뒷맛'이 없습니다. 오히려 삶의 맛, 진정성의 체험이라는 맛을 지니고 있습니다. 그분은 "우리 아버지"라고 하실 때 기도하시면서 살고 사시면서 기도할 줄을 알고 계셨습니다.

그리고 그분은 우리도 똑같이 하도록 초대하십니다. 우리들의 첫 번째 부르심은 아버지의 이 자비로운 사랑을 우리의 삶에서, 우리의 역사 안에서 체험하라는 부르심입니다. 그분의 첫 번째 부르심은 우리를 사랑의 역동, 자녀 됨의 이 새로운 역동 안으로 인도하는 것입니다. 우리의 첫 번째 부르심은 '우리 아버지'를 말하는 것을 배우라는 부르심입니다. 바오로가 '아빠Abba'를 강조하였듯이.

"내가 복음을 전하지 않는다면 나는 불행합니다!"(1코린 9,16 참조) 하고 바오로는 말합니다. 나는 불행합니다! 계속해서 말하기를 복음을 전하는 것은 영광이 아니라 의무이기 때문이라는 것입니다.

예수님께서는 우리를 당신의 삶에, 신적인 삶에 동참하도록 초대하셨습

41 서양 언어에서 "우리 아버지"로 시작하는 주님의 기도를 가리킴.

니다. 우리 남녀 축성생활자들, 사제들, 신학생들, 주교들이 그 삶을 공유하지 않는다면 우리는 불행합니다. 우리가 보고 들은 것의 증인이 아니라면 우리는 불행합니다. 우리는 불행해요. 우리는 신적인 것의 관리들이 아니고 그것을 원치도 않습니다. 우리는 결코 하느님 사업의 고용인들이 아니고 그것을 바라지도 않습니다. 우리는 그분의 삶에 동참하도록 부름을 받았고, 그분의 마음 안으로 들어가도록, '우리 아버지'를 기도하고 살아가는 마음 안으로 들어가도록 초대받았기 때문입니다. 선교는 우리의 삶으로, 오늘 밤 돌아가신 우리 형제 주교님처럼 처음부터 끝까지 삶으로 '우리 아버지'를 말하는 것이 아니라면 무엇이겠습니까.

우리는 매일 끈질기게 기도하면서 이 우리의 아버지께로 향합니다. 청원 기도를 하면서 우리는 그분께 무엇을 말씀드립니까? 유혹에 빠지지 않게 해 주십시오. 예수님 자신이 그렇게 기도하셨습니다. 그분께서는 어제와 오늘의 당신 제자들인 우리가 유혹에 빠지지 않도록 기도하셨습니다. 우리를 공격할 수 있는 유혹들 가운데 하나는 어떤 것일까요? 현실을 관조하는 데서만이 아니라 그 현실을 살아가는 데서 솟아나는 유혹 가운데 하나는 어떤 것일 수 있을까요? 폭력과 부패와 마약 거래와 인간 존엄성의 무시에, 고통과 불확실함 앞에서의 무관심에 지배되는 환경에서 어떤 유혹이 우리에게 올 수 있을까요? 축성생활로, 사제직으로, 주교직으로 부름받은 우리가 늘 새롭게 받을 수 있는 유혹은, 이 모든 것 앞에서, 부동의 체제가 되어 버린 것 같은 이 현실 앞에서 우리가 당할 수 있는 유혹은 무엇일까요?

이 유혹을 우리는 단 하나의 단어로 요약할 수 있을 것 같습니다. 체념입니다. 이러한 현실 앞에서 악마가 선호하는 무기 중 하나인 체념이 우리를 이겨 버릴 수 있습니다. "그런데 우리가 무엇을 할 수 있을까? 삶이 그런걸." 우리를 마비시키는 체념, 우리를 걷지 못하게 할 뿐 아니라 길을 찾아가지도 못하게 하는 체념, 우리를 그저 놀라게 할 뿐만 아니라 우리를 '제의방'과 외견상의 안전 속에 숨겨 버리는 체념, 우리에게 선포를 하지 못하게 할 뿐 아니라 찬미하지도 못하게 하는 체념, 체념은 우리에게서 즐거움을 빼앗고 찬미의 기쁨을 앗아갑니다. 체념은 우리에게 계획을 세우지 못하게 할 뿐 아니라 변화에 제동을 겁니다.

그러하오니, 우리 아버지, 우리를 유혹에 빠지지 않게 해 주소서.

유혹의 순간에 우리의 기억을 돌아보는 것은 얼마나 유익한지요! 우리를 만든 '재목材木'을 관찰하는 것은 얼마나 도움이 되는지요. 모든 것이 우리와 함께 시작된 것은 아니고 모든 것이 우리와 함께 끝나지도 않을 것입니다. 그러니 우리를 여기까지 이끌어 온 역사를 복구하는 것은 얼마나 유익한지 모릅니다.

이 기억하기에 있어서 우리는 이 땅을 너무도 사랑하여 이 땅의 아들이 된 어떤 분을 못 본 체할 수는 없습니다. 자기 자신에 대해 이렇게 말한 분입니다. "사람들은 내 죄 덕분에 나를 사법 직무에서 끌어내어 충만한 사제직에 앉혔습니다. 쓸모없고 그토록 중대한 임무의 수행에는 완전히 무능한 나를, 노를 저을 줄 모르는 나를 미초아칸Michoacán의 최초의 주교로 선택하였습니다"(바스코 바스케스 데 키로가Vasco Vásquez de Quiroga, 사목교서, 1554). 이분의 목장木杖과 성작으로 이 미사를 드리기를 바라신 추기경님께 감사드립니다.

저는 여러분과 함께 '인디오가 된 스페인 사람'으로서 타타 바스코Tata Vasco라고 알려진 이 복음화의 일꾼을 기억하고 싶습니다. 그가 묘사했던, 푸레페차purhépecha 인디오들이 살았던 현실은 "팔려 가고, 모욕당하며, 땅에 버려진 쓰레기를 주워 먹으려고 시장을 떠돌아다니는 사람들"로서 그를 나태함이나 체념의 유혹으로 이끌기는커녕 그의 신앙을 움직이고 그의 삶을 움직였으며 그의 연민을 움직이고 그를 자극하여 대단히 불의하고 마비시키는 그러한 현실 앞에서 '숨'을 불어넣는 여러 가지 일을 실현하게 했습니다. 형제들의 고통의 아픔은 기도가 되었고, 기도는 구체적인 응답이 되었습니다. 이는 그에게 인디오들 사이에서 "타타 바스코"라는 이름을 얻어 주었는데 '타타'는 푸레페차어로 '아빠'를 의미합니다.

아버지, 아빠, 타타, 압바… 이것이 기도이며 이것이 예수님께서 우리를 초대하신 표현입니다.

아버지, 아빠, 압바, 우리를 체념의 유혹에 빠지지 않게 해 주시고, 나태함의 유혹에 빠지지 않게 해 주시며, 기억을 잃어버리는 유혹에 빠지지 않게 해 주시고, 삶으로 우리에게 '우리 아버지'를 말하도록 가르쳐 준 우리의 선배들을 잊어버리는 유혹에 빠지지 않게 해 주소서.

42

2016년 5월 12일 | 바오로 6세 강당

세계 여자수도회 장상연합회UISG에게

질문 1: 여성이 교회의 삶에 더 잘 참여하기 위해

프란치스코 교종님, 교종님께서는 "교회와 사회의 삶이 드러나는 모든 면에서 여성의 자질이 필요하다"고 말씀하셨습니다. 그런데 교회 안에서 이루어지는 결정 과정에서, 특히 가장 높은 수준의 결정 과정에서, 그리고 성찬례의 강론에서 여성은 배제되고 있습니다. '여성의 자질'을 교회가 온전히 품어 안는 데 중요한 장애는 결정 과정이건 강론이건 모두 사제서품과 연결되어 있다는 것입니다. 성하께서는 매우 가까운 장래에 교회가 여성의 자질을 수용하는 데 더 열려 있을 수 있도록 지도자의 역할이나 미사 강론 등을 사제서품과 분리하기 위한 방법이 있다고 보시는지요?

프란치스코 교종

여기에서는 여러 가지를 구별해야 합니다. 이 질문은 기능성에 연결되어 있습니다. 이렇게 기능에 강하게 연결되어 있는데, 실은 여성의 역할은 그 이상의 것입니다. 저는 이제 질문에 답하고, 그다음에 말씀드리겠습니다.

그 이상으로 나아가는 다른 질문들도 있는 것을 봤거든요.

교회 안에서의 결정 과정에서 여성들이 제외되는 것이 사실입니다. 제외된 것은 아니고, 여성들이 그 안에, 곧 결정 과정에 참여하는 것이 매우 미약합니다. 우리는 앞으로 나아가야 합니다. 예를 들어, -정말이지 저는 어렵지 않다고 생각하는데- 교종청 정의평화위원회는 총무가 여성이라고, 수녀라고 생각합니다. 다른 사람이 제안되었는데 제가 그분을 임명했어요. 하지만 그분은 자기 수도회의 다른 일을 하러 다른 곳으로 가야 했기에 사양했습니다. 결정 과정의 많은 측면에서 사제서품이 필요하지 않기에 그 이상으로 나아가야 합니다. 사제품이 필요 없어요.

교종 헌장 「착한 목자Pastor Bonus」를 개정하면서 교종청 부서들에 관해서는 관할권이 사제품에서 오는 것이 아닐 경우, 곧 사목적 관할권일 경우, 여성이 될 수 있다고 기록되어 있지는 않습니다. 부서의 수장이라면 모르겠어요. 하지만…. 예를 들면 이주민을 위한 부서이지요. 이주민을 위한 부서에서는 여성이 될 수 있겠습니다. 이제는 이민자들이 교종청 부서에 들어가고 있으니 관할권이 필요하다면 이 허가를 줄 사람은 장관일 것입니다. 통상적으로는 될 수 있지요. 결정 과정의 실행에는 들어갈 수 있어요.

저에게는 결정을 위한 작업 과정이 대단히 중요합니다. 실행만이 아니라 작업 과정 역시, 곧 여성들이 축성생활자이건 평신도이건 과정의 숙고와 토론에 들어가는 것입니다. 여성들은 고유한 시각에서 삶을 바라보기 때문인데, 우리 남성들은 그렇게 삶을 바라볼 수가 없습니다. 그것이 여성들이 어떤 문제를 바라보는 방식이고, 무엇이건 보는 방식인데, 여성들에게서는 남성들이 보는 방식과는 다릅니다. 그 두 방식은 상호보완적이어야 하며, 자문의 과정에서 여성들이 있는 것은 중요합니다.

저는 부에노스아이레스에서 어떤 문제에 대한 경험이 있습니다. 그 문제를 사제평의회와 -그러니까 모두가 남자였지요.- 함께 보면서 잘 다루었지요. 그런 후 일단의 여성 수도자들과 평신도들과 함께 보았는데 아주 아주 풍요로워졌고 보완적인 시각을 통해 결정에 큰 도움이 되었습니다. 이것이 필요합니다. 필요해요! 이 문제에 대해 우리는 앞으로 나아가야 한다고 생각하며 그런 후 결정 과정을 보게 될 것입니다.

다음에 성찬례에서의 강론이라는 문제가 있습니다. 말씀의 전례에서 여성이 -수녀나 평신도가- 강론을 하는 것에 대해서는 아무런 문제가 없습니다. 문제가 없어요. 하지만 성찬례 거행에서는 전례적·교의적 문제가 있는데, 전례 거행이 하나이며, 곧 말씀의 전례와 성찬의 전례가 하나로 결합되어 있고, 주례하시는 분은 예수 그리스도이시기 때문입니다. 집전하는 사제나 주교는 예수 그리스도의 인격으로 주례하는 것입니다. 이는 신학적·전례적 실재입니다. 그런 상황에서 여성 서품이 없으므로 여성은 주례할 수가 없습니다. 하지만 지금 제가 매우 빨리, 그리고 좀 단순하게 말씀드린 이것을 더 연구하고 더 설명할 수 있겠습니다.

대신 여성 지도자에 대해서는 문제가 없습니다. 그에 대해서는 계속 나아가야 합니다. 신중하게, 하지만 해결책을 모색하면서….

여기에는 우리가 경계해야 할 두 가지 유혹이 있습니다.

첫째는 **페미니즘**입니다. 교회 안에서 여성의 역할은 페미니즘이 아니라 권리입니다! 성령께서 주신 은사들과 은총의 선물을 지닌 세례받은 여성의 권리인 것입니다. 페미니즘으로 떨어질 필요가 없는데, 그렇게 되면 여성의 중요성을 감소시키게 될 것이기 때문입니다. 이 순간 저는 수녀들 사이에서 이에 관해서 큰 위험을 보고 있지는 않습니다. 그런 위험을 보고 있지 않아요. 어쩌면 전에는 그랬을지 모르지만 전반적으로는 그런 위험이 없습니다.

다른 위험은 아주 강력하고 제가 자주 말했던 것으로, **성직주의**입니다. 이것은 아주 강력한 위험입니다. 오늘날 60% 이상의 본당에 -교구들은 잘 모르겠지만 그저 아주 조금 적은 숫자일 뿐이고요.- 재정평의회와 사목평의회가 없다는 것을 생각해 봅시다. 이게 뭘 의미합니까? 그 본당과 그 교구가 성직주의의 정신으로, 오로지 사제에 의해서만 인도되고 있으며, 본당의 합의체성, 교구의 합의체성이 실행되지 않고 있음을 의미합니다. 이 합의체성은 이 교종이 새로 도입한 것이 아닙니다. 아녜요! 교회법에 있는 것입니다. 재정이나 사목에서 평신도의, 평신도를 위한, 남녀 평신도 및 수녀들과 함께하는 평의회를 구성하는 것이 본당신부의 의무입니다. 그런데 이것을 하지 않고 있습니다. 이것이야말로 현재 교회 안에 있는 성직주의의 위험입니다. 우리는 계속해서 나아가면서 이 위험을 없애야 합니다. 사제는 공동체를 섬기는 자이고, 주교는 공동체를 섬기는 사람이지 회사의 우두머리가 아니기 때문입니다. 아니라고요! 이것은 매우 중요합니다.

예를 들면 라틴아메리카에서 성직주의가 매우 강하고 뚜렷합니다. 평신도들은 사제들에게 물어보지 않고서는 뭘 해야 할지를 모를 정도입니다. 성직주의가 매우 강해요. 그렇기에 라틴아메리카에서는 평신도들의 역할에 대한 인식이 무척 뒤처져 있습니다. 대중 신심에서만 약간 나은 상황이지요. 대중이 주인공이고 대중은 자신들이 일들이 되어 가는 대로 해 나갔으니까요. 사제들은 그 면에 별 관심이 없었고, 어떤 사제들은 이 대중 신심의 현상을 좋게 보지 않았습니다. 성직주의는 부정적인 자세입니다. 공범인 것이 둘이 하기 때문이에요. 두 사람이 추는 탱고처럼 말이에요. 곧 남녀 평신도, 남녀 수도자를 성직자화하려고 하는 사제와 그것이 더 편해서 성직자화되어 있기를 요청하는 평신도가 공범이란 말입니다. 이건 이상해요. 저는 부에노스아이레스에서 서너 번 이런 경험을 했습니다. 어떤 훌륭한 본당신부님이 제게 와서 이렇게 말하는 거예요. "아세요, 저희 본당에 대단히 훌륭한 평신도가 있습니다. 이것도 하고 저것도 하고 조직을 할 줄 알고 할 일을 알아요. 정말 훌륭한 사람입니다. 그분을 부제로 만들면 어떨까요?" 달리 말해 그를 "성직자화할까요"? "안 됩니다! 평신도로 남게 하세요. 그를 부제로 만들지 마세요." 이건 중요합니다. 성직주의가 일의 정당한 발전에서 여러분을 가로막는 일이 많은데 여러분에게 이런 일이 일어나고 있습니다.

저는 경신례성에, 아마도 장관에게 알려서 제가 미사 거행에서 강론에 대해 좀 가볍게 말씀드린 것을 심화하여 잘 설명하도록 요구하겠습니다. 저는 지금 이것을 설명하는 데 충분한 신학과 명료함을 지니고 있지 못하니까요. 하지만 말씀의 전례에서 하는 강론과 미사 거행에서 하는 강론은 별개라는 것을 잘 구별할 필요가 있습니다. 말씀의 전례에서 하는 강론은 할 수 있는데, 미사 거행에는 다른 신비가 있습니다. 그것은 현존하는 그리스도의 신비이고 사제나 주교는 그리스도의 인격으로 이를 거행하는 것입니다.

지도자에 관해서는 분명합니다. 이상이 첫 번째 질문에 대해 제가 드릴 수 있는 일반적인 답이라고 생각합니다. 두 번째 질문을 봅시다.

질문 2: 교회 안에서 축성된 여성들의 역할

여성 축성생활자들은 가난한 이들, 소외된 이들을 위해 많은 일을 하고 있으며, 교리를 가르치고, 병자들과 임종자들을 동반하며, 성체를 분배하고, 사제가 없는 여러 지역과 그런 상황에서 공동 기도의 진행이나 강론을 하기도 합니다. 교회 안에는 종신 부제직이 있는데 이는 결혼을 했든 안 했든 오로지 남성에게만 개방되어 있습니다. 바로 초기 교회에서 행해졌듯이 종신 부제들 안에 여성을 포함하는 일에 어떤 장애가 있는지요? 이를 연구할 수 있도록 위원회를 만드시는 것이 어떤지요? 교회의 삶에서 여성들과 여성 축성생활자들이 더 잘 참여할 수 있는 가능성을 어디에서 보시는지 예를 들어 주실 수 있는지요?

프란치스코 교종

이 질문은 '행함'의 의미에서 이해됩니다. 여성 축성생활자들은 이미 가난한 이들을 위해 많이 행하고 있고 많은 일들을 행하고 있고 등등…. '행함'의 의미죠. 그리고 종신 부제라는 문제를 건드립니다. 혹자는 "교회의 삶에서 '여성 종신 부제'는 수녀들"이라고 말할 수도 있을 것입니다. [웃음] 사실 옛날에는 있었습니다. 그러니까 시작은 있었던 거죠. 기억나는데 이것이 제가 모임 때문에 로마에 와서 바오로 6세의 집에 머물 때 저에게 상당히 흥미로운 주제였지요. 그 집에 훌륭한 시리아인 신학자가 있었는데 그분은 시리아 사람 에프렘의 찬가들에 대한 평전과 번역서를 냈어요. 하루는 그분께 이에 대해 제가 질문을 했는데, 그분은 제게 교회의 초기에 '여성 부제들'이 몇 있었다고 설명했습니다. 그런데 여성 부제들이란 무엇인가요? 서품을 받았을까요, 받지 않았을까요? 칼체돈 공의회[451]가 이에 대해 말하는데, 좀 모호합니다. 그 시대엔 여성 부제들의 역할은 무엇이었을까요?

지금은 돌아가신 훌륭한 교수이고 지혜롭고 석학이신 그분께서 저에게 말씀하시길, 여성 부제들의 역할은 아마도 여성들의 세례에서 침수를 도와주기 위함이었던 것 같다는 것이었어요. 또 한 가지 흥미로운 것은, 남편이 아내를 때려 아내가 주교에게 하소연하려고 가서 혼인 관련 재판이 열릴 때 여성 부제들은 남편의 구타로 인해 부인의 몸에 남은 상처를 살펴보고 주교에게 알리는 임무를 지녔다는 것입니다. 이것을 저는 기억합니다. 교회 안의 부제직에 대한 몇몇 출판물이 있지만 부제직이 어떠했는지 분명하지는 않습니다. 신앙교리성에 이 주제에 관한 연구에 대해 저에게 알려 주도록 요청할 생각입니다. 저는 단지 그 석학이며 권위 있는 연구가였던 그 사제에게서 종신 부제직에 대해 들은 것을 토대로 여러분에게 답했기 때문에요. 나아가서 이 문제를 연구할 공식 위원회를 설립하고 싶습니다. 이 점을 명확하게 하는 것이 교회에 유익할 것이라고 믿습니다. 저는 동의하며, 이런 종류의 일을 하도록 말하겠습니다.

또 여러분은 이렇게 말합니다. "저희는 교회 안에서 의사결정의 위치 안에서 여성들의 더욱 뚜렷한 역할이 필요하다고 여러 번 말씀하신 교종님께 동의합니다." 이는 분명합니다. "교회의 삶에서 여성들과 여성 축성생활자들이 더 잘 참여할 수 있는 가능성을 어디에서 보시는지 예를 들어 주실 수 있는지요?" 일반적인 질문이 하나 더 있는 것을 보았기에 나중에 오는 것을 말하겠습니다. 축성생활 성의 자문에, 회합에, 여성 축성생활자들이 가야 합니다. 이는 확실합니다. 제시되는 많은 문제에 대한 자문에 여성 축성생활자들이 가야 해요. 또 다른 하나는 더 잘 참여하는 것입니다. 지금 저에게 구체적인 것들이 떠오르지는 않지만, 항상 전에 말했던 것입니다. 곧 여성들은 남성들과는 다른 독창성을 지니고 사물들을 바라보기에 여성 축성생활자들의 판단을 구하는 것이고 이것이 자문에서도, 결정에서도, 구체적인 것에서도 풍요롭게 하지요.

여러분이 가난한 이들, 소외된 이들에게 하는 이런 일들, 곧 교리교육, 병자와 임종자들을 동반하기는 대단히 '모성적인' 일로, 그 안에서 교회의 모성을 더 많이 표현할 수 있습니다. 하지만 같은 일을 하고 또 잘하는 남성들도 있습니다. 남성 축성생활자들, 병원 사도직을 하는 수도회들… . 이건 중요한 일입니다.

어쨌든 부제직에 대해, 예, 저는 받아들입니다. 특히 교회의 초기에 관해서 이를 명확히 할 위원회가 유용할 것 같습니다.

더 잘 참여하는 일에 관해서는 제가 앞에서 말씀드린 것을 반복합니다.

만일 더 구체화해야 할 것이 있다면 지금 질문하세요. 제가 말씀드린 것에 대해 질문이 있나요? 제가 더 생각하도록 도와줄 질문? 힘내세요….

질문 3: 세계 여자수도회 장상연합회UISG의 역할

세계 수녀 장상연합회UISG는 교회의 생각에서 하나의 말을, 곧 2천 개 수도회의 목소리를 가지고 있기에 사람들이 경청하는 하나의 말을 지닐 수 있도록 어떤 역할을 할 수 있을까요? 대단히 자주 우리는 잊히고, 예컨대 축성생활에 대해 말하는 축성생활회와 사도생활단성의 총회에 참여하지 못하는 것이 어떻게 가능합니까? 교회가 우리와 '함께' 말하지는 않고 우리에 '대해' 계속 말하도록 허락할 수 있습니까?

프란치스코 교종

테레지나 수녀님, 조금 참아 주세요. "여성 축성생활이 무엇을 할 수 있는가?"에 대한 다른 질문에서 놓쳤던 것이 생각났거든요. 그것은 여러분이 검토해야 하고 교회가 검토해야 하는 하나의 기준입니다. 여러분의 일은 저의 일이요, 우리 모두의 일은 섬기는 일입니다. 하지만 저는 여성 축성생활자들이 섬김의 일이 아니라 노역勞役을 하는 것을 자주 봅니다. 설명하기는 좀 어려워요. 구체적인 경우들을 생각하기를 저는 원치 않으니까요. 그런 생각은 어쩌면 나쁜 생각이겠지요. 또 아무도 상황을 잘 알지는 못하니까요.

본당 주임사제를 생각해 봅시다. 확실하게 하기 위해 주임사제를 상상해 보는 거예요. "아니, 아니, 제 사제관은 두 수녀에게 맡겨져 있어요." "그 수녀들이 살림을 하나요?" "그럼요, 그럼요!" "그들은 사도직으로 뭘 하나요? 교리교수?" "아뇨, 아뇨, 그냥 사제관 일만 해요!" 그건 안 됩니다! 그것이 바로 노역이에요! 주임신부님, 말씀해 주시죠. 신부님의 도시에는 일자리가 필요한 유능한 여성들이 없나요? 그런 사람 하나를 데려다가 사제관 일을 하게 하세요. 이 두 수녀는 학교로 가고, 동네로 가서 병자들을, 가난한 이들을 찾아봐야지요. 기준은 이것입니다. 곧 노역이 아니라 섬기는 일! 장상인 여러분에게 섬기는 일이라기보다는 노역을 청할 때는 용감하게 "안 됩니다." 하고 답하십시오. 이것이 많은 도움을 주는 하나의 기준입니다. 어떤 여성 축성생활자에게 노역을 시키고자 할 때는 그 여성의 삶과 존엄성을 평가절하하는 것이기 때문입니다. 그의 소명은 섬기는 일입니다. 어디에서건 교회를 섬기는 것입니다. 노역이 아니라고요!

자, 이제 테레지나 수녀님에게 [답합니다]. 수녀님은 교회 안에서 사도적 여자 수도생활의 자리는 무엇이라고 보세요? 만약 수녀들이 없다면 교회에 무엇이 결핍될까요? 성령강림절에 마리아가 없는 것이 되겠죠! 그런데 마리아는 거기 계셨습니다. 어쩌면 말씀은 하지 않으셨지만…. 이 말을 저는 이미 했지만 되풀이하기를 전 좋아합니다. 축성된 여성은 교회의 표상이고 마리아의 표상입니다. 신부, 사제는 교회의 표상이 아닙니다. 마리아의 표상이 아니에요. 사도들의 표상, 설교하라고 파견된 제자들의 표상이지요. 교회와 마리아의 표상은 아니에요.

제가 이 말을 할 때는 여러분이 "la"[42] 교회는 여성이라는 것을 묵상하기를 바라는 겁니다. 교회는 여성입니다. "il"[43] 교회가 아닙니다. "la" 교회입니다. 그런데 예수 그리스도와 결혼한 여성으로서 예수 그리스도라는 신랑이 있습니다. 어떤 교구를 위해 주교가 선택될 때 주교는 -그리스도의 이름으로- 그 개별 교회와 결혼하는 것입니다. 교회는 여성이에요!

한 여성의 축성은 그 여성을 바로 교회의 표상이요 마리아의 표상이 되게 합니다. 이건 우리 남성들은 할 수 없는 거예요. 이는 여러분이 이 신학적 뿌리에서 출발하여 교회 안의 위대한 역할을 심화하도록 도와줄 것입니다. 저는 이 사실을 놓치지 않기를 바랍니다.

---

42 여성형 관사.

43 남성형 관사.

저는 전적으로 동의합니다[세 번째 질문의 결론에 대해]. 교회, 교회는 여러분입니다. 우리 모두입니다. 교회의 교계-이를테면-는 여러분에 대해 말해야 합니다. 하지만 먼저 여러분과 함께 이야기해야 합니다! 이건 확실하지요. 축성생활회와 사도생활단성CIVCSVA에 여러분이 참석해야 합니다. 그래요, 그래요! 분명합니다. 왜냐면 그 자리에 없는 사람에 대해 말하는 것은 복음적이지도 않기 때문입니다. 그가 어떤 생각을 하는지 듣고 경청할 수 있어야 합니다. 그런 후 함께 합시다. [이래야지요.] 저는 동의합니다. 저는 여러분이 그렇게 떨어져 있는 줄은 정말이지 상상도 못 했습니다. 그렇게 용감하게, 그렇게 미소를 지으면서 그 말을 해 주셔서 감사합니다.

제가 우스갯소리 하나 할게요. 수녀님은 그렇게 미소를 띠고 말씀하셨는데요. 삐에몬테 지방에서는 무냐 꽈챠mugna quacia[44]의 미소라고 하지요. 훌륭해요! 그래요, 이 문제에서 여러분이 옳습니다. 개혁하는 것은 쉬우리라고 믿습니다. 제가 장관과 이야기하겠습니다. "그런데 이번 총회는 수녀들에 대해서가 아니라 다른 것에 대해서 이야기할 건데요…" "수녀들의 말을 듣는 것은 필요합니다. 그들은 사물을 보는 다른 시각을 가지고 있으니까요." 제가 앞에서 말했던 것입니다. 여러분이 항상 참여하는 것이 중요합니다. 질문에 감사드립니다.

이에 대해 더 분명히 할 것이 있습니까? 더 있어요? 명료합니까?

이걸 잘 기억하세요. 수녀들이 없다면 교회에 무엇이 결핍될 것인가 하는 것 말입니다. 성령강림절의 마리아가 없을 것입니다. 수녀는 교회와 마리아의 표상입니다. 그리고 교회는 예수 그리스도와 결혼한 여성입니다.

44 천진난만한 얼굴을 한.

질문 4: 축성된 여성들로서 우리가 교회 안에서 만나는 장애물들

지극히 경애하올 교종님, 많은 회가 회헌을 검토하면서 생활양식과 구조에서 새로워지라는 도전에 대면하고 있습니다. 이 일은 어려운 것으로 드러나고 있는데 저희는 교회법에 가로막혀 있기 때문입니다. 교종님께서는 이 새로워지기를 용이하게 하는 방식으로 교회법 변경을 내다보시는지요?

또한 오늘날의 젊은이들은 혼인에서도 수도생활에서도 영구적 임무를 생각하는 데 어려움이 있습니다. 저희가 기간이 정해진 [유기서약의] 임무에 열려 있을 수 있을까요?

또 다른 측면입니다. 가난한 사람들 및 소외된 이들과의 연대 속에서 저희의 임무를 수행하면서 저희는 흔히 부당하게도 사회활동가로 혹은 마치 정치적 입장을 취하기라도 하는 것처럼 여겨지기도 합니다. 일부 교회 당국자들은 저희가 더 신비적이고 덜 사도적이기를 원할 것입니다. 교계적 교회의 몇 부분들은 사도적 축성생활에, 특히 여성들에게 어떤 가치를 부여하는지요?

프란치스코 교종

첫째, 새로운 도전들을 받아들이기 위해 변경은 이루어져야 합니다. 수녀님은 새로움에 대해, 제가 잘 이해했다면 긍정적 의미의 새로움에 대해 말했지요. 다가오는 새로운 것들요…. 그런데 교회는 이에 있어 교사입니다. 교회는 역사 안에서 아주 많이, 많이 바꾸어 왔으니까요. 하지만 모든 변경에는 식별이 필요하며, 기도 없이는 식별할 수가 없습니다.

식별은 어떻게 합니까? 기도, 대화 그리고 공동으로 하는 식별입니다. 식별의 선물을, 식별할 줄 아는 것을 청할 필요가 있습니다. 예컨대, 어떤 사업가가 자기 회사에서 변경을 해야 한다면 그는 구체적으로 평가하고 자기 양심이 말하는 것을 행합니다. 우리의 삶에 다른 인물이 들어옵니다. 바로 성령입니다. 어떤 변경을 하려면 구체적인 상황을 모두 평가해야 한다, 이건 맞는 말입니다. 하지만 성령과 함께하는 식별 절차에 들어가기 위해서는 기도, 대화, 공동식별이 필요합니다. 이 점에 대해서 우리는 상황의 식별에 있어 -제가 "우리"라고 할 때는 사제들에 대해서도 하는 말입니다.- 잘 양성되지 못했다고 생각합니다. 우리는 경험을 추구해야 하며 식별을 어떻게 하는 것인지 우리에게 설명해 줄 어떤 사람을 찾기도 해야 합니다. 이런 것들을 잘 알아서 우리에게 식별이란 단순한 '찬성과 반대', 합산하기 등 그런 것이 아니라는 것을 설명해 주는 훌륭한 영적 아버지 말이지요. 그런 것이 아닙니다. 그 이상이에요. 행해야 할 모든 변경은 이 식별 절차에 들어갈 것을 요구합니다. 이것이 여러분에게 더 큰 자유를 줄 것입니다. 더 큰 자유를요!

교회법. 아무 문제 없습니다. 교회법은 지난 세기에 두 번 바뀌었습니다. 제가 실수하지 않는다면요. 1917년과 성 요한 바오로 2세 치하에서요. 작은 변경들은 할 수 있고 또 합니다. 하지만 이 변경은 교회법전 전체에 대한 두 번의 변경이었습니다. 교회법전은 훈육을 위한 하나의 도움, 영혼들의 구원을 위한, 이 모든 것을 위한 도움이지요. 소송과 많은 것을 위한 교회의 법률적 도움입니다. 하지만 지난 세기에 두 번 전체적으로 바뀌고 다시 만들었습니다. 부분적으로 그렇게 변경할 수도 있습니다. 두 달 전에 교회법 조항 하나를 변경해 달라는 요청이 들어왔습니다. 잘 기억나지는 않지만요. 저는 연구하도록 했고 국무성 장관이 자문을 얻었는데 모두가 더 큰 선을 위해 바뀌어야 한다는 데 동의했고 그래서 변경되었습니다.

교회법전은 하나의 도구입니다. 이 사실은 아주 중요합니다. 제가 주장하는 것은 개인적이고 공동체적인 식별 절차를 행하지 않고는 결코 변경해서는 안 된다는 것입니다. 이것이 여러분에게 자유를 줍니다. 거기 변경 안에 성령을 모시기 때문입니다. 이것이 성 바오로가 했던 것이고 성 베드로 자신도 주님께서 이교도들에게 세례를 주도록 재촉하신다고 느꼈을 때 했던 것입니다. 사도행전을 읽을 때 우리는 많은 변화, 많은 변화에 놀라게 됩니다. 성령이십니다! 이건 흥미로운 일인데요. 사도행전에서 주인공들은 사도들이 아니고 성령이십니다. "성령께서 그 일을 하라고 밀어붙이십니다." "성령께서 필립보에게 말씀하셨다. 저기, 저기로 가서 재무장관을 찾아내서 세례를 주어라." "성령께서 하신다." "성령께서 말씀하신다. 안돼, 여기에는 오지 말아라."… 성령이십니다. 사도들에게 히브리 교리교수나 히브리 관행의 길을 걷도록 하는 일 없이 이교도들에게 세례를 주는 이 혁명적 변경을 위한 용기를 주신 분은 성령이십니다.

흥미롭지요. (사도행전의) 처음 몇 장들에는 사도들이 예루살렘 공의회 후에 개종한 이교도들에게 보내는 편지가 나옵니다. 사도들은 자기들이 한 일을 모두 이야기하지요. "성령과 우리는 이렇게 결정했습니다." 이것이 그들이 한 식별의 한 예입니다. 모든 변경은 그렇게 하세요, 성령과 함께요. 곧 식별, 기도 그리고 상황의 구체적인 평가도.

교회법전에 대해서는 문제가 없습니다. 그건 하나의 도구예요.

젊은이들의 영구적 임무에 관해서. 우리는 '임시의 문화' 안에 살고 있습니다. 어떤 주교님이 저에게 해 준 이야긴데요. 언젠가 젊은 대학생 하나가 자기에게 왔답니다. 대학을 마친 23-24세의 젊은이인데 주교님께 "저는 신부가 되고 싶어요. 하지만 딱 10년만요." 하고 말하더랍니다. 임시의 문화입니다. 결혼의 경우에 그러합니다. "나는 당신과 결혼하는데 사랑이 지속되는 동안이고 다음에는 안녕". 하지만 그건 쾌락주의적 의미로 이해되는 사랑입니다. 물론 이런 혼인은 무효이고 유효하지 않습니다. 어떤 임무의 영속성에 대한 의식이 없습니다. 혼인에서는 그렇습니다. 교종 권고 「사랑의 기쁨」에서 이 문제를 읽어 보십시오. 앞부분에 있습니다. 어떻게 혼인을 준비할 것인지 읽으세요.

어떤 사람이 저에게 이렇게 말하더군요. "저는 이것을 이해할 수가 없습니다. 사제가 되려고 당신들은 공부를 해야 하고 대략 8년 동안 준비해야 하잖아요. 차라리 가서 결혼하고 다른 삶을 시작하세요." 전 생애에 걸친 결혼, 평생 '동안'의 일인 결혼을 하기 위한 여러 교구에서의 준비는 서너 개의 강의입니다. 하지만 이건 안 됩니다! 주임신부가 이 임시의 문화에서 단지 네 가지 설명만으로 이 사람들이 혼인에 준비되었다고 서명할 수 있겠습니까? 아주 심각한 문제입니다. 축성생활에서 저에게 항상 인상적이었던 -긍정적으로- 성 빈첸시오 데 파올리의 영감이었습니다. 성인은 애덕의 딸 수녀들이 대단히 힘들고 아주 '위험한' 일을 바로 최전방에서 해야 하는 것을 보았지요. 그 수녀들은 해마다 서원을 갱신해야 합니다. 딱 1년만요. 그런데 그는 그것을 임시의 문화가 아니라 은사恩賜로 삼았어요. 자유를 주기 위해서요. 저는 축성생활에서 유기서원이 이를 용이하게 한다고 믿습니다. 저는 모르겠습니다. 여러분이 보겠지요. 하지만 저는 어느 편이냐면 오늘날의 젊은이들이 살아가는 이 임시의 문화 때문에 유기서원을 좀 더 연장하는 쪽을 선호하고 싶어요. 결혼을 하기 전에 약혼 기간을 더 연장하는 거지요! 이건 중요합니다.

[이제 교종은 질문에서 읽지는 않았지만 기록은 되어 있었던 질문의 한 부분에 답한다.]

우리의 지역 교회들에서 돈을 요구하는 것. 돈의 문제는 축성생활에서도 교구 교회에서도 대단히 중요한 문제입니다. 악마는 '호주머니를 통해서' 들어온다는 것을 우리는 결코 잊어서는 안 됩니다. 주교의 호주머니건 수도회의 호주머니건 간에요. 이는 가난의 문제를 건드리는데 이에 대해서는 나중에 말하지요. 하지만 돈에 대한 탐욕은 본당이, 교구가, 축성생활회가 타락으로 가는 첫 번째 계단입니다. 첫 번째 계단이에요. 아마도 바로 성사에 대해 돈을 내는 것에 관해서라고 믿습니다. 조심하십시오. 만약 누군가 여러분에게 이걸 요구한다면 그 사실을 보고하십시오.

구원은 무상(공짜)입니다. 하느님께서는 우리를 무상으로 파견하셨습니다. 구원은 "공짜의 낭비와도 같습니다." 값을 치르는 구원은 없습니다. 값을 치르는 성사는 없습니다. 이거 분명합니까? 제가 살아오는 동안 이 점에서의 타락을 알고 있고 보았습니다. 한 가지 경우를 기억하는데, 주교로 막 임명되었을 때 저는 부에노스아이레스에서 가장 가난한 지역을 맡았습니다. 네 개의 대리구로 분할되어 있었지요. 그곳에는 아메리카의 나라들에서 온 많은 이주민이 있었는데 그들이 결혼하려고 오면 본당신부들은 "이 사람들은 세례 증명서가 없어." 하고 말했습니다. 그 사람들이 자기 나라에 세례 증명서를 청하면 그쪽에서는 "좋아요. 하지만 먼저 100달러를 보내면 -저는 이 한 가지 경우를 기억하는데- 증명서를 보내지요." 하고 말합니다. 저는 추기경님과 이야기했고 추기경님은 그 지역의 주교와 이야기했지요. 그러는 동안에 사람들은 부모나 대부모들의 맹세로 세례 증명서 없이 혼인할 수 있었습니다.

이것이 값을 치르는 것입니다. 성사만이 아니라 증명서예요. 한번은 부에노스아이레스에서 결혼해야 하는 한 젊은이가 다른 본당에서 결혼하기 위해 장애가 없다는 허가nulla osta를 청하기 위해 본당에 간 것을 저는 기억합니다. 그 허가는 단순한 수단이죠. 사무장이 그에게 이렇게 말했습니다. "그래요. 내일 들르세요. 내일 오시면 준비되어 있을 거예요. 그런데 이건 값이 비싸요." 상당한 금액이었어요. 하지만 그건 봉사입니다. 단지 날짜를 분명히 해서 기입하는 것뿐이에요. 그래서 그 젊은이는 -변호사이며 젊고 유능한, 대단히 열정적이며 훌륭한 가톨릭 신자인- 저에게 왔어요. "이제 저는 어떻게 하지요?" "내일 가서 사무장에게 자네가 주교에게 수표를 보냈으니 주교가 사무장에게 수표를 보낼 거라고 말하게나." 돈으로 하는 사업이지요.

그런데 여기서 우리는 심각한 문제 하나를 건드리는데요. 가난의 문제입니다. 여러분에게 한 가지 말씀드리겠습니다. 어떤 수도회가 -다른 상황에서도 해당되는 이야긴데- 어떤 수도회가 죽어 간다고 느낄 때, 새로운 요소들을 끌어당길 능력이 없다고 느낄 때, 어쩌면 주님께서 그 수도회를 선택하셨던 때가 지났다고 느낄 때, 유혹은 탐욕입니다. 왜? 이렇게 생각하기 때문입니다. "노년을 위해 우리에게 적어도 돈은 있어." 이건 심각합니다. 그럼 **교회가 주는 해결책**은 무엇인가요? **서로 유사한 은사들을 가진 여러 회를 통합하고 계속 나아가는 것**입니다. 하지만 결코, 결코 돈은 영적 문제들에 대한 해결책이 아닙니다. 필요한 하나의 도움이지요. 하지만 딱 그만큼이에요. 성 이냐시오는 가난에 대해서 수도생활의 '어머니'요 '방벽'이라고 말했습니다. 어머니처럼 우리를 수도생활에서 성장시키고 수도생활을 보호해 줍니다. **가난이 없을 때 쇠퇴하기 시작**합니다.

다른 교구에서 대단히 중요한 수녀들의 기숙학교 하나가 수녀원이 너무 오래되어 리모델링을 해야 했을 때를 저는 기억하는데요. 엄청난 공사를 했어요. 엄청난 공사를 했다고요. 그 당시 -대략 '93년, '94년을 저는 말하고 있는데- 수녀들은 이렇게 말했지요. "모든 편안함을 갖춥시다. 개인 화장실이 딸린 방과 모든 것을, 그리고 텔레비전도…". 대단히 중요했던 그 기숙학교에서 오후 2시부터 4시 사이에는 학교에 있는 수녀를 한 사람도 찾아볼 수가 없었습니다. 모두 방에 들어앉아 텔레비전 드라마를 보고 있었던 거예요! 가난의 결핍 때문입니다. 그리고 이는 편안한 삶으로, 환상으로… 끌어가지요. 이건 하나의 예인데 어쩌면 세상에서 유일한 예인지도 모르지요. 하지만 지나친 편안함의, 가난이나 어느 정도의 엄격함의 결핍이 가져오는 위험을 이해하기 위한 것입니다.

[질문에서 읽지는 않았지만 기록되어 있던 다른 부분]

"수녀들은 자기들이 행하는 봉사에 대해 신부들이 받는 것과 같은 급료를 받지 않습니다. 저희는 저희 실존의 매력적인 얼굴을 어떻게 보여 줄 수 있을까요? 저희 사명을 이행하는 데 필요한 재정을 어떻게 찾아낼 수 있을까요?"

프란치스코 교종

여러분에게 두 가지를 말씀드리겠습니다. 첫째: 은사가, 여러분의 은사-각 회에 고유 은사가 있지요-의 내면이 어떠한지, 가난의 자리가 무엇인지를 보기입니다. 아주아주 강경한 가난의 삶을 요구하는 회들이 있는가 하면 또 다른 회들은 꼭 그렇지는 않은데, 둘 다 교회가 승인했기 때문입니다. 은사에 따라 가난을 추구하는 것입니다.

다음으로, **저축**입니다. 저축은 신중함입니다. 관리를 잘하는 것은 신중한 일입니다. 투자도 하면서요. 그건 신중함이지요. 양성의 집을 위해, 가난의 사업들을 이끌어 가기 위해, 가난한 사람들을 위한 학교를 운영하기 위해, 사도적 일을 해 나가기 위해…서요.

자기 회의 설립: 이건 해야 합니다. 부富가 성소를 해치고 타락하게 만들 수 있듯이 빈곤도 마찬가지입니다. 가난이 빈곤이 되면 이것도 역시 해롭습니다. 여기서 공동 식별에서의 공동체의 영적 신중함이 보입니다. 곧 회계 담당자가 정보를 주고 모두가 그에 대해 말하지요. 너무 많네, 너무 많은 것은 아니네… 하고요. 그 모성적 신중함 말이에요. 그런데 제발 회와 친한 사람들에게 속지 마세요. 그들은 여러분을 '우려먹을 것'이고 여러분에게서 모든 것을 빼앗아갈 거예요. 저는 그런 모모에게 믿고 맡겼던 많은 수녀원을 보았거나 다른 이들이 그런 일을 말해 주기도 했습니다. '회와 아주 친한 사람'이라고요! 교활한 자들이 많아요. 신중함은 여러분에게 필

요할 때 절대로 딱 한 사람의 조언만 받지 말고 다양한 여러 사람의 조언을 받는 것입니다.

재화의 관리는 축성생활에서 대단히 큰, 아주 큰 책임입니다. 살아가는 데 필요한 것이 없다면 주교에게 말하세요. 하느님께 "오늘 저희에게 일용할 양식을 주세요." 하고 말씀드리세요. 참된 양식을요. 주교와 총장과, 수도자성과 이야기하세요. 필요한 것을 위해서요. 수도생활은 가난의 여정이지만 자살은 아니니까요! 이것이 건강한 신중함입니다. 이 점 분명한가요?

그리고 지역 교회가 여러분에게 요구하는 것에 대해 갈등이 있으면 기도하고 식별하고, 필요하다면 "아니오."라고 말할 용기를 내야 합니다. 하지만 모든 경우에 식별이 얼마나 필요한지 아시겠지요!

질문[다시 가져옴]

"저희의 직무를 수행하고 가난한 사람들 및 소외된 이들과 연대하면서 저희는 흔히 부당하게도 사회활동가로 혹은 마치 정치적 입장을 취하기라도 하는 것처럼 여겨지기도 합니다. 일부 교회 당국자들은 저희의 직무를 부정적으로 바라보면서 신비적인 생활양식에 더 집중해야 하리라고 강조합니다. 이런 상황에서 저희는 어떻게 저희의 예언적 소명을 살아갈 수 있을지…"

답변[계속]

그래요. 수녀들 모두가, 축성된 여성들 모두가 신비적으로 살아야 하지요. 여러분의 삶은 혼인의 삶이니까요. 여러분의 소명은 모성의 소명이고 어머니인 교회와 어머니인 마리아의 자리에 있는 소명이니까요. 하지만 여러분에게 그렇게 말하는 사람들은 신비적이라는 것은 하나의 미이라라고 생각하는 겁니다. 항상 그렇게 기도만 하는…. 아닙니다, 아니에요. 자신의 은사에 따라 기도하고 일해야 합니다. 그리고 은사가 여러분을 난민들, 가난한 사람들과 함께 살아가도록 이끈다면 그렇게 해야 합니다. 사람들은 여러분에게 '공산주의자'라고 말할 것입니다. 그건 약과일 거예요. 하지만 그렇게 해야 합니다. 은사가 그렇게 하도록 이끄니까요.

아르헨티나에서 저는 한 수녀님을 기억합니다. 자기 수도회의 관구장이었지요. 대단한 여성으로 여전히 일하고 있지요. 거의 제 나이죠. 그래요. 청소년들과 사람들의 인신매매범들에 맞서서 일해요. 제가 기억하는데 아르헨티나의 군사정부에서 그들은 수녀님을 감옥에 보내려고 했지요. 대주교에게 압력을 가했고 그 수녀님이 관구장이 되기 전에 당시의 관구장에게 압력을 가했어요. "이 여성은 공산주의자이니까요." 이 여성은 많은 소녀를, 수많은 소녀를 구했어요! 그래요, 십자가이지요! 예수님에 대해서는 사람들이 뭐라고 말했지요? 베엘제불이라고, 베엘제불의 힘을 가지고 있다고 말했지요. 비방을 각오하세요. 여러분이 하느님 앞에서 기도와 함께 선을 행하면서 여러분의 은사가 가져오는 모든 결과를 감수하고 계속 나아간다면 중상과 비방을 각오하세요. 주님께서 당신 자신을 위해 이 길을 선택하셨으니까요!

그리고 우리 주교들은 이들이 어려운 일을 하고 비방을 당하고 박해받을 때 교회의 표상인 이 여성들을 보호해야 합니다. 박해를 당하는 것은 참행복 중 마지막 것입니다. 주님께서는 우리에게 이렇게 말씀하셨지요. "너희가 박해받고 모욕을 당하면 너희는 행복하다." 그런 모든 것을 당하면요. 하지만 여기 위험이 있을 수 있어요. "난 내 일을 할 거야." 아니, 아닙니다. 그렇게 느낀다면 사람들은 당신을 박해할 거예요. 이야기하세요. 공동체와 장상과 모든 사람과 이야기하고 조언을 듣고 식별하세요. 다시 한번 말하는데 말입니다.

제가 지금 이야기한 이 수녀님이 울고 있는 것을 어느 날 저는 발견했습니다. 이렇게 말하더군요. "이 편지 좀 보세요. 로마에서 온 거예요. 어디에서 왔는지는 말하지 않을래요. 어떻게 해야 하죠?" "수녀님은 교회의 딸인가요?" "그럼요!" "교회에 순종하고 싶어요?" "그럼요!" "수녀님은 교회에 순종하겠다고 말하고 장상에게 가세요. 공동체에 가고 주교에게 -제가 주교였지요.- 가세요. 그러면 교회가 수녀님이 무얼 해야 할지를 말해 줄 거예요. 12,000km 떨어진 곳에서 온 한 통의 편지가 말해 주는 것이 아니라." 그곳에는 수녀님의 적들의 친구가 편지를 썼는데 수녀님은 비방을 당한 거죠. 용기를 내세요. 하지만 겸손하게. 식별, 기도, 대화입니다.

결론

"하루의 무게를 견디고 있는 저희 지도자들에게 한마디 격려의 말씀을."

프란치스코 교종

숨이라도 좀 쉬세요! 휴식 말입니다. 많은 병이 건강한 휴식의 부족에서 오니까요. 가족 안의 휴식…. 이것이 하루의 무게를 견디기 위해 중요해요.

여러분은 여기서 나이 들고 병든 수녀들에 대해서도 이야기했지요. 그런데 이 수녀님들은 수도회의 기억이고 이 수녀님들은 씨를 뿌렸고 일을 했고 이제 마비가 왔거나 많이 아프거나 구석에 놓인 것입니다. 이 수녀님들은 수도회를 위해 기도합니다. 이건 아주 중요해요. 수도회를 위한 기도에 참여한다고 느끼는 것 말이에요. 이 수녀님들은 개인 차이는 있지만 아주 큰 체험도 가지고 계시지요. 그분들 말씀을 들으세요! 그분들에게 가세요. "수녀님, 말씀 좀 해 주세요. 이 일에 대해, 저 일에 대해 어떻게 생각하세요?" 그분들이 조언을 요청받는다고 느끼게 하세요. 그리고 그들의 지혜에서 좋은 의견이 나올 것입니다. 확신을 가지세요.

이상이 제가 여러분에게 말하려고 떠올랐던 것입니다. 제가 늘 반복해서 말하고 같은 것을 말한다는 걸 알고 있습니다. 하지만 삶이 그런 거잖아요…. 질문을 듣는 것을 저는 좋아합니다. 질문이 저에게 생각하게 하니까요. (질문을 받을 때) 제가 골키퍼처럼 느껴져요. 공이 오는 것을 기다리며서 있는…. 이건 좋은 거죠. 여러분도 대화에서 그렇게 하세요.

제가 하겠다고 약속한 이것들을 하겠습니다. 저를 위해서 기도해 주세요. 저도 여러분을 위해서 기도합니다. 그리고 계속 나아갑시다. 우리의 삶은 주님을 위한 것이고 교회를 위한 것이며, 많이 고통 받고 여러분을 통해 어루만져 주시는 아버지의 손길이 필요한 사람들을 위한 것입니다! 감사합니다!

한 가지 제안합니다. 어머니와 함께 마칩시다. 여러분 각자가 자기 언어로 성모송을 기도합시다. 저는 스페인어로 합니다.

[성모송, 강복]

저를 위해서 기도해 주세요. 제가 교회에 잘 봉사할 수 있도록.

43

2016년 10월 1일 | 트빌리시의 성모승천 성당

죠르지아와 아제르바이잔 순방 중 사제, 남녀 수도자, 신학생, 사목 일꾼들과의 만남에서

안녕하세요!

감사합니다, 친애하는 형제여, 그대에게 감사드립니다. 이제 저는 모든 질문들을 섞어서 모든 사람에게 말하겠습니다.

신부님[증언을 한 사제를 가리키며]이 말씀하실 때 마지막에 제 마음속에 [아르메니아의] 규므리Gyumri에서 봉헌했던 미사의 끝에 있었던 일 한 가지가 떠올랐어요. 이분[몬시뇰 미나씨안Minassian]이 그 증인이지요. 미사가 끝나고 저는 [미나씨안] 주교님, 그리고 같은 도시의 아르메니아 교회의 주교님도 역시 '패러모빌'에 오르시도록 초대했습니다. 그렇게 우리 세 명의 주교가 차에 올랐지요. 로마의 주교, 규므리의 가톨릭 주교, 아르메니아 교회 주교, 이렇게요. 셋 다요. 근사한 칵테일이잖아요? 우리는 한 바퀴 돌고 나서 차에서 내렸습니다. 제가 승용차를 타러 갈 때 어떤 할머니 한 분이 저에게 가까이 오라는 표시를 하는 것이었어요. 몇 살이나 됐을까요? 한 80? 노인이 아니었어요…. 그보다 더 되는 것 같았지요. 80세보다 더 되는 것 같았어요. 저는 그분에게 다가가 인사하고 싶은 마음이 들었는데 그분은 울타리 밖에 있었거든요. 겸손한, 무척 겸손한 분이었어요. 사랑으로 저에게 인사하시는 것이었어요…. 지난 시대에 사용하던 것과 같은 금니가 하나 있더군요…. 저에게 이렇게 말했어요. "저는 아르메니아 사람입니다. 하지만 죠르지아에 살아요. 그래서 죠르지아에서 왔어요!" 교종을 만나려고 여덟 시간을, 버스로는 여섯 시간을 여행한 거예요. 다음 날 우리가 간 곳에서, 어디였는지는 기억나지 않는데, 두어 시간 걸리는 곳에서 그분을 다시 만났어요! 그분에게 제가 말했지요. "아주머니, 죠르지아에서 오셨지요. 여러 시간 걸려서…. 그리고 또 다음 날 두 시간 이상 걸리는 여기까지 저를 보러 오셨군요…." "그럼요! 신앙이지요!" 그분은 그렇게 말했어요. 신부님은 신앙 안에 굳건하기에 대해 말씀하셨지요. 신앙 안에 굳건하기는 바로 이 여인이 제공한 증거입니다. 예수 그리스도, 하느님의 아들이 지상에 베드로를 남겨 두셨다고 믿었고 그분은 베드로를 보고 싶었던 거지요.

신앙 안에 굳건하다는 것은 다른 사람들에게서 신앙을 받아들여서 보존하고 전달하는 능력을 의미합니다. 신부님은 신앙 안에 굳건함에 대해 말하면서 이렇게 말씀하셨지요. "과거에 대한 기억을, 국가의 역사를 생생하게 간직하고 빛나는 미래를 꿈꾸고 건설하는 용기를 지니는 것"이라고요. 신앙 안에 굳건하다는 것은 우리가 배운 것을 잊지 않는 것을, 오히려 그것을 키워서 우리 자녀들에게 주는 것을 의미합니다. 그래서 저는 크라코비아Cracovia에서 젊은이들에게 할머니 할아버지들과 이야기하라는 것을 특별한 사명으로 준 것입니다. 우리에게 신앙을 전해 준 것은 바로 할머니 할아버지들입니다. 젊은이들과 함께 일하는 여러분은 그들에게 할머니 할아버지들의 말을 들어 보도록, 그들과 이야기하도록 가르쳐야 해요. 신앙의 신선한 물을 받아 그 신앙을 현재 안에서 다듬고 키우기 위해서요. 그것을 서랍 속에 감추지 말고 다듬고 키워서 우리 자녀들에게 전해 주기 위해서요.

사도 바오로는 특별히 사랑하는 제자 티모테오에게 보낸 두 번째 편지에서 엄마와 할머니에게서 물려받은 신앙을 굳게 간직하라고 말했지요. 이것이 우리가 따라야 할 길이며, 이것이 우리를 아주 성숙하게 할 것입니다. 유산을 받아 그것을 싹트게 하고 내주는 것. 뿌리가 없는 식물은 자라지 않습니다. 엄마와 할머니라는 뿌리가 없는 신앙은 자라지 않아요. 나에게 주어졌는데 내가 다른 이들에게, 가장 작은이들에게, 내 '자녀들'에게 주지 않은 신앙 역시 자라지 않습니다.

그러니까 요약하자면 이렇습니다. 신앙 안에 굳건히 머물려면 과거에 대한 기억과 현재의 용기와 미래의 희망을 가질 필요가 있습니다. 이것이 신앙 안에 굳건히 머문다는 것에 관한 거예요. 저분(몬시뇰 미나씨안)이 주교로 계시는 아르메니아 규므리시로 버스를 여섯 일곱 시간 동안이나 타고 갔다가 다음 날 또 한 번 교종을 보려고 예레반Yerevan으로 간 그 죠르지아 부인을 잊지 마세요. 그 모습을 잊지 마세요! 여기 사는 여성이에요. 아르메니아 여인이지만 죠르지아의 여인이라고요. 죠르지아 여인들은 유명하지요. 교회를 이끌어 가는 신앙의 여인들, 강한 여인들이라는 커다란 명성을 지녔어요!

그리고 자네, 코테Kote[신학생]는 전에 엄마에게 이렇게 말했지요. "나는 저 사람[미사를 드리는 사제]이 하는 것을 하고 싶어요!" 그리고 말을 마칠 때 또 이렇게 말했지요. "저는 제가 가톨릭 신자라는 것과 죠르지아의 가톨릭 사제가 된다는 것이 자랑스럽습니다." 이 모두가 하나의 여정이에요. 엄마가 뭐라고 말씀하셨는지 말하지 않았는데… 엄마에게 "나는 저 사람이 하는 것을 하고 싶어요!" 하고 말했을 때 엄마가 뭐라고 하셨어요? [대답: "저는 어렸는데 엄마는 '좋아, 그 사람이 하는 것을 하렴!' 하고 말씀하셨어요. 하지만 전 어렸어요…]. 또 하나의 강한 죠르지아 여인이군요. 그 여인은 아들을 '잃어버리는'데 하느님을 찬양하지요. 아들의 길을 함께 갑니다. 코테의 엄마는 또 시어머니가 될 기회도 잃어버렸어요!… 이것이 성소의 시작입니다. 그 시작에 항상 엄마가, 할머니가 있지요. 코테는 핵심이 되는 말을 했는데 기억이 그것입니다. 첫 부르심의 기억을 간직하는 것입니다. 그 순간을 지키는 거예요. 코테가 "엄마, 나는 저 사람이 하는 것을 하고 싶어요." 하고 말했던 그 기억을 지켜 온 것처럼요. 이것은 코테의 마음속에 떠오른 옛이야기가 아니니까요. 코테를 건드리신 건 성령이에요. 이것을 기억으로 보존하는 것은 성령의 은총을 지키는 것입니다. 저는 이 말을 사제들과 수녀들 모두에게 합니다.

우리는 모두 삶 안에서 어두운 순간들이 있거나 있을 것입니다. 우리 축성생활자들도 어두운 순간들이 있어요. 상황이 풀려 나가지 않는 것 같을 때, 공동체 안에서, 교구 안에서 함께 살아가는 데 어려움이 있을 때…. 그런 순간에 해야 할 일은 멈추어 서서 기억하는 것입니다. 성령께서 나를 건드리셨던 순간을 기억하는 거예요. 코테가 말했듯이 "엄마, 나는 저 사람이 하는 것을 하고 싶어요." 하고 말했던 순간을, 성령께서 우리를 건드리신 순간을요. 성소에 항구함은 주님께서 우리를 쓰다듬으시면서 "오렴, 와서 나와 함께 있자." 하고 말씀하셨던 그 어루만지심에 대한 기억에 뿌리내리고 있습니다. 제가 여러분 축성생활자 모두에게 권고하는 것은 이것입니다. 어려움이 있을 때 뒤로 돌아가지 말라는 거예요. 뒤를 돌아보고 싶다면 그것은 그 순간의 기억이어야 합니다. 유일한 기억. 그렇게 해서 신앙은 굳건하게 되고, 성소는 확고해지는 것입니다. 나약함을 지닌 채로, 죄를 지닌 채로요. 우리는 모두 죄인이고 우리는 모두 고해성사를 볼 필요가 있지만 예수님의 자비와 사랑은 우리의 죄보다 더 큽니다.

저는 이제 여러분이 말한 두 가지에 대해 말하고자 합니다. 그런데 [먼제] 말해 주세요. 겨울에 카자흐스탄의 추위가 아주 매섭습니까? 그래요?… 그래도 마찬가지로 계속 나아가세요!

자, 이제 이리나Irina. 우리는 신부와 수도자들, 축성생활자들과 굳건한 신앙에 대해 이야기했지요. 그런데 결혼에서는 신앙이 어떻습니까? 결혼은 하느님께서 창조하신 가장 아름다운 것입니다. 성경은 하느님께서 남자와 여자를 창조하셨고 그들을 당신 모상으로 창조하셨다고 말합니다(창세 1,27 참조). 곧 한 몸이 되는 남자와 여자가 하느님의 모상인 것입니다. 이리나, 나는 이리나가 혼인에서 오는 많은 어려움, 이해 부족, 긴장… 등을 설명할 때 이해했어요. "뭐, 이혼이라는 길을 통해 일을 해결하자. 그리고 다른 사람을 찾고 남편은 다른 여자를 찾으면 되지. 그렇게 새로 시작하자고." 이리나, 이혼의 대가를 누가 치르는지 알고 있나요? 두 사람이 치릅니다. 누가 치른다고요?

[이리나가 답한다: "두 사람 다요."]

두 사람 다? 그 이상이에요! 하느님이 치릅니다. '한 몸'이 갈라질 때는 하느님의 모상이 더럽혀지기 때문이에요. 또 아이들이, 자녀들이 대가를 치릅니다. 사랑하는 형제자매 여러분, 부모들이 싸우고 갈라서는 것을 볼 때 아이들이, 어린 자녀들이 얼마나 고통 당하는지 여러분은 모릅니다! 혼인을 지키기 위해 모든 것을 해야 합니다. 그런데 결혼생활에서 다투는 것은 정상인가요? 그래요, 정상이에요. 그런 일이 생깁니다. 때로는 '접시들이 날아다녀요.' 하지만 진정한 사랑이라면 곧 평화를 이룹니다. 저는 부부들에게 이렇게 권고합니다. 원하면 싸우세요. 원하면 싸우되 화해하지 않고 하루를 마치지는 마세요. 왠지 아세요? 다음 날의 '냉전'은 지극히 위험하니까요. 하루의 끝에 연설이 아니라 어루만져 줄 용기를 가진다면 그리고 화해가 이루어진다면 얼마나 많은 결혼생활이 지켜질까요! 하지만 더 복잡한 상황들이 있다는 것은 사실이지요. 악마가 끼어들어 자기 여자보다 더 아름다운 것 같은 여자를 남자 앞에 데려다 놓으면, 혹은 자기 남자보다 더 근사해 보이는 남자를 여자 앞에 데려다 놓으면요. 즉시 도움을 청하십시오. 이러한 유혹이 오면 즉시 도움을 청하세요.

이것이 이리나가 부부를 도와달라고 말한 것이지요. 부부는 어떻게 서로 돕습니까? 환대와 가까이 있음, 동반과 식별을 통해, 그리고 교회라는 몸 안에 통합됨으로써 서로 돕습니다. 맞아들이고 동반하고 식별하고 통합하기입니다. 가톨릭 공동체에서는 혼인을 지키도록 도와야 합니다. 세 가지 단어가 있지요. 결혼생활에서 황금의 단어입니다. 어떤 부부에게 묻고 싶군요. "당신들은 서로 좋아합니까?" "그럼요." 하고 답하겠지요. "그럼 한 사람이 다른 사람을 위해 뭔가를 할 때 감사하다는 말을 할 줄 압니까? 둘 중 하나가 못된 장난을 하면 사과를 할 줄 압니까? 여러분이 어떤 계획을 추진하고자 한다면, [예컨대] 시골에서 하루를 보내고 싶다면, 혹은 어떤 것이건 간에 다른 사람의 의견을 물을 줄 압니까?" 세 단어는 "당신 생각엔 어때요? 해도 될까요?" "감사해요." "미안해요."입니다. 부부가 이 단어들을 사용한다면, 곧 "미안해요. 내가 잘못했어요." "내가 이걸 해도 될까요?" 혹은 "나에게 만들어 준 그 근사한 식사 고마워요", "해도 돼요?" "감사!" "미안!" 이 세 단어를 사용한다면 혼인은 잘 굴러갈 것입니다. 그것이 하나의 도움이에요.

이리나가 혼인의 커다란 적 하나를 언급했는데 오늘날엔 젠더gender 이론이지요. 오늘날 혼인을 파괴하려는 세계 전쟁이 하나 있습니다. 파괴하는 이데올로기적 식민지화가 있습니다. 하지만 무기로 파괴하는 것이 아니라 이념으로 파괴합니다. 따라서 이데올로기적 식민지화로부터 자신을 방어할 필요가 있어요. 문제들이 있으면 가능한 한 빨리 화해하는 거예요. 하루가 끝나기 전에. 그리고 세 가지 단어, 곧 "해도 될까요?" "감사해요." "용서해 주세요."를 잊지 않기입니다.

그리고 코테, 코테는 자신 안에 갇히지 않는, 모든 사람을 위한 교회, 어머니 교회-엄마는 원래 그렇지요-인 열린 교회에 대해 말했어요. 예수님이 우리 모두를 위해 원하신 두 여성이 있는데, 당신의 어머니와 당신의 신부입니다. 이 두 여성은 서로 닮았습니다. 어머니는 예수님의 어머니인데 예수님은 그분을 우리의 어머니로 남겨 주셨지요. 교회는 예수님의 신부이고 교회 역시 우리의 어머니입니다. 어머니인 교회와 마리아 어머니와 함께 안전하게 나아갈 수 있습니다. 그리고 거기에 또다시 여성이 있습니다. 주님께서는 여성들 안에서 신앙을 끌어가기를 더 좋아하시는 것 같습니다. 하느님의 거룩하신 어머니 마리아, 하느님의 거룩한 신부-비록 그 자녀들인 우리 안에서는 죄인이라 해도- 그리고 우리에게 신앙을 준 할머니와 엄마입니다.

신앙을 수호하는 분은 마리아요, 교회이며, 할머니요, 엄마일 것입니다. 여러분의 고대 수도승들은 이렇게 말했지요. 잘 들으세요. "영적으로 어지러운 상태가 될 때는 하느님의 거룩하신 어머니의 망토 안으로 숨어들 필요가 있습니다." 마리아는 교회의 모델이며 여성의 모델입니다. 교회는 여성이고 마리아는 여성이기 때문에 그래요.

이제 마지막으로…, 누가 그 말을 했지요? 이번에도 바로 코테였지요. 에큐메니즘 문제 말이에요. 결코 다투면 안 돼요! 신학의 추상적인 것들에 대해서는 신학자들이 연구하도록 두지요. 내가 정교회 신자인 친구에게, 가까이 있는 사람에게, 정교회 신자에게 어떻게 해야 할까요? 열려 있기, 친구이기입니다. "그를 강제로 개종시켜야 할까요?" 에큐메니즘을 거스르는 커다란 죄가 하나 있는데, 그것은 개종 운동이에요. 결코 정교회 신자들에게 개종 운동을 해서는 안 됩니다! 그들은 우리의 형제자매들이요, 예수 그리스도의 제자들입니다. 아주 복잡한 역사적 상황 때문에 우리는 이렇게 되었어요. 그들도 우리도 성부와 성자와 성령을 믿고 있습니다. 하느님의 거룩하신 어머니를 믿어요. "그럼 어떻게 해야 하는 거예요?" 단죄하지 않는 겁니다. 안 돼요. 저는 그럴 수 없어요. 우정으로 함께 걸어가는 거예요. 서로 상대를 위해서 기도하고요. 기도하고 할 수 있을 때는 함께 사랑을 실천하는 거예요. 에큐메니즘은 이런 겁니다. 정교회 신자라고 해서 결코 형제나 자매를 단죄해서는 안 되고 인사하지 않는 것도 안 되지요.

이제 저는 다시 한번 우리 불쌍한 코테의 말로 마치고 싶습니다. 코테는 이렇게 말했지요. "교종님, 저는 제가 가톨릭 신자라는 것과 죠르지아의 가톨릭 사제가 된다는 것이 자랑스럽습니다."라고요. 코테에게, 그리고 죠르지아의 가톨릭 신자 여러분 모두에게 청하건대, 부디 세속성으로부터 자신을 지키십시오. 예수님께서는 우리에게 세속성에 맞서 크게 힘주어 말씀하셨습니다. 마지막 만찬 때의 말씀에서 아버지께 이렇게 말씀하셨지요. "아버지, 이들[제자들]을 세속성으로부터 지켜 주십시오. 세상으로부터 지켜 주십시오." 우리 함께 은총을 청합시다. 주님께서 우리를 세속성으로부터 자유롭게 해 주시도록, 우리를 교회의 남성, 교회의 여성이 되게 해 주시도록, 우리가 할머니와 엄마에게서 받은 신앙 안에 굳건히 머물도록, 하느님의 거룩하신 어머니의 망토 아래 안전히 보호받는 신앙 안에 굳건히 머물도록 말입니다.

자, 이제 각자 있는 자리에서 움직이지 말고 하느님의 거룩하신 어머님께 기도합시다. 은총이 가득하신… [성모송]

이제 강복을 드리겠습니다. 부디 저를 위해서 기도해 주세요.

[강복] 저를 위해서 기도해 주세요.

44

2016년 10월 28일 | 끌레멘스 홀

축성생활 담당 교구장 대리와 대리들을 위한 국제회의 참석자들에게

마음으로부터 여러분께 인사를 드리며 축성생활 담당 교구장 대리와 대리들을 위한 이 첫 국제회의에 와 주신 데 대해 감사드립니다. 저는 여러분을 통해서 여러분의 주교님들께도 인사드리고, 다양하게 표현되는 축성생활에 보여 주시는 관심에 찬사를 드리고 싶습니다. 그리고 우리 모임을 시작하는 말씀에 대해 브라즈 지 아비즈 추기경께도 감사드립니다.

친애하는 형제 여러분, 여러분은 축성생활에 관련된 모든 것에 있어서 교구장 주교를 돕도록 불렸습니다(교회법 479 §2. 참조). 오늘 저는 세 가지 간략한 묵상을 여러분과 나누고 싶습니다.

1. 개별 교회 안에서의 축성생활

"축성생활은 교회에 주어진 선물이고 교회 안에서 태어나 교회 안에서 자라고 교회로 온전히 방향 지어집니다"(교종 서간 「축성생활의 해에 모든 축성생활자에게」, 5항). 이는 목자들 편에서도 축성생활자들 편에서도 잊어서는 안 되는 원리입니다. 사실 축성생활은 "상징적으로", 그리고 "세례를 통한 사제직과 직무 사제직에 주어진 은사적 선물의 기여"를 매우 독특한 힘으로 "표현합니다"(신앙교리성, 「젊어지는 교회」, 2016년 5월 15일, 22ㄷ항). 주교들은 '기쁨과 감사로'(8항 참조) 축성생활을 받아들이면서 자애와 부성父性과 민첩한 사랑을 보여 주어야 합니다.

축성생활은 '그리스도의 몸 전체의 선익에 기여하는 중요한 영적 자산이며' 수도가족만의 선익에만 기여하는 것이 아닙니다(「인류의 빛」, 43항; 교종 서간 「축성생활의 해에 모든 축성생활자에게」, III, 5 참조). 이러한 이유로 저는 목자들에게 그리고 축성생활을 담당하는 교구장 대리와 대표자 여러분께 축성생활을 "마음으로부터 그리고 기쁘게"(같은 곳) "교회의 심장 자체 안에 있는 실재"로 그리고 "교회의 사명의 결정적 요소로" 받아들이라고 요청했고 오늘도 요청합니다. 축성생활은 "필수불가결하게 교회의 삶과 거룩함에 속하기"(같은 곳) 때문입니다. 그래서 저는 목자들이 그리고 여러분이 목자들과 함께 해당 교회 안에서 다양한 은사들, 그것이 오래된 것이든 새것이든 그것들을 촉진하는 데 특별한 배려를 표시할 것을, 축성생활자들에게 가까이 있기를 촉구하는 바입니다. 그래서 저는 사목자들이 그리고 사목자들과 함께 여러분이 여러분의 교회 안에서 서로 다른 은사들을, 오래된 것이든 새것이든, 촉진하는 데 특별한 배려를 드러내도록, 그리고 다정함과 사랑으로 축성생활자들에게 가까이 있고 하느님의 백성에게 축성생활의 가치를 가르치도록 독려합니다.

축성생활자들에게 저는 정당한 자치권과 면속은 고립 및 독립과 혼동될 수 없다는 것을 상기시킵니다. 오늘날은 어느 때보다도 자치권과 면속을 지닌 축성생활회들 안에서 축성생활의 은사적 자유와 가톨릭성이 개별 교회의 상황에서도 표현될 수 있도록 그 안으로 들어가 자리 잡는 일과의 밀접한 관계 안에서 그 정당한 자치권과 면속을 살아갈 필요가 있습니다.

개별 교회는 그 안에 평신도나 직무 사제직과 마찬가지 방식으로 교회의 구조적 본질을 구성하는 축성생활이 없다면 예수님께서 당신 교회에게 바라셨던 바에 온전하게 응답하지 않는 것이 될 것입니다.

바로 그러한 이유로 제2차 바티칸 공의회에 비추어 오늘날 우리는 교계라는 선물과 은사라는 선물이 공통된 본질을 지녔음에 대해 말하는 것입니다(「인류의 빛」, 4항 참조). 이 선물들은 하느님의 유일한 성령에서 흘러나와 교회의 삶과 선교 활동을 키웁니다. 이 모든 선물은 다양한 방법으로 그들 사이의 조화롭고 보완적인 관계 안에서 교회의 건설에 이바지하도록 주어진 것입니다. 사목자들은 "교회를 구성하고 교회를 표현하는 다차원적 특성"을 조종하는 일 없이 존중하도록 불렸습니다. 축성생활자들 편에서는 자신들이 "폐쇄된 자산"이 아니고 "교회의 몸 안에 통합되어 그리스도라는 중심을 향해 끌리는 한 면"임을 기억해야 합니다(J.M. 베르골료의 발언, 세상과 교회 안에서의 축성생활과 그 사명에 대한 제16차 주교 시노드, 1994년 10월 13일).

2. 새로운 축성생활회의 설립

제2차 바티칸 공의회 전에도 후에도 다양한 축성생활회들이 생겨났고 계속해서 생겨나고 있습니다. 성령께서는 원하시는 곳으로 원하실 때 불기를 그치지 않으십니다(요한 3,8 참조). 은사적 선물의 진정성을 식별하고 인정하며 교구 안에 축성생활회를 설립하는 것은 교구장 주교의 책임이기에 이는 평온하고 적절한 식별 없이 이루어질 수는 없는데 이 식별은 교종 서한 「활기찬 교회Iuvenescit Ecclesia」 18항에 제시된 기준들 외에도 은사의 독창성과 그 예언적 차원 그리고 개별 교회의 삶에 참여하기, 개별 교회 및 보편교회와의 애정적이고 실제적인 친교, 복음화를 위한 노력-사회적 차원에서도-을 고려해야 합니다. 또한 설립자가 은사들을 불러일으키는 분이신 성령의 활동에 모순되지 않는 삶으로 입증된 교회적 성숙성을 보여 주었고 그 성령의 은사들이 교회적 친교 안에서 적절하게 조화될 수 있음(같은 곳, 17항 참조)을 밝혀야 할 것입니다. 마지막으로 최근에 교회법 579조에 관해 명백히 밝혔듯이 항상 먼저 축성생활회와 사도생활단성에 조언을 받을 의무를 상기시킵니다.

새로운 회를 설립할 때 우리는 단지 개별 교회를 위한 유용성만을 생각할 수는 없습니다. 주교들, 교구장 대리들과 대리자들은 축성생활회와 사도생활단성이 그러하듯이 이 막중한 책임을 행사할 때 단순하게 생각해서는 안 됩니다. 사목자들은 새로운 회를 설립함에 있어 물론 자신들의 고유한 권리를 행사하고 있는 것이지만 동시에 보편교회의 이름으로 책임을 짊어지는 것임을 고려해야 합니다. 그 회가 성장하여 자신이 탄생한 것을 본 교구의 경계를 벗어나게 될 것이기 때문입니다. 나아가서 후보자들에게 적절한 양성을 제공할 의무를 신중하게 고려할 필요가 있습니다. 이는 델리케이트한 결정이기 때문에 교구장대리들은 축성생활의 경험이 있는 이들에게서 도움을 받는 것이 좋은데, 이들 가운데는, 사랑하는 형제 여러분, 여러분이 있을 수도 있지요.

3. 상호관계

여러분은 사목자들과 축성생활자들 사이의 상호관계 안에서 중요한 역할을 수행하고 있습니다. 저는 이 주제가 이 회의에서 연구된다는 것을 알고 있습니다. 1994년의 시노드에서는 훈령 「상호관계」를 수정하도록 요청받았습니다. 우리는 약간 늦었지요! 현재 이 문헌은 축성생활회와 사도생활단성, 그리고 주교성의 특수한 연구 대상입니다. 저는 이 부서들에게 「상호관계」 문헌을 다시 작성할 것을 요청했습니다.

이는 주교들과 모든 형태의 남녀 축성생활 사이의 상호관계를 지탱해야 하는 규범들을 실행 외에도 사목자들과 축성생활자들에게 임무를 지우는 가치들을 심화하는 문제입니다. 두려움이나 편리함 때문에 어떤 이들은 명령하고 어떤 이들은 복종하는 곳에는 상호관계가 존재하지 않습니다. 그와 달리 대화와 존중하는 경청, 상호 환대, 만남과 알고 지내기, 진리의 공동 탐구, "친교의 집"인 교회의 선익을 위한 형제적 협력의 열망이 있는 곳에 상호관계는 존재합니다. 이 모든 것은 사목자들과 축성생활자들 양쪽 모두의 책임입니다. 이런 의미에서 우리는 모두 "교종들pontefici", 곧 다리를 놓는 사람들이 되도록 불렸습니다.[45] 우리 시대는 다양성의 존중 안에서 이루어지는 친교를 요구하고 있습니다. 성령에게서 나오는 다양성을 두려워하지 맙시다.

마지막으로 저는 관상 수녀들에 대한 특별한 관심을 여러분에게 요구하고 싶습니다. 최근의 교종령 「하느님 얼굴을 찾기」에서 제가 말했듯이 "봉쇄의 침묵 속에" 뿌리를 두고 있는 이 형태의 그리스도 추종은 교회 안에서 그리고 교회를 위하여 "기도하는 마음, 무상성과 풍성한 사도적 번식력의 수호자"가 되고 있는데, 이 번식력은 "은총과 자비의 소중한 열매들"과 "다양한 형태의 성덕"(5항)을 낳습니다.

교회는, 개별 교회 역시, "항구에 도달하는 경로를 가리키는 이 등대들"을, "시대의 어두운 밤에 남녀 인간들의 여정을 동반하는 이 횃불"을, "태양이 떠오름을 알려 주는 이 파수꾼들"을 필요로 합니다(6항). 그들을 성인成人 여성들로 대하면서 부당한 간섭을 하는 일 없이 그들의 권한을 존중하면서 형제적 사랑으로 그들을 동반하십시오. 교종령에서 제시된 대로(12항 이하 참조) 그들의 삶에 본질적인 요소들을 가리키는 모든 것에서 도움을 주면서 그리고 축성생활회와 사도생활단성이 반포하게 될 훈령을 고려하면서(14항 1호 참조) 그들을 동반하십시오. 봉쇄나 자치권의 경우와 같이 중요

45 교종을 가리키는 pontificio의 어원이 '다리를 만드는 사람'이라는 뜻을 가진 것을 가리키는 말.

한 것일 수 있는 단 한 가지 요소에 초점을 맞추는 것은 이 수녀들의 삶에 슬픈 결과들을 초래할 치명적인 불균형으로 이끌 수 있습니다.

사랑하는 형제 여러분, **축성생활을 사랑하고 그러한 목적으로 축성생활을 깊이 알도록** 하십시오. 친교의 교회론에서 출발하여, 공통된 본질이라는 원리에서 출발하여, 축성생활자들에게 속하는 정당한 자치권에서 출발하여 상호관계를 건설하십시오. 여러분의 주교들과 여러분 교구의 모든 축성생활자에게 제 인사를 전해 주십시오. 여러분에게 제 기도를 보장합니다. 그리고 여러분도 부디 저를 위해 기도하기를 잊지 말아 주십시오. 감사합니다. 좋은 회의 되세요!

45

2016년 11월 25일

제88차 세계 남자수도회 장상연합회USG 총회 후 만남에서[46]

"복음은 진정제 없이 받아들여야 합니다."

- 총장들과의 대화 -

"교종께서 늦으십니다." 2016년 11월 25일, 바오로 6세 홀 입구에서 사람들이 나에게 말했다. 세계 주교 대의원 회의가 열리는 장소인 그 안에는 제88차 총회(USG, 장상연합회)를 마치며 모인 남자수도회 총장들 140명이 기다리고 있었다. 밖에는 비가 조금 내렸다. "가서 열매를 맺어라. 예언의 비옥함." 이것이 로마 살레시아눔salesianum에서 11월 23일부터 25일까지 열린 총

46 예수회원 안토니오 스파다로Antonio Spadaro가 정리하여 이탈리아어판 『치빌타 카톨리카』에 실린 이 글은 "복음은 진정제 없이 받아들여야 합니다"라는 제목으로 『치빌타 카톨리카』 한국어판 1703호(2017.03.02.)에 안소근 실비아 수녀님이 번역하여 이미 실렸기에 이냐시오 영성연구소의 허락을 얻어 여기 옮겨 온다. 단, 의미 변경 없이 본 번역서의 교열 원칙에 따른 간단한 교열을 거쳤으며, 2021년 추계 주교회의 결정을 참고하여 '주교 대의원 회의'를 '주교 시노드'로 옮긴다.

회의 주제였다.

교종이 늦게 도착한다는 것은 흔한 일이 아니다. 10시 15분, 사진사들이 도착했고 이어서 교종이 빠른 걸음으로 들어오셨다. 환영의 박수 후에 프란치스코 교종이 시작하셨다. "늦어서 미안합니다. 삶은 그렇지요, 뜻밖의 일들로 가득합니다. 하느님의 뜻밖의 일들을 이해하기 위해서는 삶의 뜻밖의 일들을 이해해야 합니다. 고맙습니다." 이어서, 그가 늦게 온 것이 함께 지내기로 정해진 시간에 영향을 미치지 않기를 바란다고 말했다. 그래서 모임은 어쨌든 세 시간 동안 계속되었고 13시 15분경에 끝났다.

모임 중간에 30분 정도 쉬는 시간이 있었다. 교종을 위해 따로 마련된 작은 방이 준비되어 있었지만 교종은 말씀하셨다. "왜 저를 혼자 있게 하고 싶어 하십니까?" 그래서 쉬는 시간에 교종은 총장들 사이에서 기쁘게 커피와 간식을 들며 사람들에게 인사하셨다.

수도자들 편에서나 교종 편에서나, 미리 준비된 담화는 없었다. 바티칸 방송국의 텔레비전 카메라는 첫인사만을 찍고는 떠났다. 만남은 자유롭고 형제적으로, 걸러지지 않은 질문과 대답들로 이루어져야 했다. 교종은 그 질문들을 미리 읽으려 하지 않았다. 카푸친회 총장이며 USG 의장인 마우로 외리Mauro Jöhri 신부와 총무인 콤보니 선교회 데이빗 글렌데이David Glenday 신부의 짧은 인사 후에 교종은 회의의 질문들을 들으셨다.

비판이 있다면 어떻게 할 것인가? 교종은 말씀하신다. "비판받는 것은 좋은 일입니다. 저는 언제나 그것이 좋습니다. 삶은 오해와 긴장으로도 이루어져 있습니다. 그리고 그것이 성장하게 하는 비판들이라면 저는 그것을 받아들이고 응답합니다. 그러나 가장 어려운 질문들을 하는 것은 수도자들이 아니라 젊은이들입니다. 젊은이들이 당신을 곤란하게 합니다. 네, 그들이 그렇습니다. 청소년 주일이나 다른 기회에 젊은이들과 하는 점심식사, 이런 상황들이 저를 곤란하게 합니다. 젊은이들은 대담하고 솔직하며, 당신에게 가장 어려운 것들을 묻는 것입니다. 이제 질문을 하십시오."

안토니오 스파다로Antonio Spadaro, S.I.

***

성하, 우리는 젊은이들에게 말을 하고 그들을 복음을 위해 불타게 하시는 교종님의 능력을 알아봅니다. 또한 우리는 젊은이들을 교회에 가까이 오게 하기 위한 교종님의 노력을 알고 있습니다. 그래서 교종님은 청소년, 신앙, 그리고 성소 식별에 대한 다음 주교 대의원 회의를 소집하셨습니다. 젊은이들에 대한 주교 시노드를 소집하게 된 동기들은 무엇이었습니까? 오늘의 젊은이들에게 다가가도록 어떤 제안들을 저희에게 해 주시겠습니까?

지난번 세계 주교 시노드를 마치면서, 모든 참가자가 다음에 다루어야 할 주제에 관하여 세 가지 의견을 제출했습니다. 그다음에 주교 회의들의 자문을 구했습니다. 의견들은 청소년, 사제 양성, 종교 간 대화, 평화와 같은 주요 주제들로 수렴되었습니다. 대의원 회의 이후의 첫 평의회에서는 훌륭한 토론이 있었습니다. 저도 참석했었습니다. 저는 언제나 거기에 가지만 말은 하지 않습니다. 정말로 저에게 중요한 것은 듣는 것입니다. 제가 듣는 것은 중요하지만, 저는 그들이 자유롭게 일하도록 둡니다. 이렇게 해서 저는 문제점들이 어떻게 나타나고, 제안들과 난점들이 무엇이며, 그것에 어떻게 대처하는가를 이해하게 됩니다.

그들은 청소년이라는 주제를 선택했습니다. 그러나 어떤 이들은 사제 양성의 중요성을 강조했습니다. 개인적으로 저는 식별의 문제를 중요하게 생각합니다. 폴란드에서 그리고 총회에서, 여러 차례 그것을 예수회원들에게 권고했었습니다. 식별은 젊은이들을 삶으로 양성하는 문제의 공통

요소입니다. 모든 젊은이, 특히 신학생들과 미래의 사목자들의 양성에서는 더욱 그러합니다. 사제직을 향해 양성하고 동반하는 데에는 식별이 필요하기 때문입니다. 지금 그것은 우리가 사제 양성에서 지니고 있는 가장 큰 문제들 가운데 하나입니다. 우리는 양성에서 정해진 양식들에, 흑과 백에 익숙해져 있지만 삶의 회색인 부분들에는 익숙해져 있지 않습니다. 그러나 중요한 것은 삶이지 양식들이 아닙니다. 우리는 식별에서 성장해야 합니다. 흑백논리는 결의론적인 추상에 이르게 할 수 있습니다. 그러나 식별은 하느님의 뜻에 따라 삶의 회색 속에서 나아가는 것입니다. 하느님의 뜻은 완전히 고정된 추상적 가르침에서가 아니라 복음의 참된 가르침에 따라 찾아야 합니다. 젊은이들의 양성과 신학생 양성에 관해 생각하면서 저는 마지막 주제를 전달된 바와 같이 결정했습니다. "청소년, 신앙, 성소 식별."

교회는 젊은이들이 성숙을 향해 걸어갈 때 그들을 동반해야 하고, 추상이 아니라 식별로써만 젊은이들은 자신의 삶의 계획을 발견하고 진정으로 하느님과 세상을 향해 열려 있는 삶을 살 수 있습니다. 그래서 저는, 교회의 삶 안에 식별을 더 강하게 끌어들이기 위하여 이 주제를 선택했습니다. 어느 날 우리는 주교 시노드 이후의 두 번째 회의를 가졌습니다. 이 주제에 관해 상당히 잘 토론했습니다. 그들은 곧 주교 회의들에 보내야 할 의제 개요Lineamenta의 초고를 준비했습니다. 수도자들도 작업을 했습니다. 잘 준비된 초고가 나왔습니다.

삶이 그렇듯이 언제나 역동적인 것인 식별, 핵심은 바로 이것입니다. 정적인 것은, 특히 젊은이들에게는 적합하지 않습니다. 제가 젊었을 때는 회의를 하는 것이 유행이었습니다. 오늘날은 회의처럼 정적인 것은 잘되지 않습니다. 젊은이들과는 무엇인가를 하면서, 일을 하면서, 대중 선교와 사회활동을 하면서, 매주 노숙자들에게 먹을 것을 나누러 가면서 작업해야 합니다. 젊은이들은 행위 안에서 주님을 발견합니다. 다음으로, 활동 다음에는 성찰을 해야 합니다. 그러나 혼자서 하는 성찰은 도움이 되지 않습니다… 생각에 그칩니다. 그러므로 두 단어로, 경청과 움직임이 필요합니다. 이것이 중요합니다. 젊은이들에게 경청하도록 양성하는 것만이 아니라, 무엇보다 먼저 그 젊은이들의 말을 들어 주어야 합니다. 젊은이들에게 귀를 기울이는 것, 이것이 교회의 첫 번째 가장 중요한 임무입니다. 그리고 주교 시노드를 준비하면서 수도자들의 현존은 참으로 중요합니다. 수도자들이 젊은이들과 많은 일을 하고 있기 때문입니다.

주교 시노드를 준비하면서 수도생활에 무엇을 기대하십니까? 서방에서 수도생활의 힘이 감소하고 있다는 점에 비추어, 다음 주교 시노드에 어떤 희망을 갖고 계십니까?

분명 서방에서 수도생활의 힘은 감소하고 있습니다. 이것은 인구 문제와 분명히 연관되어 있습니다. 그러나 또한, 때로 성소 사목이 젊은이들의 기대에 부합하지 못한다는 것도 사실입니다. 다음 주교 시노드는 우리에게 아이디어들을 줄 것입니다. 서양에서 수도생활이 감소하고 있는 것은 저에게 염려가 됩니다.

하지만 또 한 가지 염려되는 것이 있습니다. 몇 가지 우려를 갖게 하는 몇몇 새로운 수도회들이 생겨나는 것입니다. 새로운 수도회가 생기지 말아야 한다는 말이 아닙니다! 절대로 아닙니다. 그러나 어떤 경우에는, 지금 무슨 일이 일어나고 있는 것인지 자문하게 됩니다. 일부 수도회들은 매우 새롭게 보이고, 커다란 사도적 힘을 드러내는 것으로 보이고, 많은 이를 끌어들이고… 그러고는 실패합니다. 때로는 그 안에서 스캔들이 되는 일들이 있었음이 밝혀집니다… 정말로 좋고 진지하게 이루어지는 작고 새로운 설립들도 있습니다. 때로 이 좋은 설립들 뒤에는 이들을 동반하고 그 성장을 보장하는 주교들의 집단이 있다는 것을 봅니다. 하지만 성령의 카리스마로부터 생겨나는 것이 아니라 인간적 카리스마로부터, 자신의 인간적 매력으로 사람들을 이끄는 카리스마적인 한 사람으로부터 생겨나는 경우들도 있습니다. 어떤 경우들은 '복고주의'라고 말할 수 있겠습니다. 이들은 안전을 주는 것 같지만 사실은 엄격함만을 줍니다. 사람들이 저에게 많은 성소자가 있는 수도회가 있다고 말하면, 고백하건대 저는 염려가 됩니다. 성령은 인간적 성공의 논리로 활동하지 않으십니다. 다른 방법을 갖고 계십니다. 그러나 그들은 저에게, 모든 결단을 하고 많이 기도하는 지극히 충실한 젊은이들이 많이 있다고 말합니다. 저는 생각합니다. "좋습니다. 주님이신지 아닌지 보게 될 것입니다."

어떤 이들은 펠라지오주의자들입니다. 수덕으로 돌아가려 하고, 고행을 하고, 신앙과 도덕을 옹호하기 위하여 모든 것을 하려는 군인들처럼 보입니다… 그러고는 설립자의 스캔들이 터집니다… 알고 있지요, 그렇지요? 예수님의 방식은 그와 달랐습니다. 성령은 성령 강림 날에 소리를 내셨습니다. 그것은 시작이었습니다. 그러나 보통은 그렇게 소리를 내지 않으시고 십자가를 지십니다. 성령은 개선주의자가 아니십니다. 하느님의 방식은, 주님께서 "되었다."고 하실 때까지 십자가를 지는 것입니다. 개선주의는 축성생활과 조화되지 않습니다.

그러니 이런 수도회들이 갑자기 크게 번성하는 데에 희망을 두지 마십시오. 오히려 예수님의 겸손한 길을, 복음적 증거의 길을 찾으십시오. 베네딕토 16세는 우리에게 아주 잘 말씀하셨습니다. 교회는 개종 강요로 성장하는 것이 아니라 매력으로 성장합니다.

파나마 세계 청년 대회 때까지 세 번의 청소년 주일 주제를 성모님과 관련된 주제로 택하신 이유는 무엇입니까?

다음 세 번의 청소년 주일을 위한 성모님에 관련된 주제들, 그것은 제가 선택한 것이 아닙니다! 라틴아메리카에서 성모님을 강조해 줄 것을 요청했습니다. 라틴아메리카가 성모 신심이 깊다는 것은 사실이고, 이것은 저에게도 매우 좋게 생각되었습니다. 다른 의견들은 없었고 저는 그것으로 만족했습니다. 하지만 진정한 성모님이어야 합니다! "내 아들들아, 이것을 하여라. 그리고 다음 날은 저것을 하여라"라고 말하며 매일 서로 다른 편지를 보내는 우체국장 성모님은 아닙니다. 그건 아닙니다. 진정한 성모님은 우리 마음 안에 예수님을 낳으시는 성모님, 어머니이신 성모님이십니다. 수퍼스타 성모님, 당신 자신을 중심에 세우는 주인공 같은 성모님은 가톨릭 성모님이 아닙니다.

교종 성하, 교회 안에서 교종님의 사명은 쉬운 것이 아닙니다. 그런데 도전과 긴장, 압박 속에서도 교종님은 우리에게 평온한 사람, 평화의 사람의 증언을 보이십니다. 그런 평온함의 원천은 무엇입니까? 교종님을 감도하는 신뢰는 어디서 나오며, 무엇이 우리의 사명도 지탱해 줄 수 있는 것입니까? 종교 지도자가 되도록 부름받은 우리에게, 우리의 임무를 책임감과 평화를 지니고 살아갈 수 있도록 어떤 의견을 주시겠습니까?

제 평온함의 원천이 무엇이냐고요? 아니, 진정제를 먹는 것은 아닙니다. 이탈리아 사람들이 좋은 의견을 주지요. 평화롭게 살기 위해서는 건전한 무관심이 필요하다는 것입니다. 저는 제가 살고 있는 것이 제게 전혀 새로운 체험이라는 것을 문제없이 이야기할 수 있습니다. 부에노스아이레스에서는 더 초조했었다는 것을 인정합니다. 저는 더 긴장을 느꼈고 걱정이 많았습니다. 한마디로, 그때는 지금 같지 않았었습니다. 저는 제가 선출된 순간부터 깊은 평화라는 특별한 체험을 했습니다. 그것은 더 이상 저를 떠나가지 않습니다. 저는 평화 안에 살고 있습니다. 설명할 수가 없습니다.

콘클라베에 대해서, 사람들은 런던에서의 도박에서 제가 42번째 또는 46번째였다고들 말합니다. 저는 전혀 예상을 못 했습니다. 저는 성목요일 강론도 준비해 두었었습니다. 신문들은 제가 킹 메이커king maker라고 말했지만 교종을 말하지는 않았습니다. 선출되었을 때 저는 단순하게 말했습니다. "주님, 앞으로 나아갑시다!" 저는 평화를 느꼈고, 그 평화는 떠나지 않았습니다.

수도회들의 총회에서는 바티칸의 문제들에 대해 말을 했었고 개혁에 대해 말했습니다. 모든 총회가 개혁을 바랐습니다. 바티칸에는 부패가 있습니다. 하지만 저는 평화롭습니다. 문제가 있다면, 저는 성 요셉에게 쪽지 편지를 쓰고 그것을 제 방에 있는 성상 아래에 둡니다. 그것은 잠든 성 요셉 상입니다. 벌써 그 성 요셉은 쪽지 더미 위에서 잡니다! 하지만 그래서 저는 잘 잡니다. 그것은 하느님의 은총입니다. 저는 언제나 여섯 시간을 잡니다. 그러고는 기도합니다. 제 방식으로 기도합니다. 성무일도는 아주 제 마음에 들고 결코 빠뜨리지 않습니다. 매일 미사를 드리고, 묵주기도… 기도할 때 저는 언제나 성경을 갖고 기도합니다. 그리하면 평화가 더 커집니다. 이것이 비결인지 모르겠습니다… 제 평화는 주님의 선물입니다. 저에게서 그것을 거두지 않으시기를 바랍니다!

각자는 주님께서 자신에 대해 하신 선택의 근원을 찾아야 한다고 믿습니다. 어쨌든 평화를 잃는 것은 고통을 겪는 데에 전혀 도움이 되지 않습니다. 장상들은 고통을 겪기를 배워야 하지만, 아빠처럼 고통을 겪어야 합니다. 그리고 또한 매우 겸손하게 고통을 겪기를 배워야 합니다. 이렇게 해서 십자가에서 평화로 갈 수 있습니다. 결코 문제들의 손에 자신을 내맡기지는 마십시오! 그렇습니다. 교회 안에는 평온히 머물기 위하여 손을 씻는 본시오 빌라도들이 있습니다. 그러나 그렇게 손을 씻는 장상은 아버지가 아니며, 도움이 되지 않습니다.

성하, 교종님께서는 연설들에서 자주 수도생활을 특징짓는 것은 예언이라고 말씀하셨습니다. 우리는 예언에 철저하게 된다는 것이 무엇을 뜻하는지 오랫동안 생각해 왔습니다. 우리가 벗어나도록 부름받은 '안전과 위안의 지역'은 무엇입니까? 관상수녀들에게는 "예언적이고 신빙성 있는 수덕"을 말씀하셨습니다. 새로운 관점에서 수덕을 어떻게 이해하십니까? 축성생활은 어떻게 '자비의 문화'에 기여할 수 있습니까?

예언에서의 철저함. 저에게 이것은 매우 중요합니다. 요엘 3장을 '아이콘'으로 택하겠습니다. 그것은 자주 제 머릿속에 떠오르고, 저는 이것이 하느님으로부터 오는 것임을 압니다. "노인들은 꿈을 꾸며 젊은이들은 환시를 보리라." 이 절은 세대들의 영성의 핵심입니다. 예언에서의 철저함은 유명한 '씨네 글로싸'sine glossa(군말 없이)입니다. 군말 없는 규칙, 군말 없는 복음, 다시 말하면 진정제가 없어야 한다는 것입니다. 복음은 진정제 없이 받아들여야 합니다. 우리 설립자들은 그렇게 했습니다.

예언에서의 철저함은 우리의 설립자들에게서 찾아야 합니다. 그들은 우리가 우리의 위안과 안전의 지역 밖으로 나가도록, 세속적인 모든 것에서 나가도록 부름받고 있음을 상기시킵니다. 생활 방식에서도 그렇지만, 또한 우리 수도회들을 위한 새로운 길들을 생각하는 데에서도 그러해야 합니다. 새로운 길들은 설립 카리스마 안에서 그리고 처음의 예언에서 찾아야 합니다. 우리는 개인적으로나 공동체적으로나 우리가 어떤 점에서 세속적인지 인정해야 합니다.

수덕까지도 세속적일 수 있습니다. 그러나 수덕은 예언적이어야 합니다. 제가 예수회 수련소에 들어갔을 때, 저에게 고행대苦行帶를 주었습니다. 그것도 좋습니다. 하지만 주의해야 합니다. 이로써 내가 얼마나 용감하고 강한가를 보여 주게 되어서는 안 됩니다. 참된 고행은 나를 더 자유롭게 해 주어야 합니다. 단식은 지금도 적절한 것이라고 생각합니다. 하지만 어떻게 단식을 합니까? 단순히 먹지 않는 것입니까? 성녀 소화 테레사는 다른 식으로도 단식을 했습니다. 어떤 것이 마음에 드는지를 결코 말하지 않았던 것입니다. 결코 불평하지 않았고 주는 것을 다 먹었습니다. 끊임없는 희생이 되는 매일의 작은 수덕이 있습니다. 더 자유롭고 행복하게 되도록 도움이 되는 성 이냐시오의 말이 생각납니다. 그는, 주님을 따르기 위해서는 가능한 모든 것에서의 희생이 도움이 된다고 말했습니다. 어떤 것이 도움이 된다면 그것을 하십시오. 고행대라도 하십시오! 그러나 당신이 강하다는 것을 당신 자신에게 보여 주기 위해서가 아니라 더 자유롭게 되기 위하여 도움이 될 때만 하십시오.

공동체 생활은 무엇을 의미합니까? 이 예언을 수호하기 위한 장상의 역할은 무엇입니까? 수도자들은 교회의 구조와 사고방식을 쇄신하는 데에 기여하기 위하여 어떤 도움을 줄 수 있습니까?

공동체 생활이라고요? 어떤 성인들은 그것을 지속적인 참회로 정의했습니다. 사람들이 서로 껍질을 벗기고 깃털을 뽑는 공동체들도 있습니다! 공동체에 자비가 들어가지 않으면 문제가 있습니다. 수도자들에게 용서의 능력은 흔히 공동체 안에서 시작해야 합니다. 그리고 이것은 예언적입니다. 언제나 들음으로 시작합니다. 모든 이가 다른 이들이 자신의 말을 들어준다고 느끼게 되기를 바랍니다. 장상 편에서도 들음과 설득이 필요합니다. 장상이 계속해서 꾸짖는다면, 수도생활의 철저한 예언을 만드는 데에 도움이 되지 않습니다. 저는 수도자들이 교회의 구조와 사고방식을 쇄신하는 데에 기여하기 위하여 유리한 위치에 있다고 생각합니다.

교구의 사제 평의회에서 수도자들은 여정을 도와줍니다. 말하는 것을 두려워하지 말아야 합니다. 교회의 구조들 안에는 세속적이고 군주적인 분위기가 스며들고, 공동체들은 이러한 불길한 분위기를 물리치는 데에 기여할 수 있습니다. 추기경이 되어야 자신이 군주라고 생각할 수 있는 것은 아닙니다. 성직자가 되는 것만으로도 이미 그렇게 될 수 있습니다. 이것이 교회 조직에 있는 것 가운데 가장 나쁜 것입니다. 수도자들은 더 겸손한 형제애의 증언으로 기여할 수 있습니다. 수도자들은 거꾸로 된 빙산의 증언을 할 수 있습니다. 꼭지점인 그 정상이 거꾸로 아래에 있는 빙산의 모습으로 말입니다.

교종 성하, 우리는 교종님의 인도로 축성생활과 개별 교회 안에 더 좋은 관계들이 발전되기를 바랍니다. 개별 교회 안에서 우리의 카리스마들을 충만하게 표현하고 때로 주교들이나 교구 성직자와의 관계에서 발생하는 어려움들에 대처할 수 있도록, 어떤 제안을 해 주시겠습니까? 수도생활과 주교들의 대화는, 그리고 지역 교회와의 협력은 어떻게 이루어지고 있다고 보십니까?

오래전부터 주교들과 수도자들 사이의 관계에 대하여 1978년에서 수도자성과 주교성이 「상호관계Mutuae relationes」에서 설정한 기준들을 재고하기를 바라는 요청들이 있었습니다. 이미 1994년 주교 시노드에서도 이에 대하여 말했었습니다. 그 문헌은 한 시대에 상응했던 것이고 지금은 그리 시의적절하지 않습니다. 개정할 때가 되었습니다.

수도자들이 자신들이 온전히 교구 교회 안에 있다고 느끼는 것이 중요합니다. 때로는 일치에 도움이 되지 않는 오해들이 많이 있고, 문제들이 무엇인지 정확히 밝혀야 합니다. 수도자들은 재정 평의회, 사제 평의회 등 지역 교회의 통치 구조들 속에 들어와 있어야 합니다. 부에노스아이레스에서 수도자들은 사제 평의회에서 그들을 대표할 이들을 선출했었습니다. 교구 구조들 안에서 일은 함께 나누어져야 합니다. 수도자들은 교구의 통치 구조들 속에 들어와 있어야 합니다. 고립되어 있어서는 서로 도움을 주지 못합니다. 이 점에서 많은 성장이 필요합니다. 이렇게 함으로써 주교들도 조금은 군주와 같이 되려는 유혹에 떨어지지 않도록 도움을 받을 것입니다….

하지만 영성은 확산되고 공유되어야 하며, 수도자들은 강한 영성 조류들을 담당하고 있는 이들입니다. 어떤 교구들에서는 교구의 재속 성직자들이 프란치스칸 영성, 가르멜 영성 들의 집단으로 모이기도 합니다… 하지만 생활 방식이 공유될 수 있기를 바랍니다. 일부 교구 사제들은 그들이 홀로 있지 않기 위하여 함께 살 수 없는 이유가 무엇인지, 더 공동체적인 삶을 살 수 없는 이유가 무엇인지를 묻습니다. 이러한 갈망은, 예를 들어 수도자들이 맡고 있는 본당에서 좋은 증언들을 보여 줄 때 생겨나게 됩니다. 다시 말하면, 근본적인 협력의 차원이 있습니다. 성직자들과 수도자들이 영적으로 가까이 있는 것은 있을 수 있는 오해들을 해결하는 데에 도움이 됩니다. 많은 것들을 연구하고 재고할 수 있습니다. 그 가운데에는 본당신부의 재임 기간 문제도 있습니다. 저는 그 기간이 짧다고 생각하고, 너무 쉽게 본당신부들이 바뀐다고 생각합니다.

경제 문제와 관련된 세 번째 차원에서 다른 많은 문제가 있다는 것도 숨기지 않겠습니다. 주머니를 건드리면 문제들이 생깁니다! 재산 양도의 문제를 말씀드리는 것입니다. 우리는 재산 문제에서 매우 민감해야 합니다. 청빈은 교회의 삶에서 골수와 같습니다. 청빈을 준수할 때도 그렇고, 준수하지 않을 때도 그렇습니다. 그 결과들은 언제나 강력합니다.

성하, 교회와 마찬가지로 수도생활도 미성년자에 대한 성폭행과 재정적 남용의 상황에 투명하고 단호하게 대처해야만 합니다. 이 모든 것은 반反증언이고 추문을 불러일으키며, 성소사목과 은인들의 도움에도 영향을 미칩니다. 우리 수도회들 안에서 이러한 추문들을 예방하기 위하여 어떤 조처들을 제의하시겠습니까?

아마도 자세한 대답을 할 시간은 없을 것이고, 여러분의 지혜에 의탁합니다. 하지만 제가 주님께서는 수도자들이 가난하기를 바라신다는 것을 말하게 해 주십시오. 그렇지 않을 때 주님은 수도회를 파산하게 하는 재정 담당을 보내십니다! 때로 수도회에는 '친구'로 여기는 관리자가 있고, 후에 그가 수도회를 망하게 합니다. 하여튼, 재정 담당에게 근본적인 기준은 개인적으로 돈에 집착하지 않는 것입니다. 언젠가 어떤 재정 담당 수녀가 실신하자, 다른 수녀가 그를 도우려던 이에게 말했다고 합니다. "코 밑에 통장을 갖다 대면 분명히 정신을 차릴 거예요!" 우스운 이야기이지만 성찰할 이야기이기도 합니다. 은행들이 돈을 어떻게 투자하는지 확인하는 것도 중요합니다. 예컨대 군수 물자에 투자해서는 안 됩니다. 결코 안 됩니다.

성폭행에 관하여, 그런 일을 하는 이들 4명 가운데 2명은 그들 자신도 성폭행을 당했던 이들인 것 같습니다. 이들은 미래에 성폭행의 씨를 뿌리는 것입니다. 파괴적입니다. 신부들이나 수도자들이 관련되어 있다면, 거기에는 예수님을 선포해야 하는 이를 통하여 예수님의 일을 망치는 악마의 현존이 작용하고 있음이 분명합니다. 그러나 분명하게 말합시다. 이것은 병입니다. 우리가 이것이 병이라고 확신하지 않는다면 이 문제를 잘 해결할 수 없을 것입니다. 그러므로 양성 과정에서 그들의 적절한 정서적 성숙을 확인하지 않고서는 후보자들을 수도생활에 받아들이지 않도록 주의해야 합니다. 예를 들어, 다른 신학교나 수도회에서 거부된 후보자들을 수도생활이나 교구에 받아들일 때는 그를 내보낸 이유에 대해 분명하고 상세한 정보를 구하지 않고서는 결코 받아들이지 말아야 합니다.

교종 성하, 수도생활은 그 자체를 위한 것이 아니라 세상 안에서의 사명을 위한 것입니다. 교종님은 우리에게 밖으로 나가는 교회가 되라고 권고하셨습니다. 교종님의 관점에서, 세상의 여러 곳에서 수도생활은 이러한 회심을 행하고 있다고 보십니까?

교회는 밖으로 나가면서 태어났습니다. 다락방 안에 갇혀 있다가 나중에는 나갔습니다. 그리고 교회는 계속 나가고 있어야 합니다. 다시 다락방에 문을 닫고 있어서는 안 됩니다. 예수님은 그렇게 원하셨습니다. 그리고 '밖'은 제가 실존적, 사회적인 주변부라고 부르는 곳들입니다. 실존적인 가난한 이들과 사회적인 가난한 이들은 교회를 자신들 밖으로 밀어냅니다. 이주민과 난민 문제에 관련된 형태의 가난을 생각해 봅시다. 국제 협약보다 그 사람들의 삶이 더 중요합니다. 그리고 애덕의 봉사는 종교 일치 대화를 위한 가장 좋은 땅이 되기도 합니다. 분열된 그리스도인들을 일치시키는 것은 가난한 이들입니다! 이런 것들은 모두 밖으로 나가는 교회의 수도자들에게 열려 있는 도전들입니다. 「복음의 기쁨Evangelii gaudium」은 나가야 한다는 필요성을 전달하고자 하는 것입니다. 그 교종 권고로 돌아가 다시 성찰하고 기도하기를 바랍니다. 그것은 「현대의 복음 선교Evangelii nuntiandi」와 아파레시다에서 이루어진 작업에 비추어 숙성된 것으로, 폭넓은 교회적 숙고를 담고 있습니다. 마지막으로, 자비는 밖으로 나가시는 하느님이시라는 것을 언제나 기억합시다. 그리고 하느님은 언제나 자비로우십니다. 여러분도 밖으로 나가십시오!

46

2017년 1월 28일 | 끌레멘스 홀

축성생활회와 사도생활단성 총회 참석자들에게

사랑하는 형제자매 여러분,

충실과 떠남이라는 주제에 대해 묵상하기 위한 총회에 모인 여러분을 오늘 맞이하게 되어 기쁩니다. 장관 추기경님께 인사드리며 소개 말씀에 감사드립니다. 또 교회 안에서 축성생활에 봉사하시는 여러분의 수고에 대해 감사를 드리며 여러분 모두에게 인사드립니다.

여러분이 선택한 주제는 중요합니다. 우리는 오늘날 충실성이 시험당하고 있다고 할 만합니다. 여러분이 검토한 통계가 그것을 보여 줍니다. 축성생활을, 그리고 교회의 삶 자체를 약화하는 일종의 '하혈증'을 목격하고 있습니다. 축성생활에서 떠남(퇴회)이 우리는 걱정스럽지요. 어떤 사람들은 일관성 있는 행위로 떠납니다. 진지한 식별 후에 애초에 성소가 없었다는 것을 깨달은 것이지요. 하지만 어떤 사람들은 시간이 흐르면서, 흔히 종신서원 후 몇 년 지나지 않아서 이미 충실성이 약해집니다. 무슨 일이 일어난 겁니까?

여러분이 지적하신 것처럼 **변화의 시대**일 뿐 아니라 **시대의 변화**, 그래서 진지하고 결정적인 임무를 받아들이기 어려워진 이 시대에 충실성을 좌우하는 요인은 여럿입니다. 어떤 주교님이 얼마 전에 저에게 해 주신 이야기인데, 대학을 졸업한 훌륭한 청년이 본당에서 일하고 있었는데 자신에게 와서 이렇게 말하더랍니다. "저는 사제가 되고 싶습니다. 10년 동안요." 잠정성暫定性(임시)의 문화입니다.

충실성을 보존하는 데 도움이 되지 않는 첫 번째 요인은 우리가 살아가는 사회적 문화적 상황입니다. 우리는 소위 **단편성의 문화**와 잠정성(임시)의 문화에 잠겨 살아가는데, 이는 '궤도를 벗어나'[47] 유행의 노예가 되어 살아가도록 우리를 이끌어 갈 수 있습니다. 이런 문화는 항상 다른 가능성들로 열린 '옆문'을 가질 필요를 끌어들이며, 자주 커다란 실존적 공허함을 야기함으로써 소비주의를 부추기고 소박하고 검소한 삶의 아름다움을 잊게 만듭니다.

또한 실천적 상대주의가 만연해 있습니다. 이에 따르면 모든 것이 자아실현의 기능에 따라 판단되는데, 자아실현이란 복음의 가치와는 이질적인 경우가 많습니다. 우리는 경제의 규칙이 윤리의 규칙을 대치하고 법을 조종하며 생명의 가치를 희생시키는 자신의 준거 체제를 부과하는 사회에 살고 있습니다. 돈과 이득의 독재가 소출이 없는 사람은 버려지는 존재관을 수호하는 사회입니다. 이러한 상황에서는 복음화에 힘쓰기 위해 먼저 스스로 복음화되어야 하는 것은 명백합니다.

이러한 사회문화적 환경이라는 요소에 다른 요소들을 추가해야 합니다. 그중 하나는 **젊은이들의 세계**로, 복합적이면서 동시에 풍요롭고 도전적인 세계입니다. 부정적인 것이 아니라 복합적이고 물론 풍요롭고 도전적인

47 식당 용어로, 정해진 메뉴에 추가하여 다른 요리를 자유롭게 주문할 수 있는 방식을 가리킴.

세계예요. 대단히 관대하고 연대적이며 종교적이고 사회적인 차원에서 투신하는 젊은이들이 없지 않습니다. 참된 영적 삶을 추구하는 젊은이들이요, 세상이 제공하는 것과는 다른 어떤 것에 굶주린 젊은이들입니다. 놀라운 젊은이들이 있는데 적은 수가 아닙니다. 하지만 젊은이들 가운데서도 **세속성의 논리**의 희생자들이 많은데, '어떤 대가를 치르고라도 성공을 추구하고 손쉬운 돈벌이와 손쉬운 즐거움을 추구하기'로 요약할 수 있겠습니다. 이러한 논리는 또한 많은 젊은이를 유혹합니다. 우리의 임무는 그들 곁에 있으면서 복음의 기쁨과 그리스도께의 소속을 그들에게 옮겨 주는 것 외의 다른 것이 아닙니다. 이 문화는 복음화되어야 합니다. 젊은이들이 거기 굴복하기를 우리가 원치 않는다면 말입니다.

충실성을 조건 짓는 세 번째 요소는 축성생활 자체 내부에서 오는 것으로, 축성생활에는 거룩함이 많은 한편 –축성생활에는 많은 거룩함이 있어요!– 충실하기 어렵게 만드는 반反증언의 상황 또한 없지 않습니다. 그러한 상황들 가운데는 특히 습관대로 흘러가기, 피로, 시설들을 운영하는 부담, 내부의 분열, 권력의 추구–줄을 타는 사람들–, 수도회를 통치하는 세속적 방식, 종종 권위주의와 '방임주의'로 변질되는 권위의 봉사 등이 있습니다. 축성생활이 계속해서 **가까이 있는 이들과 멀리 있는 이들을 위한** 충실성의 학교가 되면서(에페 2,17 참조) 예언적 사명과 매혹을 보존하고 싶다면, **예수 중심성의 신선함과 새로움을, 영성의 매력을, 사명의 힘을 유지해야** 합니다. 그리스도를 따르는 일의 아름다움을 보여 주고 희망과 기쁨을 빛나게 해야 합니다. 희망과 기쁨이에요. 이것이 어떤 공동체의 상태를, 그 안에 무엇이 있는지를 보여 줍니다. 희망이 있고 기쁨이 있는가? 그렇다면 좋습니다. 하지만 희망이 결핍되고 기쁨이 없다면 곤란합니다.

특별히 보살펴야 할 차원은 **공동체 안의 형제자매적 삶**입니다. 공동체 안의 형제자매적 삶은 **공동기도**와 **말씀**을 읽으며 기도하기, 그리고 **성체성사**

와 화해의 성사에 능동적으로 참여하기, **형제자매적 대화와 회원들 사이의 진지한 소통**, 죄를 짓는 형제나 자매에 대한 **자비**, **책임 나누기**를 통해 길러 가야 합니다. 이 모든 것에 **가난한 사람들 곁에 머무는 소박한 삶**의 웅변적이고 기쁨에 찬 증언과 **실존적 변두리를 특별히 중요시하는 사명**이 동반되어야 합니다. 공동체 안의 형제자매적 삶의 쇄신에 성소 사목의 결과가, 곧 "와서 보시오"(요한 1,39 참조) 하고 말할 수 있음이, 그리고 젊은 형제자매들과 덜 젊은 형제자매들의 항구함이 크게 좌우됩니다. 어떤 형제나 자매가 공동체 안에서 축성생활의 의지처를 발견하지 못한다면 밖에서 그것을 찾으러 갈 것이기 때문입니다. 그것이 가져오는 모든 결과와 함께요(『공동체의 형제 생활』, 32항 참조).

성소는 신앙 자체와 같이 질그릇에 담긴 보화입니다(2코린 4,7 참조). 그래서 우리는 소중한 것을 보호하듯이 그것을 보호해야 하는 것입니다. 아무도 이 보화를 우리에게서 훔쳐 가지 못하도록, 시간이 흐르면서 그 아름다움이 사라지지 않도록 말입니다. 그런 보호는 무엇보다도, 매일 기도 안에서 가꾸어진, 그리고 훌륭한 신학적 영적 양성으로 강화된 믿음, 희망, 사랑으로 더 가까이 그리스도를 따르도록 불린 우리 각자의 과제입니다. 이러한 양성은 유행과 일시적인 것의 문화로부터 우리를 지켜 주고 믿음 안에서 살아가도록 해 줍니다. 이 토대 위에서 복음 권고를 실천하고 그리스도의 생각과 같은 생각을 지니는 것이(필리 2,5 참조) 가능한 것입니다.

성소는 우리에게 당신 눈길을 두시고, 축성생활로 당신을 따르도록 우리를 부르시면서, 우리를 사랑하신 주님으로부터 받은 선물이요(마르 10,21 참조), 동시에 이 선물을 받은 사람의 책임이기도 합니다. 주님의 은총으로써 우리 각자는 자신의 인간적, 영적, 지적 성장의 임무에 당사자로서 책임을 지도록, 그리고 그와 동시에 성소의 불꽃을 생생하게 보존하도록 불렸습니다. 이는 우리도 주님께 시선을 고정하면서 항상 복음의 논리에 따라 살아가고 세속성의 기준에 떨어지지 않도록 주의를 기울여야 한다는 것을 뜻합니다. 커다란 불충실들은 작은 일탈이나 방심에서 비롯되는 경우가 많습니다. 이 경우에도 역시 성 바오로의 이 권고를 우리 것으로 삼는 것이 중요하지요. "여러분이 잠에서 깨어날 시간이 이미 되었습니다"(로마 13,11).

충실성과 떠남에 대해 말할 때 우리는 **동반**에 큰 중요성을 부여해야 합니다. 저는 이것을 강조하고 싶어요. 축성생활이 이 임무를 위해 합당한 자격을 갖춘 동반자들을 준비하는 일에 투자할 필요가 있습니다. 저는 축성생활이라고 말했는데요. 영적 동반의 은사는, 이를테면 **영적 지도**의 은사는 '평신도적' 은사이기 때문이지요. 사제들도 이 은사를 가지고 있지만 그 은사는 '평신도적'이에요. "신부님, 저를 지도해 줄 만한 사제 한 분 모르세요?" 이렇게 저에게 말하는 수녀들을 저는 얼마나 많이 만났는지요. "아니, 말 좀 해 보세요. 수녀님네 공동체 안에는 지혜로운 수녀, 하느님의 여인이 없나요?" "있지요.… 그 나이 든 사람 있지요. 하지만…" "그분에게 가세요!" 여러분은 여러분 수도회의 회원들을 보살피세요.

여러분의 최근 문서 「새로운 포도주는 새 부대에」에도 나타나듯이 이미 이 총회에서 여러분은 그 요구를 알아차렸습니다(14-16항 참조). 이 필요성에 대해서는 아무리 강조해도 넉넉하지는 않을 것입니다. 혼자서 걸어가거나, 주의 깊고 인내롭게 경청하는 능력을 갖추지 못한, 혹은 축성생활의 적절한 체험이 없는 형제자매들의 지도를 받으며 걸어갈 때는 충실성을 보존하기는 어렵습니다. 예수님께서 엠마오로 가는 제자들에게 하셨듯이 하기 위해서는 하느님의 길에 대한 전문가 형제자매들이 필요합니다. 곧 그분은 생명의 길에서, 그리고 방향을 잃고 혼란에 빠진 순간에 그들을 동반하셨고 그들 안에 말씀과 성찬을 통해 믿음과 희망의 불을 다시 붙여 주십니다(루카 24,13-35). 이것이 동반자의 섬세하고 쉽지 않은 과제입니다. 합당한 동반자의 부재로 인해 잃어버리는 성소가 적지 않습니다.

우리 축성생활자들에게는 모두 젊거나 덜 젊거나 간에 우리가 살아가고 있는 인간적이고 영적인, 그리고 성소와 관련된 순간을 위해 적절한 도움이 필요합니다. 하지만 의존을 낳는 모든 동반 양식은 피해야 하지요. 중요한 건 영적 동반이 의존하게 해서는 안 된다는 겁니다. 의존을 낳는 동반 양식, 보호하거나 조종하거나 유아적으로 만드는 모든 동반 양식은 피해야 하는 한편 혼자서 걸어가도록 내버려두어서는 안 되고, 가까이 머물러 자주 접촉하는, 온전히 어른스러운 동반이 필요합니다. 이 모든 것은 하느님의 뜻을 발견하게 하는 계속적 식별을 보장하는 데에, 그리고 성 이냐시오가 말하듯이 모든 것 안에서 주님께서 더 기뻐하시는 것을 찾는 데에, 또는 아씨시의 성 프란치스코의 말로 하자면 "항상 그분께서 좋아하시는 것을 찾는"(FF 233 참조) 데에 도움이 될 것입니다.

식별은 동반자와 동반을 받는 사람에게 예민한 영적 감수성과 자신을 대면하기, 그리고 '자신을 잊고' 선입견과 개인적이거나 집단적인 이해관계로부터 온전히 이탈한 채 다른 사람 앞에 서기를 요구합니다. 또한 식별에서는 단지 선과 악 가운데서 선택하는 것만이 아니고 선과 더 큰 선 가운데서, 좋은 것과 그리스도와 같아지도록 이끄는 것 가운데서 선택하는 것임을 기억할 필요가 있습니다. 계속 말하고 싶지만 여기서 마치지요.

사랑하는 형제자매 여러분, 다시 한번 감사드리며, 여러분을 위해, 또 여러분이 축성생활회와 사도생활단성의 구성원이요 협력자로서 수행하는 봉사를 위해 성령의 계속적 도우심을 빌며, 마음으로부터 여러분을 축복합니다. 감사합니다.

47

2017년 2월 2일(주님 봉헌 축일) | 성 베드로 성당

제21차 세계 축성생활의 날, 축성생활자를 위한 미사 강론

예수님의 부모님이 율법의 규정을 이행하려고 아기를 데려갔을 때 시메온은 "성령에 이끌려"(루카 2,27) 아기를 품에 안고 축복과 찬미의 노래를 부르기 시작합니다. "제 눈이 당신의 구원을 보았습니다. 이는 당신께서 모든 민족 앞에서 마련하신 것으로 다른 민족들에게는 계시의 빛이며 당신 백성 이스라엘에게는 영광입니다"(루카 2,30-32). 시메온은 갈망하던 희망을 볼 수 있었을 뿐 아니라 그 희망을 품에 안는 특전도 누렸습니다. 그래서 그는 기뻐 용약하지요. 하느님께서 당신 백성 가운데 머무시기에 그의 마음은 기뻐합니다. 그분은 당신 백성을 당신 자신의 육신(살)으로 여기십니다.

오늘의 전례는 태어난 지 40일이 지난 후 그 예식으로 "주님께서는 율법의 규정을 지키시고, 당신을 믿는 백성을 만나셨습니다"(2월 2일 로마 미사 경본, 입당 행렬의 권고). 하느님께서 당신 백성과 만나시는 것이 기쁨을 불러일으키고 희망을 새롭게 합니다.

시메온의 노래는 생애의 마지막 날들에 이르러 "그렇습니다. 하느님께

둔 희망은 결코 실망시키지 않습니다(로마 5,5 참조). 그분은 속이지 않으십니다." 하고 말할 수 있는 믿는 이의 노래입니다. 시메온과 한나는 늘그막에 새로운 번식력을 지닐 수 있게 되는데, 그것을 노래로 증언합니다. 주님께서 약속을 지키시니 인생은 희망을 가지고 살 만한 가치가 있는 것이지요. 이어서 예수님 자신이 나자렛 회당에서 이 약속을 설명하실 것입니다. 곧 병자들, 옥에 갇힌 사람들, 혼자인 사람들, 가난한 사람들, 노인들, 죄인들도 역시 같은 희망의 노래를 부르도록 초대받은 것입니다(루카 4,18-19 참조).

이 희망의 노래를 우리는 우리 조상들로부터 물려받았습니다. 그들이 우리를 이 '역동'으로 인도한 것입니다. 그들의 얼굴에서, 그들의 삶에서, 그들의 일상적이고 꾸준한 헌신에서 우리는 이 찬가가 어떻게 육화되었는지 볼 수 있었지요. 우리는 우리 조상들이 지녔던 꿈의 상속자들이요, 우리의 설립자 수녀님들과 신부님들이, 우리의 선배들이 지녔던 희망의 상속자들입니다. 우리는 꿈을 꾸는 용기를 가졌던 우리네 노인들의 상속자들이며, 오늘 우리도 그들처럼 노래하고 싶습니다. 하느님께서는 속이지 않으신다고, 그분께 두는 희망은 실망시키지 않는다고요. 하느님께서는 당신 백성을 만나러 오십니다. 우리는 요엘의 예언 안으로 들어가 이렇게 노래하고 싶어집니다. "그런 다음에 나는 모든 사람에게 내 영을 부어 주리라. 그리하여 너희 아들딸들은 예언을 하고 노인들은 꿈을 꾸며 젊은이들은 환시를 보리라"(요엘 3,1).

오늘날 우리는 예언을 할 수 있기 위해서 우리 조상들의 꿈을 받아들이고 언젠가 우리 마음을 타오르게 했던 것을 새롭게 재발견하는 것이 좋겠습니다. 꿈과 예언은 함께입니다. 우리 노인들이, 우리의 아버지들과 어머니들이 어떻게 꿈을 꾸었는지에 대한 기억과 이 꿈을 예언적으로 이끌어 가기 위한 용기입니다.

이러한 태도는 우리 축성생활자들을 풍요롭게 해 줄 것입니다. 특히 우리의 축성생활을 불모不毛가 되게 할 수도 있는 유혹, 곧 생존의 유혹으로부터 우리를 보호해 줄 것입니다. 이 유혹은 우리 안에, 우리 공동체 내부에 조금씩 자리 잡을 수 있는 악이지요. 살아남으려는 태도는 우리를 겁먹은 반동주의자들이 되게 하고, 우리를 서서히, 그리고 조용히 우리의 집 안에, 우리의 도식 안에 가둡니다. 우리 설립자들의 꿈에서 태어난 예언적 창의성을 불러일으키는 대신 우리를 영광스러운, 그러나 지나가 버린 업적을 향해 뒤로 내던지고 오늘날 우리의 문을 두드리는 도전들로부터 달아나기 위한 지름길을 찾습니다. 생존의 심리는 우리 은사들로부터 힘을 빼앗아 갑니다. 그 유혹은 은사들을 길들여 가고, '편리한' 것으로 만들면서 그 은사들이 열어 주었던 창의력을 빼앗아 버리기 때문입니다. 살아남으려는 심리는 새로운 과정을 가능하게 하기보다 우리에게 공간이나 건물, 구조들을 보호하게 합니다. 생존의 유혹은 은총을 잊게 하고, 우리로 하여금 우리가 예언하도록 부름받은 희망의 어머니, 아버지나 형제들이 되기보다는 신성한 것을 다루는 직업인이 되게 하지요. 이러한 생존의 분위기는 우리 노인들에게서 꿈을 꾸는 능력을 없애 버림으로써 그들의 마음을 메마르게 하며, 그렇게 해서 더 젊은 사람들이 선포하고 실현하도록 불린 예언을 불모가 되게 합니다. 간단히 말하자면 살아남으려는 생존의 유혹은 주님께서 우리에게 사명을 위한 기회로 주시는 것을 위험으로, 위협으로, 비극으로 변화시켜 버리는 것입니다. 이러한 태도는 꼭 축성생활에만 해당되는 것은 아니지만, 특별한 방식으로 우리는 그러한 유혹에 떨어지지 않도록 경계하라는 권고를 받고 있습니다.

복음 구절로 돌아가 새롭게 그 장면을 관상해 봅시다. 찬미가가 시메온과 한나에게 불러일으킨 것은 분명 자기 자신을 바라보며, 자신의 상황을 분석하고 검토하는 일은 아니었습니다. 자신들에게 뭔가 나쁜 일이 생길

까 두려워 문을 닫고 들어앉아 있는 태도가 아니었습니다. 노래가 불러일으킨 것은 희망, 늘그막에 그들을 지지해 준 그 희망이었지요. 그 희망은 예수와의 만남에서 실현되어 나타났습니다. 마리아가 약속의 아들을 시메온의 품에 안겨 줄 때 노인은 노래하기 시작합니다. 하나의 '전례'를 거행하며 자신의 꿈을 노래합니다. 예수를 그의 백성 가운데 둘 때 백성은 기쁨을 발견하는 것입니다. 그렇습니다. 오직 이것만이 우리에게 기쁨과 희망을 돌려줄 것입니다. 오직 이것만이 우리를 살아남기 위한 태도로 살아가는 것으로부터 구해 줄 것입니다. 이것만이 우리의 삶을 풍요롭게 하고 우리의 마음이 살아 있도록 유지해 줄 것입니다. 예수를 거기 두는 것, 곧 당신 백성 가운데 모시는 것 말입니다.

우리는 모두 우리가 살아가고 있는 다문화적 변화를 알고 있으며 아무도 그것을 의심하지 않습니다. 바로 여기에서 축성된 사람들이 이 거대한 변화들의 삶 속에, 핵심에 예수와 함께 자리 잡아야 하는 일의 중요성이 나옵니다. 모든 특수 은사에 따른 사명은 우리가 이 구체적 집단의 누룩이 되도록 초대받았다는 것을 우리에게 상기시켜 주는 것입니다. 물론 더 나은 '밀가루'가 있을 수도 있겠지만, 주님은 우리에게 주어지는 도전을 통해 지금 여기에서 발효시키도록 우리를 초대하십니다. 방어적 태도로써가 아니라, 두려움에 밀려서가 아니라 손으로 쟁기를 잡고 여러 차례 가라지 가운데 씨가 뿌려진 곡식을 자라게 하도록 하면서요. 예수를 당신 백성 가운데 모신다는 것은 하느님께서 우리가 사는 도시들의, 우리가 사는 지방의, 우리가 사는 구역의 거리를 걸으시는 것을 알아보는 관상적 마음을 가지는 것을 의미합니다. 예수를 당신 백성 가운데 모신다는 것은 우리 형제들의 십자가를 지는 것과 그들이 십자가를 지는 것을 도와주고자 하는 것을 의미합니다. 이는 상처 입고 부활하기를 열망하며 간청하는 이 세상의 상처 안에서 예수님의 상처를 만지고자 하는 것입니다.

예수님과 함께 그분 백성 안에 자리하기! 신앙의 활동주의자들로서가 아니라, 계속해서 용서받은 남녀 인간들로서, 세례의 도유와 하느님의 위로를 다른 사람들과 나누려고 세례 안에 결합해 있는 남녀 인간들로서요.

예수님과 함께 그분 백성 안에 자리하기! "함께 살기의 '신비학'을, 서로 어울리고, 서로 만나고, 서로 팔짱을 끼고, 서로 지지해 주고, [주님과 함께] 형제애의 참된 체험으로, 연대의 행렬로, 거룩한 순례로 변화될 수 있는 조금은 혼란스러운 이 흐름에 참여하는 신비학을 발견하고 전파하라는 도전을 느끼기" 때문입니다. "… 우리가 이 길을 따를 수 있다면 대단히 좋은 일, 치유해 주고 해방해 주며 희망을 낳아 주는 일일 것입니다! 다른 이들과 결합하기 위해 자신들로부터 나가는 것"(『복음의 기쁨』, 87항)은 유익할 뿐 아니라 우리의 삶과 우리의 희망을 하나의 찬미가로 변화시켜 주지요. 하지만 우리가 이렇게 할 수 있는 것은 오로지 우리 노인들의 꿈을 우리 것으로 삼고 그 꿈들을 예언으로 변화시킬 때뿐입니다.

당신 백성을 만나시고 당신 백성 가운데 계시는 예수님과 동행합시다. 조상들의 꿈을 스스로 지니지 않았기에 예언하는 것을 잊어버린 사람의 비탄이나 불안 가운데서가 아니라 찬미와 평온함 안에서요. 동요하면서가 아니라 꿈과 예언의 주님이신 성령께 의탁하는 사람의 인내로요. 그렇게 우리에게 속한 것을, 곧 희망에서 태어나는 노래를 나눕시다.

48

2017년 3월 25일(토) | 두오모

밀라노 교구 순방 중 사제들과 축성생활자들과의 만남에서

질문 1 – 성직자 돈 가브리엘 죠이아don Gabriele Gioia

신부들의 에너지와 시간의 많은 부분이 직무의 전통적 형태를 이어 가기 위해 흡수되는데, 저희는 세속화의 도전과 점점 더 다수多數가 되어 가고 다인종적多人種的이 되어 가며 다종교적이 되어 가는 밀라노 사회의 진화 안에서 신앙의 무관함이라는 많은 도전을 알아차리고 있습니다. 저희에게도 종종 수고만 하고 물고기는 잡지 못한 베드로와 사도들처럼 스스로 느껴지는 일이 생깁니다.

성하께 여쭙습니다. 복음화하는 기쁨을, 그리고 모든 사람에 대한 하느님의 사랑을 증언하는 하느님 백성이라는 기쁨을 잃어버리지 않기 위해 어떤 다양화와 어떤 우선적 선택을 이행하라고 저희는 불렸는지요? 성하, 저희는 성하를 사랑하고 성하를 위해 기도합니다.

교종 프란치스코

감사합니다, 감사합니다. 여러분이 하려는 세 가지 질문이 저에게 보내졌습니다. 항상 그렇게 해요. 보통 저는 즉석에서 답하지만, 이번에는 대단히 빡빡한 일정으로 짜인 하루인 만큼 답변을 위해 뭔가 기록하는 것이 나으리라고 생각했습니다.

신부님의 질문을 잘 들었습니다, 가브리엘 신부님. 질문을 먼저 읽었지만 신부님이 말하는 동안 저에게 두 가지가 떠올랐어요. 하나는 '물고기를 잡다'입니다. 복음화가 항상 '물고기를 잡는 것'과 동의어인 것은 아님을 신부님은 아십니다. 복음화는 깊은 데로 나아가는 것, 증언을 제공하는 것…이고 그다음에는 주님께서, 그분께서 '물고기를 잡으십니다.' 언제, 어떻게, 어디서일지는 우리는 모르지요. 이것이 아주 중요합니다. 그 실재에서 출발해서도 우리는 도구입니다. 쓸모없는 도구.
신부님이 말한 다른 것 하나는 신부님이 여러분 모두의 염려라고 표현한 그 염려인데 곧 복음화의 기쁨을 잃지 않는 것입니다. 복음화는 하나의 기쁨이니까요. 위대하신 바오로 6세께서는 공의회 후 가장 위대한 사목 문헌이고 오늘날에도 현재성을 가진 문헌 「현대의 복음 선교Evangelii nuntiandi」에서 이 기쁨에 대해 말씀하셨습니다. 교회의 기쁨은 복음화하기라고요. 우리는 이 기쁨을 잃지 않을 은총을 청해야 합니다. 그분(바오로 6세)은 우리에게 [그 문헌의] 거의 끝에 가서 이렇게 말씀하십니다. 슬프고 싫증 난 복음화의 일꾼들, 이는 안 됩니다. 슬픈 복음화의 일꾼은 예수님께서는 기쁨이시고 우리에게 기쁨을 가져다주신다는 것, 당신이 우리를 부르실 때는 우리의 삶을 바꾸어 주시고 우리에게 기쁨을 주시며 기쁨 속에서, 십자가 위에서도 하지만 기쁨 속에서 우리를 복음화하라고 파견하신다는 것을 확신하지 못하는 사람입니다. 신부님이 말한 이것들을 강조해 주어서 감사합니다. 가브리엘 신부님.

이제 제가 좀 더 숙고한 것들을 말하기 위해 이 질문에 대해 집에서 생각한 것들입니다.

가

저에게 처음 떠오른 것 중 하나는 신부님이 사용한 도전이라는 단어입니다. "많은 도전"이라고 하셨지요. 그리스도교의 초기부터 시작해서 역사의 모든 시대는 지속적으로 다중적인 도전 아래 있었습니다. 교회공동체 내부의, 그리고 동시에 신앙이 형성되어 가는 환경인 사회와의 관계 안에서의 도전들입니다. 체사리아의 고르넬리오의 집에서 있었던 베드로의 일화(사도 10,24-35 참조)를, 혹은 안티오키아에서의 논쟁과 그 후 이방인들에게 할례를 주는 것이 필요한가 아닌가에 대해 예루살렘에서 있었던 논쟁(사도 15,1-16 참조) 등을 기억해 봅시다.

그래서 우리는 도전을 두려워해서는 안 된다는 것은 분명합니다. 우리는 도전을 두려워해서는 안 됩니다. "아, 이 시대엔 너무나 많은 도전이 있어, 슬프다…." 이런 불평을 얼마나 자주 듣는지요. 아닙니다. 두려워하지 마세요. 도전들은 황소처럼 뿔을 잡아야 합니다. 도전들을 두려워하지 마세요. 도전들이 있는 것이 좋습니다. 좋은 것은 우리를 성장하게 하기 때문입니다. 도전들은 생생한 신앙의 표지요, 자기 주님을 찾고 눈을 뜨고 마음이 열려 있는 생생한 공동체의 표지입니다. 우리는 오히려 도전이 없는 신앙, 스스로 완전하다고, 모든 것이 갖추어졌다고 생각하는 신앙을 두려워해야 하지요. 난 다른 것들이 필요 없어, 모든 것이 다 있어. 이런 신앙은 너무 묽어서 쓸모가 없습니다. 이것을 우리는 두려워해야 합니다. 마치 모든 것이 말해지고 실현된 것처럼 완전하다고 스스로 생각하는 것 말입니다. 도전들은 우리의 신앙이 이데올로기적인 것이 되지 않도록 하는데 도움을 줍니다.

항상 이데올로기의 위험들이 있습니다. 이데올로기는 자기가 완전한 신앙을 가졌다고 믿을 때 자라나지요. 싹이 트고 자라나서 이데올로기가 됩니다. 도전들은 우리를 폐쇄적이고 규정된 사고에서 구해 주고 우리를 계시된 내용에 대한 더 넓은 이해를 향해 열어 줍니다. 교의 헌장인 계시 헌장 「하느님의 말씀Dei Verbum」이 말하듯이 "교회는 그 자신 안에서 하느님의 말씀이 완성될 때까지 세기에 걸쳐 하느님 진리의 충만을 향하여 꾸준히 나아간다"(8ㄴ). 이 점에서 도전들은 우리가 계시된 신비를 향해 열려 있도록 도와줍니다. 이것이 신부님이 말한 것에서 제가 포착한 첫 번째 것입니다.

나

두 번째 것입니다. 신부님은 다多-multi의 사회-다문화, 다종교, 다인종-에 대해 말했지요. 저는 교회가 전체 역사를 통해 여러 번 우리가 의식하지 못한 사이 다양성의 문화를 위해 우리에게 가르쳐 주고 도와줄 것을 많이 가지고 있다고 믿습니다. 우리는 배워야 합니다. 성령께서는 다양성의 스승이십니다. 우리 교구들, 우리 사제단, 우리 공동체들을 바라봅시다. 수도회들을 바라봅시다. 많은 은사, 신앙의 체험을 실현하는 여러 가지 방식이 있습니다. 여러 형태의 체험 안에서 교회는 하나입니다. 그래요, 하나예요. 하지만 여러 형태의 체험을 지닙니다. 이것이 교회의 풍요로움입니다. 하나이면서도 여러 형태를 가집니다.

복음서는 사중四重 형태를 가진 하나입니다. 복음서는 하나이지만 네 가지이고 서로 다릅니다. 하지만 다름은 풍요로움입니다. 복음서는 네 가지 형태를 지닌 하나입니다. 이것이 우리 공동체들에 성령의 활동을 드러내는 풍요로움을 줍니다. 교회의 전통은 자신의 역사와 삶 안에서 다중성을 어떻게 '관리'할지에 대한 위대한 경험을 지니고 있습니다. 우리는 모든 것을 보았고 보고 있습니다. 우리는 많은 풍요로움과 많은 끔찍한 일과 실수를 보았고 보고 있습니다. 여기에 우리는 현재의 시대를 읽어내도록 우리를 도와줄 좋은 열쇠 하나를 가지고 있습니다. 이 시대를 단죄하지 않고 거룩하게 하지 않고 말입니다. 빛나는 면들과 어두운 면들을 알아보면서요. 또한 과도한 획일성이나 상대주의를 식별하도록 우리 서로 도우면서. 이는 다름 안의 일치, 상호의존을 지워 버리려고 하는 두 가지 경향이지요.

교회는 다름 안에서 하나입니다. 하나예요. 그리고 그 다름은 그 일치(하나임) 안에서 결합합니다. 그런데 누가 다름을 만듭니까? 성령이십니다. 그분은 일치의 스승이시기도 합니다! 그 위대한 예술가, 다름 안의 그 위대한 일치의 스승은 성령이십니다. 이를 우리는 잘 이해해야 합니다. 식별하는 일에 대해서는 나중에 말하겠습니다. 다름과 일치를 만드는 것이 언제 성령이시고 다름과 분열을 만들어내는 것이 언제 성령이 아니신지 식별하는 일 말입니다. 얼마나 자주 우리는 일치와 획일성을 혼동해 왔는지요? 그건 같은 것이 아닙니다. 또는 얼마나 자주 우리는 다수성多數性과 다원주의를 혼동해 왔는지요? 그것은 같은 것이 아닙니다. 획일성과 다원주의는 선한 영에서 나오는 것이 아닙니다. 성령에게서 오지 않아요. 그와 달리 다수성多數性과 일치는 성령에게서 옵니다. 두 가지 경우 모두에서 하려고 하는 것은 긴장을 줄이는 것이고 인간 존재로서 겪는 갈등이나 애매함을 없애는 일입니다. 긴장의 양극 중 하나를 없애려고 하는 것은 하느님께서 당신 아들의 인성 안에서 당신 자신을 계시하기를 원하셨던 방식을 없애는 것입니다. 인간의 드라마를 취하지 않는 이 모든 것은 대단히 분명하고 똑 떨어지는 이론일 수는 있겠지만 계시와의 일관성은 없으며, 따라서 이데올로기적인 것입니다.

신앙이 환상적인 것이 아니라 그리스도교적인 것이기 위해서는 과정 안에서 형성되어야 합니다. 곧 과정으로 축소되지 않고 그 과정 안에서요. 이 역시 상당한 긴장이지요. 우리 주님께서 우리에게 남겨 주신 근사하고 힘든 과제는 구원의 '이미, 그러나 아직'입니다. 다름 안의 일치, 이는 대단히 중요합니다. 이는 하나의 긴장이지만 늘 우리를 교회 안에서 성장하게 하는 긴장입니다.

다

세 번째, 사목자로서 우리가 배제할 수 없는 한 가지 선택이 있는데 식별을 위해 양성하기입니다. 대립하는 것으로 보이거나 대립하는 이러한 일들의 식별은 긴장, 대립이 언제 성령에게서 오고 언제 악령에게서 오는지 알기 위해서입니다. 그래서 식별을 위해 양성하기입니다. 질문에서 제가 이해했다고 여겨지는 대로 다양성은 매우 교활한 시나리오를 제공한다는 것입니다. 우리가 경험하는 풍요의 문화는 많은 가능성의 지평을 제공합니다. 그 가능성들을 모두 정당하고 좋은 것으로 제시하면서요. 우리 젊은 이들은 계속적인 재핑zapping에 노출되어 있습니다. 그들은 동시에 열려 있는 두세 개의 화면을 돌아다닐 수 있고 여러 개의 가상 공간의 장면에서 상호작용을 할 수 있어요. 우리가 좋아하건 아니건 그것이 그들이 살아가는 세상이고 그들이 이 세상을 통과해 가도록 돕는 것은 사목자로서 우리의 의무입니다. 따라서 저는 그들이 그들 안에 계시는 성령이 꺼지는 일 없이 삶의 여정을 걸어가도록 돕는 도구들과 요소들을 가지도록 그들에게 식별을 가르치는 것이 좋다고 생각합니다.

선택의 가능성이 없거나 적은 세상에서는 어쩌면 사물이 더 분명해 보일지 저는 모르겠습니다. 하지만 오늘날 우리 신자들 그리고 우리 자신들은 이러한 현실에 노출되어 있고 그래서 저는 교회공동체로서 우리는 식별의 태도를 증대시켜야 함을 확신합니다. 이것은 하나의 도전이며, 식별의 습관을 익히는 법을 배우기 위해서는 식별의 은총을 요구합니다. 이 은총은 어린이들부터 어른들까지 모두에게 요구됩니다. 어릴 때는 아빠와 엄마가 우리가 해야 할 바를 말해 주는 것이 쉽고 괜찮습니다. 오늘날에는 그것도 그리 쉽지는 않다고 저는 믿습니다. 제가 어릴 때는 쉬웠어요. 하지만 오늘날에는 모르겠네요. 어쨌든 더 쉽습니다. 하지만 차차 커 가면서 일견 모두가 옳은 것 같은 수많은 목소리 가운데서 우리를 죽음의 문화로 인도하는 것이 아니라 부활과 생명으로 인도하는 것에 대한 식별은 결정적입니다. 그래서 저는 이 (식별의) 필요성을 그렇게 강조하는 것입니다. 이건 하나의 교리교수적 도구이고 또한 생명을 위한 것이기도 합니다. 교리교수에서, 영적 지도에서, 강론에서 우리는 우리 백성에게 식별을 가르쳐야 하고 우리 젊은이들에게 가르치고 어린이들에게 가르치고 어른들에게 가르쳐야 합니다. 식별의 은총을 청하도록 그들에게 가르쳐야 해요.

이에 대해 저는 여러분에게 권고 문헌 「복음의 기쁨」에서 "인간의 한계 안에 육화하는 사명" 40-45항을 보도록 권합니다. 이것이 제가 신부님에게 답하는 세 번째 점입니다. 아마 질문에 대한 여러분의 숙고와 후에 여러분끼리 나누는 대화에서 도움이 될 작은 것들입니다. 신부님께 대단히 감사드립니다.

질문 2 - 로베르트토 크레스피Roberto Crespi, 종신 부제

성하, 안녕하십니까. 저는 종신 부제 로베르트토입니다. 부제직은 1990년에 저희 성직자단에 들어왔고 현재 143명이 있으며, 많은 수는 아니지만 중요한 숫자입니다. 저희는 결혼이나 독신이라는 성소를 온전히 살고 있지만, 일과 직업의 세계도 온전히 살고 있는 사람들이기 때문에 가정의 세계와 일의 세계를 성직자에게 가져다주고, 아름다움과 경험의 모든 차원뿐만 아니라 피로의 차원과 때로는 상처의 차원도 가져다줍니다. 이제 저희는 여러분에게 묻습니다: 겸손하고 사심 없으며 복된 교회의 얼굴을, 성하의 마음속에 있고 성하께서 자주 우리에게 말씀하시는 그런 교회의 얼굴을 드러내는 데 도움이 될 수 있도록 종신 부제로서 저희의 역할은 무엇일까요? 성하의 관심에 감사드리며, 저희와 저희 배우자 및 가족들의 기도를 약속합니다.

교종 프란치스코

감사합니다. 부제 여러분은 내줄 것이 많아요. 내줄 것이 많지요. 식별의 가치를 생각해 봅시다. 성직자 단 안에서 여러분은 의무와 원하는 것 사이의 긴장을, 가정생활 안에서 체험하는 긴장-한 가지 예를 들자면 여러분에게는 시어머니가 있잖아요!-을 보여 주기 위한 권위 있는 목소리가 될 수 있습니다. 가정생활 안에서 체험하는 축복도 있는 것처럼요.

하지만 우리는 부제들을 절반 신부요 절반 평신도로 보지 않도록 주의해야 합니다. 이것이 하나의 위험입니다. 결국은 그들이 이것도 저것도 아니게 되죠. 안 됩니다. 그렇게 해서는 안 됩니다. 그건 하나의 위험이에요. 그들을 그렇게 보는 것은 우리에게도 해롭고 그들에게도 해롭습니다. 그들을 그렇게 간주하는 것은 부제직 고유의 은사에서 힘을 빼 버립니다. 이에 대해서는 다시 이야기하고 싶습니다. 부제직 고유의 은사에 대해서요. 이 은사는 교회의 삶 안에 있습니다. 신자들과 사목자들 사이의 일종의 중개인으로서 부제의 이미지도 좋지 않습니다. 사제와 평신도의 중간도 아니고 사목자들과 신자들 사이의 중간도 아닙니다.

또 두 가지 유혹이 있습니다. 먼저, 성직주의의 위험이 있는데, 너무 성직자적인 부제입니다. 안 됩니다, 안 돼요. 이건 안 됩니다. 저는 때때로 그가 전례에 참석할 때 어떤 사람을 보는데 거의 사제를 대신하고 싶어 하는 것 같아요. 성직주의, 성직주의를 조심하십시오. 그리고 또 다른 유혹은 기능주의입니다. 그는 이런저런 것들을 위한 사제의 도우미인 거죠. 그는 어떤 과제들은 수행하고 다른 일은 수행하지 않는 사람입니다. 아닙니다. 여러분은 교회 안에서 하나의 분명한 은사를 가지고 있으며 그것을 건설해야 합니다.

부제직은 봉사를 요구하는 특수한 소명, 곧 가정의 소명입니다. 저는 (사도행전에서) 초기 헬라 그리스도인들이 자기네 과부들과 고아들이 잘 보살핌을 받지 못한다고 불평하려고 사도들을 찾아갔을 때, 사도들과 제자들 사이에 회의, 곧 그 '시노드'가 열렸고 그들이 봉사할 부제들을 '만들었던' 이야기를 아주 좋아합니다. 그리고 이것은 우리 주교들에게도 매우 흥미롭습니다. 왜냐하면 부제들을 '만든' 그들은 모두 주교였기 때문입니다. 그것은 우리에게 무엇을 말하나요? 부제들은 섬기는 자들이라는 것입니다. 이 경우엔 과부들과 고아들을 돕는 것이 아니라 섬기는 것임을 그들은 이해했습니다. 그리고 우리 주교들에게는 기도와 말씀 선포가 맡겨지는데 이는 주교의 가장 중요한 은사가 무엇인지를, 곧 기도하는 것임을 보여 줍니다. 주교의 임무, 첫 번째 임무는 무엇일까요? 기도입니다.

두 번째 과제는 말씀을 선포하는 것입니다. 하지만 차이점이 잘 보입니다. 그리고 여러분[부제들]에게는 섬기는 일(봉사)이 주어졌습니다. 이 단어는 여러분의 은사를 이해하기 위한 열쇠입니다. 하느님 백성의 특징적인 선물 중 하나로서의 섬김입니다. 부제는 말하자면 교회 안에서 섬김(봉사)의 수호자입니다. 모든 단어가 잘 숙고되어야 합니다. 여러분은 교회 안에서 섬김(봉사)의 수호자입니다. 곧 말씀에 대한 봉사, 제단에 대한 봉사, 가난한 사람들에 대한 봉사입니다. 그리고 여러분의 사명, 부제의 사명, 부제의 기여는 바로 다음의 것들에 있습니다. 곧 공동체적 전례, 개인기도, 다양한 형태의 애덕 등 신앙의 다양한 표현들과 평신도, 성직자, 가정 등 다양한 삶의 상태에서 신앙이 섬김(봉사)이라는 본질적인 차원을 가지고 있음을 우리 모두에게 일깨워 주는 것입니다. 하느님과 형제자매에 대한 섬김. 이런 의미에서 갈 길이 얼마나 멀까요! 여러분은 교회에서 섬김(봉사)의 수호자입니다.

여기에 교회 안에서 은사의 가치가 있습니다. 모든 하느님의 백성이 하느님의 행동에 대한 관점과 풍요로움을 잃지 않도록 도와주는 기억이자 선물인 은사의 가치가요. 여러분은 반은 사제이고 반은 평신도인 것이 아닙니다. -이것은 부제를 '기능화'하는 것이 될 것입니다.- 여러분은 하느님과 형제자매를 위한 섬김의 성사입니다. 그리고 이 '섬김(봉사)'이라는 단어에서 여러분의 일과 성소, 교회 안에서의 존재의 모든 발전이 나옵니다. 모든 성소와 마찬가지로, 성소는 개인적일 뿐만 아니라 가족 안에서 가족과 함께 그리고 하느님의 백성 안에서 하느님의 백성과 함께 살아가는 성소입니다.

요약

- 가난한 사람들에 대한 섬김(봉사)으로 열려 있지 않은 제단의 봉사는 없고 그런 전례는 없습니다. 또 전례로 인도하지 않는 가난한 이들에 대한 봉사는 없습니다.
- 가족적이지 않은 교회의 성소는 없습니다. 이것이 우리로 하여금 부제직을 교회의 성소로 재평가하도록 도와줍니다.

끝으로, 오늘날엔 모든 것이 '우리를 섬겨야' 하는 것 같습니다. 마치 모든 것이 개인을 목적으로 하는 것처럼요. 곧 기도가 '나를 섬기고' 공동체가 '나를 섬기며' 애덕이 '나를 섬깁니다'. 이는 우리 문화의 한 요소입니다. 바른길은 그와 반대라는 것을 알도록, 곧 기도 안에서 나는 섬기고 공동체 안에서 나는 섬기며, 연대 안에서 나는 하느님과 이웃을 섬긴다는 것을 알도록 여러분은 성령께서 우리에게 주신 선물입니다. 하느님께서 여러분에게 교회 안에서 섬김을 수호하는 이 은사에서 성장하는 은총을 주시기를 빕니다. 여러분이 하시는 일에 대해 감사드립니다.

질문 3 - M. 빠올라 빠가노니M. Paola Paganoni 수녀, OSC

성하, 저는 우르술라 회의 빠올라 수녀입니다. 저는 밀라노 교회 안에 현존하는 축성생활 전체의 이름으로, 또한 롬바르디아 전체의 이름으로 여기 있습니다. 저희는 성하의 현존에 대해, 특히 성하께서 제공하시는 삶의 증언에 감사드립니다. 성 암브로시오의 동생인 성녀 마르첼리나에서 오늘날에 이르기까지 밀라노 교회 안의 축성생활은 오래된 형태들-성하께서 여기에서 보신-과 새로운 형태들로서 생생하고 중요한 현존을 이어 왔습니다. 교종님께 여쭙고 싶습니다. 오늘날의 사람을 위해 오늘날 어떻게 예언의 증인들이 되고, 교종님께서 말씀하시듯이 경탄의 수호자가 될까요? 또한 저희의 가난한 삶으로, 하지만 순종하고 동정이며 가난하고 형제적인 삶으로 예언을 증언할까요? 그리고 우리는 수가 적은데 -많은 것처럼 보이지만 나이가 많습니다.- 이 적은 수로, 저희가 소수임(작음)-사회 안에서 소수이고 교회 안에서도 소수임-에 대한 생생한 인식 안에서 미래를 위해 어떤 실존적 변두리를, 어떤 환경을 선택하고 우선으로 삼을까요? 감사합니다! 저희의 일상적인 기도를 약속드립니다.

프란치스코 교종

감사합니다. 저는 '소수(작음)'란 말을 좋아합니다. 그것이 프란치스칸들의 은사인 건 맞지만 우리 모두도 역시 '작은 자들'이어야 하지요. 그것은 하나의 영적 태도예요. 그리스도인의 인장과도 같은 작음이요. 수녀님이 그 단어를 사용하신 것이 마음에 듭니다. 그래서 그 마지막 말 작음, 소수로 시작하겠습니다. 보통은 -하지만 수녀님의 경우라고 말하는 것은 아닙니다.- 어떤 감정과 함께하는 단어이지요. "우리는 많아 보이지만 노인들이 많고 수가 적습니다…." 아래 있는 감정은 무엇입니까? 체념입니다. 나쁜 감정이에요. 우리가 소수라는 것을, 또는 많은 경우 노인들이라는 것을 생각하거나 깨달을 때마다 알아차리지 못하는 사이 우리는 부담을 느끼고 광채보다는 나약함을 체험하며 우리의 정신은 체념으로 부식腐蝕되기 시작합니다. 체념은 이제 무기력으로 이어지죠…. 당부하건대 시간이 있다면 사막 교부들이 무기력에 대해 한 말을 읽어 보세요. 그건 오늘날에도 큰 현재성을 지닌 어떤 것입니다.

여기서 우리가 주의해야 하는 첫 번째 행동이 나옵니다. 수가 적다는 것, 맞아요. 작다는 것, 맞아요. 노인들이라는 것, 맞아요. 체념은 안 됩니다! 이것들은 우리의 내면을 살펴봄으로써 주님 앞에서만 인식할 수 있는 매우 미세한 결입니다. 추기경님이 말씀하실 때 저에게 매우 인상적인 두 단어를 언급하셨습니다. 추기경님은 자비에 대해 이야기하시면서 자비는 "평화를 회복하고 가져다준다"고 말씀하셨습니다. 체념에 대한 좋은 치료법은 평화를 회복하고 가져다주는 이 자비입니다. 우리가 체념에 빠질 때, 우리가 자비를 멀리할 때 즉시 누군가에게, 주님께 자비를 청하러 갑시다. 주님께서 우리를 새롭게 하시고 우리에게 평화를 주시도록 말입니다.

체념이 우리를 사로잡을 때, 우리는 초기의 은사를 일깨우기는커녕 실존적 무거움의 소용돌이 속으로 점점 더 우리를 몰아넣는 영광스러운 과거에 대한 상상을 살아갑니다. 모든 것이 일으켜 세우기에는 점점 더 무거워지고 힘들어집니다. 그리고 여기, 이것은 내가 적어 두지 않은 것이지만 말하겠습니다. 말하기가 좀 거북하니까요. 죄송합니다, 있을 수 있는 일이죠. 말하겠습니다. 먼저 건물들이 무겁고 비어 가기 시작하고, 우리는 무엇을 해야 할지 모르게 되어 건물을 팔아 돈을, 노후를 위한 돈을 마련할 생각을 합니다.… 은행에 있는 돈도 무거워지기 시작하죠.… 그럼 가난은 어디로 가는 걸까요? 그러나 주님은 선하셔서 어떤 수도회가 가난 서원의 길을 가지 않을 때 보통 모든 것을 무너뜨리는 나쁜 회계 담당자를 보내십니다! 그것은 은총입니다! [웃음, 박수] 모든 것이 일으켜 세우기에는 점점 더 무거워지고 힘들어진다고 말씀드렸습니다. 항상 있는 유혹은 인간적 안전책을 찾는 것입니다. 저는 우리 가까이에 있는 가장 인간적인 안전책

중 하나인 돈에 대해 이야기했습니다. 따라서 우리는 모두 초기를 돌아보고, 영광스럽지만 비현실적인 과거에 대한 모든 상상으로부터 우리를 구하는 기억인 초기로 순례하는 것이 좋겠습니다.

「복음의 기쁨」은 이렇게 말합니다. "신앙의 눈은 '죄가 많아진 그곳에 은총이 충만히 내렸다'(로마 5,20)는 것을 잊는 일 없이, 성령께서 어둠 속에서늘 비추어 주시는 그 빛을 알아볼 수 있습니다. 우리의 신앙은 물이 어떻게 포도주로 변할 수 있는지 통찰하도록, 그리고 가라지들 가운데서 자라나는 밀을 발견하도록 도전받고 있습니다"(84항).

우리의 설립자 신부님, 수녀님들은 우리가 수가 많아지거나 절대다수가 되리라고는 생각하지 않았습니다. 우리 창립자들은 형제자매들에게 복음의 기쁜 현존이 되고, 교회를 대중 속에서 누룩으로, 세상에서 소금과 빛으로 쇄신하고 건설하도록 역사의 구체적인 순간에 성령에 의해 움직인다고 느꼈습니다. 저는 어떤 창립자가 남긴 분명한 말을 떠올리고 있는데, 많은 사람이 같은 말을 했지요. "수가 많은 것을 두려워하라"는 말입니다. 양성을 잘하지 못할까 봐, 은사를 전해 주지 못할까 봐 두려워하여 많은 사람이 오지 않기를 바란 거죠. 누군가는 그것을 '투르바 물따turba multa(큰 군중)'라고 불렀습니다. 아니요. 그들은 단순히 복음과 은사를 전달할 생각만 했습니다.

저는 우리의 발목을 잡거나 기쁨을 빼앗는 이유 중 하나가 바로 이 면에 있다고 생각합니다. 우리 수도회들은 거대한 대중이 되기 위해 태어난 것이 아니라, 대중이 성장할 수 있도록 기여하는 약간의 소금과 약간의 누룩이 되려고, 하느님의 백성이 자신에게 부족한 '양념'을 가질 수 있게 하려고 태어났습니다. 여러 해 동안 우리는 수도가족들이 과정을 시작하기보다는 공간을 점유해야 한다고 믿는 유혹을 겪어 왔고, 많은 사람이 그런 생각을 가지고 자라 왔는데, 이는 유혹입니다. 우리는 공간을 점유하는

것이 아니라 과정을 시작해야 합니다. 저는 통계를 두려워합니다. 통계는 우리를 자주 속이기 때문입니다. 통계는 한편으로는 우리에게 진실을 말하지만, 다른 한편으로는 곧바로 환상으로 이어지고 우리를 속이기 때문입니다. 과정을 시작하기보다는 공간을 점유하는 것, 그 유혹을 우리는 받아 왔는데, 우리가 많기 때문에 갈등이 일치보다 우세할 수 있다고 생각하거나, 관념-또는 우리의 변화 불가능성-이 현실보다 더 중요하다고 생각하거나, 부분-우리의 작은 부분 또는 세계관-이 교회 전체보다 우월하다고 생각하기 때문입니다(「복음의 기쁨」, 222-237항 참조). 그것은 유혹입니다. 그러나 나는 피짜를 만들기 위해 반 킬로그램의 누룩과 100그램의 밀가루를 사용하는 피짜 조리사를 본 적이 없습니다. 그 반대입니다. 누룩은 밀가루를 부풀게 하기 위해 조금 넣습니다.

오늘날 현실은 우리에게 도전하고, 오늘날 현실은 우리에게 다시 약간의 누룩과 소금이 되라고 초대합니다. 어제저녁, 저녁에 나오지만 오늘 날짜로 된 '로세르바토레 로마노'에는 무슬림들 사이에 있는 아프가니스탄의 예수의 작은 자매회 마지막 두 사람의 작별인사가 있었습니다. 그곳에는 수녀들이 더 이상 없었고 그들은 이제 나이가 들어 돌아와야 했기 때문이죠. 그들은 아프간어로 말했습니다. 무슬림, 가톨릭 신자, 그리스도인들 모두에게 사랑을 받았습니다… 왜일까요? 증인들이었기 때문입니다. 왜요? 그들은 모든 이의 아버지이신 하느님께 축성되었기 때문입니다. 저는 이 이야기를 읽으면서 -오늘 로세르바토레 로마노에서 이 글을 찾아보세요. 수녀님이 질문하신 것에 대해 생각하게 해 줄 거예요.- 생각했어요. 주님께 "그런데 예수님, 왜 저 사람들을 저렇게 두십니까?" 하고 주님께 말씀드렸습니다. 그러자 저는 처음에는 서너 명의 중국인 선교사가 있었지만- 처음에요.- 2세기 동안 평신도들만 복음을 전했던 한국 백성이 떠올랐습니다. 주님의 길은 그들이 어떠할지를 주님이 원하시는 대로입니다. 그러니 신뢰의 고백을 하는 것이 우리에게 유익할 것입니다: 역사를 이끄시는 분은 바로 그분입니다! 사실입니다.

우리는 성장하기 위해, 강해지기 위해 모든 것을 합시다.… 그러나 체념은 안 됩니다. 과정을 시작하십시오. 오늘날 현실은 우리에게 도전합니다. -반복하건대- 현실은 우리에게 새롭게 약간의 누룩, 약간의 소금이 되라고 초대합니다. 소금이 많이 들어간 식사를 생각할 수 있나요? 아무도 먹지 않을 것입니다. 오늘날 현실은 -우리가 지금 분석을 멈출 수 없는 많은 요인 때문에- 공간을 점유하기보다는 과정을 시작하라고, 과거의 갈등에 집착하기보다는 일치를 위해 싸우라고, 현실에 귀를 기울이라고, '대중'에게, 거룩하고 충실한 하느님 백성에게, 교회 전체에 자신을 개방하도록 우리를 부릅니다. 교회 전체에 우리 자신을 개방합시다. 누룩을 발효시키도록, 성령께서 여러분 창립자들의 마음과 여러분 자신의 마음에 영감을 주셨던 것에 맞춰 누룩을 발효시키도록 새롭게 초대받은 복된 소수입니다. 이것이 오늘날 필요한 것입니다.

마지막으로 한 가지 말씀드리겠습니다. 선교가 어떤 실존적 변두리로 향해야 하는지 제가 감히 말씀드리지 않겠습니다. 왜냐하면 통상적으로 성령께서 변두리를 위한, 흔히 버려진 장소, 구석진 곳으로 가기 위한 은사들을 불러일으키시기 때문입니다. 교종이 여러분에게 이것 또는 저것을 하라고 말할 수는 없다고 생각합니다. 교종이 여러분에게 말할 수 있는 것은 이것입니다. 곧 여러분이 소수라면 그 모습 그대로 변두리로 가십시오. 주님을 만나러, 초기의 사명을 새롭게 하기 위해 경계에 이르기까지 가고, 첫 만남의 자리인 갈릴래아로 가세요. 첫 만남의 갈릴래아로 돌아가세요! 이것이 우리 모두에게 유익할 것이며, 우리를 성장시키고, 우리를 많은 수가 되게 할 것입니다. 저는 이제 우리 조상 아브라함이 얼마나 혼란스러웠을지 생각납니다. 하늘을 바라보라고 하고는 "별을 세어라!" 하지요. 그러나 그는 셀 수 없었습니다. "너의 후손도 그러할 것이다." 그러고는 또 "너의 외아들을" -다른 하나는 이미 죽었기에 외아들이었는데 하지만 이 아들은 약속을 받은 아들이었지요.- "산에 올라가서 제물로 바치라"는 거예요. 그 많은 별 중에서 자기 아들을 제물로 바치라니 하느님의 논리는 이해되지 않습니다. 오직 순종할 뿐입니다. 이것이 여러분이 가야 할 길입니다. 변두리를 선택하고, 과정을 다시 일깨우고, 타인들의 고통에 무감각해진 사회로 인해 꺼지고 약해진 희망을 다시 밝히세요. 우리가 수도회로서 지닌 연약함 안에서 우리는 우리를 둘러싼 많은 연약함에 더욱 주의를 기울이고 그 연약함을 축복의 자리로 변화시킬 수 있습니다. 주님께서 여러분에게 이렇게 말씀하실 순간이 올 것입니다. "멈춰라. 어린 염소가 한 마리 있다, 저기. 너의 외아들을 희생하지 마라." 가서 그리스도의 "도유塗油"를 전하세요. 가세요. 저는 여러분을 쫓아내는 것이 아닙니다! 단지 가서 그리스도의 사명을, 여러분의 은사를 전하라고 말하는 것뿐이에요.

이것을 잊지 맙시다. "예수를 그의 백성 가운데 둘 때 백성은 기쁨을 발견하는 것입니다. 그렇습니다. 오직 이것만이 우리에게 기쁨과 희망을 돌려줄 것입니다. 오직 이것만이 우리를 살아남기 위한 태도로 살아가는 것으로부터 구해 줄 것입니다. 이것만이 우리의 삶을 풍요롭게 하고 우리의 마음이 살아 있도록 유지해 줄 것입니다. 예수를 거기 두는 것, 곧 당신 백성 가운데 모시는 것 말입니다"(2017년 2월 2일, 제21차 세계 축성생활의 날 미사 강론). 이것이 여러분의 과제입니다. 감사합니다, 수녀님. 감사합니다.

이제 함께 기도합시다. 여러분에게 축복을 드리겠습니다. 그리고 부디 저를 위해 기도해 주세요. 저는 하느님 백성의 기도로, 축성생활자들과 사제들의 기도로 지탱될 필요가 있으니까요. 대단히 감사합니다.

기도합시다.…

49

2017년 4월 29일, 카이로의 마아디 총대주교좌 신학교

이집트 순방 중 성직자, 남녀 수도자, 신학생들과의 만남에서

존경하올 총대주교 성하, 사랑하는 형제자매 여러분,

알 살라모 알라이쿰![평화가 여러분과 함께!]

"이날은 주님께서 마련하신 날, 이날을 기뻐하자! 그리스도께서 영원히 죽음을 이기셨도다, 그분 안에서 기뻐하자!" 이집트에서 사제들을 양성하는 곳이자 가톨릭교회의 심장부를 나타내는 이 장소에서 여러분 가운데 함께하게 되어 행복합니다. 저는 여러분 안에서 이 복된 땅을 위하여 정교회의 우리 형제들과 함께 이 땅에서 당신 나라가 성장하도록 하느님께서 마련하신 '누룩'(마태 13,33 참조)인 이집트의 작은 양 떼의 사제들과 남녀 축성 생활자들에게 인사하게 되어 기쁩니다.

먼저 여러분의 증언에 대해 그리고 도전은 많고 흔히 위로는 적은 상황 안에서 일하면서 매일 여러분이 이루는 모든 선善에 대해 감사드리고 싶습니다. 또한 여러분을 격려하고도 싶습니다! 나날의 무게를, 여러분 중 일부는 겪어야 하는 어려운 환경의 무게를 두려워하지 마십시오. 우리는 우

리 구원의 도구요 표징인 성 십자가를 공경합니다. 십자가에서 도망치는 사람은 부활에서 도망치는 것입니다!

"너희들 작은 양 떼야, 두려워하지 마라. 너희 아버지께서는 그 나라를 너희에게 기꺼이 주기로 하셨다"(루카 12,32).

결국 진리를 믿고 증언하며, 수확을 기대하지 않고 씨를 뿌리고 가꾸는 일입니다. 사실, 우리는 축성생활자이건 아니건 주님의 포도밭에서 관대하게 일한 수많은 다른 사람들의 열매를 거둡니다. 여러분의 역사는 그 열매로 가득 차 있습니다!

낙담할 수많은 이유 가운데서, 파괴와 단죄의 수많은 예언자 가운데서, 부정적이고 절망적인 수많은 목소리 가운데서 여러분은 긍정적인 힘이 되십시오. 이 사회의 빛과 소금이 되십시오. 기차 앞에서 목적지를 향해 곧장 기차를 이끄는 발동기가 되십시오. 희망을 씨 뿌리는 사람들, 다리를 건설하는 사람들, 대화와 일치를 이루어내는 사람들이 되십시오.

축성된 사람이 길에서 매일 만나는 유혹에 떨어지지 않는다면 이는 가능합니다. 그 유혹 중에서 가장 중요한 것들 가운데 몇 가지를 밝혀 보고자 합니다. 이 유혹들은 이집트의 초기 수도승들이 잘 묘사해 놨기 때문에 여러분은 그것들을 잘 알고 있습니다.

1. 자신이 인도하지 않고 끌려가려는 유혹

착한 목자는 양 떼를 인도해 가고(요한 10,3-4 참조) 싱싱한 풀과 샘으로 인도할 의무가 있습니다(시편 23 참조). 착한 목자는 실망과 비관에 끌려갈 수는 없습니다. "내가 무엇을 할 수 있을까?" 하고요. 그는 메말랐을 때도 물이 솟아나는 샘처럼 항상 주도성과 창의성이 가득하고, 상심할 때도 항상 위로의 손길로 어루만져 주며, 자녀들이 감사로 자신을 대할 때, 하지만 특히 자녀들이 감사하지 않을 때 아버지입니다(루카 15,11-32 참조). 주님께 대한 우리의 충실성은 결코 인간적 감사에 의존해서는 결코 안 됩니다. "숨은 일도 보시는 네 아버지께서 너에게 갚아 주실 것이다"(마태 6,4.6,18 참조).

2. 계속 불평하려는 유혹

장상들의 결함에 대해, 교회적 또는 사회적 조건에 대해, 부족한 가능성에 대해… 늘 다른 사람들을 비난하기 쉽습니다. 하지만 축성된 사람은 성령의 도유로 모든 장애물을 기회로 바꾸지, 모든 어려움을 핑계로 바꾸지 않는 사람입니다! 항상 불평하는 사람은 사실은 일하고 싶지 않은 사람입니다. 그래서 주님께서는 목자들에게 "맥 풀린 손과 힘 빠진 무릎을 바로 세우라"(히브 12,12; 이사 35,3 참조)고 말씀하십니다.

3. 험담과 질투의 유혹

이것은 고약합니다! 축성된 사람이 어린 사람들이 성장하도록 그리고 형제자매들의 성공을 기뻐하도록 도와주는 대신 질투에 지배당하고 험담으로 다른 사람들에게 상처를 주는 사람이 될 때 위험은 심각합니다. 성장하기 위해 노력하는 대신 성장하는 사람들을 파괴하기 시작하고, 좋은 모범을 따르는 대신 그들을 판단하고 그들의 가치를 깎아내리기 시작할 때 말입니다. 질투는 짧은 시간 안에 어떤 몸이건 망가뜨리는 암입니다. "한 나라가 갈라서면 그 나라는 버티어 내지 못한다. 한 집안이 갈라서면 그 집안은 버티어 내지 못할 것이다"(마르 3,24-25). 사실 -잊지 마세요!- "악마의 시기로 세상에 죽음이 들어왔다"(지혜 2,24 참조). 험담은 그 악마의 수단이요 무기입니다.

4. 다른 사람들과 비교하려는 유혹

풍요로움은 우리 각자의 다양성과 고유성에 있습니다. 더 나은 사람들과 우리를 비교하는 것은 흔히 우리를 분노에 떨어지게 하고, 더 못한 사람들과 우리를 비교하는 것은 흔히 우리를 교만과 게으름에 떨어지게 합니다. 늘 자신을 다른 사람들과 비교하는 성향을 가진 사람들은 결국 스스로를 마비시키고 맙니다. 성 베드로와 성 바오로에게서 성령께 대한 경청과 유순함 안에서 성격과 은사 그리고 의견의 다양성을 사는 법을 배웁시다.

5. '파라오주의'의 유혹 -우린 지금 이집트에 있어요!-

곧 마음을 굳어지게 하고 주님과 형제들에게 마음을 닫는 유혹입니다. 자신이 다른 사람들 위에 있다고 느끼고, 따라서 허영심으로 그들을 자기 아래 두려고 하는 유혹, 섬기는 대신 섬김을 받아야 한다고 여기는 유혹입니다. 이것은 복음서에 따르면 "누가 가장 큰사람이냐 하는 문제로 길에서 논쟁하였던"(마르 9,34) 제자들 사이에서 처음부터 흔했던 유혹입니다. 이 독에 대한 해독제는 "누구든지 첫째가 되려면, 모든 이의 꼴찌가 되고 모든 이의 종이 되어야 한다"(마르 9,35)입니다.

6. 개인주의의 유혹

이집트의 유명한 속담에 "나에게서 홍수가 시작된다."는 말이 있습니다. 길을 가면서 목표를 잃고 다른 사람들을 생각하는 대신 자신을 생각하면서 일말의 부끄러움도 느끼지 않고 오히려 자신을 정당화하는 것이 이기주의자들의 유혹입니다. 교회는 그리스도의 몸인 신자들의 공동체로, 한 지체의 구원이 모든 지체의 거룩함과 연결되어 있습니다(1코린 12,12-27; 「인류의 빛」, 7항 참조). 개인주의자는 반대로 걸림돌과 갈등의 원인이 됩니다.

7. 나침반도 없이 목적지도 없이 걷고 싶은 유혹

축성된 자는 정체성을 잃고 '고기도 아니고 생선도 아닌' 존재가 되기 시작합니다. 하느님과 세속 사이에서 분열된 마음으로 살아가는 거지요. 첫사랑을 잊어버립니다(묵시 2,4 참조). 사실, 명확하고 확고한 정체성이 없으면 축성된 사람은 방향 없이 걷고 다른 사람을 인도하는 대신 흩어 버립니다. 교회의 자녀로서 여러분의 정체성은 고귀하고 오래된 바탕에 뿌리를 내린 콥트교도라는 정체성과 하나이며 보편적인 교회의 일부인 가톨릭 신자라는 정체성입니다. 땅에 더 깊이 뿌리를 내릴수록 하늘로 더 높이 올라가는 나무처럼요!

사랑하는 사제들과 사랑하는 축성생활자 여러분, 이러한 유혹들에 저항하는 것은 쉽지 않지만, 우리가 예수님 안에 접목되어 있다면 가능합니다. "내 안에 머물러라. 나도 너희 안에 머무르겠다. 가지가 포도나무에 붙어 있지 않으면 스스로 열매를 맺을 수 없는 것처럼, 너희도 내 안에 머무르지 않으면 열매를 맺지 못한다"(요한 15,4). 우리가 그리스도 안에 뿌리를 더 깊이 박고 있을수록 우리는 더 생기 있고 충성한 결실을 얻는 것입니다! 축성된 사람은 그렇게만 첫 만남의 놀라움을, 열정을 그리고 하느님과 함께하는 삶 안에 그리고 자신의 사명 안에 매력과 감사를 간직할 수 있습니다. 우리의 영적 생활의 질質에 우리 축성의 질이 달려 있습니다.

이집트는 교회를 수도승 생활이라는 귀중한 보화로 풍요롭게 하는 데 이바지했습니다. 그러므로 저는 여러분에게 은수자 성 바오로, 성 안토니오, 거룩한 사막 교부들, 그리고 그들의 삶과 모범으로 수많은 형제자매에게 천국의 문을 열어 준 많은 수도자의 모범을 본받아 여러분도 빛과 소금, 곧 여러분 자신과 다른 모든 사람, 신자와 비신자, 특히 끝자리의 사람들, 궁핍하고 버림받고 내던져진 이들을 위한 구원의 동기가 될 수 있도록 노력할 것을 촉구합니다.

성가정이 여러분 모두와 여러분의 나라와 거기 사는 모든 사람을 보호하고 축복하시기를 기원합니다. 저는 마음 깊은 곳으로부터 여러분 각자의 모든 선익을 기원하며, 하느님께서 여러분에게 맡기신 신자들에게 여러분을 통해 인사드립니다. 주님께서 성령의 열매인 "사랑, 기쁨, 평화, 인내, 호의, 선의, 성실"(갈라 5,22)을 여러분에게 허락하시기를 기원합니다.

여러분은 항상 제 마음과 기도 안에 있을 것입니다. 용기를 내어 성령과 함께 나아가세요! "이날은 주님이 마련하신 날이니 그분 안에서 기뻐합시다!" 그리고 부디 저를 위해 기도하는 것을 잊지 마세요!

50

2017년 5월 27일, 주교좌 성당

제노바 사목 방문 중 사제, 축성생활자, 신학생들과의 만남에서

교종 프란치스코

형제자매 여러분, 신앙을 부정하고 싶지 않아 살해당한 이집트 콥트교 형제들을 위해 함께 기도해 주시기 바랍니다. 그들과 함께, 그들의 주교들과 함께, 제 형제 타와드로스Tawadros와 함께 침묵으로 기도한 다음 성모송을 함께 바치도록 여러분을 초대합니다.

[침묵 - 성모송]

교회 초창기인 고대보다 오늘날 그리스도인 순교자가 더 많다는 사실을 잊지 맙시다. 더 많습니다.

[교구사제 두 사람의 질문과 교종의 답변은 생략]

로산젤라 살라 수녀Madre Rosangela Sala, 리구리아 이탈리아 장상연합회USMI 회장

교종님, 감사합니다. 저는 원죄 없으신 성모 수녀회의 로산젤라 살라 수녀이며 리구리아에서 여성 축성생활을 대표합니다. 교종님께서는 다양한 상황에서 여러 역할로 축성생활의 긴 체험을 해 오셨다는 것을 저희는 알고 있습니다. 우리가 은사와 사도직과 관련하여, 그리고 교회인 우리 교구 안에서 점점 더 강렬하게 삶을 살아갈 수 있도록 무슨 말씀을 해 주시겠습니까?

교종 프란치스코

감사합니다, 수녀님. 로산젤라 수녀님을 저는 여러 해 전부터 압니다. 대단한 여성이지요. 그런데 결점이 하나 있어요. 말해도 될까요? 수녀님은 시속 140으로 운전하시잖아요! [교종도 웃고 청중도 웃는다] 급히 다니는 걸 좋아하시죠. 하지만 훌륭하신 분입니다.

수녀님은 제가 아주 좋아하는, 무척 좋아하는 한 단어를 말했어요. 교구성敎區性이라는 단어인데요. 한 단어라기보다는 앞의 질문들과 연결하면 좋을 것 같은 하나의 차원입니다. 우리의 교회생활이 가진 하나의 차원인데 교구성은 추상적인 것에서, 유명론唯名論에서, 약간 영지주의적이거나 그저 '허공에 뜬' 신앙에서 우리를 구해 주기 때문입니다. 교구는 하나의 얼굴을 가진 하느님 백성의 한 부분입니다. 교구 안에는 하느님 백성의 얼굴이 있습니다. 교구는 역사를 이루었고 지금도 이루고 있으며 앞으로도 이룰 것입니다. 우리는 모두 교구 안에 들어가 있습니다. 그리고 이는 우리 신앙이 이론적인 것이 아니고 실제적인 것이 되게 도와줍니다.

그리고 남녀 축성생활자 여러분은 교회를 위한 선물입니다. 왜냐면 모든 은사는 각각의 은사는 교회를 위한, 보편교회를 위한 선물입니다. 하지만 각각의 은사가, 모든 은사가 구체적인 장소에서, 구체적인 교구라고 하는 자리의 삶과 밀접히 연결되어 태어나는 것을 보는 것은 항상 홍미 있지요. 은사들은 허공에서 생겨나지 않고 구체적인 장소에서 생겨납니다. 또 은사는 성장하고, 성장하고, 성장하며 대단히 보편적인 특징을 가집니다. 하지만 초기에는 항상 구체성을 지닙니다. 구체적인 설립 체험 없는 은사는 없다는 것을 기념하는 것은 아름다운 일입니다. 통상적으로 보편적 사명에 연결된 것이 아니라 하나의 교구에, 구체적인 장소에 연결된다는 것도요. 그런 다음에 보편화되지요. 하지만 처음에는 뿌리에 연결되지요…. 프란치스칸들을 생각해 봅시다. 누군가 "전 프란치스칸이에요." 하고 말한다면 우리에게 떠오르는 자리는 어디지요? 아씨시! 즉시 떠오르지요! "하지만 우리는 보편적이에요!" 맞아요, 여러분은 어디에나 있지요. 사실이에요. 하지만 구체적인 기원이 있습니다. 은사를 강도 높게 살아간다는 것은 구체적인 자리에 은사를 육화시키고자 한다는 것입니다.

은사는 육화되어야 합니다. 구체적인 어떤 자리에서 태어난 후 성장하고 계속해서 구체적인 자리들 안에서 육화합니다. 하지만 항상 추구해야 할 것은 은사가 어디서 태어났는지, 어떻게 태어났는지, 어느 도시에서, 어느 구역에서, 어떤 설립자를 통해 태어나서 어떻게 형성되었는지… 하는 것입니다. 그리고 이는 우리에게 구체적인 장소의 사람들을, 구체적인 사람들을 사랑하도록, 구체적인 이상들을 가지도록 가르쳐 줍니다. 곧 구체성을 주는 것이 바로 교구성입니다. 교회의 구체성을 주는 것은 바로 교구성입니다. 그리고 이는 은사를 죽이려고 하는 것이 아닙니다. 아니에요. 이는 은사가 더 현실적인 것이 되게 도와줍니다. 그리고 종종 -보통은 6년마다- 축성생활자들은 총회에 모이는데 다양한 '구체성들'로부터 모여 오지요. 이것은 회를 성장하게 합니다. 하지만 뿌리는 늘 교구성에 있습니다. 곧 이 은사가 태어나고 전파되어 갔던 여러 교구에 있어요.

이것이 구체성입니다. 성장해서 여기저기로 간 어떤 수도회의 보편성이 구체적인 장소에, 구체적인 교구들에 들어가 자리 잡는 것을 잊어버린다면 그 수도회는 결국 어디에서 태어났는지를, 창립 은사를 잊어버리게 됩니다. 예를 들면 유엔과 같은 방식으로 보편화되는 것이지요. "그래, 모두 함께 보편적인 모임을 갖도록 하자…". 그러나 은사가 어디에서 태어났고 어디로 가서 그 개별 교회들 안에 자리 잡게 되었는지 하는 교구성의 구체성은 없습니다. 날아다니는 수도회들은 존재하지 않습니다! 그리고 누군가가 이 주장을 한다면 끝이 좋지 않을 것입니다. 항상 교구에 뿌리를 두어야 합니다. 그리고 여기에 축성된 수도자들과 주교들 사이의 쉽지 않은 관계가 있습니다. 이제 40년이 된 「상호관계Mutuae relationes」 문헌을 다시 작성하는 새로운 계획이 진행 중인데, 이제 이를 재검토할 때입니다. 항상 갈등이 있기 때문인데, 성장의 갈등, 좋은 갈등도 있고, 좋지 않은 갈등도 있습니다. 그러나 중요한 것은 이것입니다. 교구성이라는 측면을 진지하게 받아들이지 않고 내부의 측면에서만 피난처를 취하는 은사는 예수 그리스도의 교회로서의 보편적 영성이 아닌 자기준거적 영성으로 이끌 것입니다.

교구성이라는 이 말이 저는 참 좋았습니다, 수녀님. 은사가 태어나서 성장하면서 자리 잡고 그 일부가 되는 교구성 말입니다.

제가 강조하고 싶은 두 번째 측면은 (어떤 일을 할 수 있도록) 열려 있는 자세입니다. 가장 위험한 곳으로, 가장 궁핍한 곳으로, 가장 필요한 곳으로 갈 수 있도록 열려 있는 자세이지요. 자신들을 돌보기 위해서가 아닙니다. 은사를 내주고 가장 필요한 곳에 들어가 자리 잡기 위해 가는 것입니다. 제가 자주 사용하는 단어는 변두리인데요. 저는 가난이 있는 변두리만이 아니라 모든 변두리를 말하는 것입니다. 모든 변두리요. 그 변두리에 들어가 자리 잡는 것입니다. 그리고 이 변두리들은 원초적인 은사가 태어났던 장소들의 반영입니다. 제가 열려 있는 자세를 말할 때는 활동들의 검토도 말하는 것입니다. 종종 인력이 없을 때 검토하는 것이 사실인데 그렇게 해야지요. 하지만 인력이 있을 때도, 사람들이 있을 때도 스스로 이렇게 물을 일입니다. "우리의 은사가 이 교구에, 또는 교구의 이 자리에 필요한가?" 아니면 다른 곳에 더 필요하지는 않을까. 그리고 이곳에는 도움을 주러 다른 은사가 올 수 있지는 않을까? (어떤 일을 위해) 더 나아가려는, 늘 더 나아가려는 열려 있는 자세입니다. 곧 '항상 더 크신 하느님Deus semper maior' 이십니다. 늘 더, 더 나아가려는…. 열려 있고 위험을 두려워하지 않기. 통치의 신중함을 지니기. 하지만….

이건 중요합니다, 이 두 가지 말입니다. 곧 **교구성**과 (어떤 일을 위해) **열려 있는 자세** 이 두 가지가 중요하다고 말하겠습니다. 탄생을 가리키는 교구성, 그리고 성장하여 교구 안에 들어가 자리 잡기 위해 열려 있는 자세도요. 수녀님이 사용하신 교구성이라는 말을 가지고 제가 하려는 말은 이것이지요. 감사합니다.

카푸친회 안드레아 카루소 신부P. Andrea Caruso, O.F.M. Capp.

성하, 저는 작은 형제회 리구리아의 카푸친회의 사제 안드레아 카루소 수사라고 합니다. 제 질문은 이것입니다. 사제생활과 축성생활 성소가 전반적으로 감소하는 현실을 어떻게 살고 대면할까요?

교종 프란치스코

감사합니다. 늘 모이는 프란치스칸들을 두고 이런 말이 있지요. 이렇게 말해요. "그들이 장章capitolo[48]에 없을 때는 절節에 있다." 항상 어떤 모임을 하고 있고 모여 있다는 거지요.

---

48 영어로 chapter는 총회 등의 큰 회의를 뜻하기도 하고 책이나 성경 내용의 큰 단위인 장章을 뜻하기도 한다.

그러니까 [성소의] 감소 말이지요. 인구 문제가 하나 있어요. 이탈리아의 인구가 감소한다는 겁니다. 우린 제로 이하의 마이너스예요. 남녀 청년들이 없다면 성소는 없겠지요. 가족의 수가 더 많았던 시절에는 성소를 얻기가 더 쉬웠지요. 인구 감소의 결과이기도 한 감소이지요. 그것이 유일한 이유는 아니지만, 우리는 이것을 염두에 두어야 합니다. 자녀들과 함께 살기보다는 고양이나 개와 함께 살기가 더 쉽지요. 계획된 사랑을 자신에게 보장하기 때문에, 그 동물들은 자유롭지 않기 때문에 어느 시점까지 나는 그것들을 기릅니다. 어떤 관계가 이루어지고 고양이, 개의 동반을 받는다고 느낍니다, 자녀의 동반이 아니고요. 세 자녀를 가진 제 조력자 중 한 사람이 저에게 그렇게 말했어요. [웃음] 그래요, 맞아요.

모든 시대에서 우리는 일어나는 일들을 주님의 지나가심으로 보아야 합니다. 오늘도 주님은 우리 가운데로 지나가시며 "무슨 일이 일어나고 있는가?"라는 질문을 던지십니다. 무슨 일이 일어납니까? 성소의 감소는 사실입니다. 그러나 저는 또 다른 질문을 합니다: 주님께서는 지금 우리에게 무엇을 말씀하시는가 혹은 무엇을 요구하시는가? 성소의 위기는 교회 전체에, 모든 성소에, 곧 사제 성소, 수도 성소, 평신도 성소, 결혼 성소… 등에 영향을 미치는 위기입니다. 몹시도 아름다운 결혼 성소를 생각해 보십시오. 젊은이들이 결혼하지 않고 동거하며, 그것을 선호합니다. 이것은 교회 전체를 가로지르는 위기이며, 우리는 그렇게 생각해야 합니다. 모두에게, 결혼 성소에도 영향을 미치는 위기입니다. 전체를 가로지르는 위기예요. 따라서 지금은 물어야 할 때이지요. 주님께 묻고, 우리 자신에게 물어야 할 때입니다. 우리는 무엇을 해야 할까요? 무엇을 바꿔야 할까요? 문제를 대면하는 것은 필요한 일이며, 문제로부터 배우는 것은 필수적입니다. 우리는 문제들에서도 배워야 합니다. 축소적 해답이 아닌, '정복'의 해답이 아닌 답을 찾는 것입니다.

여기 이탈리아의 교회에서 벌어진 불미스러운 일 하나는 -저는 지금 대략 90년대의 일에 대해 말하고 있는데요- 필리핀에 분원이 없는 몇몇 수도회가 거기 가서 아가씨들을 이리로 데려다가 '잘못 가르친' 일입니다. 아가씨들이 왔어요. 훌륭하고 좋은 아가씨들이…. 그 후엔 대다수가 떠났어요. 1994년의 시노드에서 저는 이런 일을 금지하는 필리핀 주교들의 사목서간 하나를 기억합니다. 그래서 필리핀에 분원이 없는 수도회들은 이런 일을 할 수가 없습니다. 이것이 첫 번째입니다. 두 번째는 초기 양성은 [출신지] 나라에서 하고 그다음에 다른 나라로 갈 수 있다는 것입니다. 하지만 초기 양성은 자기 나라에서 하는 것입니다. 저는 마치 오늘 일처럼 기억하는데요. '꼬리에레 델라 세라Corriere della Sera'[49]였다고 생각되는데 큰 글씨로 표시된 제목이 "수련자들의 인신매매"였습니다. 스캔들이었지요. 라틴아메리카의 몇 나라들에서도 마찬가지였지요. 저는 어떤 수도회를 생각하고 있는데요…. 버스를 잡아타고 가난한 곳들을 찾아가서 아가씨들을 부에노스아이레스에 가서 수련자가 되라고 설득해서 아가씨들이 왔어요. 그다음에는 잘 풀리지 못했지요. 여기 이탈리아에서 -로마에서- 이건 15년 전의 상황인데 저는 일부 수도회들로부터 그들이 성소를, 아가씨들을 찾아 전에 공산주의 국가였던 중앙 유럽의 나라들로, 가난한 나라들로 간다는 것을 알게 되었습니다. 아가씨들이 왔어요. 하지만 그들은 성소가 없었습니다. 그래도 돌아가려고 하지 않고 일부는 일자리를 찾았고 다른 사람들은 가엾게도 결국 매춘 여성이 되고 말았지요.

성소 사목은 어렵습니다. 그래도 해야 해요. 하나의 도전이지요. 성소 사목에서 우리는 창의적이어야 합니다. 얼마 전 마르케Marche 주에서 있었

49 이탈리아 밀라노에서 발행되는 일간신문으로, 이탈리아에서 가장 발행 부수가 많고 영향력 있는 신문.

던 여러분의 총회 전에 어떤 모임에 참석한 이들이 저에게 왔어요. 거의 모두가 왔습니다. 교종과 함께 일종의 예비총회를 하려고요. 그런데 많은 수가 젊은이였어요! "여러분은 어떻게 이렇게 많은 성소가 있지요?" "모르겠습니다. 저희는 그저 성 프란치스코가 원하시는 대로 살려고 합니다." **설립 은사에 대한 충실성**입니다. 설립 은사에 충실한, 그 은사가 지닌 현재성을, 그 아름다움을 보여 주는 그런 사랑으로 창립 은사에 충실한 회들이 있을 때 그것이 사람들을 끌어당깁니다.

그다음에는 **증언**입니다. 우리가 남녀 축성생활자들을, 사제들을 원한다면 우리가 행복하다는, 행복하다는 증언을 제공해야 합니다. 예수님께서 우리에게 해 주신 선택에 대해 행복하게 삶을 마무리한다는 증언을요. 우리의 삶의 방식에서도 기쁨의 증언을요. 그리스도교인이지만 이교도들처럼 사는 남녀 축성생활자들, 사제들, 주교들이 있습니다. 한 젊은이가, 오늘날의 한 젊은이가 보고 말합니다. "아니야, 저렇게는 나는 살고 싶지 않아!" 이런 것이 사람들을 밖으로 밀어냅니다. 또 사목적·선교적 회심이 중요합니다. 오늘날의 젊은이들이 아주 많이 찾는 것은 선교성입니다. 선교열정이지요. 증언에서 커다란 사도적 열성도, 곧 자기 자신을 위해 살지 않는, 다른 사람들을 위해 사는, 생명을 주고 또 주는 사도적 열성도 보는 것입니다. 한번은 -'92년 무렵에 제가 막 주교가 되고 나서 알게 된 건데요.- 제가 살던 지역에, 제가 보좌주교로 있던 부에노스아이레스 지역에 있는 어떤 수녀회가 수녀원을 재건축하고 있다는 것을 알게 되었습니다. 그 수녀들은 아주 부유한, 대단히 부유한 기숙학교를 가지고 있었지요. 돈이 있었습니다. 그들이 옳았어요. 수녀원은 좀 손을 댈 필요가 있었던 거예요. 그들은 수녀원을 잘 지었습니다. 개인 화장실도 갖추었고요. 검소한 거라면 좋다고 저는 생각했어요. 오늘날에는 현대적 편리함도 중요하니까 문제는 없다고 생각했어요. 하지만 결국에는 화려한 궁전을 지어 놓았더군요, 수녀들을 위해서요. 저는 지금 1992년의 일에 대해 말하고 있는데, 오늘날에는 좀 더 이해할 만할지 잘 모르겠습니다. 좋지는 않겠지만 그렇게 스캔들이 되지는 않겠지요. 아무튼 수녀들이 쓰는 각 방에 텔레비전도 있었어요. 결과적으로 어떤 일이 벌어졌을까요? 오후 2시부터 4시까지는 기숙학교에서 수녀를 한 사람도 찾아볼 수가 없었습니다. 모든 수녀가 자기 방에서 텔레비전 드라마를 보고 있었던 거죠. 세속성입니다. 영적 세속성. 사람들은, 젊은이들은 **진정성의 증언**을, **사도적 열성의 증언**을, **은사와의 조화에 대한 증언**을 요구합니다. 우리도 이런 처신으로서는 일정한 성소의 위기를 불러일으키는 것이 바로 우리 자신이라는 것을 알아차려야 합니다. 우리 자신이었어요. 사목적 회개, 선교적 회개가 필요합니다. 이에 대해, 선교적 회개의 필요성에 대해 말하고 있는 「복음의 기쁨」 대목들을 읽어 보기를 권합니다. 이것이 성소를 끌어당기는 증언입니다.

성소는 있습니다. 하느님께서 성소를 주셔요. 하지만 신부나 축성생활자나 수녀가 늘 분주해서 찾아오는, 또 찾아오지 않는 젊은이들에게 귀 기울일 시간이 없다면…. "그래요, 그래요, 내일…". 왜죠? 젊은이들은 "지루하거든요." 늘 같은 질문들을 들고 오잖아요. 우리가 시간이 없으면 자기 말을 들어 줄 만한 다른 사람을 찾아갑니다. 그들의 말을 들어 주세요. 또 젊은이들은 늘 움직입니다. 그들을 선교적 길로 들어서게 할 필요가 있어요. 나흘 동안의 휴가를 한다면, 너희를 초대한다, 그곳에서 그 지방에 작은 선교활동을 하러 가자, 혹은 그 지방에 완전히 더러워진 학교를 하얗게 만들어 주러 가자…, 이런 거죠. 젊은이들은 금방 갑니다. 이런 일들을 하면서 주님께서는 그들에게 말씀하십니다. 증언, 이것이 열쇠입니다. 이것이 열쇠에요.

어떤 젊은이가 한 사제를, 한 축성생활자를 볼 때 무슨 생각을 합니까? 그가 성령의 어떤 움직임을 지니고 있다면 첫 번째로 생각하는 것은 "저 사람처럼 되고 싶다."입니다. 거기 씨앗이 있습니다. 그 씨앗은 증언에서 태어나지요. "나는 절대로 저 사람처럼 되지는 말아야지!" 이건 반증언反證言입니다. 증언은 말없이 이루어집니다.

한 가지 일화로 마치겠습니다. 제가 보좌주교였던 부에노스아이레스에는 병원이 많습니다. 그런데 모든 병원에 수녀들이 있어요. 주교관 가까이 있던 어느 병원에 아주 나이가 많고 병든 독일인 수녀가 세 명 있었지요. 수도회에서 보낼 사람이 없었던 거예요. 그래서 상식이 있던 총장 수녀는 그들을 불러들였어요. 주교와 이야기하면서 요청을 받고 이루어진 신중한 결정이었지요. 잘된 일이었어요. 한 사제가 이렇게 말했어요. "제가 서울에 있는 한 수도회의 총장 수녀님을 아는데요. 서울 성가회예요. 제가 편지를 쓸 수 있습니다." 그래서 그가 편지를 썼습니다. "좋아요, 좋아요." 마침내 네 달 후 세 명의 한국 수녀가 도착했지요. 월요일에 도착해서 화요일에 짐을 좀 정리하고 수요일에 병동으로 내려왔습니다. 한국 수녀들은 스페인어를 한마디도 하지 않았어요. 며칠 후 환자들은 모두 행복했어요. "참 대단한 수녀들이네! 그들이 하는 말이 얼마나 멋진지!" 제가 말했어요. "아니, 스페인어를 한마디도 하지 않는데 그들이 하는 말이라고요?" "아니, 아니요. 미소예요. 손을 잡아 주고 어루만져 주고…". 몸짓의 언어인 거예요! 무엇보다도 사랑의 증언이라는 언어이지요! 보세요, 한마디 말이 없이도 사람들을 끌어당길 수 있습니다. 성소에 있어서 증언은 결정적입니다. 결정적이에요.

여러분이 하시는 일에 대해 감사드립니다! 대단히 감사합니다!

저를 위해 기도해 주시기를 청합니다. 여러분의 축성생활에 대해, 여러분의 성직생활에 대해 감사드립니다. 계속 나아가십시오, 나아가세요. 주님께서는 크신 분이니 우리의 수도회들과 교구 안에 자녀들과 조카들을 주실 것입니다!

감사합니다.

이제 강복을 드리겠습니다. 용감하게 나아가십시오! 용기 있게 질문을 해 주신 네 분에게 인사를 드리고 싶습니다.

[강복]

51

2017년 9월 9일 | 실내 경기장 라 마카레나(메데인)

콜롬비아 순방 중 사제, 남녀 축성생활자, 신학생과 그 가족들과의 만남에서

친애하는 형제 주교님들, 친애하는 사제들, 축성생활자들, 신학생들, 친애하는 가정들, 친애하는 콜롬비아인 벗들!

요한복음에서 우리가 방금 들은 참된 포도나무 가지의 비유는 예수님의 마지막 만찬의 맥락 안에 자리합니다. 그 친밀함의 분위기 안에서, 사랑으로 채워진 그 어떤 긴장의 분위기 안에서 주님께서는 제자들의 발을 씻어 주셨고 빵과 포도주 안에서 당신에 대한 기억이 영구히 이어지기를 바라셨으며, 나아가서 마음 깊은 곳으로부터 당신이 가장 사랑하시는 사람들에게 말씀하셨습니다. 그 '성찬례의' 첫날 저녁에 섬김의 행위 후의 첫 해가 질 때 예수님께서는 당신 마음을 여시고 제자들에게 유언을 남기십니다. 그 후 그 다락방에서 사도들이 몇몇 여자들과 예수님의 어머니 마리아와 함께(사도 1,13-14 참조) 계속해서 모였듯이 오늘 우리는 그분의 말씀을 듣기 위해 우리 서로의 말을 듣기 위해 이 자리에 모였습니다.

성 요셉의 레이디Leidy di San Giuseppe 수녀님, 마리아 이사벨María Isabel 수녀

님, 후안 펠리페Juan Felipe 신부님이 증언해 주셨습니다. 여기 있는 우리 각자도 자신의 성소 이야기를 할 수 있을 것입니다. 우리는 모두 우리를 만나러 오시는, 우리를 앞서가시고 이런 방식으로 우리의 마음을 '사로잡으신' 예수님에 대한 체험을 공통으로 가지고 있을 것입니다. 아파레시다 문헌이 말하듯이 "예수를 아는 것은 어떤 사람이라도 받을 수 있는 가장 아름다운 선물이고, 그분을 만난 것은 삶에서 우리에게 일어난 최고의 일이며, 우리의 말과 활동으로 그분을 알리는 것은 우리에게 하나의 기쁨", 곧 복음화의 기쁨입니다(29항). 여러분 가운데 많은 젊은이가 여러분의 공동체 안에서 살아 계신 이 예수님을 만났습니다. 열정을 불어넣고 매력을 불러일으키는 전파력 있는 사도적 열성을 가진 공동체 안에서요. 생명과 열정과 예수님을 다른 사람들에게 모셔가려는 소망이 있는 곳에서 참된 성소가 태어납니다. 공동체의 형제적이고 열정적인 생활은 하느님과 복음화에 온전히 자신을 봉헌하려는 갈망을 불러일으키는 생활입니다(권고 「복음의 기쁨」, 107항 참조).

젊은이들은 본성적으로 불안해합니다. 탐색하면서요 -혹 내가 틀린 건 아닌가?- 여기서 저는 잠시 멈추고 고통스러운 일 하나를 기억하고자 합니다. 이건 괄호 안의 이야긴데요. 젊은이들은 본성적으로 불안한데 수없이 속아 넘어간, 마약이라는 암살자에게 파괴되는 불안이지요. 메데인Medellín은 저에게 이를 기억하게 해 주었고 수많은 젊은 생명이 잘려 나가고 버려지고 파괴된 것을 떠올리게 했습니다. 저는 여러분에게, 이 슬픈 행렬을 기억하고 그에 동참하며, 수많은 젊은이의 열망을 파괴한 이들을 위한 용서를 구하고, 주님께 그들의 마음을 돌려주시고, 젊은이들의 패배를 종식해 달라고 간구하기를 권고합니다. 젊은이들은 본성상 불안해합니다. 탐색하면서. 비록 우리는 (젊은이들에게서) 임무와 공동체적 유대의 위기를 접하고는 있지만 세상의 악惡 앞에서 함께 움직이고 다양한 형태의 임무 수행과 자원봉사에 헌신하는 젊은이들이 많습니다. 많아요.

그래요, 일부는 신앙을 실천하는 가톨릭 신자이고 많은 사람이, 제 할머니께서 말씀하셨듯이, '장미 물' 신자이며, 또 다른 사람들은 자기들이 믿는지 믿지 않는지도 모르지요. 하지만 이 불안감이 다른 사람을 위해 무언가를 하도록 이끌고, 이 불안감이 전 세계 자원봉사 현장을 젊은 얼굴로 가득 채웁니다. 불안에 방향을 잡아 줄 필요가 있습니다. 그들이 예수님에 대한 사랑으로, 공동체의 일원이라는 느낌으로 그런 일을 할 때, 그들은 거리마다, 광장마다, 땅 구석구석까지 기쁘게 예수님을 모시고 다니는 '믿음의 나그네들'이 됩니다(같은 문헌, 107항 참조). 얼마나 많은 사람이 자신이 그분을 모시고 있는지도 모른 채 그분을 모시고 다닙니까! 이것이 거리로 나가 봉사하고, 그들 자신도 완전히 이해하지는 못하는 신앙의 나그네가 되는 풍요로움이요 증언입니다. 우리 마음 안에 들어와 일하시는 성령의 활동에 우리를 열어 주는 증언이지요.

폴란드에서 있었던 세계 청년대회[2016년 크라코비아]에서 했던 여행 중 한번은 젊은이들과 함께 한 점심식사–15명의 젊은이와 대주교님과 함께 한–에서 한 젊은이가 저에게 묻더군요. "믿지 않는 무신론자인 제 동료 젊은이에게 제가 무슨 말을 할 수 있을까요? 어떤 화제로 그에게 이야기를 할 수 있을까요?" 저는 그에게 자연스럽게 이런 대답을 했습니다. "이보게, 자네가 그에게 하지 말아야 할 일이 그에게 뭔가 말하는 것이라네!" 그 젊은이는 놀라더군요. 실천하기 시작하고, 그가 자신 안에 지닌 불안이 호기심을 불러일으켜 자네에게 질문하도록 하는 방식으로 행동하기 시작하기, 그리고 그가 자네에게 증언을 청할 때 거기서 뭔가를 말하기 시작할 수 있다네. 이 '나그네 되기'는 신앙의 나그네가 되기, 삶의 나그네가 되기는 대단히 중요합니다.

오늘 선포된 본문에서 예수님께서 언급하시는 포도나무는 '계약의 백성' 전체인 포도나무입니다. 예레미야, 이사야, 에제키엘 같은 예언자들은 계약의 백성을 포도나무에 비유하여 말합니다. 시편 80편도 이렇게 노래합니다. "당신께서는 이집트에서 포도나무 하나를 뽑아 오시어…. 당신께서 자리를 마련하시니 뿌리를 내려 땅을 채웠습니다." 종종 당신 포도나무에 대한 하느님의 기쁨을 표현하기도 하고 때로는 그분의 분노나 실망 혹은 싫증을 표현하기도 하지요. 하지만 결코 하느님께서는 포도나무에 무관심하시지는 않으며 포도나무가 멀어져 가는 것에 대해 괴로워하시기를 결코 멈추시지 않습니다. 내가 멀어지면 그분은 마음속으로 괴로워하시는 겁니다. 그분은 당신으로부터 갈라지면 말라 버리고 불태워지고 파괴되는 이 백성을 찾아다니기를 멈추지 않으십니다.

콜롬비아에서는 이 포도나무가 자라나는 곳의 땅과 자양분, 환경이 어떻습니까? 어떤 배경에서 특수한 축성의 성소의 결실이 태어납니까? 말할 것도 없이 모순과 명암이, 복잡한 관계들의 상황이 가득한 환경에서입니다. 더 평온한 세상과 가정과 유대관계를 상대하는 것을 우리는 더 좋아하겠지요. 하지만 우리는 이 시대의 변화, 이 문화적 위기 안에 있고 그 가운데서 그것을 고려하면서 살아갑니다. 하느님께서는 계속해서 부르십니다. 저에게 이렇게 말하러 오지는 마세요. "아닙니다. 분명히 특수한 축성의 성소가 많지 않습니다. 왜냐면 우리가 살아가고 있는 이 위기에서는… 분명하니까요." 이게 뭔지 아세요? 하나의 동화예요! 분명해요? 이 위기 안에서도 하느님께서는 계속 부르신다고요. 여러분 모두가 사랑이 넘치고 관대함, 노력, 충실성, 인내 같은 가치가 충만한 가정 안에서 주님의 부르심을 들었다고 생각하는 것은 거의 환상이겠지요(「사랑의 기쁨」, 5항 참조). 어떤 사람들은 그랬겠지요. 하지만 모두가 그렇진 않습니다. 일부 가정은 그렇습니다. -하느님께서 많은 가정이 그러하길 원하시기를- 하지만 발을 땅에 둔다는 것은 우리의 성소 여정이, 하느님의 부르심이 떠오르는 것은 하느님의 말씀이 전하는 것, 콜롬비아가 잘 알고 있는 것에 더 가까이에서 우리를 찾아낸다는 것을 의미합니다. 곧 "고통과 피로 얼룩진 이러한 이야기들… 형제 아벨을 살해하는 카인의 폭력과 자녀들과 성조 아브라함, 이사악, 야곱의 부인들 사이의 여러 싸움은 결국 토빗의 이야기나 버림받은 욥의 고백을 가르는 수많은 어려운 가정사에 이르기까지 다윗 집안을 피로 물들이는 비극에 이릅니다"(「사랑의 기쁨」, 20항. 사역).

처음부터 그랬습니다. 이상적인 상황을 생각하지 마세요. 이것이 현실 상황입니다. 하느님께서는 당신의 가까이 계심과 당신의 선택을, 원하시는 곳에서 원하시는 땅에서 그때처럼 구체적인 모순을 통해 당신이 원하시는 방식으로 드러내십니다. 그분은 남녀 인간들을 각자의 개인적·공동체적 역사의 나약함 안에서 부르시면서 벌어지는 일들의 흐름을 바꾸십니다. 이 복잡한 세상에서 우리는 두려워하지 않습니다. 어제저녁 저를 환영하며 교종 대사관으로 맞아들인 단체에서 특별한 능력을 지닌 아가씨 하나가 인간 존재의 핵심에는 나약함이 있다고 말하고 그 이유를 설명하더군요. 그래서 저는 이렇게 물을 생각이 들었지요. "우리는 모두 나약한가요?" "그렇습니다, 모두가요." "그런데 누군가 나약하지 않은 이가 있나요?" 그 아가씨는 대답했지요. "하느님." 하지만 하느님께서는 스스로 나약해지기를 원하셨고 우리와 함께 길을 걸어가시고자, 우리의 역사를 있는 그대로 살아가시고자 밖으로 나오시기를 원하셨습니다. 그분은 이해하지 못하면서도 순종한 한 처녀와 자신에게 명해진 바를 따랐던 한 의로운 남자의 동의를 얻어, 모순 가운데 이해할 수 없는 어떤 것 안에서 스스로 인간이 되기를 원하셨습니다. 하지만 이 모든 것은 수많은 모순 가운데서였지요. 이 복잡한 세상에서 우리는 두려워하지 않아요! 하느님께서는 아침식사의 맛있는 포카챠 빵처럼 항상 좋은 포도송이들을 맺어 주시는 기적을 행하셨습니다. 메데인의 어떤 공동체에도, 어떤 가정에도 성소가 부족하지 않기를! 그리고 아침 식사에서 이 멋진 놀라운 일 중 하나[50]를 발견하거든 이렇게 말하세요. "와, 근사하다! 이제 하느님께서 나와 함께 어떤 일을 하실 수 있지 않을까?" (포카챠를) 먹기 전에 그렇게 자신에게 물으세요! 자신에게 물으세요.

이 포도나무-예수님의 포도나무인-는 참된 포도나무라는 특징이 있습니다. 예수님께서는 요한복음에서 다른 기회들에 이미 이 형용사를 사용하신 적이 있지요. 참 빛, 하늘의 참된 빵, 참된 증언 등. 자, 참됨(진리)은 우리가 받는 어떤 것-빵이나 빛처럼-, 하지만 안으로부터 솟아나는 어떤 것입니다. 우리는 진리를 위해 선택된 백성이며 우리의 부르심은 진리 안에서 이루어져야 합니다. 우리가 이 포도나무의 가지들이라면, 우리의 성소가 예수님 안에 접목되었다면 속임, 이중성, 불행한 선택을 위한 자리는 없습니다. 우리는 모든 가지가 자신을 위해 (하느님께서) 생각하신 바에 쓰이도록, 곧 열매를 맺도록 모두가 주의를 기울여야 합니다. 나는 열매를 낼 준비가 되어 있는가? 성소의 여정을 동반하는 임무를 받은 사람들은 처음부터 올바른 의도에 동기를 부여해야 할 것입니다. 곧 목자요 친구이자 신랑이신 예수님을 닮아 가려는 진정한 갈망에요. 그 여정이 예수님의 성령인 이 참된 수액을 제공받지 못하면 우리는 메마름을 경험하게 되고 하느님께서는 슬프게도 이미 죽어 버린 그 말라깽이 가지를 발견하시는 거지요. 특수한 축성의 성소는 명예를 먹고살고자 할 때, 개인적 평온과 사회적 성공의 추구에 밀려갈 때, 동기가 '카테고리의 상향 이동'이요 돈벌이의 탐욕이라는 잘못에 도달하기도 하는 물질적 이득에 집착하기일 때는 죽어 버립니다.

저는 다른 기회에 이미 말했고 참되고 확실한 어떤 것을 반복하고 싶은

50 포카챠 빵을 가리킴.

데요. 잊지 마세요. 악마는 지갑으로부터 들어옵니다. 항상 그래요. 이건 처음에만 그런 게 아니에요. 우리는 모두 조심해야 합니다. 교회 안의 남녀 인간들 안에서 부패는 조금씩 그렇게 시작하여 다음에는-예수님 자신이 말씀하시는데- 마음에 뿌리를 내리고 급기야는 자기 삶에서 하느님을 멀리하고 말기 때문입니다. "너희는 하느님과 재물을 함께 섬길 수 없다"(마태 6,24). 예수님께서는 말씀하십니다. "두 주인을 섬길 수는 없다." 두 주인, 마치 세상에 두 주인이 있는 것처럼 말이지요. 하느님과 돈을 섬길 수는 없습니다. 예수님께서는 돈에게 "주인"이라는 명칭을 부여하십니다. 무슨 뜻입니까? 사람을 붙잡으면 놓아주지 않는다는 뜻입니다. 마음에서 시작하여 그의 주인이 될 것입니다. 조심하세요! 우리는 섬김을 받고 물질적 혜택을 얻어내기 위하여 우리의 수도적 신분과 신자들의 선의를 이용할 수 없습니다.

메마름과 죽음의 표지들을 -언제 이런 일들이 벌어지는가?- 보여 주는 상황과 태도와 선택들이 있습니다. 자양분을 주고 생명을 주는 수액의 흐름을 계속해서 느려지게 할 수 없습니다! 거짓과 감추어진 것들, 하느님 백성에 대한, 가장 취약한 이들, 특히 노인들과 아이들에 대한 조작과 착취의 독은 우리 공동체 안에 자리를 찾아낼 수 없습니다. 어떤 축성생활자나 어떤 공동체, 어떤 기관이 -본당이나 그 어떤 것이라도- 이런 스타일을 따른다면 그것은 마른 가지입니다. 그저 앉아서 하느님께서 잘라 버리려 오실 때를 기다려야만 하지요.

그런데 하느님께서는 그저 자르기만 하시는 것이 아닙니다. 비유는 계속해서 하느님께서 불완전한 포도나무는 가지치기를 하신다고 말합니다. 가지치기는 대단히 아름답습니다! 아프지만 아름답습니다. 약속은 우리 자신을 내주고 자유롭게 생명을 줄 수 있다면 한 알의 밀알처럼 풍성하게 열매를 맺으리라는 것입니다. 콜롬비아에는 이것이 가능하다는 예들이 있습니다. 여기 유해가 모셔진 대단한 수녀님 성 라우라 몬토야Laura Montoya를 생각해 봅시다. 그분은 이 도시에서부터 나라 전체의 원주민들을 위해 위대한 선교활동에 헌신하였습니다. 이 축성된 여성은 말 없는 헌신 안에서 하느님의 모성적 얼굴을 드러내는 것 외에 다른 관심이 없이 우리에게 얼마나 많은 것을 가르치는지요!

그렇게 우리는 또 메데인 신학교의 초기 학생의 하나였던 복자 예수의 마리아노 에우세 호요스Mariano di Gesù Euse Hoyos와 시성 조사가 시작된 콜롬비아의 다른 사제들과 수녀들을 기억할 수 있습니다. 또한 자신들의 일상적 삶의 단순함 안에서 복음을 위해 자신을 내준, 여러분이 틀림없이 기억하고 여러분에게 헌신의 자극이 될 다른 많은 이들, 수많은 익명의 콜롬비아인들도 있습니다. 모두가, 주님의 부르심을 충실하게 따르는 것은 가능하다는 것을, 지금도 이 시대에 이 장소에서도 많은 열매를 내는 것은 가능하다는 것을 우리에게 보여 줍니다.

기쁜 소식은 그분이 우리를 정화하실 태세가 되어 있다는 것입니다. 기쁜 소식은 우리가 아직 '끝장나지' 않았고 우리가 아직 '제조 과정'에 있으며 착한 제자들처럼 우리가 길을 가고 있다는 것입니다. 예수님께서는 우리 삶 안에 뿌리내리고 부르심을 왜곡하는 죽음의 요소들을 어떻게 잘라내십니까? 당신 안에 머무르도록 우리를 초대하시면서 그렇게 하십니다. 머무른다는 것은 그저 있는 것을 의미하지 않고 절대적으로 필요한 생명의 관계, 실존적 관계를 유지하는 것을 가리킵니다. 영원한 생명의 샘이신 예수님과의 풍요로운 일치 안에서 살고 성장하기입니다. 예수님 안에 머무른다는 것은 순전히 수동적인 태도이거나 일상생활에서의 결과가 없는 단순한 의탁일 수는 없습니다. 항상 결과가 있어요, 항상. 여러분에게 제안하게 해 주세요. 지금 좀 길어지고 있으니까요. [일동 외친다, "아닙니다!"] 물론 여러분은 "그렇습니다"고 말하지는 않겠지요. 전 그렇게 생각하지는 않아요! 암튼 이 **머무르기를 효과적이 되게 하는 세 가지 방식**을 제안해 보겠습니다. 예수님 안에 머무르도록 여러분에게 도움이 될 수 있습니다.

1. 예수님의 인성과 접촉하면서 예수님 안에 머무릅시다.

현실을 심판관으로서가 아니라 착한 사마리아인으로서 관상하시는 예수님의 눈길과 감정으로, 함께 걸으시는 백성의 가치들만이 아니라 상처와 죄도 인정하시며, 말 없는 고통을 발견하시고 사람들의 필요 앞에서 마음이 동요하시고, 특히 사람들이 불의와 비인간적 가난과 무관심, 혹은 부패와 폭력의 뒤틀린 행동에 억눌려 있을 때 더욱 그러하시는 예수님의 눈길과 감정으로 (머무릅시다).

예수님의 몸짓과 말씀으로. 예수님께서는 가까운 이들에게 사랑을 표현하시고 멀리 있는 이들을 찾아 나서시며, 다정한 사랑과 함께 죄의 고발과 복음 선포에 있어서는 단호하시고 기쁨과 함께 헌신과 봉사에서는, 특히 가장 작은이들에 대한 헌신과 봉사에서는 관대하시면서 모든 것을 포기하고 안주하거나 불행의 관리자가 되려는 유혹을 힘껏 물리치십니다.

2. 그분의 신성을 관상하면서 머무릅시다.

그리스도께 대한 지식을 증대시키는 공부에 대한 찬사를 불러일으키고 유지하면서요. 성 아우구스티누스가 상기시키듯이 알지 못하는 사람을 사랑할 수는 없기 때문입니다(『삼위일체론』, 제10권 제1장, 3 참조).

이 앎을 위해 성서와의 만남을, 특히 그리스도께서 우리에게 말씀하시고, 아버지에 대한 그분의 무조건적 사랑을 드러내시며, 그분의 뜻에 순종하고 형제자매들에게 봉사하는 데서 솟아 나오는 기쁨으로 우리를 감염시키는 복음과의 만남을 소중히 하면서요. 여러분에게 질문을 하나 하고 싶습니다. 하지만 대답은 하지 마세요. 각자가 자기 나름으로 답하세요. 매일 몇 분 혹은 몇 시간 나는 복음서나 성서를 읽는가? 자신에게 대답하세요. 성서를 알지 못하는 사람은 예수님을 알지 못합니다. 성서를 사랑하지 않는 사람은 예수님을 사랑하지 않습니다(예로니모, 이사야 예언자 해설 서문, PL 24,17 참조). 말씀을 기도로 읽는 데 시간을 냅시다! 말씀 안에서 하느님께서 우리에게 그리고 우리 백성에게 무엇을 원하시는지 듣는 데 시간을 냅시다.

우리의 모든 공부가 하느님의 눈으로 현실을 해석할 수 있도록 도와주기를, 우리네 사람들이 살아가는 것을 비켜 가는 공부가 아니고 유행이나 이데올로기의 물결을 따라가는 것도 아니기를 바랍니다. 향수鄕愁를 살지 말고 신비를 가두려 하지 말며, 자신들의 세계와 문화의 좌표에서 우리에게 질문을 던지는 사람들을 실존적 허공에 남겨 두기 위해 더 이상 아무도 하지 않는 질문에 답하려고 하지 마십시오.

머물러서 그분의 신성을 관상하면서 기도를 우리 삶과 우리 사도직의 근본적인 부분으로 삼으십시오. 기도는 우리를 세속성의 무게중심에서 벗어나게 하며 기쁘게 살고 피상성을 멀리하면서 참된 자유의 행사로 선택하도록 가르쳐 줍니다. 기도 안에서 우리는 자유를 성장시키고 기도 안에서 우리는 자유로워지는 법을 배웁니다. 기도는 공허한 종교적 체험 안에 숨어 우리 자신에게 집중하려는 경향에서 우리를 빼내 주며 우리를 하느님의 뜻을 이행하고 그분의 구원 계획에 부응하기 위해 우리를 하느님의 손안에 유순하게 맡기도록 인도합니다. 그리고 기도 안에서 저는 또한 여러분에게 한 가지를 권고하고 싶습니다. **청하십시오, 관상하십시오, 감사하십시오, 전구하십시오.** 하지만 또 흠숭하는 데에도 습관을 들이십시오. 흠숭하는 건 크게 유행하는 것은 아니지요. 흠숭에 습관을 들이세요. **침묵 속에서 흠숭하기를 배우십시오.** 그렇게 기도하는 법을 배우세요.

우리는 화해하기 위해 화해가 된 남녀 인간들입니다. 부름을 받았다는 것이 좋은 행동거지와 죄를 지을 수 없다는 증명서를 우리에게 주는 것이 아닙니다. 우리는 거룩함의 후광을 입지 않았습니다. 작은 성인 같은 얼굴을 하고 있는 수사, 축성생활자, 사제, 수녀는 재앙입니다. 재앙이에요! 우리는 모두 죄인들입니다. 모두가요. 그래서 우리는 날마다 다시 일어서기 위해 하느님의 용서와 자비를 필요로 합니다. 그분은 괜찮지 않은 것, 우리가 잘못한 것을 빼내서 포도원 밖으로 던져 불태워 버리십니다. 우리가 열매를 맺을 수 있도록 우리를 정화하시지요. 우리가 속한 당신 백성을 대하시는 하느님의 자비로운 충실성이 그렇습니다. 그분은 결코 우리를 길가에 내버리지 않으실 것입니다. 결코요. 하느님께서는 죄가 우리를 이기고 우리의 삶이 희망과 기쁨의 미래 앞에서 문을 닫아 버리는 일을 피하기 위해 모든 것을 하십니다. 그분은 이런 일을 피하기 위해 모든 일을 하시지요. 그리고 그 일이 잘 안 되면 내가 떨어졌다는 것을 알아차리도록 문득 높은 곳을 올려다볼 생각을 할 때까지 거기 곁에 머무르십니다. 그분은 그런 분이십니다.

3. 마지막으로, 기쁨 속에 살기 위해 그리스도 안에 머무를 필요가 있습니다. 세 번째: 기쁨 속에 살기 위해 머무르기

우리가 그분 안에 머무르면 그분의 기쁨이 우리 안에 있게 될 것입니다. 우리는 슬픈 제자들, 낙심에 빠진 사도들이 되지 않을 것입니다. 「현대의 복음 선교Evangelii nuntiandi」(원제는 '복음의 선포자') (바오로 6세의 권고) 끝부분을 읽으십시오. 여러분에게 권고합니다. 오히려 우리는 참된 기쁨을, 아무도 우리에게서 빼앗지 못할 그 기쁨을 묵상하고 전달할 것이며, 그리스도께서 우리에게 주신 새로운 삶의 희망을 전파할 것입니다. 하느님의 부르심은 우리에게서 기쁨을 앗아가는 무거운 짐이 아닙니다. 무거운가요? 때로는 그렇지요. 하지만 우리에게서 기쁨을 빼앗지는 않습니다. 이 무거움을 통해서도 역시 우리에게 기쁨을 주십니다. 하느님께서는 우리가 슬픔에 잠겨 있는 것을 원하지 않으십니다. 슬픔은 사막의 수도승들이 이미 고발했듯이 우리 영혼을 지배하는 나쁜 영들 가운데 하나입니다. 하느님께서는 우리가 슬픔에, 우리 삶을, 심지어 피로까지도 행복하게 하는 영성이 없이 잘못 살아진 활동에서 나오는 슬픔과 피로 속에 잠겨 있는 것을 원하지 않으십니다. 전염성이 있는 우리의 기쁨은 하느님의 친근함과 사랑의 첫째 증언이 되어야 합니다. 우리는 하느님을 만난 기쁨을 투명하게 내비칠 때 하느님 은총의 참된 분배자가 됩니다.

창세기에서 대홍수 후에 노아는 새로운 시작의 표지로 포도나무 한 그루를 심지요. 그리고 탈출기 끝에 가면 모세가 약속의 땅을 정탐하러 보낸 이들이 젖과 꿀이 흐르는 약속의 땅의 표지로 이따 만큼이나(높이를 가리키는 동작) 되는 포도송이 하나를 가지고 돌아옵니다. 하느님께서는 우리에게, 우리 공동체들과 우리 가족들에게 관심을 기울이셨습니다. 여기 있는 이들이지요. 그리고 축성생활자들, 사제들, 신학생들의 아버지 어머니가 있다는 것은 대단히 아름다운 일 같아요. 하느님께서는 우리에게, 우리 공동체들에, 우리 가족에게 눈길을 돌리셨습니다. 주님께서는 콜롬비아에 눈길을 돌리셨어요. 여러분은 이 특전적 사랑의 표지입니다. 이제 우리에게는 우리의 포도나무인 그리스도께 일치하여 우리의 사랑과 우리의 봉사 전부를 바치는 일만 남았습니다. 그리고 콜롬비아를 위하여, 노아의 홍수처럼, 충돌과 폭력의 홍수를 뒤로한 새로운 약속, 그리고 정의와 평화, 만남과 연대의 열매를 가져오고자 하는 새로운 약속이 되는 것입니다. 하느님께서 여러분을 축복하시기를! 하느님께서 콜롬비아의 축성생활을 축복하시기를! 그리고 하느님께서 저도 축복해 주시도록 저를 위해 기도하는 것을 잊지 마세요. 감사합니다!

52

2017년 12월 2일, 성 로사리오 성당(다카)

미얀마와 방글라데시 순방 중 사제, 남녀 수도자, 축성생활자, 신학생과 수련자들과의 만남에서

[원고 없이 즉석에서 하신 말씀]

사랑하는 형제자매 여러분,

소개의 말씀을 해 주신 코스타Costa 대주교님께 감사드리고 여러분의 발언에 감사드립니다. 여기 제가 준비한 8쪽짜리 연설 원고가 있는데요…. 하지만 우리는 교종의 말을 들으러 왔지 지루해지려고 오지 않았잖아요! 그래서 이 연설 원고는 추기경님께 넘겨드리겠습니다. 추기경님께서 이걸 벵갈어로 번역하게 하실 겁니다. 저는 마음에 떠오르는 것을 여러분에게 말하겠습니다. 더 나은 것이 될지 더 못한 것이 될지 모르겠습니다. 하지만 덜 지루하리라는 것은 여러분에게 보장합니다!

제가 여기 들어와서 여러분에게 인사했을 때 저에겐 이사야 예언자의 표상이 떠올랐습니다. 정확히 말하자면 다음 화요일에 읽게 될 제1독서의 표상입니다. 그날에 이사이의 가문에서 작은 햇순이 돋아나리라. 그 햇순은 자라나고 자라나서 하느님의 영으로 가득하리라. 지혜와 슬기의 영, 지식과 신심의 영, 하느님께 대한 경외의 영으로(이사 11,1-2 참조). 여기에서 이사야는 어떤 의미에서 신앙생활의, 하느님을 섬기는 삶의 크고 작은 요소들을 묘사하고 있습니다. 신앙생활과 하느님을 섬기는 삶에 대해 말할 때는 신앙의 사람들이요 하느님을 섬기는 여러분과 관련된 이야기입니다.

싹으로 시작합시다. 싹은 땅에 있는 것(에서 나오는데) 이것은 씨앗입니다. 씨앗은 나의 것도 아니고 너의 것도 아닙니다. 씨앗은 하느님께서 뿌리시는 것이고 그것을 자라게 하는 것은 하느님이십니다. 우리 각자는 "나는 싹이다." 하고 말할 수 있습니다. 그래요, 하지만 나의 공덕 때문이 아니라 나를 자라게 하는 씨앗의 공덕 때문이지요.

그럼 나는 무엇을 해야 할까요? 그 싹에 물을 주어야 하지요. 싹에 물을 주어야 해요. 그 싹이 자라나서 충만한 정신에 이르도록 물을 주어야지요. 여러분이 증언으로 제공해야 하는 것은 바로 그것입니다.

이 씨앗에 어떻게 물을 줄 수 있을까요? 씨앗을 가꾸면서요. 씨앗을 가꾸면서, 자라나기 시작하는 싹을 돌보면서요! 우리가 받은 성소를 돌보는 것입니다. 마치 어린아이를 돌보듯이, 병자를 돌보듯이, 노인을 돌보듯이요.

"성소는 인간적 다정함으로 돌보는 것입니다. 우리의 공동체들 안에, 우리 사제단 안에 이 인간적 다정함의 차원이 결핍된다면 싹은 작은 모습으로 남아 있고 자라나지 않으며 말라 버릴 수도 있을 것입니다. 싹을 부드럽게 돌볼 필요가 있습니다. 사제단의 모든 형제가, 주교 회의의 모든 형제가, 내 수도공동체의 모든 형제와 자매가, 모든 신학생 형제가 하느님의 씨앗이기 때문입니다. 하느님께서 그를 아버지의 다정함으로 바라보십니다.

밤에 원수가 와서 다른 씨를 뿌리는 것은 사실입니다. 좋은 씨앗이 나쁜 씨앗에 의해 질식할 위험이 있습니다. 사제단 안의 가라지는 얼마나 흉한지요…. 주교 회의 안의 가라지는 얼마나 흉한지요…. 수도공동체와 신학생들 안의 가라지는 또 얼마나 흉하고요. 싹을, 좋은 씨앗에서 나온 싹을 돌보고 어떻게 자라는지를 보는 것, 그것이 어떻게 나쁜 씨앗과 잡초로부터 구별되는지를 보는 것입니다.

여러분 중 한 사람이 –마르셀Marcel이었다고 생각되는데– 이렇게 말했지요. "내 성소가 어떻게 자라는지를 매일 식별하기". 보살핀다는 것은 식별한다는 것을 뜻합니다. 자라나는 식물이 어느 쪽으로 가면 잘 자라고 다른 쪽으로 가면 잘 못 자란다는 것을 알아차리는 것입니다. 잘 못 자라고 있을 때, 혹은 성장을 위협하는 동료나 사람들이나 상황이 있을 때를 알아차리는 것입니다. 식별하기입니다. 오직 기도하는 마음이 있을 때만 식별할 수 있습니다. 기도하기입니다. 보살핀다는 것은 기도한다는 뜻입니다. 씨를 뿌린 분에게 나를 가르쳐 주시고 씨앗에 물을 주시도록 청하는 것입니다. 내가 위기에 처한다면, 혹은 내가 잠이 들었다면 나를 위해 물을 좀 주시라고요. 기도한다는 것은 우리를 보살펴 주시라고, 우리가 다른 사람들에게 주는 다정한 사랑을 우리에게 주시라고 주님께 청한다는 뜻입니다.

가라지의 씨앗을 뿌리는 악마를 주의하는 가운데 나쁜 씨앗과 좋은 씨앗을 구별하기 위해 기도해야 합니다. 여러분의 주교, 사제, 남녀 수도자들, 신학생들의 공동체에서, 조화로움의 원수인 뒷담화가 야기시키는 분열에 주의하십시오. 그리고 혹시 어떤 형제에게 할 말이 있다면, 얼굴을 맞대고 말하십시오. 그리고 마지막으로 결코 슬픈 얼굴을 하지 말고, 고통과 어려움 중에 있더라도 평화와 기쁨을 찾으십시오."

이것이 제가 여러분에게 주고 싶었던 **첫 번째 생각**입니다. 곧 **싹이 하느**

님 지혜의 충만함에 이르기까지 자라나도록 씨앗을 보살핀다는 생각 말입니다. 씨앗을 주의 깊게 보살피기, 기도로 보살피기, 식별로 보살피기이지요. 다정한 사랑으로 보살피는 거예요. 하느님께서 그렇게 우리를 보살피시기 때문입니다. 아버지의 다정한 사랑으로요.

저에게 떠오르는 두 번째 생각은 하느님 나라의 이 정원에는 씨앗만 있는 것이 아닙니다. 많고 많은 새싹들이 있는데 우리 모두는 새싹들입니다. 공동체를 이룬다는 것은 쉬운 일이 아닙니다. 쉽지 않아요. 인간적 정욕들, 결점들, 한계들이 항상 공동체적 삶을 위협하고 평화를 위협합니다. 축성생활 공동체, 신학교 공동체, 성직자 공동체, 주교회의 공동체는 모든 형태의 분열을 방어할 줄 알아야 합니다. 어제 우리는 방글라데시가 종교 간 대화의 환경에 주었던 모범에 대해 하느님께 감사드렸습니다. 어제 말했던 사람들 중 한 사람은 타우란Tauran 추기경의 말 중 한 문장을 인용했는데, 추기경님은 방글라데시는 종교 간 대화에서 조화의 최고 모범이라고 말했지요. [박수] 이 박수는 타우란 추기경을 위한 것입니다. 어제 우리가 이 종교 간 대화에 대해 말했다면 우리의 신앙, 우리 가톨릭 신앙 안에서, 우리 공동체들 안에서는 반대로 해야겠습니까? 여기에서도 방글라데시는 조화의 모범이어야 합니다!

조화의 원수는 많습니다. 많아요. 그중 하나를 인용하기를 저는 좋아하는데요. 그냥 하나의 예로서입니다. 누군가는 제가 반복적으로 말한다고 혹 저를 비판할 수도 있겠지요. 하지만 저에게는 근본적인 것입니다. 수도 공동체에서, 사제단에서, 주교단에서, 신학교에서 조화의 원수는 험담의 정신입니다. 이건 제가 만들어낸 말이 아닙니다. 이천 년 전에 야고보라고 하는 사람이 교회에 쓴 편지에서 말했어요.

형제자매 여러분, 혀입니다, 혀예요! 공동체를 파괴하는 것은 다른 사람들에 대해 나쁘게 말하는 거예요. 다른 사람들의 단점을 강조합니다. 그런데 그것을 당사자에게 말하지 않고 다른 사람들에게 말하고, 그렇게 해서 불신의 환경, 의혹의 환경, 평화가 없고 분열이 있는 환경을 만드는 겁니다. 험담의 정신에 대한 이미지로 제가 즐겨 말하는 것이 있는데요. 바로 테러리즘입니다. 그래요, 테러리즘이에요. 다른 사람에 대해 나쁘게 말하는 사람은 그걸 공적으로 하는 것이 아닙니다. 테러리스트는 "나는 테러리스트다." 하고 공적으로 말하지 않아요. 다른 사람에 대해 나쁘게 말하는 사람은 몰래 그렇게 하지요. 어떤 사람과 말하고 폭탄을 던지고는 유유히 사라져요. 그런데 그 폭탄이 파괴하는 겁니다. 그 사람은 또 다른 폭탄을 던지려고 유유히 떠나요. 사랑하는 자매여, 사랑하는 형제여, 다른 사람을 나쁘게 말하고 싶어질 때 혀를 깨물으십시오! 그 경우 생길 수 있는 일은 아마도 혀가 부풀어 오르는 것이겠지만 그대의 형제나 자매에게는 해롭지 않을 것입니다.

분열의 영

성 바오로의 서간에서 성 바오로가 교회 안에 이 영이 들어간 것을 보았을 때 겪었던 고통에 대해서 얼마나 자주 나옵니까. 여러분은 저에게 이렇게 물을 수 있지요. "신부님, 하지만 어떤 형제 안에서, 어떤 자매 안에서 어떤 결점을 보면 저는 고쳐 주고 싶어요. 아니면 그것을 말하고 싶어요. 하지만 저는 폭탄을 던지고 싶지는 않으니 어떻게 해야 하지요?" 두 가지를 할 수 있습니다. 그 두 가지를 잊지 마세요. 첫째, 혹 가능하다면 -항상 가능한 것은 아니니까요.- 그 사람을 마주 보면서 직접 말하는 거예요. 예수님이 우리에게 이 조언을 주십니다. 누군가 저에게 이렇게 말할 수 있는 건 맞아요. "아니에요. 그렇게 할 수 없어요, 신부님. 그 사람은 복잡한 사람이거든요." 그대처럼 복잡한 거죠. 좋아요. 어쩌면 신중함 때문에 적절치 않을 수도 있지요.

둘째 원칙은 그 사람에게 직접 말할 수 없다면 해결책을 내놓을 수 있는 사람에게 말하고 다른 누구에게도 말하지 마세요. 얼굴 맞대고 직접 말하든가 해결책을 내놓을 수 있는 사람에게 사적으로 사랑을 가지고 말하든가 둘 중 하나입니다. 얼마나 많은 공동체들이 -제가 들어서 하는 말이 아니라 제가 본 것에 대해 말하는데- 얼마나 많은 공동체들이 험담의 영 때문에 무너지는 것을 보았는지요! 제발, 늦지 않게 혀를 깨물으세요!

제가 여러분에게 말하고 싶은 **세 번째 것**은 -이렇게 해서 적어도 너무 지루하진 않겠지요. 원고에서 지루한 부분이 지나고 나서- **기쁨의 영**을 가지려고, **청하고 가지려고 노력하는 것**입니다. **기쁨 없이는 하느님을 섬길 수 없습니다**. 저는 여러분 각자에게 묻습니다. 하지만 대답은 여러분 마음속으로 하세요. 큰 소리로 하지 마시고요. "당신의 기쁨은 어떻습니까?" 저는 슬픈 얼굴을 하고 마음이 불쾌한 사제들, 축성생활자들, 신학생들, 주교들을 보는 것은 그야말로 슬픈 일이라는 것을 여러분에게 보증합니다. 이렇게 묻고 싶어져요. "오늘 아침 식사에 무얼 먹었나요? 식초를 마셨나요?" 식초 마신 얼굴이라니. 마음의 그 쓰라림 나쁜 씨앗이 와서 이렇게 말하지요. "아, 이것 좀 보라지. 저 사람을 장상으로 만들었어. 저 사람을 주교로 만들었고. 나는 제쳐 놓고 말이야." 그곳에는 기쁨이 없습니다. 성녀 테레사는 -대 테레사요.- 저주의 문장 하나를 남겼지요. 그걸 자기 수녀들에게 말하는데 "그들이 나에게 부당한 일을 했어 하고 말하는 수녀는 불행합니다!" 불의, 부당함이라는 뜻으로 "sinrazón"이라는 스페인어 표현을 사용합니다. 성녀가 "나에게 주어야 할 것을 주지 않았어요." 혹은 "나를 승급시켜 주지 않았어." "나를 원장으로 만들어 주지 않았어." 혹은 그런 종류의 다른 말들을 하면서 불평하는 한 수녀를 만났을 때 그 수녀는 불행하다고 말했지요. 그 수녀는 무척 좋지 않은 길로 들어선 거죠.

기쁨입니다. 힘든 순간에도 기쁨이에요. 고통이 커서 웃을 수는 없다

해도 그 기쁨은 평화입니다. 다른 테레사 성녀, 작은 테레사의 장면 하나가 떠오릅니다. 아기 예수의 테레사이지요. 그 성녀는 고약한 성미에 늘 화가 나 있고 가엾게도 큰 병이 들었으며 모든 것에 불평하는 노인 수녀님 한 분을 저녁마다 식당으로 데려가야 했습니다. 어떤 순간이건 자기를 건드리기만 하면 "하지 마, 나에게 해롭다고!" 하고 말했지요. 어느 날 저녁 복도를 지나 그 수녀님을 모시고 가고 있을 때 근처 집에서 들려오는 축제의 음악소리를 들었습니다. 즐거운 시간을 갖고 있는 사람들, 멋진 사람들의 음악이었어요. 성녀 자신도 그렇게 했고 언니들이 그렇게 하는 것을 보았던 것처럼요. 그래서 성녀는 춤추는 사람들을 상상하며 이렇게 말했습니다. "나의 커다란 기쁨은 이거야. 그 기쁨을 다른 어떤 것과도 바꾸지 않아." 공동체에 어려움들이 있는 문제적인 순간들에도 -때로는 좀 '이상한' 원장을 참아 주면서- 이런 순간들에도 성 알베르또 후르따도Alberto Hurtado가 말했듯이 이렇게 말하는 거예요. "나는 만족합니다, 주님. 저는 좋아요."

마음의 기쁨. 저는 삶을 온전히 살아내신 사제들, 주교들이나 노인 수녀님들을 만날 때 저에게 주는 커다란 다정한 사랑을 저는 여러분에게 보장합니다. 그분들의 눈은 묘사할 수가 없어요. 얼마나 기쁨과 평화에 차 있는지. 그렇게 살아오지 못한 사람들에게 하느님은 좋은 분이시지요. 하느님께서 그들을 돌보십니다. 하지만 기쁘게 살아온 사람들 눈에서 빛나는 빛은 없어요. 나이 든 수녀님들 눈에서 -특히 여성들 안에서 보이는데-, 평생을 큰 기쁨과 평화로 섬기면서 살아온 그 수녀님들 안에서 (그 빛을) 찾아보십시오. 그분들은 눈이 영민하고 빛납니다. 성령의 지혜를 가지고 있기 때문이지요.

조그만 새싹은 이 노인들 안에서 성령의 일곱 가지 선물의 충만함이 되었습니다. 이번 화요일에 미사 독서를 들을 때 기억하시고 여러분 자신에게 이렇게 물어보세요. 나는 새싹을 돌보고 있는가? 새싹에 물을 주고 있는가? 다른 사람들 안에서 새싹을 돌보고 있는가? 나는 테러리스트가 되는 것을 두려워하고 그래서 다른 사람들을 결코 나쁘게 말하지 않으며 기쁨의 선물에 나를 열고 있는가?

여러분 모두에게 좋은 포도주처럼 삶이 여러분을 마지막까지 익어 가게 하기를, 그리고 여러분의 눈이 그 양선한 영민함과 기쁨과 성령의 충만함으로 빛나기를 빕니다. 제가 여러분을 위해 기도하듯이 여러분도 저를 위해 기도해 주십시오.

[미리 준비한 원고]

사랑하는 형제자매 여러분,

저는 여러분과 함께하게 되어 무척 기쁩니다. 여러분의 이름으로 뜨거운 인사의 말씀을 해 주신 모세Moses [코스타Costa] 대주교님께 감사드립니다. 특히 증언을 제공해 주시고 하느님께 대한 자신의 사랑을 우리와 나누어 주신 분들께 감사드립니다. 조금 있다가 우리가 함께 바치게 될 기도문을 작성해 주신 민투Mintu [팔마Palma] 신부님께도 감사를 드립니다. 베드로의 후계자로서 여러분을 믿음 안에서 굳건해지게 해 주는 것이 저의 의무입니다. 그런데 저는 여러분도 오늘날 여러분의 말과 현존을 통해서 저를 믿음 안에서 굳건해지게 해 주시고 저에게 큰 기쁨을 주신다는 것을 아시기를 바랍니다.

방글라데시의 가톨릭 공동체는 작습니다. 하지만 여러분은 하느님께서 때가 되면 익게 하실 겨자씨와 같습니다. 저는 이 작은 낟알이 자라나고 있는 것을 보는 것이, 그리고 그것이 하느님께서 여러분에게 주신 깊은 신앙의 직접적인 증언이 되는 것이 기쁩니다(마태 13,31-32 참조). 저는 거의 5세기 동안 이 신앙의 낟알을 심고 가꾸어 온 경건하고 충실한 선교사들을 생각합니다. 얼마 안 있어 저는 묘지를 방문하여 대단히 관대하게 이 지역 교회를 섬긴 이 남녀 인간들을 위해 기도할 것입니다. 여러분에게 눈길을 돌리면서 저는 이 거룩한 일을 이어 가는 선교사들을 봅니다. 저는 또한 이 땅에서 태어난 수많은 성소도 봅니다. 그것들은 주님께서 이 땅을 축복하고 계시는 은총의 표지이지요. 저는 우리 가운데 함께하신 봉쇄 수녀님들과 그분들의 기도가 특별히 기쁩니다.

우리의 만남이 이 오래된 성 로사리오 성당에서 열리는 것은 아름다운 일입니다. 로사리오는 교회의 생명 임파선인 신앙의 신비에 대한 장엄한 묵상이요, 영적 생활과 사도적 봉사에 꼴을 갖추어 주는 기도지요. 우리는 사제요 수도자이며 신학생이나 수련자들인데, 로사리오 기도는 마리아와 일치하여 우리의 삶을 온전히 그리스도께 바치도록 부추겨 줍니다. 주님 탄생예고의 순간에 하느님과 관련된 마리아의 재촉에, 십자가에 달려 계실 때 그리스도께서 지니셨던 온 인류를 위한 연민에 그리고 부활하신 주님으로부터 성령의 선물을 받을 때의 교회의 기쁨에 참여하도록 우리를 초대합니다.

마리아의 재촉

역사 전체를 통해 주님 탄생 예고 순간의 마리아만큼 재촉하는 사람이 있었습니까? 하느님께서 그 순간을 위해 마리아를 준비하신 것이고 그분은 사랑과 신뢰로 응답하셨습니다. 그렇게 주님께서는 우리 각자도 준비시키셨고 우리 각자를 이름으로 부르셨습니다. 그러한 부르심에 응답하는 것은 온 생애에 걸친 과정입니다. 매일 우리는 주님의 말씀을 묵상하고 그분의 뜻을 식별하면서 기도 안에서 주님과 관련된 일을 더 재촉하는 것을 배우도록 부름받습니다.

사목 활동이 여러분에게 많은 것을 요구하는 사도직이라는 것을, 그리고 여러분의 나날이 흔히는 길고 여러분을 지치게 한다는 것을 저는 압니다. 하지만 우리는 무엇보다 우선 성찬례와 성경 말씀 안에서 예수님과의 인격적 만남을 통해서 사랑에 불타 사랑에 뿌리박은 인간들이지 않고는 그리스도의 이름을 지니거나 그분의 사명에 참여할 수 없습니다. 아벨Abel 신부님, 신부님은 예수님과의 내밀한 관계를 가꾸는 일의 중요성에 대해 말씀하실 때 우리에게 이것을 상기시켜 주셨습니다. 그 관계 안에서 우리는 그분의 자비를 체험하고 다른 사람들을 섬길 새로운 힘을 길어내기 때문입니다.

주님을 위한 재촉은 우리에게 그분의 눈을 통해 세상을 보게 해 주고 그렇게 해서 우리가 섬기는 사람들의 필요에 더욱 민감해지게 해 줍니다. 그들의 희망과 기쁨을, 두려움과 무게를 우리는 이해하기 시작하고 많은 믿음과 거룩함 안에서 교회를 건설하기 위해 그들이 기여하는 재능과 은사와 은총의 선물들을 더 분명하게 봅니다. 로렌스 수사님, 수사님이 자신의 은둔처에 대해 말할 때 수사님은 우리가 사람들의 영적 갈망을 채워 주기 위해 그들을 보살피는 일의 중요성을 이해하도록 도와주었습니다. 여러분 모두가 사도직의 커다란 다양성 안에서 여러분이 섬기는 사람들이 교회 안의 사명을 발전시키면서 자기들 안에서 점점 더 충만하게 자신들의 재능을 나눌 수 있도록 하면서 그들에게 영적 회복과 영감의 원천이 되어 주기를 바랍니다.

그리스도의 연민

로사리오는 우리를 예수님의 수난과 죽음에 대한 묵상으로 인도합니다. 이 고통의 신비에 더 깊이 들어가면서 우리는 이 신비가 지닌 구원의 힘을 알게 되고 우리는 우리 삶으로, 연민과 자기 증여로 그 신비에 참여하라는 부르심을 확인하게 됩니다. 사제직과 수도생활은 직업이 아닙니다. 출세하기 위한 수단이 아니에요. 사제직과 수도생활은 섬김이요, 당신 양 떼를 위해 자신을 희생하시는 그리스도의 사랑에 참여하는 것입니다. 매일 우리가 사랑하는 분께 동화되면서 우리는 우리의 삶이 우리에게 속하지 않는다는 사실을 고마워하기에 이릅니다. 이제는 더 이상 우리가 사는 것이 아니고 그리스도께서 우리 안에 사시는 것입니다(갈라 2,20 참조).

우리는 사람들을 특히 그들의 고통과 시련의 순간에 동반하면서 그들이 예수님을 발견하도록 도울 때 이 연민을 육화합니다. 프랑코Franco 신부님, 이 측면을 전면에 제시해 주셔서 감사합니다. 우리 각자는 그리스도의 자비로운 사랑을 모든 사람에게, 특히 우리 사회의 변두리에 있는 이들에게 전해 주면서 선교사로 부름받았습니다. 저는 여러분 가운데 많은 사람이 여러분의 지역 공동체와 이 나라에 도착하는 수많은 이민자와 난민들의 필요에 봉사하면서 사회적 임무와 보건 그리고 교육 분야에서 일하기 때문에 특별히 감사합니다. 가장 광범위한 인간 공동체에 대한, 특히 더 궁핍한 처지에 있는 이들에 대한 여러분의 봉사는 만남의 문화와 연대의 문화를 건설하기 위해 소중합니다.

교회의 기쁨

마지막으로 로사리오는 죽음을 이기신 그리스도의 개선과 아버지 오른편으로 올라가심과 세상에 성령을 부어 주심을 통해 우리를 기쁨으로 채웁니다. 우리의 직무는 전부 복음의 기쁨을 선포하는 일을 향해 있습니다. 삶과 사도직에서 우리는 모두 세상의 문제들과 인류의 고통을 잘 알고 있지만 그리스도의 사랑의 힘이 악을 이기고 우리를 속임수 안으로 끌어들이려고 하는 거짓말의 왕자를 이긴다는 사실에 대한 신뢰를 결코 잃어버리지 않습니다. 결코 여러분의 부족이나 직무에서 오는 도전으로 낙담하지 마십시오. 기도 안에서 주님을 향한 준비된 자세로 머무르고 여러분의 형제자매들에게 항구하게 그리스도의 연민을 제공한다면 주님께서는 분명히 여러분의 마음을 당신 성령께서 주시는 위로가 되는 기쁨으로 채워 주실 것입니다.

메리 찬드라Mary Chandra 수녀님, 수녀님은 수녀님의 수도성소와 수도회의 은사에서 솟아 나오는 기쁨을 우리에게 나누어 주셨습니다. 마르첼리우스Marcelius, 그대도 그대와 신학교 동료들이 사제 성소에 대해 가지고 있는 사랑을 말해 주었지요. 둘 다 우리는 모두 날마다 주님 안에서의 기쁨을 새롭게 하고 심화하면서 점점 더 주님을 충만하게 닮아 가려고 노력하도록 불렸음을 일깨워 주었습니다. 처음에는 이것이 어렵게 보일 수 있지만 이는 우리의 마음을 영적 기쁨으로 채워 줍니다. 매일이 새롭게 시작하기 위한, 주님께 새롭게 응답하기 위한 기회가 되기 때문이지요. 주님의 인내는 우리의 구원을 위함이니(2베드 3,15 참조) 결코 낙담하지 마십시오. 주님 안에서 항상 기뻐하십시오!

사랑하는 형제자매 여러분, 여러분의 삶을 내줌으로써 그리스도와 그분의 교회를 섬기는 일에서 여러분이 보여 주시는 충실성에 대해 감사드립니다. 여러분 모두에게 저의 기도를 보장하며 여러분에게도 저를 위한 기도를 청합니다. 이제 거룩한 로사리오의 모후이신 성모님을 향해 우리 모두에게 거룩함에서 성장할 은총과 항상 더 기쁨에 차서 복음의 힘을 증언하는 사람들이 될 은총을 얻어 주시기를 청합시다. 우리의 세상에 치유와 화해와 평화를 가져다주기 위해서요.

이 책은 한국 남자수도회와 사도생활단 장상협의회의 지원을 받아 한국 축성생활 신학회에 의해 발행되었습니다.

만남의 신비학을 살아가세요 I

초판 1쇄 인쇄 | 2024년 6월 24일
초판 1쇄 발행 | 2024년 6월 28일

옮긴이 | 국춘심
발행인 | 한명수
발행처 | 흐름출판사
편집자 | 이향란 이현아
디자인 | 이선정 한명수
주 소 | 전북 전주시 덕진구 정언신로 59
전 화 | 063-287-1231
전 송 | 063-287-1232
홈페이지 | www.heureum.com
이 메 일 | hr7179@hanmail.net

ISBN 979-11-5522-381-9 03230

값 20,000원

출판 승인: 천주교 전주교구 No.2024-3